똑똑한
문해력 쑥쑥
그림책 육아

최지수 저

학지사

머리말

'문해력'이란 키워드가 부모님들 사이에서 열풍입니다. 문해력은 현대 사회를 살아가는 우리에게 필수적으로 요구되는 역량이라는 점에서 그 누구도 이 열풍에서 자유로울 수 없습니다. 특히나 성장 중에 있는 우리 아이들에게 있어 문해력은 반드시 길러 주어야 할 능력입니다. 우리 아이들의 문해력은 성인과 상호작용하며, 그리고 책을 접하며 조금씩 성장합니다. 우리 아이가 책만 좋아하면 문해력에 대한 걱정은 해결이 될 것 같은데 말처럼 쉽지가 않습니다. 책만 펼치면 도망가 버리는 아이를 어떻게 하면 책이 좋아 읽어 달라고 가져오는 아이로 만들 수 있을까요?

사실 책을 좋아하는 아이로 만드는 비법은 별다른 게 없습니다. 책 읽는 시간이 즐거우면 아이는 저절로 책을 가까이하게 됩니다. 하지만 책 읽는 시간이 즐거워지기 위해서는 성인의 피나는 노력이 선행되어야 합니다. 이러한 노력은 아이가 책을 즐기는 것에서 더 나아가 스스로 배우고 싶어 배우는 아이가 되도록 도울 수 있다는 점에서 공들여 볼 가치가 충분합니다. 그렇다면 우리는 어떻게 노력을 기울여야 할까요? 저는 앞서 〈당신의 문해력〉과 〈문해력 유치원〉을 통해 우리 아이들의 문해력을 길러 주는 다양한 그림책 육아 방법들을 소개해 드렸습니다. 하지만 이전의 방송 프로그램과 책에서는 미처 담지 못했던 부분이 많아 무척이나 아쉬웠습니다. 이 책에서는 그러한 아쉬움이 없도록 그림책 육아 비법들을 꾹꾹 눌러 담아 보았습니다.

먼저 1장에서는 그림책 육아의 기초를 튼튼하게 하기 위해 그림책 자체를 꼼꼼하게 톺아보는 시간을 가져 보려고 합니다. 그림책이 어떻게 구성되어 있는지, 어떤 장르의 그림책들이 있는지부터 알아보려고 합니다. 그다음으로 2장에서는 기초문해력의 근간이 되는 음운론적 인식, 어휘력, 이야기 이해력에 대해 하나씩 살펴보려고 합니다. 우리 아이의 문해력을 길러 주려면 문해력이란 게 어떤 요소로 구성되어 있는지부터 알아야겠지요? 더불어 3장에서는 기초문해력이 저절로 성장할 수 있도록 돕는 가정문해환경이란 무엇인지, 어떻게 우리 집 언어영역을 구성하고 상호작용하는 것이 좋을지 함께 훑어보고자 합니다.

위와 같이 그림책 육아를 위한 기초적인 공부와 점검을 끝낸 뒤에는 본격적으로 어떻게 그림책 육아를 하면 좋은지 알아보려고 합니다. 4장에서는 그림책을 어떻게 읽어 주는 것이 좋은지 구체적인 상호작용 방식들을 하나씩 알아보며 그림책 육아에 필요한 기본 무기를 장착하려고 합니다. 그다음 5장에서는 한번 펼쳐 보면 영락없이 그림책의 세계에 빠져들게 만드는 재미가 가득한 그림책들로 그림책 육아를 시작해 보려고 합니다. 6장에서는 그림책과 한걸음 친숙해진 우리 아이들이 한번쯤 꼭 접해 보았으면 하는 주제들을 선정하였습니다. 하나씩 따라 하다 보면 우리 아이의 기초문해력은 물론 몸과 마음이 한층 성장해 있는 것을 느끼실 수 있을 것입니다. 마지막으로, 7장에서는 그림책 육아의 효과를 배가시켜 줄 수 있는 독후활동을 알아보려고 합니다. 그림책에서 확장해 나가는 독후활동을 통해 그림책 읽는 시간이 더욱 재미있어지고, 우리 아이와 함께하는 시간이 반짝반짝 빛날 수 있을 것입니다.

저는 도서관에 가서 그림책을 빌려 오고, 서점에 가서 설레는 마음으로 그림책을 구매하고, 집에서 부모님과 그림책을 함께 읽던 반짝이는 어린 시절을 가슴에 품고 사는 어른이입니다. 그림책을 좋아하던 어린아이가 자라 이렇게 그림책 육아서를 펴내게 되었습니다. 저처럼 그림책을 좋아하는 아이들이 많아지기를, 그리고 그림책 육아를 하며 부모님들도 한 번뿐인 우리 아이들의 어린이 시절을 함께 행복하게 보내시기를 소망하며 그림책 육아의 길라잡이가 되어 드리고자 합니다. 즐겁게 그림책을 읽다 보면 우리 아이의 기초문해력은 절로 성장해 있을 거라 믿어 의심치 않습니다. 우리 아이와 함께하는 그림책 육아가 즐겁길 기원합니다.

『똑똑한 그림책 육아』가 세상에 나오도록 도와주신 많은 분께 이 책을 바칩니다. 엄마 배 속에서부터 함께하며 육아서 집필의 원동력이 되어 준 소중한 보물인 아들, 옆에서 항상 함께하면서 따뜻한 지지를 보내 주는 사랑하는 남편, 사랑으로 길러 주시고 항상 믿고 응원해 주시는 존경하는 부모님, 자신의 일처럼 기뻐해 준 동생들, 할머니, 고모, 친구들, 연구의 즐거움을 가르쳐 주시며 따뜻하게 이끌어 주신 지도 교수님, 책이 나온다는 말에 기꺼이 멋진 추천사를 적어 준 선배님들, 함께 활동하며 찍은 사진의 사용을 흔쾌히 허락해 준 서울대학교 어린이집에서 만난 아이들과 부모님, 투박했던 원고가 멋진 책으로 탄생하도록 도와준 학지사 관계자 분들께 감사 인사를 드립니다.

저자 최지수

차례

머리말	005

01. 그림책 육아의 기초, 그림책 알기   013

1. 글과 그림이 어우러지는 그림책   015

2. 그림책 하나하나 뜯어보기   018
    1) 주변 텍스트: 표지와 면지 그리고 판형   019
    2) 글과 그림의 관계   026
    3) 그림책의 읽기 방향   030
    4) 프레임과 프레이밍   032

3. 다양한 장르의 그림책   034
    1) 글 없는 그림책   035
    2) 전자 그림책   036
    3) 환상 그림책   037
    4) 사실주의 그림책   038
    5) 옛이야기 그림책   039
    6) 정보 그림책   040
    7) 운문 그림책   041

그림책 육아 QnA 어떤 그림책을 골라야 할까?   042

02. 튼튼한 문해력의 뿌리 만들기   045

1. 문해력의 뿌리 키우기   047
    1) 문해력이란   047
    2) 관습적 문해와 발현적 문해   051
    3) 균형적 문해: 발음중심 접근 + 총체적 언어 접근   058

2. 차곡차곡 자라는 기초문해력　　　　　　　　　　063
　1) 기초문해력이란　　　　　　　　　　　　　　063
　2) 우리나라 유아의 기초문해력 발달 양상　　　065

3. 소릿값을 알아 가는 음운론적 인식　　　　　　067
　1) 음운론적 인식이란　　　　　　　　　　　　　067
　2) 음운론적 인식을 키우는 말놀이　　　　　　　068

4. 차곡차곡 쌓이는 어휘력　　　　　　　　　　　072
　1) 어휘력이란　　　　　　　　　　　　　　　　072
　2) 어휘 크기를 키우는 상호작용　　　　　　　　073

5. 궁극적인 목표, 이야기 이해력　　　　　　　　　079
　1) 이야기 이해력이란　　　　　　　　　　　　　079
　2) 이해력을 키우는 확산적인 질문　　　　　　　080

그림책 육아 QnA 그림책, 언제부터 읽어 줘야 할까?　　085

03. 기초문해력을 키우는 가정문해환경　　　　　　087

1. 기초문해력을 결정하는 가정문해환경　　　　　089
　1) 가정문해환경이란　　　　　　　　　　　　　089
　2) 우리나라의 가정문해환경 유형　　　　　　　090

2. 우리 집 언어영역 만들기　　　　　　　　　　　091
　1) 물리적으로 풍부한 언어영역　　　　　　　　091
　2) 우리 집 언어영역 체크리스트　　　　　　　　092

3. 상호작용은 양보다는 질　　　　　　　　　　　095
　1) 양적 책 읽기 상호작용　　　　　　　　　　　095
　2) 질적 책 읽기 상호작용　　　　　　　　　　　096
　3) 책 읽기 상호작용 체크리스트　　　　　　　　098

그림책 육아 QnA 그림책 육아, 잘하고 있는 걸까?　　100

04. 그림책 어떻게 읽어 줘야 할까?　　　　　　　　　　　　**103**

1. 어린 시절부터 그림책 읽어 주기　　　　　　　　　　　　**105**

2. 그림책의 그림 읽기　　　　　　　　　　　　　　　　　　**108**

3. 손으로 가리키며 함께 읽기　　　　　　　　　　　　　　**111**

4. 아이 주도적인 읽기　　　　　　　　　　　　　　　　　　**113**

5. 또래와 함께 읽기　　　　　　　　　　　　　　　　　　　**114**

6. 친숙한 그림책 반복 읽기　　　　　　　　　　　　　　　**116**

7. 확산적인 질문으로 생각 주머니 키우기　　　　　　　　　**118**

8. 언제 어디서나 함께 하는 말놀이　　　　　　　　　　　　**120**

9. 그림책을 활용한 역할놀이　　　　　　　　　　　　　　　**123**

10. 도서관과 친해지기　　　　　　　　　　　　　　　　　　**127**

> 그림책 육아 QnA 그림책 육아 12계명　　　　　　　　　**131**

05. 재미 가득 그림책으로 시작하기　　　　　　　　　　　**135**

1. 유머가 가득한 그림책　　　　　　　　　　　　　　　　　**137**

2. 그림책과 상호작용하며 읽는 인터랙티브 그림책　　　　　**147**

3. 꼬리에 꼬리를 무는 이야기 그림책　　　　　　　　　　　**156**

4. 환상의 세계로 떠나는 그림책　　　　　　　　　　　　　**165**

5. 주인공이 살아 숨 쉬는 그림책　　　　　　　　　　　　　**174**

> 그림책 육아 QnA 장르별 그림책 읽어 주기 방법　　　　**183**

06. 주제별로 살펴보는 그림책 처방전   187

1. 채소: 아삭아삭 채소는 힘들어   189

2. 잠: 잠자기 너무 너무 싫어   196

3. 배변훈련: 기저귀야 안녕! 변기야 안녕?   201

4. 분리불안: 엄마 아빠랑 붙어 있으면 안 돼?   207

5. 동생: 이럴 수가! 동생이 생겼대   214

6. 몸: 소중한 나와 너의 몸   220

7. 성 역할 고정관념: 나는 나, 성별은 중요하지 않아   226

8. 감정: 내 마음을 표현하는 감정 어휘   233

9. 친구: 우리는 언제나 서로 함께   239

10. 다름: 다른 건 틀린 게 아니야   246

11. 죽음: 소중한 사람을 잃었어   252

12. 환경오염: 우리가 사는 소중한 지구   259

그림책 육아 QnA 그림책, 언제까지 읽어 줘야 할까?   266

07. 그림책 읽기의 효과를 배가시키는 독후활동   269

1. 신체: 몸으로 배우는 우리   271
    1) 그림책 읽기   273
    2) 그림책을 활용한 신체활동   276
    3) 그림책을 활용한 영역 통합활동   282

2. 미술: 손끝에서 피어나는 세상   288
    1) 그림책 읽기   289

2) 그림책을 활용한 미술활동 **292**
   3) 그림책을 활용한 영역 통합활동 **297**

3. 요리: 요리하며 배우는 문해 **303**
   1) 그림책 읽기 **304**
   2) 그림책을 활용한 요리활동 **307**
   3) 그림책을 활용한 영역 통합활동 **311**

4. 음률: 노래하며 읽는 그림책 **315**
   1) 그림책 읽기 **317**
   2) 그림책을 활용한 음률활동 **321**
   3) 그림책을 활용한 영역 통합활동 **324**

5. 사회: 그림책으로 시작하는 역할놀이 **328**
   1) 그림책 읽기 **330**
   2) 그림책을 활용한 사회활동 **333**
   3) 그림책을 활용한 영역 통합활동 **338**

6. 수조작: 그림책으로 배우는 수학 개념 **341**
   1) 그림책 읽기 **344**
   2) 그림책을 활용한 수조작 활동 **348**
   3) 그림책을 활용한 영역 통합활동 **353**

7. 과학: 그림책과 함께 하는 과학놀이 **360**
   1) 그림책 읽기 **361**
   2) 그림책을 활용한 과학활동 **364**
   3) 그림책을 활용한 영역 통합활동 **367**

> 그림책 육아 QnA 그림책 소리 내어 읽기의 함정 **372**

참고문헌 **373**

01
그림책 육아의 기초, 그림책 알기

　아마도 이 책을 고른 독자라면 우리 아이를 위해 어떤 그림책을, 어떻게 읽어 줘야 하는 건지 한번쯤은 고심해 보셨을 겁니다. 그림책 읽기의 중요성을 익히 들어왔기 때문에 아이들에게 그림책을 읽어 주어야 한다는 압박감을 가지기도 합니다. 유명한 베스트셀러 그림책을 사 모으기도 하고, 전집으로 그림책을 구매하기도 하고, 도서관에서 아이가 관심을 보이는 그림책을 빌려오기도 하는 등 다양한 방법으로 그림책을 접하고 있을 거라 생각합니다. 이런 과정을 통해 어느 정도 그림책을 고르는 눈을 기르셨나요? 다양한 그림책을 접할수록 그림책을 보는 안목을 기를 수 있고, 아이에게 읽어 주다 보면 각자만의 요령도 생기기 마련입니다. 내 아이가 유독 좋아하는 그림책이 생기기도 하죠. 그림책이 싫다고 도망가는 아이도 있을 거예요. 이렇게 그림책을 읽어 주는 과정에서 시행착오를 겪고 있으시거나 이제 막 그림책의 세계에 입문하셨다면 그림책 육아에 대해 궁금한 것이 많을 겁니다. 우리 아이와 함께하는 그림책 읽는 시간이 즐거워지는 방법은 무엇일까요? 지금부터 저와 함께 어떤 그림책을 고르면 좋을지, 어떻게 그림책을 읽어 주는 것이 아이들에게 도움이 될지 하나씩 알아 가 보도록 하겠습니다.

1. 글과 그림이 어우러지는 그림책

　지피지기 백전백승이라고 가장 먼저 그림책이란 무엇인지부터 알아봐야겠죠? 그림책이라는 단어에서 알 수 있듯이 **그림책**(picture book)은 글과 그림으로 구성되어 있는 책을 말합니다. 글과 그림이 각자의 역할을 하고 있음을 강조하기 위해서 텍스트라고 표현하기도 하지요. 글이라는 상징기호를 **글 텍스트**, 그림이라는 시각기호를 **그림 텍스트**라고 부릅니다. 따라서 그림책은 그림 텍스트와 글 텍스트로 구성되어 있다고도 설명할 수 있습니다.

글과 그림의 구분이 모호해 보이는 경우도 있습니다. 그림 속에 글이 있거나, 글이 그림처럼 표현되어 있기도 하지요. 그림 속에 들어가 있는 글을 **그림 속 텍스트**(intraiconic text)라고 합니다. 『와작와작 꿀꺽 책 먹는 아이』라는 그림책에 나오는 그림들을 보며 구체적인 예시를 살펴보도록 해요. 그림 속 텍스트는 그림 텍스트에 글이 들어가 있는 경우입니다. 그림과 글이 함께 어우러져 있기 때문에 이질적으로 느껴지기도 하죠. 책 선반 위에 책들이 나란히 있고 책등에는 책 제목이 적혀 있어 눈길을 끌죠. 오른쪽 그림의 경우에는 책 제목이 아닌 글 텍스트가 들어가 있네요. 주인공이 와작와작 책을 먹어 치웠다는 내용의 글 텍스트가 책등에 책 제목처럼 적혀 있어요. 이런 부분에 대해서도 하나씩 짚어 보며 이야기를 나누는 소재로 활용할 수 있습니다.

"헨리는 그중에서도 빨간 책을 제일 좋아했대.
어머, 그러면 여기 책 선반에 있는 『삼각법』이라는 책을 먹어 버리려나?"

"(책등에 적혀 있는 글 텍스트를 짚어 가면서)
엄청난 / 속도로 / 와작와작 / 꾸울꺽 / 한입에 / 먹어 치웠지."

『와작와작 꿀꺽 책 먹는 아이』
올리버 제퍼스 글·그림, 유경희 옮김, 주니어김영사, 2007

반대로 글이 그림처럼 형상화되어 있는 경우를 **타이포그래피**(typography)라고 합니다. 글 텍스트의 그림 텍스트화라고도 말할 수 있지요. '헨리는 책을 무척 좋아했어.'라는 글 텍스트를 색다른 모양으로 표현하여 눈길을 끌고 있지요. 글자의 크기뿐만 아니라 음영까지 다르게 표현했어요. '헨리는 책 먹는 걸 좋아했어.'라는 글 텍스트에서 '먹는'을 다른 글자체로 적어 두어 책을 먹어 치운다는 걸 강조하고 있기도 합니다. 이렇게 그림책에서 활용되는 타이포그래피는 미학적인 차원을 넘어서 의미 차원에서 주목할 필요가 있습니다. 타이포그래피를 통해 강조하고 싶은 부분에 주목하도록 돕기도 하고, 화자의 목소리와 성격을 표현하는 방법으로 활용하기 때문이지요.

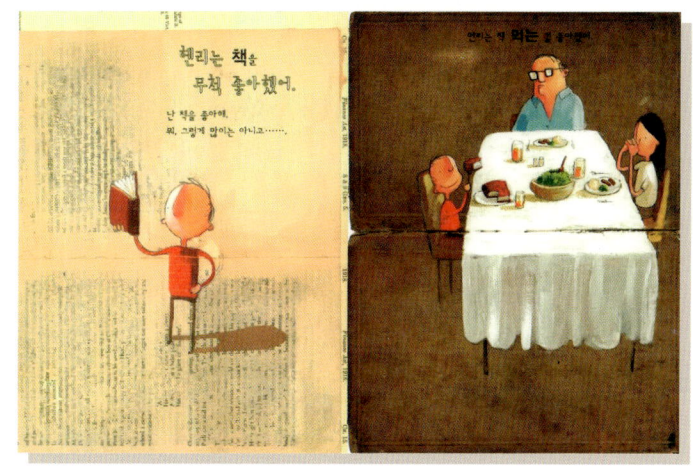

『와작와작 꿀꺽 책 먹는 아이』
올리버 제퍼스 글·그림, 유경희 옮김, 주니어김영사, 2007

이렇듯 그림책은 글, 그림 모두를 눈여겨봐야 합니다. 무엇 하나 빼놓을 수 없지요. 그림책은 글과 그림이 동등한 위치를 가지며 함께하기 때문에 하나의 그림책이 완성될 수 있습니다. **글과 그림은 서로 떼려야 뗄 수 없는 관계인 것입니다.** 이러한 관계의 양상을 표현하기 위해 글과 그림의 관계를 나눌 수 없다는 의미에서 **불가분의 관계**라고 칭하기도 합니다. 글과 그림은 서로 조화를 이루며 의미를 구성하게 됩니다. 글이 그림을, 그림이 글을 서로 보완하기도 하고, 그림과 글이 서로 다른 이야기를 하기도 합니다. 그림과 글의 비중에 따라 글로만 이루어진 그림책이 있기도 하고, 그림으로만 이루어진 글 없는 그림책이 존재하기도 합니다. 이러한 그림책의 다양한 종류에 대해서는 다음 챕터에서 좀 더 자세히 다루도록 해요.

그림책이 무엇인지 알아보았다면, 그림책과 관련하여 잘못 사용되고 있는 용어에 대해서도 알아볼 필요가 있습니다. 흔히들 **동화책**, **그림동화**라는 표현과 **그림책**이라는 표현을 혼동하여 사용하곤 합니다. 하지만 동화책이나 그림동화라는 표현은 그림과 글이 동등한 위치를 갖지 않는 경우에만 사용이 가능합니다. 동화책은 글이 주를 이루고, 그림이 글에 대해 부가적인 설명을 하는 경우를 일컫습니다. 그림이 삽화처럼 들어간 경우에만 동화책이라고 말할 수 있는 것이죠. 이해를 돕기 위한 그림이 부가적으로 삽입되어 있어 글만 있는 책을 읽는 단계로 넘어가는 과정을 돕는 경우를 동화책이라고 할 수 있으니, 그림책과 동화책은 엄연히 다른 장르이지요. 그리고 그림책을 검색하다 보면 창작동화라는 표현도 간혹 접할 수 있는데요. 이는 적절한 표현이라고 보기 어렵습니다. 그림책은 모두 창작의 산물이기 때문이죠. 창작이란 표현에 동화를 붙인 것도 어색할 따름입니다. **앞으로 우리는 그림책이라고 바르게 명명하기로 해요.**

2. 그림책 하나하나 뜯어보기

그림책이 무엇을 의미하는지 알아보았으니, 이번에는 그림책이 어떻게 구성되었는지도 알아볼까요? 이 부분은 그림책을 읽을 때 흔히 놓치는 부분이기도 합니다. 그림책을 아이와 함께 읽어 보라고 부모님께 건네면 백이면 백 그림책을 펼쳐서 책 안의 내용을 읽어 주시기에 급급합니다. 이렇게 그림책을 읽게 되면 우리 아이가 그림책을 온전히 즐겼다고 보기 어렵습니다. 그림책의 세계에 들어가는 과정은 촌각을 다투는 일이 아니라는 점을 명심해 주세요. 그리고 **그림책 한 권이 구성되기 위해서 그림책 작가가 굉장히 사소한 부분까지도 고민하며 만들었다는 점**도 주지할 필요가 있습니다. 우리가 몰라서 넘겨 버렸던 부분까지 함께 살펴보며 이야기 나눌 수 있도록 그림책의 구성요소에 대해 하나씩 알아보도록 해요.

1) 주변 텍스트: 표지와 면지 그리고 판형

우리가 흔히 그림책 하면 떠올리는 속지의 그림과 글 외의 것들을 모두 **주변 텍스트**(paratext) 또는 준 텍스트라고 합니다. 주변 텍스트는 단어 그대로 그림, 글을 제외한 주변의 모든 것들을 의미합니다. 주변 텍스트의 가장 대표적인 부분은 표지와 면지이지요.

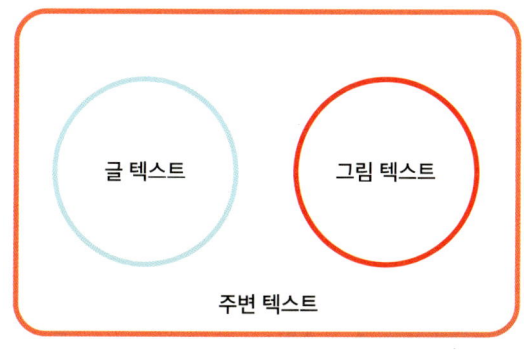

[그림 1-1] 그림책 텍스트

그림책이라는 물성을 갖추기 위해서는 **표지**가 있어야 합니다. 속지만 달랑달랑 뒹굴어 다니는 그림책을 본 적은 없으시죠? 표지는 그림책의 속지를 보호하기 위한 수단이기도 하지만 단순히 속지를 보호하는 것에만 그치지 않습니다. 표지에는 생각보다 많은 정보가 담겨 있어요. 표지는 그림책 작가가 독자들에게 그림책을 가장 먼저 선보이는 자리입니다. 표지로 독자들을 유혹하기 위해 많은 고심 끝에 표지를 구성하지요. 이렇게 공이 들어간 표지를 그냥 넘어가 버린다면 그림책 작가가 서운하지 않을까요?

그림책의 표지는 특히 아이가 그림책을 처음 접할 때 함께 눈여겨볼 필요가 있습니다. **그림책의 세계에 들어가기 전에 이 그림책이 어떤 내용일지 추측을 해 보며 흥미를 갖도록 도울 수 있습니다.** 그림책의 표지를 살펴보면 그림책의 제목, 글 작가, 그림 작가, 옮긴이, 출판사 등을 알 수 있습니다. 우리 아이가 좋아하는 그림책 작가가 있다면 글 작가와 그림 작가가 누구인지도 눈여겨보며 이야기를 나누어 보면 좋겠지요. 그림책의 내용을 궁금하도록 만드는 간단한 설명이 적혀 있기도 해요.

가끔은 표지에서 제목을 과감히 삭제해 버림으로써 오히려 궁금증을 일으키기도 해요. 『느낌표』라는 그림책은 노란색 바탕에 커다란 느낌표만 덩그러니 있어요. 커다란 느낌표가 우리를 한눈에 사로잡지요. 이때 그림책의 표지를 보며 이야기를 나누어 볼 수 있습니다. 표지만 보고도 아이와 나눌 수 있는 이야기는 무궁무진합니다.

> "이게 뭐지? 커다란 느낌표가 하나 덩그러니 있네?
> 뒤표지에도 느낌표가 있을까? 어, 뒤에도 느낌표가 있네.
> 이 느낌표는 더 크다. 세로로 길쭉한 느낌표네.
> 친구들과 다른 모습을 가진 느낌표라니. 뭐가 다르다는 걸까?"

『느낌표』
에이미 크루즈 로젠탈 글, 탐 리히텐헬드 그림, 용희진 옮김, 천개의 바람, 2021

표지로만 구성되어 있지 않고 부수적인 부분이 더 존재하기도 해요. 표지를 한 번 더 감싸는 **책커버**가 있기도 하고, 강조하고 싶은 내용을 담은 **띠지**가 둘러져 있기도 하죠. 그림책에 대한 간단한 **서평**이 적혀 있기도 해요. 그림책에 대한 서평을 통해 어떤 내용의 그림책일지 추측해 볼 수도 있습니다. 이런 부분까지 아이와 하나하나 찾아보며 꼼꼼히 읽다 보면 그림책을 읽는 시간 자체를 즐기며 함께할 수 있습니다. 책커버와 표지가 전혀 다르게 구성되어 있는 경우도 있어요. 『연이와 버들 도령』이란 그림책은 책커버와 표지를 살펴보며 이야기를 나누어 보기 좋습니다.

> "(책커버를 보면서)
> 연이와 버들도령이라는 그림책이래. 이 친구가 연이일까 버들도령일까?
> 등에 짊어지고 있는 건 뭘까? 짚으로 만든 거 같은데.
> 하얀 눈이 내리는 추운 겨울인가 봐. 추워서 모자도 쓰고 있어."

"(표지를 보면서)
표지를 보니까 이 친구가 연이가 맞나 보네. 치마를 입고 있으니까.
연이가 있는 이곳은 아까랑 다르게 눈이 내리진 않네.
뒤에 커다란 나무가 있어. 초록색 잎이 흐드러진 버드나무인가?"

『연이와 버들 도령』 책커버(왼쪽), 표지(오른쪽)
백희나 글·그림, 책읽는곰, 2022

    같은 그림책이어도 번역된 나라에 따라 표지가 달라지기도 해요. 이런 부분도 함께 살펴보면 아이들이 재미를 느낄 수 있습니다. 『누가 따라오는 걸까?』라는 외국 그림책이 우리나라에서 출간된 표지를 보면 아이가 눈 내린 깊은 숲속을 홀로 걸어가고 있는 장면으로 표지가 구성되어 있습니다. 반면에 외국에서 발간된 표지는 무시무시한 노란색 눈이 강렬하게 그려져 있지요. 우리나라의 표지를 보면 누군가가 아이를 따라가고 있는 건지 궁금해질 수 있겠지만, 외국의 그림책은 무시무시한 노란 눈을 가진 괴물이 따라오는 장면이 상상되어 오싹해집니다. 같은 그림책이더라도 그림책의 표지 그림과 제목이 달라지니 전혀 다른 그림책인 것 같지요? 그만큼 표지의 역할은 매우 중요합니다.

"(국내 버전을 보면서) 눈이 뒤덮인 산속을 아이가 혼자 걸어가고 있나 봐.
제목은 '누가 따라오는 걸까?'야. 누가 아이를 따라가고 있나?"
"『누가 따라오는 걸까?』라는 그림책이 다른 나라에서는 이런 표지래.
노란색 눈을 가진 괴물이 따라오나 봐. 너무 무섭다.
글씨체도 뾰족뾰족해서 오싹한 기분이 든다."

『누가 따라오는 걸까?』 국내 버전(왼쪽), 국외 버전(오른쪽)
앙투안 기요페 글·그림, 어린이작가정신, 2005

그리고 또 하나 살펴볼 수 있는 부분은 그림책의 **판형**입니다. 책꽂이에 꽂혀 있는 그림책들을 살펴보면 모양이 모두 제각각이라는 걸 알 수 있을 거예요. 줄글로만 구성된 일반적인 책들에 비하면 그림책의 판형은 무척이나 다양합니다. 그림책의 판형 또한 그림책 작가와 출판사가 의도하고 구성한 부분이라는 점을 잊지 말아 주세요. 일반적이지 않은 특이한 판형으로 눈길을 사로잡는 그림책도 종종 볼 수 있습니다. 『만타와 물고기』란 그림책은 길쭉한 판형으로 구성되어 있고, 그림책을 위아래로 넘기게 되어 있지요. 그림책의 표지에는 물고기 한 마리가 도마 위에 턱하니 올라와 있어서, 그림책 자체가 도마처럼 보이기도 합니다. 물고기가 어쩌다가 도마 위에 올려진 건지 저절로 궁금해지네요.

『만타와 물고기』
엄선 글·그림, 현암주니어, 2020

판형 자체에 독특한 변화를 주는 경우도 있습니다. 그림책의 내용을 강조하면서 관심을 가질 수 있도록 돕는 장치입니다. 앞서 소개해 드렸던 『와작와작 꿀꺽 책 먹는 아이』라는 그림책의 뒤표지는 누군가 한 입 크게 책을 베어 문 것 같은 자국이 있습니다. 제목을 읽고 나서 표지를 살펴본다면 책 먹는 아이가 먹은 게 아닌지 자연스럽게 추측이 가능해지지요. 표지부터 그림책을 함께 살펴본다면 그림책에 숨어 있는 재미있는 장치들을 찾는 즐거움을 느낄 수 있습니다. 더불어 이 그림책의 뒷면에는 그림책을 추천하는 서평도 함께 읽어 볼 수 있겠네요.

"어머, 누가 책을 먹어 버렸나 봐. 이빨 자국이 나 있네? 누가 먹은 걸까?
이 그림책을 추천해 주는 사람의 글도 적혀 있어.
누가 책을 먹는다는데? 책을 먹으면 똑똑해진대. 그럴 수가 있나?"

『와작와작 꿀꺽 책 먹는 아이』 뒤표지

표지의 안쪽 면은 자연스럽게 **면지**가 됩니다. 이 면지를 활용해서 이야기를 일부 확장해 놓는 경우도 종종 있습니다. 표지보다 더 주목받기 어려운 면지에도 수수께끼 같은 비밀늘이 숨겨져 있기도 합니다. 특히 앞면지와 뒤면지를 다르게 제작함으로써 이야기의 시작 전과 이야기가 끝나고 나서의 이야기를 맛보기로 보여 줌으로써 어떤 이야기가 펼쳐질지 상상할 수 있도록 돕기도 합니다. 『눈물바다』라는 그림책의 면지를 함께 살펴볼까요? 앞표지에서는 한 아이의 눈에 눈물이 가득 차 있어요. 표지를 넘겨 앞면지를 살펴보면 눈물방울들이 슬픈 표정을 하고 있지요. 하지만 뒤표지는 방긋 웃고 있고, 뒤면지 또한 눈물방울들이 기쁜 표정을 하고 있어요. 처음에는 눈물바다였지만 무슨 일이 있었길래 다시 행복해진 걸까요? 이러한 부분을 눈여겨볼 수 있도록 아이와 함께 이야기 나누어 주세요.

"눈물바다란 그림책이래. 아이 눈에 눈물이 가득하네?
눈물을 너무 많이 흘려서 눈물바다가 되어 버렸나? 홍수가 난 것 같다.
눈물이 한가득이라 동물 친구들이랑 건물이 떠내려가고 있다.
앞면지에는 슬픈 눈물방울들이 한가득이네. 무슨 속상한 일이 있었나 보다.
뒤표지도 눈물바다이려나? 앗, 뒤표지에서는 방긋 웃고 있네?
뒤면지도 눈물방울들이 기분이 좋아졌나 봐.
무슨 일이 있었길래 기분이 좋아졌을까?"

뒤면지(왼쪽), 앞면지(오른쪽)

『눈물바다』
서현 글·그림, 사계절, 2009

주변 텍스트는 그림책의 안에 있는지 밖에 있는지에 따라서 내적 주변 텍스트, 외적 주변 텍스트로 나뉠 수도 있어요. 『숨바꼭질』이라는 그림책에서 **내적 주변 텍스**

트를 먼저 찾아볼까요? 그림책의 마지막 장을 보면 그림책 작가에 대한 간략한 소개와 함께 그림책을 만들게 된 계기가 적혀 있어요. 이 그림책은 피난길에 오른 작가의 어머님께서 어릴 적 풀밭에 누워 있었는데 밤하늘이 너무 예뻤다는 이야기에서 그림책을 구상하게 되었다고 합니다. 아이와 그림책을 어떻게 만들게 되었는지에 대해서도 이야기를 나누어 볼 수 있겠지요? 그림책 작가의 말 아래에는 그림책에 대한 서지사항이 적혀 있습니다. 이 그림책은 일부러 2018년 6월 25일에 1판 1쇄를 찍었다고 하네요. 이렇게 아이와 내적 주변 텍스트를 꼼꼼히 확인하다 보면 그림책이 어떻게 만들어졌는지 그 과정에 대해서도 관심을 가질 수 있게 됩니다.

『숨바꼭질』
김정선 글·그림, 사계절, 2018

외적 주변 텍스트는 그림책과 관련이 있지만 그림책과 분리되어 존재하는 요소들을 의미합니다. 그림책에는 담지 못한 이순득과 박순득이 행복하게 함께하는 장면을 그림카드를 통해 표현하였습니다. 전쟁이 일어나지 않았더라면 함께했을 순득이들의 행복한 장면들이지요. 그림책 작가의 말에 의하면 순득이 둘이 행복했으면 하는 소망을 담았다고 합니다.

2) 글과 그림의 관계

앞서 소개한 것처럼 글과 그림은 각자가 동등한 위치를 가지며 이야기를 구성해 나갑니다. 글과 그림이 함께 조화를 이루며 그림책을 만들어 간다는 점을 이해하지 못한다면, 아이와 그림책을 함께 읽는 과정에서 어려움을 겪을 수 있기 때문에 글과 그림의 관계에 대한 이해가 필요합니다. 글과 그림이 구체적으로 어떤 관계의 양상을 맺는지 이해한다면 그림책을 읽는 과정이 훨씬 즐거워질 수 있습니다. 하나씩 살펴볼까요?

먼저 글과 그림의 관계를 이해하지 못할 때 범할 수 있는 누에 대해 알아보도록 하겠습니다. 부모님이 아이와 함께 그림책을 읽어 주는 모습을 관찰해 보면 대체로 비슷한 패턴이 발견됩니다. 글을 읽을 줄 아는 성인은 자연스럽게 글에 눈길이 가고, 글을 아직 읽지 못하는 아이들은 그림에 눈길이 가는 것이죠. 성인은 그림을 자세히 살펴볼 겨를도 없이 아이에게 그림책을 읽어 줘야 한다는 압박감에 줄글을 줄줄줄 읽기만 하는 경우도 종종 있습니다. 하지만 이렇게 글을 읽기만 하는 것은 그림책을 통해 얻을 수 있는 재미를 반밖에 얻지 못하는 것입니다. **그림과 글을 함께 보며 읽어야 그림책을 온전하게 읽는다고 말할 수 있기 때문이지요.** 글을 읽는 데만 급급하지 말고 그림과 함께 보며 글을 읽어 보세요.

반면에 아이들은 그림을 보면서 성인이 읽어 주는 글의 내용을 듣습니다. 그만큼 아이들은 그림 속에 숨어 있는 작은 부분까지도 발견하는 재미를 즐기지요. 하지만 그림을 보면서 글의 내용을 듣는 것은 고도의 집중력을 필요로 합니다. 그렇기 때문에 부모가 글을 읽는 데만 초점을 두고 빠르게 읽어 주는 것은 바람직하지 않지요. **글의 내용을 들으며 그림을 충분히 탐색하는 시간을 가지는 여유로운 그림책 읽기 시간이 되어야 합니다.** 여유롭게 그림책을 읽어야 하는 이유 중 또 다른 한 가지는 그림을 읽는다는 것은 생각보다 어려운 일이라는 것입니다. 그림책의 그림을 읽기 위해서는 일정 수준 이상의 **시각문해력**(visual literacy)이 필요합니다. 시각문해력은 많은 경험의 반복과 축적을 통해서 성장할 수 있지요. 이 부분에 대해서는 4장에서 자세하게 다루도록 해요.

글과 그림을 모두 살펴봐야 하는 이유에 대해서는 충분히 알아보았으니, 이제부터는 글과 그림의 관계 양상에 대해 자세히 알아보도록 하겠습니다. 글과 그림의 관계 양상은 크게 세 가지인 대응, 상호보완, 굴절로 나눌 수 있습니다.

글과 그림이 같은 이야기를 하고 있는 것을 **대응**이라고 합니다. 『연이와 버들 도령』이란 그림책을 살펴보면서 예시와 함께 하나씩 살펴보도록 해요. '나이 든 여인이 연이에게 일을 시키고, 연이는 여인이 시키는 대로 일을 했다'는 내용의 글과 함께 이를 보여 주는 그림 장면이 나란히 있습니다. 글과 그림이 대응이 되는 것을 알 수 있습니다. 대응은 글과 그림 중 어느 것이 더 정교하게 이야기하고 있는지에 따라 '축소' '정교화'로도 나누어집니다. **축소**는 그림과 글이 같은 이야기를 하고 있지만, 그림이 글보다 더 단순한 경우를 말합니다. 반대로 **정교화**는 그림과 글이 같은 이야기를 하고 있지만, 그림이 글보다 더 세밀한 부분까지 나타내고 있는 경우를 의미합니다.

글과 그림이 같은 이야기를 하고 있는 '대응' 관계

『연이와 버들 도령』

백희나 글·그림, 책읽는곰, 2022

같은 이야기를 하고 있기는 하지만 글에 없는 것을 그림이, 그림에 없는 것을 글이 서로 보완하는 것을 **상호보완**이라고 합니다. 상호보완은 글과 그림이 서로를 어떻게 보완하는지에 따라 확장, 보충, 교차전진으로 구분할 수 있습니다. 글에 표현되지 않은 것을 그림이 자세히 보여 주거나, 그림에서 표현되지 않은 부분까지 글이 자세히 말하고 있을 때 **확장**, 글과 그림이 서로를 도우며 이야기를 만들어 갈 때는 **보충**, 글과 그림이 번갈아 가며 이야기를 구성하여 한 장면을 구성하고 있을 때는 **교차전진**이라고 합니다.

그림에 없는 것을 글이 보완하고 있는 '상호보완' 관계

『연이와 버들 도령』
백희나 글·그림, 책읽는곰, 2022

    글과 그림이 서로 상반되는 각자의 이야기를 하는 것을 '굴절'이라고 합니다. **굴절**은 글과 그림이 서로 다른 말을 하고 있어서 가장 혼란스러워 보일 수 있는 방식의 관계입니다. 부모님이 아이에게 그림책을 읽어 줄 때 가장 당황스러워하는 부분이기도 하지요. 하지만 아이들은 오히려 이러한 점에서 그림책의 묘미를 느낍니다. 글과 그림이 예상하지 못한 방향으로 튀어 버림으로써 긴장과 설렘을 경험할 수 있습니다.

    『숨바꼭질』이라는 그림책은 특히 '굴절' 관계를 활용해 그 효과를 극대화하고 있습니다. 6·25 전쟁을 아이들의 시선에서 그려냄으로써 그 아픔을 더 절실히 드러내고 있지요. 그림은 아이들이 전쟁통에 피난을 가는 모습을 그리고 있지만, 글만 읽었을 때는 아이들이 숨바꼭질을 하는 것처럼 보입니다. 전쟁으로 피난길에 오른 아이들이지만 숨바꼭질을 하는 것 같은 착각을 불러일으키지요. 글은 아이의 관점에서 "숨바꼭질할까? 내가 먼저 술래."라고 말하고 있지만, 그림은 아이가 피난길에 오르는 장면을 묘사하고 있습니다.

"숨바꼭질할까? 내가 먼저 술래.
지금 박순득이랑 이순득이 숨바꼭질 하는 거야?
이순득이 어딘가로 떠나나 봐. 어디를 가는 것 같아?
어른들 손에 짐이 한 보따리네. 전쟁이 나서 가족들이랑 피난을 가나 봐.
피난이란 건 전쟁을 피한다는 걸 뜻해."

글과 그림이 서로 상반되는 이야기를 하는 '굴절' 관계

『숨바꼭질』

김정선 글·그림, 사계절, 2018

'굴절' 관계는 그 양상에 따라 크게 '아이러니'와 '대위'로 구분할 수 있습니다. 글과 그림이 서로 반대되는 이야기를 하는 경우를 아이러니, 글과 그림이 서로 다른 주인공의 관점에서 이야기하는 경우를 대위라고 합니다. **아이러니**의 경우 『아기 돼지 세 마리』라는 그림책에서 찾아볼 수 있어요. 흔히들 알고 있는 아기 돼지 세 마리라는 동화를 각색한 그림책이지요. 원작의 동화에서는 늑대가 아기 돼지를 잡아먹지만, 이 그림책에서는 아기 돼지가 그림책 밖으로 도망가 버려서 아기 돼지를 잡아먹지 못해요. 하지만 글 텍스트를 읽어 보면 늑대가 아기 돼지를 잡아먹었다는 내용은 그대로이지요. 이러한 점에 대해서 이야기를 나누어 본다면 좋습니다.

"어? 우리가 아는 아기 돼지 세 마리 동화는 이렇지가 않은데?
아기 돼지가 그림책 밖으로 도망쳐 버려서 늑대가 잡아먹지 못했나 봐.
아기 돼지가 그림책 밖으로 나가니깐 어떻게 됐어?
그림책 밖으로 나갔더니 아기 돼지 털이 살아 있는 것처럼 섬세해졌다."

글과 그림이 서로 반대되는 이야기를 하는 '아이러니' 관계

『아기 돼지 세 마리』

데이비드 위즈너 글·그림, 이옥용 옮김, 마루벌, 2008

대위 관계를 보여 주는 대표적인 예시는 『로지의 산책』이라는 그림책에서 찾아볼 수 있습니다. 글은 닭인 로지의 입장만을 말하고 있지만, 그림은 여우의 시선을 볼 수 있도록 그려져 있지요. 글만 읽었을 때는 로지가 평화롭게 산책하는 것처럼 보이지만, 그림까지 함께 보면 여우가 계속 로지를 쫓아가고 있는 것을 볼 수 있어 흥미진진해하며 긴장의 끈을 놓을 수 없게 됩니다.

> "암탉 로지가 산책을 나갔어.
> 타박타박 마당을 가로질러서 걸어가고 있네.
> 어떡해! 로지는 여우가 쫓아오는 걸 모르나 봐. 로지야 도망쳐!
> 다음 이야기는 어떻게 될 것 같아? 여우가 로지를 잡았을까?"

글과 그림이 서로 다른 주인공의 관점에서 이야기하는 '대위' 관계

『로지의 산책』
팻 허친스 글·그림, 김세실 옮김, 봄볕, 2020

3) 그림책의 읽기 방향

그림책은 지극히 사회문화적인 산물입니다. 글과 그림이라는 상징을 통해 이야기를 담고 있습니다. 그리고 글과 그림을 전개해 나가는 방향 또한 문화적, 관습적 요소가 내포되어 있습니다. 대부분의 문화권에서는 **왼쪽에서 오른쪽으로 향하는 읽**

기 방향을 가지고 있지요. 그렇기 때문에 그림책의 이야기 또한 왼쪽에서 오른쪽을 향하는 방향으로 움직입니다. 왼쪽에서 오른쪽으로 움직이기로 약속된 사회적 합의 덕분에 정지되어 있는 그림 텍스트가 **시간성, 운동성, 인과성**을 가질 수 있게 됩니다. 더 과거에 일어난 일을 왼쪽에 그림으로써 왼쪽에 일어난 일이 더 오래된 사건임을 보여 주고, 왼쪽에서 오른쪽으로 움직이고 있음을 표현합니다. 그렇기 때문에 그림책 속 주인공이 여행을 떠나거나 환상의 나라로 들어갈 때는 왼쪽에서 오른쪽을 향하도록 그림을 그리고, 원래의 세상으로 돌아갈 때는 오른쪽에서 왼쪽을 향하도록 그림을 그립니다.

『숨바꼭질』이라는 그림책에서도 이와 같은 읽기 방향을 찾아볼 수 있는데요. 고향을 등지고 피난을 떠날 때는 그림 속 인물들이 왼쪽에서 오른쪽을 바라보는 방향으로 피난을 가지만, 전쟁이 끝나고 다시 고향으로 돌아올 때는 오른쪽에서 왼쪽을 향하는 방향으로 돌아가는 모습이 그려집니다. 또한 피난을 떠난 자전거포 이순득과 피난을 가지 않고 남았던 양조장집 박순득의 관점에 따라 글의 위치가 달라지는 것도 발견할 수 있습니다. 이순득이 피난을 갈 때는 박순득이 술래가 됩니다. "꼭꼭 숨어라. 해님이 찾을라."라고 말하는 것은 박순득의 목소리이죠. 반면에 전쟁이 끝나고 이순득네 가족이 다시 고향으로 돌아갈 때는 이순득이 술래가 됩니다. "이제 내가 술래. 꼭꼭 숨어라. 머리카락 보일라."라고 말하는 사람은 이순득의 목소리인 것이죠.

술래가 된 박순득의 목소리가 왼쪽에 적혀 있음.
피난을 떠나는 이순득은 왼쪽에서 오른쪽을 향함.

『숨바꼭질』

김정선 글·그림, 사계절, 2018

술래가 된 이순득의 목소리가 오른쪽에 적혀 있음.
고향으로 다시 돌아가는 이순득은 오른쪽에서 왼쪽을 향함.

『숨바꼭질』
김정선 글·그림, 사계절, 2018

4) 프레임과 프레이밍

　읽기 방향과 더불어 알아두면 좋은 요소는 프레임과 프레이밍입니다. **프레임**(frame)은 그림 텍스트의 서사 단위를 말합니다. 하나의 면에 화면 가득히 그림을 그려서 프레임이 없어 보이는 경우가 많기 때문에 그림 텍스트가 프레임으로 구성되어 있다고 느끼지 못하는 경우도 종종 있습니다. 이렇게 프레임 없이 그림을 그릴 경우 그림책 속 **주인공에 더 감정이입**을 하기 쉽지요. 하지만 그림 텍스트를 둘러싸는 틀을 제공함으로써 그림책 속 주인공과 일정한 거리를 둘 수 있는 효과를 주기도 합니다. 경우에 따라서는 작은 프레임을 연속적으로 왼쪽에서 오른쪽의 방향으로 순서대로 배치함으로써 **시간성과 인과성**을 만들어 내기도 합니다. 이러한 기법은 특히 글 없는 그림책에서 종종 사용됩니다. 『눈사람 아저씨』라는 글 없는 그림책을 보면 작은 크기의 프레임을 왼쪽에서 오른쪽으로 따라가면서 눈사람 아저씨를 만드는 과정을 볼 수 있지요.

　프레이밍(framing)은 주인공이나 화자의 시각을 보여 주는 앵글을 의미합니다. 카메라로 원하는 장면을 촬영하듯 그림책 작가는 다양한 화면과 앵글의 높이를 통해 표현하고자 하는 바를 그림책에 담아냅니다. 화면 안에 등장하는지, 즉 그림으로 표현되어 있는지에 따라 **화면 영역**과 **비화면 영역**으로 구분할 수 있습니다. 그림 텍스

작은 크기의 프레임으로 구성된 그림 텍스트

『눈사람 아저씨』
레이먼드 브릭스 그림, 마루벌, 1997

트에 일부만 등장시킴으로써 호기심을 유발하기도 하고, 예고편의 역할을 하기도 합니다. 그림에서는 아예 등장하지 않고 글에서 목소리로만 등장하는 경우도 있지요. 『숨바꼭질』이라는 그림책을 살펴보면 이순득과 박순득의 뒤로 탱크의 그림자가 일부 드리웁니다. 탱크가 순득이들 뒤를 바짝 쫓아서 움직이고 있음을 그림자 일부를 통해서 표현하고 있는 것이지요.

화면 안에는 탱크의 그림자가 일부 보임.

『숨바꼭질』
김정선 글·그림, 사계절, 2018

앵글의 높이를 활용하여 주인공의 시점을 표현하기도 합니다. 보통은 옆에서 관찰하는 것 같은 평범한 앵글을 활용합니다. 하지만 앵글의 높이를 달리하여 관찰자의 시점과 주인공 사이의 관계를 표현하기도 합니다. 위에서 아래를 내려다보는 앵글을 **부감**(high angle), 아래에서 위를 올려다보는 앵글을 **앙각**(low angle)이라고 합니다. 『위를 봐요!』라는 그림책은 부감을 적극적으로 활용하여 주인공이 아파트에서 평지를 걸어 다니고 있는 사람들을 관찰하는 시선을 표현하고 있습니다.

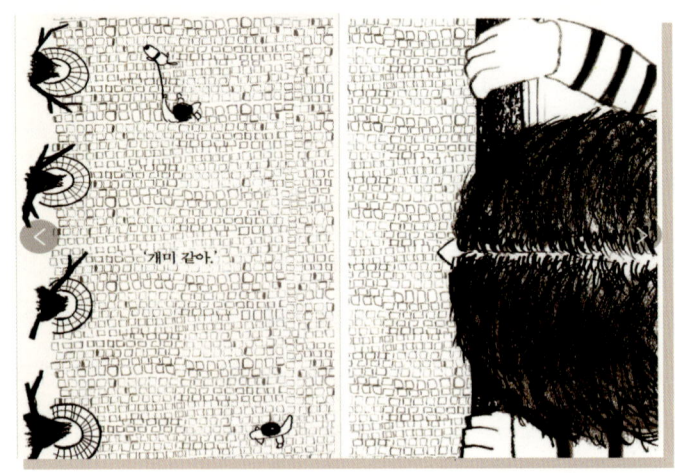

위에서 아래를 내려다보는 시선인 '부감'

『위를 봐요!』
정진호 글·그림, 현암주니어, 2014

3. 다양한 장르의 그림책

그림책이 어떻게 구성되어 있는지, 어떤 점을 눈여겨보고 이야기 나누어 보면 좋을지 하나씩 알아보았습니다. 그렇다면 이번에는 그림책의 장르에 대해서도 살펴보도록 해요. 어떤 유형의 장르인지 파악할 수 있다면 어떻게 읽으면 좋을지에 대한 감도 잡을 수 있습니다. 각 장르의 특징을 살펴보고 어떻게 상호작용하면 좋을지 고민해 보도록 하겠습니다.

1) 글 없는 그림책

그림책은 글과 그림으로 만들어지지만, 그림책 작가의 의도에 따라 글 또는 그림에 더 중점을 둔 경우가 있습니다. 때에 따라서는 글이 없거나 그림이 없는 경우도 있지요. 글 없이 그림으로만 표현되어 있는 그림책을 **글 없는 그림책**(wordless picture book)이라고 합니다. 간혹 글 없는 그림책이어도 아주 일부분만 글이 적혀 있는 경우도 찾아볼 수 있습니다. 글 없는 그림책은 그림으로만 서사가 진행되기 때문에 **그림을 더 자세히 관찰하면서 앞뒤의 인과관계를 파악**하는 데 초점을 두기 좋습니다.

특히 글이 없어서 성인과 아동이 동등한 입장에서 그림책을 읽을 수 있다는 점에서 독특한 장르이지요. 그렇기 때문에 성인들은 글 없는 그림책을 아이에게 어떻게 읽어 줘야 하는지 난감해하기도 합니다. 하지만 이는 바꿔 말하면 성인이 글을 읽어 줘야 한다는 역할을 내려놓고, 아이와 함께 **그림을 면밀히 관찰하며 그림 읽기**를 시도하기 좋다는 것을 의미합니다. 그림을 하나씩 살펴보는 그림산책을 하거나, 그림을 보면서 이야기를 꾸며 보는 건 어떨까요? 이야기를 만들고 접착 메모지에 글을 적어서 나만의 그림책을 만들어 보는 것도 방법입니다. 그림책의 이전과 이후의 이야기를 확장하여 이야기를 꾸며 보고 그림으로 그려 표현해 보는 것도 좋습니다.

[그림 1-2] 글 없는 그림책 예시

그림 없는 그림책

글 없는 그림책의 정반대의 유형으로 그림 없는 그림책이 있어 주목을 받기도 하였습니다. 글을 시각적으로 미화한 타이포그래피의 정수를 보여 주는 그림책이지요. 그림 없는 그림책이란 장르가 따로 존재하지는 않지만 이런 유형의 그림책도 있다는 걸 알아두시면 좋을 것 같습니다. 특히 이런 종류의 그림책은 아이들이 글자에 관심을 가질 수 있도록 도울 수 있습니다. 글자들을 하나씩 읽어 보면서 글자가 어떤 소릿값을 가지고 있는지 알아볼 수 있어요. 같은 모양의 자음, 모음, 음절을 찾아보는 활동으로도 확장이 가능합니다.

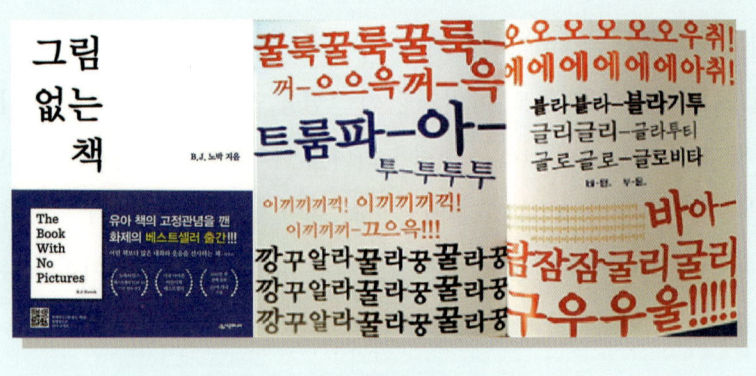

『그림 없는 책』
B. J. 노박 글, 시공주니어, 2016

2) 전자 그림책

전자 그림책, **전자책** 또는 **이북**(e-book)이라고 불리는 장르의 그림책은 태블릿이 보급되면서 더욱 활발히 확산되고 있습니다. 일부 그림책의 경우 버튼을 누르면 소리가 나거나 이야기를 읽어 주는 내레이션이 나오도록 제작되어 있기도 하지요. 이러한 유형은 하나의 장르라기보다는 전자매체를 활용한 그림책이라고 보는 것이 더 적합합니다. 기술이 발전함에 따라 생겨난 새로운 유형의 그림책인 것이죠. **좋은 전자 그림책을 고르는 기준 또한 일반적인 종이 그림책을 고를 때와 비슷합니다.** 이야기의 구성이 짜임새가 있는지, 아이가 흥미를 가질 수 있는 주제인지, 그림이 미학적으로 뛰어난지를 살펴보는 것이 좋습니다.

우리나라는 다른 나라에 비하면 비교적 전자 그림책 시장이 작은 편입니다. 우리나라의 전자 그림책은 추가적인 효과 없이 종이책을 그대로 태블릿으로 볼 수 있는 유형이 가장 흔하지요. 이러한 전자 그림책은 어떻게 활용하는지에 따라 그 장점이 배가될 수 있습니다. 전자 그림책은 종이책이 가지는 물성에 얽매이지 않는다는 것이 가장 큰 장점이기 때문이죠. 전자 그림책에 추가적인 글과 그림을 적어 넣더라도 언제든지 원상복귀가 쉽다는 점을 적극적으로 활용해 보세요. 나만의 그림책을 새롭게 만들어 보는 활동도 추천합니다.

종이책과 전자 그림책의 매체에 따른 차이에 대해서는 의견이 분분합니다. 하지만 다른 조건을 엄밀히 통제하고 살펴보았을 때 종이책과 전자 그림책의 매체에 따른 아동의 이야기 이해에는 차이가 없었습니다. 매체 자체의 특성보다는 **전자 그림책을 어떻게 활용하는지가 더 중요**하다는 걸 보여 주는 결과이지요. 보관의 편리성을 생각하면 전자 그림책을 적극적으로 함께 활용하는 것도 좋은 방법이 될 수 있습니다. 하지만 전자 그림책에 들어가는 내레이션, 불필요한 효과, 효과음, 조작 등이 성인과 아동의 적극적인 상호작용을 방해할 수 있다는 점은 주의할 필요가 있습니다. 이러한 효과들은 오히려 아이들의 이야기 이해를 방해할 수 있기 때문이지요. 전자 그림책을 활용하여 대상을 입체적으로 탐색하거나, 그림책에는 제시되어 있지 않은 부분에 대해 부연설명을 하는 것과 같은 적극적인 성인의 상호작용이 필요합니다. 전자 그림책을 아이 혼자 읽도록 제공하는 것은 지양해야 하는 것이지요.

3) 환상 그림책

현실 세계를 벗어나는 환상, 판타지가 펼쳐지는 장르의 그림책을 **환상 그림책**이라고 합니다. 환상의 정도에는 차이가 있지만, 현실에서 일어날 수 없는 일들을 다룬다는 점에서 아이들의 상상력을 자극합니다. 『마술연필』처럼 그림을 그리면 무엇이든 살아나는 신기한 능력을 가진 물건을 얻기도 하고, 『이상한 손님』의 천달록처럼 초자연적인 힘을 가진 인물을 만나기도 합니다. 『종이 아빠』의 종이로 만든 아빠처럼 살아 움직일 수 없는 대상이 살아나 함께 놀기도 합니다. 『할머니의 여름휴가』에 나오는 것처럼 소라 속으로 여름휴가를 떠나는 약한 정도의 환상의 세계가 펼쳐지기도 하고, 『괴물들이 사는 나라』처럼 실제로는 존재하지 않는 상상의 세계로 모험을 떠나기도 합니다.

　이러한 유형의 그림책을 읽을 때 **나라면 어떻게 했을지 상상해 볼 수 있도록 질문을 해 주는 것이 좋습니다.** "○○이한테 마술 연필이 생긴다면 무얼 그려 보고 싶어?" "○○이가 종이로 만든 게 살아 움직일 수 있다면 뭘 만들고 싶어?" "천달록이 우리 집에 온다면 우리는 어떻게 해야 할까?"와 같은 질문을 통해 아이들의 상상력을 자극해 주세요. 조금 더 연령이 높은 아동이라면 상상해 본 이야기를 토대로 나만의 그림책을 새롭게 만들어 보는 활동으로도 확장할 수 있습니다.

[그림 1-3] 환상 그림책 예시

4) 사실주의 그림책

　현실 세계에서 일어날 수 있는 소재를 다루는 장르를 **사실주의 그림책**이라고 말합니다. 일상에서 쉽게 접할 수 있는 일들을 다루고 있기 때문에 아이들에게 친숙하지요. 아이들의 일상을 다루기 때문에 동질감을 느낄 수 있으면서, 동시에 **주인공에 감정이입을 해 보며 타인의 관점을 경험**해 보기에 좋은 그림책 유형입니다. 『우리는 언제나 다시 만나』라는 그림책은 엄마와 아이가 떨어져 있는 동안의 이야기를 담고 있습니다. 분리불안을 겪는 아이들에게 읽어 주기 좋은 그림책이지요. 그림책 속 엄마와 아이의 기분은 어땠을지 이야기 나누어 보세요. 그림책 속 주인공과 비슷한 나의 경험에 대해서도 이야기 나누어 보기 좋습니다. 『눈 오는 날』의 주인공처럼 눈이 펑펑 내린 날 밖에 나가서 놀이했던 경험을 이야기 나누어 볼 수도 있습니다.

　사실주의 그림책을 통해 **현실 세계의 영역에 속하기는 하지만 아이가 쉽게 접하**

기 어렵거나, 생각해 보지 못했던 부분에 대해서도 다루기 좋습니다. 환경, 숲과 자연, 전쟁, 장애 등의 주제를 다루는 그림책을 활용하여 평소에 쉽게 접하지 못하는 영역에 대해 간접적으로 경험하고 생각해 볼 수 있는 시간을 가질 수 있습니다. 『고사리손 환경책』이란 그림책을 함께 읽어 본 뒤, 우리가 일상생활 속에서 환경보호를 실천하기 위해서 할 수 있는 작은 실천방법들에 대해서 같이 고심해 보고 우리 가족만의 규칙을 정해 볼 수도 있겠지요.

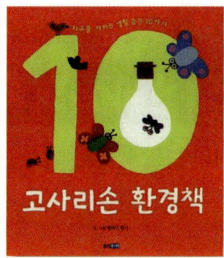

[그림 1-4] 사실주의 그림책 예시

5) 옛이야기 그림책

구전으로 전해 내려오는 이야기를 토대로 하거나, 역사적인 인물이나 사건 또는 사물이나 동식물의 기원에 대해 다루거나, 나라의 시조나 위인의 탄생과 관련한 옛날이야기를 다루는 그림책을 **옛이야기 그림책**이라고 합니다. 이솝우화나 그림형제의 동화와 같은 종류도 여기에 해당합니다. 이 장르의 그림책은 주인공의 성격이 입체적이지 않고, 권선징악이 뚜렷하기 때문에 상대적으로 이야기를 파악하기가 쉽습니다. 이야기를 통해 교훈을 전달하려는 목적으로 시작되었기 때문에 대체로 이러한 특징을 공유하고 있지요. 또한 기승전결의 구조가 명확해서 아이들이 다음 이야기를 예측하기 좋습니다. '~했지' '~그랬대'와 같이 입말이 살아 있는 구어체의 문장을 사용하기 때문에 소리 내어 읽었을 때 그 재미가 더 배가되기도 합니다. 입에 착착 감기기 때문에 한두 번 반복해서 읽어 주다 보면 글을 모르는 아이들도 그림을 보며 읽는 척하는 것이 가능합니다.

『팥죽 할멈과 호랑이』와 『반쪽이』처럼 구전되어 오는 민담을 토대로 그림책 작가가 각자 재해석한 그림책을 쉽게 찾아볼 수 있습니다. 같은 제목을 가진 그림책이지만 이야기를 풀어 나가는 과정이 다르다는 점에 착안하여 그림책 여러 권을 같이 비교해 보는 것도 좋습니다. **그림책을 반복해서 읽어 본 뒤 역할놀이에 필요한 소품을 직접 만들어 친구들과 역할놀이로 확장**해 보기에도 좋은 장르입니다.

[그림 1-5] 옛이야기 그림책 예시

6) 정보 그림책

아이들이 주로 흥미를 보이는 동물, 공룡, 곤충, 인체, 교통기관과 같은 주제를 다루는 논픽션 그림책을 **정보 그림책**이라고 합니다. 말 그대로 정보를 제공하는 것을 목적으로 하지요. 정보를 나열하는 경우도 있지만, 짤막한 이야기 구조 속에서 정보를 재미있게 풀어 나가기도 합니다. 이야기를 이해하는 것보다는 단편적인 정보에 관심을 보이는 어린 연령의 영아에게 적합할 때가 많습니다. 하지만 특정 주제에 대해 심도 깊은 지식을 얻기 좋아하는 유아에게 적합한 그림책도 상당수 존재합니다. 아이의 관심과 흥미, 발달수준을 고려해서 그림책을 고를 필요가 있습니다.

수, 숫자, 과학, 글자 등을 다루는 정보 그림책이 다양합니다. 흔히 **수 그림책, 과학 그림책, 자모 그림책**으로 명명하기도 하지요. 특히 자모 그림책은 종류가 굉장히 다양해요. 『뭐든지 나라의 가나다』처럼 가나다 순으로 이야기가 펼쳐지기도 하고, 『자음의 탄생』처럼 한글 자체에 대한 이야기를 담고 있기도 해요. 수 그림책으로는 펭귄이 끊임없이 배달되면서 겪는 고충을 통해 숫자에 관심을 가질 수 있도록 돕는 『펭귄 365』도 재미있지요. 무게를 비교해 보면서 가늠할 수 있는 『얼마나 무거울까?』는 아이들이 좋아하는 과학 그림책 중 하나입니다.

[그림 1-6] 정보 그림책 예시

7) 운문 그림책

동요나 동시를 토대로 만들어진 그림책을 **운문 그림책**이라고 합니다. 원래 있던 동요나 동시를 활용해서 그림책을 만들기도 하지만, 그림책을 위해 새롭게 동요, 동시를 만들기도 하지요. 이러한 종류의 그림책은 **음률이 살아 있기 때문에 소리 내어 읽거나 노래를 부르며 읽기에 적절**합니다. 음원이 있다면 노래를 듣고 함께 부르며 그림책을 한 장씩 넘기면서 감상하는 것도 좋은 방법이지요. 그림책에 익숙해졌다면 동요나 동시를 개사해서 나만의 동요, 동시를 만들어 보는 것도 좋습니다.

전래동요를 바탕으로 제주도 해녀의 삶을 담고 있는 『시리동동 거미동동』, 동요 악보가 함께 수록되어 있는 『숲으로 가자!』, 이적이 지은 노래를 그림으로 표현한 『당연한 것들』을 예로 들 수 있습니다. 『문혜진 시인의 의태어 말놀이 동시집』 같은 경우에는 그림책을 읽어 보며 말놀이를 하기에 적합합니다. 한두 번만 들어도 입에 착 감기는 동시들이기 때문에 아이와 함께 외워서 말해 보거나, 음을 넣어서 나만의 노래를 만들어 보는 것도 재미있습니다.

 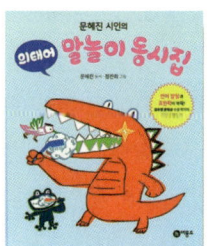  

[그림 1-7] 운문 그림책 예시

그림책 육아 QnA

어떤 그림책을 골라야 할까?

부모님들께서 그림책 육아를 시작할 때 가장 많이 하는 질문은 어떤 그림책을 골라야 하는지 막막하다는 것입니다. 워낙 많은 그림책들이 쏟아지고 있기 때문에 어떤 그림책이 좋은지, 얼마나 많이 그림책을 장만해야 할지 고민이 될 수밖에 없지요. 그림책 육아를 하기 위한 첫 관문이라고 할 수 있는 그림책 고르기. 어떤 그림책을 골라야 잘 고른 것일까요? 그림책을 고를 때 참고하면 좋은 몇 가지 가이드라인을 제공해 드리겠습니다.

전집 vs 단행본

전집보다는 단행본 위주로 구입하는 것을 추천합니다. 전집은 우리나라에서만 나타나는 굉장히 독특한 현상입니다. 옆집 엄마가 무슨 전집을 들였다더라, 연령별로 주제별로 들여야 하는 전집이 있다더라 하면서 부모님들의 불안을 자극하면서 마음을 혼란스럽게 만들고 있지요. 하지만 전집을 사서 책꽂이에 꽂아 놓는 것이 아이들에게 과연 무슨 의미가 있을까요? 아이가 흥미가 없다면 전집은 책장에 꽂혀 있는 비싼 장식품에 지나지 않게 됩니다. 그렇지 않은 경우도 많겠지만, 전집은 양으로 승부하려는 경향 때문에 그림책 한 권 한 권에 많은 공이 들어가지 못하는 경우가 종종 있습니다. 반면에 단행본은 글 작가와 그림 작가가 한 장면 한 장면 심혈을 기울여 만들기 때문에 대부분 질적으로 우수하지요. 단행본으로 한 권 한 권 모으며 우리 집만의 컬렉션을 만들어 보세요.

우리 집만의 컬렉션 만들기

그림책을 단행본으로 한 권 두 권 모으다 보면 그림책을 보는 눈이 점차 생겨나게 됩니다. 우리 아이와 부모님이 좋아하는 그림책 작가가 생기기도 하지요. **좋아하는 그림책 작가**의 그림책을 모으는 것도 하나의 방법입니다. 같은 작가가 만든 그림책의 경우에는 내용적인 부분에서도 서로 관련이 있는 부분이 있어 이런 요소들을 찾아보는 재미도 있지요. **글 작가, 그림 작가의 다른 시리즈**를 검색해 보며 차츰 범위를 넓혀 보는 것도 좋은 방법입니다. 출판사마다 선호하는 유형의 그림책이 다양하니 이런 부분을 공략해 보는 것도 좋습니다. **베스트셀러** 또는 **스테디셀러** 코너에 들어가서 우리 아이가 좋아할 만한 그림책을 함께 살펴보세요. 아이가 좋아하는 주제의 그림책들을 모으는 것도 좋은 접근이 됩니다. 곤충, 공룡, 동물과 같이 **아이가 좋아하는 주제의 그림책을 키워드 검색**을 통해 살펴보고 하나씩 모아 보세요. 이렇게 수집한 그림책들을 일정 기준대로 분류해서 배치하면 멋진 컬렉션을 완성할 수 있습니다.

아이의 흥미, 연령, 발달수준 고려하기

무엇보다도 가장 좋은 그림책은 **아이가 재미있어 하는 그림책**입니다. 아이의 연령과 발달 수준에 적합한 그림책이라면 아이들은 자연스럽게 재미를 느끼고 빠져듭니다. 그림책을 고를 때는 **아이와 함께 도서관이나 서점에 가서 골라 보세요.** 아이가 직접 읽어 보며 재미있는 그림책을 고르다 보면, 책을 좋아하는 아이가 될 수 있습니다. 부모님은 아이가 요즘 어떤 주제에 흥미를 보이는지 눈여겨 살펴보세요. 좋아하는 주제가 무엇인지 파악하셨다면 이와 관련한 사전경험(예: 박물관, 체험활동, 독후활동 등)을 풍부하게 쌓아 주는 것도 좋습니다. 사전경험이 풍부하게 이루어지면 아이와 함께 그림책을 읽는 과정에서 상호작용이 더욱 풍부해질 수 있기 때문이지요.

02
튼튼한 문해력의 뿌리 만들기

앞 장에서는 그림책에 대해서 하나하나 알아보았습니다. 이번 장에서는 그림책으로 우리 아이의 기초문해력을 길러 주기에 앞서 기초문해력이란 무엇인지 알아보도록 하겠습니다. 그림책으로 우리 아이의 문해력을 기르기 위한 두 번째 무기인 셈이죠. 우리 아이의 튼튼한 문해력은 문해력이 무엇인지 아는 것에서부터 시작합니다.

1. 문해력의 뿌리 키우기

최근 들어서 아이들의 문해력이 화제가 되고 있습니다. EBS <당신의 문해력>에서 요즘 아이들의 문해력 실태에 대해 되짚어 보며, 문해력의 뿌리가 성장하는 유아 시기부터 시작할 수 있는 그림책을 활용한 말놀이를 소개해 드렸습니다. 그리고 그 후속작으로 균형적·통합적 유아 문해교육 프로그램을 구성하여 <문해력 유치원>을 촬영하였습니다. 이미 방송을 보신 분들이라면 문해력이 무엇인지는 어렴풋이 감을 잡으셨겠지요. 이번 챕터에서는 두 번째 무기가 될 **문해력**을 톺아보도록 하겠습니다.

1) 문해력이란

지금 우리가 이렇게 글을 통해 시공간적 제약 없이 서로 소통하며 지낼 수 있는 것도 모두 문해력 덕분이지요. 지구상의 생명체 중 유일하게 문자를 사용할 줄 아는 인간은 이 문해력 덕분에 비약적인 발전을 도모할 수 있었습니다. 문자라는 사회적 약속을 담고 있는 상징기호를 통해 지식을 전달하고, 습득하고, 이를 토대로 발전하는 속도가 무척이나 경이롭지요. 거인들의 어깨에 서서 더 멀리 내다볼 수 있도록 돕는 문해력이야말로 우리 인류의 핵심 발명품입니다.

우리가 살아가기 위해 필수적으로 필요로 하는 역량인 문해력은 우리가 갖은 수단을 활용해 습득해야 하는 능력이기도 합니다. 하지만 문해력이라는 산물은 인류가 진화를 통해 비교적 최근에 들어서야 이루어 낸 발명에 가깝습니다. 우리 인류는 2000년이 넘는 긴 시간 속에서 서서히 문자 사용을 체계화하였기 때문입니다. 그렇기 때문에 우리 아이들은 문해력을 얻기 위해서 2,000일 넘게 뇌를 재편성하는 고난의 길을 거쳐야만 합니다. 어찌 보면 문해력이 성장하는 과정이 순탄하기만 할 수 없는 건 필연적입니다.

갈고 닦는 긴 인고의 시간을 통해 우리가 얻게 되는 **문해력**(文解力, literacy)이란 무엇일까요? **문해력은 문자와 글을 읽고 쓰고 이해할 수 있는 능력**을 의미합니다. 더 넓은 의미에서는 **문자와 글을 통해 의사소통할 수 있음**을 뜻하지요. '문자와 글을 읽고 쓸 수 있고, 그 의미를 이해하고 소통할 수 있다'는 이 짧은 한 문장에는 많은 것이 함축되어 있습니다. 말하기, 듣기, 읽기, 쓰기가 모두 원활히 이루어질 때 비로소 이 문장이 성립될 수 있기 때문이지요.

먼저, 문자는 사회적 약속을 통해 만들어진 기호이기 때문에 그 약속이 어떻게 이행되고 있는지를 이해할 필요가 있습니다. /그/라는 소리를 'ㄱ'으로 표시하고 '기역'이란 이름이 있다는 것을 알고 있어야 한다는 소리지요. 내 마음대로 사회적 약속을 바꾸어 버리는 것은 불가능합니다. '오늘부터는 감자를 사과라고 부를 거야라고 다짐한다면 다른 사람들과 소통하는 데 있어 혼란을 겪게 되겠지요. 우리가 사용하는 단어들은 모두 약속에 의해 정해져 있습니다. 이러한 단어들에 대해서 많이 알수록 소통하기에 유리하지요. 어휘 양이 늘어날수록 효율적으로 내 의사를 전달하기도 수월해집니다. '자동 이체'라는 단어가 기억이 안 나서 매달 주기적으로 돈이 빠져나갈 수 있도록 해 달라고 이야기했더니 은행원이 자동 이체 말씀하시냐고 물었다는 에피소드가 떠오르네요.

문해력을 갖추기 위해서는 참 다양한 것들이 필요하지요? 말하고 듣는 것을 넘어서 문자를 읽고 쓰기 위해서 또 한 번의 기나긴 공을 들여야 합니다. 다행스럽게도 우리나라는 다른 나라에 비하면 비교적 쉬운 문자 체계를 가지고 있습니다. 한글을 창제하신 세종대왕님 덕분이지요. 한글은 소리와 글자의 대응 관계가 굉장히 규칙적인 **표음문자**입니다. 'a'라는 알파벳이 다양한 소릿값을 가지는 것에 반해, 우리나라의 'ㅏ'는 /아/라는 소릿값을 가진다는 규칙은 어떤 단어에서 사용되어도 변하지 않고 적용되지요. 또한 자음과 모음에 획을 더하면 음성의 자질이 변하는 **가획원리를 따르는 자질문자**이기 때문에 무척이나 체계적입니다. /그/ 소리가 나는 자음 'ㄱ'에 획을 더하면 /크/ 소리가 나는 'ㅋ'이 됩니다. 이는 모음에서도 마찬가지이지요. /아/ 소리가 나는 'ㅏ'에 가획을 하면 /야/ 소리가 나는 'ㅑ'가 됩니다. 굉장히 명시적이고 직관적이기 때문에 이러한 경험이 반복되면 아이들도 쉽게 글자의 모양과 소릿값에 대한 차이를 인식할 수 있게 됩니다.

한글의 특성

- **음소문자**: 기본 단위는 음소(19개의 자음, 21개의 모음)
- **자질문자**: 자모 그 자체가 소리의 특질을 반영함(/그/ ㄱ)
- **가획원리**: 획을 더하면서 소리와 글자의 모양이 변함(ㄱ→ㅋ)
- **알파벳-음절체 구조**: 자모를 조합하여 음절단위로 표기함(ㄱ+ㅏ+ㅇ→강)
- **규칙적인 자소-음소 대응관계**: 글자와 소리가 일대일로 대응함
- **뛰어난 표음성**: 소리 나는 대로 글자로 표현이 가능함
- **표의주의**: 표음문자이지만 표기상으로는 표의주의를 따라서 의미를 중요시함. 기본 형태소의 원형을 그대로 둔 채 분절하여 표기함('육아'를 들리는 대로 적는다면 '유가'라고 적어야 함)

비교적 배우기 쉬운 체계를 가진 한글을 사용하기 때문에 오히려 우리나라는 더 어린 시기부터 열띤 한글 공부가 시작되는 경향이 나타납니다. 우리나라의 부모를 대상으로 한 연구 결과에 따르면 보통 만 4~5세 자녀를 대상으로 관습적인 문해교육이 시작된다고 합니다. 초등학교에 들어가기 전부터 벽을 단어들로 한가득 채우고, 집안의 곳곳에 단어카드를 붙여 두기도 하지요. 깍두기공책에 글자를 쓰도록 시키면 아이들은 고사리 같은 손으로 힘겹게 글자를 적기도 합니다. 한글을 떼지 않고 초

등학교에 가면 뒤처진다는 생각에 부모님들은 아이에게 한글 공부를 시켜야 한다는 압박감을 느끼며 마음이 점점 조급해집니다.

하지만 이렇게 한글 공부를 시작하면 백이면 백 아이들은 공부가 싫다고 도망가기 바쁘지요. 이 시기의 아이들의 발달 특성에 반하는 방식이기 때문에 아이들은 본능적으로 관습적인 방식의 문해교육에 반감을 표출합니다. 또한 이런 방식은 실제적이지 않아 무척이나 부자연스럽습니다. 우리가 냉장고에 냉장고, 시계에 시계라고 단어를 붙여 두고 생활하지는 않으니까요. **아이들은 내 삶이 이루어지는 실제 속에서 자연스럽게 배울 때 더 빠르고 쉽고 재미있게 배울 수 있다는 점**을 간과해서는 안 됩니다. 관습적인 문해교육 방식은 성인의 입장에서 쉽고 빠른 방법이지만, 아이들의 입장에서는 어렵고 힘들고 버거운 방식입니다.

게다가 아이들이 처음 접하는 공부가 벌써부터 지루하고 재미없다, 부모님이 시키기 때문에 억지로 한다는 인식을 가지게 되는 것은 공부의 첫 단추부터 잘못 꿰어지는 것입니다. 아이가 재미있고 배우고 싶어서 배우는 게 아니라 성인에게 끌려 다니듯 배우기 시작하면, 아이들의 내적 동기가 조금씩 사그라들기 때문이지요. 과연 한글을 조금 일찍 뗀다고 그 아이가 이후에 수능 점수가 높을까요? 억지로 등 떠밀려서 배우는 아이가 배우고 싶어서 배우는 아이들을 따라간다는 것은 참으로 어렵습니다. 이런 부모님의 입김이 통하는 것은 길어야 초등학교 시절까지지요.

아이들은 모두 능동적인 학습자로 태어납니다. 어린 아이들은 반짝이는 눈으로 세상을 바라보지요. 어린 아기들은 놀잇감을 손에서 놓으면 바닥으로 떨어지는 것을 발견하고 나면 신기하고 재미있어서 계속해서 반복하며 실험을 합니다. 이게 뭐가 재미있을지 성인들의 입장에서는 의아하지만, 아기는 살면서 처음으로 대단한 발견을 한 것입니다. 중력 때문에 놀잇감을 손에서 놓으면 떨어진다는 사실을요. 이렇듯 우리 아이가 한글이 궁금하고 배우고 싶어서 배울 수 있도록 돕기 위해서는 **아이를 끌고 가는 성인이 아닌 아이와 나란히 걷는 성인**이 되어야 합니다. 문해력의 뿌리가 튼튼하게 성장하도록 도와줄 부모님들의 눈에 보이지 않는 노력이 절실합니다.

2) 관습적 문해와 발현적 문해

문해력의 뿌리는 눈에 보이지 않지만 어려서부터 차곡차곡 성장합니다. 흔히 문해라고 하면 읽고 쓸 줄 아는 것에 초점을 맞추지요. 하지만 읽기와 쓰기에만 중점을 두는 것은 오롯이 **해독**(decoding)의 측면만 바라보는 반쪽짜리 문해입니다. 문해력은 글자를 읽고 쓸 줄 아는 해독에서 더 나아가, 글자를 이해하고 이를 활용해 소통할 줄 아는 것을 궁극적인 목표로 해야 합니다. 해독에서 한 발짝 더 나아간 **이해**(comprehension)가 중요한 것이지요. 하지만 아이들에게 처음 한글 공부를 시킬 때 이러한 점을 간과하기가 쉽습니다. 당장에 떠듬떠듬 한 글자씩 읽는 것이 대견하고, 뭐라도 우리가 알아볼 수 있게 글자를 적을 수 있도록 만드는 데 급급하게 되지요. 하지만 우리는 우리 아이들을 위해 더 멀리 내다볼 필요가 있습니다. **글을 읽고 이해하고 소통할 줄 아는 아이**로 성장하는 것이 우리가 정말로 원하는 목표라는 것을 잊지 말아야 합니다.

문해교육의 관점은 크게 두 가지로 나뉠 수 있습니다. 어린 시기부터 기초문해력이 자연스럽게 발달하고 있다고 보는 관점을 **발현적 문해**(emergent literacy), 읽기와 쓰기에 중점을 두고 명시적이고 체계적인 교육을 통해서 가르쳐야 한다고 보는 관점을 **관습적 문해**(conventional literacy)라고 칭합니다. 이러한 관점들은 맞고 틀리고의 문제는 아닙니다. 아이들의 흥미와 발달수준을 고려하여 양쪽의 교육 관점이 적절히 들어가야 하지요. 하지만 **어린 유아일수록 발현적 문해에 초점을 두는 것이 좋습니다. 연령이 증가할수록 관습적 문해교육의 정도를 점차 확대하는 것이 바람직합니다**([그림 2-1] 참조). 다음 질문을 읽어 보시면서 나의 문해교육 관점은 어디에 해당하는지 체크해 보세요(<표 2-1> 참조).

〈표 2-1〉 문해교육의 관점

발현적 문해		관습적 문해
자연스럽게 발달하므로 글자 읽고 쓰기는 전혀 **가르칠 필요가 없다**. 좋아하는 책만 읽어 주면 된다.	← **관심을 보일 때** 지도한다. 책 읽어 주기와 글자 지도하기를 함께 한다. →	**체계적 계획**에 따라 글자를 읽고 쓰는 것을 **명시적으로** 가르쳐야 한다.

영유아 시기에 발달하는 **기초 문해력**은 크게 음운론적 인식, 어휘력, 이야기 이해력, 기초읽기, 기초쓰기, 소근육 운동이라는 여섯 가지 요소로 구성됩니다. 이를 문해교육 관점에 따라 두 가지 꾸러미로 분류할 수 있지요. 발현적 문해의 관점에서는 영유아 시기부터 성장하면서 이후의 관습적인 문해에 긍정적인 영향을 미치는 **음운론적 인식, 어휘력, 이야기 이해력**을 중요시합니다. 유아의 발현적 문해력이 학령기에 들어간 이후의 관습적 문해력의 성취를 예측한다는 점에서 지지를 받지요. 반면에 관습적 문해의 관점에서는 사회에서 통용되는 관습을 지킬 수 있는 정도를 보여 주는 **읽기, 쓰기, 소근육 운동**에 초점을 둡니다. 이해보다는 해독의 측면을 강조하는 관점이지요. 종이에 다른 사람들이 알아볼 수 있도록 얼마나 바르게 글자를 적는지, 글자를 적는 획순이 올바른지, 글자의 형태가 바뀌어도 같은 소릿값을 가지는 글자라는 것을 알고 읽을 수 있는지 등의 능력을 중요하게 생각합니다.

영유아기라고 하더라도 관습적 문해에서 강조하는 읽기, 쓰기를 소홀히 할 필요는 없습니다. 오히려 적극적으로 아이들의 소근육 발달을 돕고 글자에 관심을 가질 수 있도록 도와야 하지요. 다만 관습적인 읽기·쓰기 교육은 불필요하단 의미입니다. 아이들이 글자에 관심을 가질 수 있도록 실생활을 적극적으로 활용하는 것이 좋습니다.

아이의 이름은 그중에서도 가장 좋은 소재이지요. 아이들은 어려서부터 듣고 보게 되는 자신의 이름에 큰 애착을 가집니다. 그렇기 때문에 나에게 소중한 이름에 관심을 가지며 기초문해력을 기르는 것이 좋습니다. 아이들은 자신의 이름을 시작으로 글

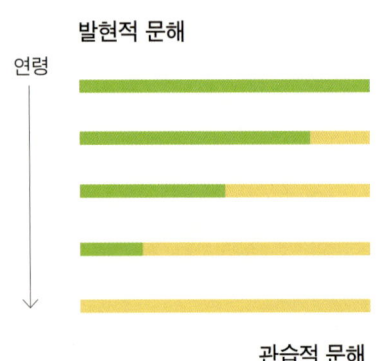

[그림 2-1] 연령에 따른 문해교육 관점의 비율

1. 문해력의 뿌리 키우기 **053**

[그림 2-2] 이름을 주제로 한 미술활동

자에 관심을 가지게 되면서 글자의 형태와 인쇄물의 개념을 구성해 나가게 됩니다.

　이름을 활용하여 해 볼 수 있는 재미있는 미술 활동들을 소개해 드리겠습니다([그림 2-2] 참조). 이름의 테두리만 나오도록 인쇄한 뒤 사인펜이나 색연필로 따라 그려 본 뒤 색종이나 폼폼이로 이름을 꾸며 보면 멋진 작품을 금세 완성할 수 있습니다. "수아 이름이네? 수아 이름에서 동그라미 '이응'은 어디 어디에 있지?"와 같이 상호작용하며 만들어 보면 더욱 좋습니다. 색종이를 한 장씩 활용해서 이름을 음절 단위로 끊어서 만들어 보는 활동도 도움이 됩니다. 플레이콘을 활용해서 이름을 꾸며 보거나, 물풀로 이름을 쓴 뒤 밀가루를 위에 뿌려서 어떤 모양의 글자가 나타나는지 한 번 더 확인하는 것도 재미있습니다. 지퍼백에 물감을 넣은 뒤 밀봉을 하고 면봉으로 이름을 적어 보는 것도 좋습니다. 콩으로 이름 만들기, 초콜릿과 젤리로 이름 만들기 활동도 아이들이 무척 좋아하는 활동 중 하나입니다. 자세한 방법은 〈쭈슨생의 놀이교실〉 유튜브 동영상[1]을 참고해 주세요.

1

미술재료로 이름 만들기

초콜릿과 젤리로 이름 만들기

콩으로 이름 만들기

아이의 이름부터 시작해서 주변에서 볼 수 있는 교통표지판, 간판, 과자 봉지, 상표 등과 같은 **환경인쇄물**(environmental print)도 적극적으로 활용해 보세요. 아이들은 주변 환경에서 볼 수 있는 실제를 통해 학습할 때 흥미를 느낍니다. 맥락을 통해 읽는 척하기에서부터 시작해서 차츰 자신이 읽을 수 있는 글자가 늘어나지요. 아이들의 읽기는 환경인쇄물의 맥락을 활용해서 읽는 척하는 **맥락의존**(context dependency) 단계, 맥락 없이 글자를 읽을 수 있는 **시각적 인식**(visual recognition) 단계, 글자의 형태와 소릿값의 관계를 모두 이해하는 **철자-발음 분석**(letter-sound analysis) 단계를 거칩니다.

아이들이 좋아하는 과자 봉지를 예로 들어 보겠습니다([그림 2-3] 참조). 아이들은 처음에 내가 먹어 본 과자의 이름을 기억하기는 하지만 글자를 기억한다기보다는 과자 봉지의 그림을 기억합니다. 새우깡이라는 글자 주변에 있는 새우와 과자 이미지를 보고 '새우깡'이라고 읽어야 하는구나 하고 알 수 있는 것이지요. 조금 더 읽기가 발달하면 과자 봉지에 적혀 있는 새우깡이라는 글자 자체를 보고 새우깡이라고 읽을 수 있게 됩니다. 그리고 최종적으로는 과자 봉지라는 맥락 없이 종이에만 적혀 있는 다른 형태의 새우깡이라는 글자를 보더라도 읽을 수 있게 되지요.

[그림 2-3] 환경인쇄물 읽기의 탈맥락화 과정

아이들의 쓰기 또한 어린 영유아 시기부터 발달하고 있습니다. 다만 성인이 알아볼 수 있는 수준으로 글자를 적기까지 오랜 시간이 필요할 뿐이지요. 관습적인 형태의 쓰기를 할 수 있게 되기 위해서는 글자의 모양을 지각하고, 필기도구를 적절히 조절하여 상대가 읽을 수 있도록 손의 미세한 움직임을 계획하는 눈과 손의 복잡한 협응력을 필요로 합니다. 이는 하루아침에 뚝딱 글자를 예쁘게 또박또박 쓰는 아이는

존재할 수 없다는 걸 의미합니다. 아이들은 일반적으로 **끼적이기** 단계를 거쳐, 글자의 형태에 대한 개념을 갖기 시작했음을 보여 주는 **창안적 글자 쓰기**(invented spelling)의 단계인 실험적 쓰기를 지나, 초기 쓰기 단계, 더 나아가 단어와 문장 쓰기의 단계로 점차 발전합니다. 아이들이 **종이 위에 끼적인 작품이나, 성인이 알아보기 힘들지만 글자라고 적는 것 모두 격려되어야 하는 활동**이라는 점을 꼭 기억하셔야 합니다. 세상에 없는 글자를 만들어 내는 것은 글자에 대한 인식이 차츰 생겨나고 있음을 의미하기 때문에 굳이 틀렸다고 지적하며 고쳐 주실 필요는 없습니다. 아이가 글자에 대해 가지고 있는 인상이 무엇인지 가늠해 볼 수 있는 척도로 활용할 수 있는 멋진 작품이지요. 오히려 아이들의 이런 시도를 칭찬하고 격려해 줄 때 문해발달에 도움이 됩니다.

[그림 2-4] 관습적인 문해(왼쪽) vs 발현적인 문해(오른쪽)

쓰기를 위해 선행되어야 하는 소근육 운동 경험은 관습적인 학습에 들어가기 전의 초기 운동 자극으로 기능합니다. 이러한 **기초적인 쓰기 활동의 반복은 학업지식의 습득을 돕는 신경회로를 만드는 데 이바지**하기도 합니다. 끼적이고, 손으로 색종이를 접고, 가위질을 하고, 스티커를 붙여 보는 등의 활동은 아이들이 학업을 수행할 수 있는 뇌로 거듭날 수 있도록 도와주는 활동인 것이지요. 다양한 재질의 종이와 필기구를 활용하여 끼적여 보고, 다양한 재료를 활용한 미술 작품을 만들 수 있는 기회를 충분히 주시기 바랍니다.

간단한 재료만으로도 쉽게 해 볼 수 있는 끼적이기 놀이를 소개해 드리도록 하겠습니다([그림 2-5] 참조). 아이들의 흥미에 따라 다양하게 활용해 보면 좋습니다. 연필이나 크레파스, 색연필로 끼적이는 활동을 좀 더 확장시킨 활동입니다. 먼저, 스케치

[그림 2-5] 선 따라 긋기(왼쪽), 글자 따라 그리기(오른쪽)

북에 연필로 마구 끼적입니다. 부모님이 해 주셔도 좋고 아이가 한다면 더욱 좋습니다. 그 다음에는 색연필이나 크레파스로 선을 따라 그려 줍니다. 알록달록 다양한 색상을 활용하여 꾸미면 더욱 멋진 작품을 완성할 수 있겠지요. 이 활동에 익숙해졌다면 도형, 글자 모양 등을 따라 그리는 활동으로도 확장할 수 있습니다. 자세한 방법은 〈쭈슨생의 놀이교실〉 유튜브 동영상[2]을 참고해 주세요.

관습적 문해 관련 그림책

관습적인 문해와 관련하여 알아두면 좋은 부분을 재미있게 담고 있는 그림책들을 소개해 드리겠습니다. 『느낌표』처럼 글을 적을 때 사용하는 **문장부호의 다양한 생김새와 쓰임새**에 대해 알아볼 수 있는 『문장부호』와 『오! 호? 열두 띠 동물』 『글자가 다 어디에 숨었지?』를 함께 읽어 보세요.

『문장부호』에서는 마침표, 쉼표, 느낌표, 물음표 모양의 씨앗, 식물, 꽃, 나비가 한데 어우러져 있어요. 그림 속에 숨어 있는 문장부호들을 찾아보는 재미가 있습니다. 그림책을 읽어 보고 나서는 나뭇가지, 나뭇잎, 돌과 같은 다양한 자연물을 활용하여 글자와 문장부호를 표현해 보는 놀이로 확장해 볼 수 있습니다.

"동그란 씨앗이다. 옆에 있는 마침표랑 똑같이 생겼네. 씨앗에서 뿌리가 자라났어. 쉼표 모양이랑 닮았다."

『오! 호? 열두 띠 동물』에서는 글자 '오' '호'와 문장부호인 느낌표, 물음표를 이용해서 열두 띠 동물을 멋지게 표현하고 있어요. 문장부호와 글자가 어우러지며 만들어 내는 그림을 관찰하며 형태지

---

2  연필로 끼적이고
크레파스로 따라 그리기

각력을 기를 수 있습니다. 숨어 있는 글자와 문장부호를 찾아보며 관찰력과 집중력, 전체와 부분으로 나누어 지각할 수 있는 능력을 기르기에도 좋습니다.

"글자 '오'가 거꾸로 뒤집혀 있다. 거꾸로 있으니까 생쥐 눈이 됐네. 생쥐 수염은 물음표로 만들어져 있어."

『글자가 다 어디에 숨었지?』는 글을 적기 위해서는 글자와 문장부호를 함께 사용해야 함을 보여줍니다. 이야기를 적고 싶은 마침표를 도와 물음표와 느낌표가 함께 글자를 찾으러 떠나는 내용이 흥미진진합니다. 이리저리 도망치는 글자들이 큼직큼직하게 적혀 있어서 음절 단위의 글자 모양에 관심을 기울이기 좋습니다.

"글자들이 도망친다! '방'이랑 '뿡' 글자가 도망가고 있어! 우리도 느낌표랑 쉼표를 도와서 글자를 잡아 줄까? '방' 먼저 잡고, '뿡'도 잡고!"

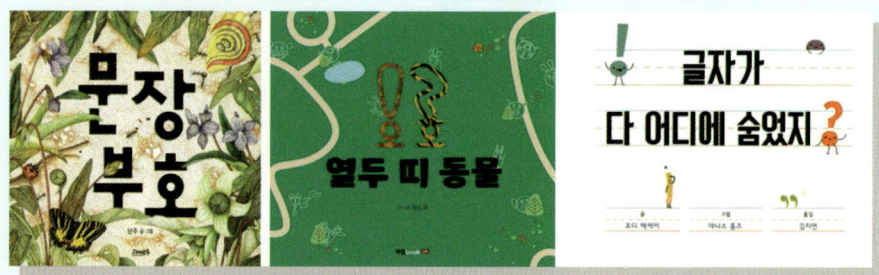

서툴지만 글자를 한 자 한 자 적기 시작하였다면 『받침구조대』와 『왜 맞춤법에 맞게 써야 돼?』 『왜 띄어 써야 돼?』를 함께 읽어 보세요. 다른 사람과 소통하기 위해 **글을 적을 때 지켜야 하는 규칙들**에 대해 알아볼 수 있습니다.

귀여운 자음 친구들이 나오는 『받침구조대』는 ㄱ부터 ㅎ까지 모두 모여 자기소개를 하는 것으로 이야기가 시작됩니다. 'ㅁ'이 귀를 쫑긋하면 'ㅂ'이 되고, 'ㄱ'이 혀를 내밀면 'ㅋ'이 된다고 소개하고 있지요. 받침구조대는 도움이 필요한 곳이면 어디든 출동합니다. 아기를 '안고' 있는 엄마 캥거루가 힘들어하자, 'ㅈ'이 출동해서 의자가 되어 주어 엄마 캥거루가 '앉아서' 쉴 수 있게 도와주지요. 기발한 상상을 통해 받침에 따라 의미가 달라지는 단어들을 재미있게 소개하고 있어서 받침에 관심을 가지며 읽기 좋습니다.

"엄마 캥거루가 'ㅊ'에 앉으려고 하니깐 엉덩이가 찔리네. 'ㅈ'에는 편하게 앉을 수 있어. '안아요'가 '앉아요'가 됐어. 아기 캥거루를 안고 있던 엄마 캥거루가 앉았네."

『왜 맞춤법에 맞게 써야 돼?』는 글을 적을 때 맞춤법을 왜 지켜야 하는지를 재치 있게 표현하고 있습니다. 준이가 적은 일기에는 맞춤법이 틀린 부분이 잔뜩 있어요. '엄마 아빠도 못처럼 쉬는 날이니까'라고 적었더니 엄마, 아빠가 벽에 못처럼 박혀 있는 게 아니겠어요? '모처럼'이라고 고쳐 주니 엄마, 아빠가 스르르 벽에서 풀려나게 됩니다.

"어머, 엄마랑 아빠가 왜 못처럼 벽에 박혀 있는 거야? 준이가 맞춤법을 틀려서 그런가 봐. 어떻게 고쳐야 엄마, 아빠를 구해 줄 수 있을까?"

『왜 띄어 써야 돼?』도 준이의 일기로 시작됩니다. 띄어쓰기를 하나도 하지 않은 일기이지요. '아빠가 방에 들어가신다.'라고 적어야 할 문장을 '아빠 가방에 들어가신다.'라고 적으니 아빠가 가방에 빨려 들어가요. 띄어쓰기를 지키지 않아서 생기는 좌충우돌을 담고 있습니다.

"아빠가 왜 갑자기 가방에 들어가 버린 거야? 준이가 쓴 글에 띄어쓰기가 잘못되어 있어서 그런가 보다. 어떻게 고쳐야 아빠를 구해 줄 수 있을까?"

3) 균형적 문해: 발음중심 접근+총체적 언어 접근

아동의 문해력 발달과 지도를 둘러싼 이론적 논쟁은 전쟁(literacy war)이라 일컬을 만큼 뜨거웠습니다. 하지만 이 논쟁은 시행착오를 겪으며 일단락되었습니다. **발현적 문해와 관습적 문해 모두 골고루 이루어져야 한다**는 것이 결론이었지요. 학령기 이전의 아동일 경우 발현적 문해 관점을 기본으로 하되 적재적소에서 관습적 문해 관점의 교육이 들어갈 때 아이들은 눈부신 성장을 할 수 있습니다. 이러한 관점을 **균형적 문해 접근법**(balanced literacy approach)이라고 합니다([그림 2-6] 참조). 균형적 문해 접근법에 대해 이해하기 위해서는 '발음중심 접근법'과 '총체적 언어 접근법'에 대해서 자세히 살펴보아야 합니다. 균형적 문해 접근법은 발음중심 접근법과 총체적 언어 접근법을 함께 절충적으로 활용해야 한다는 관점이기 때문이지요.

발음중심 접근법(phonics instruction)은 관습적 문해 관점과 그 맥을 같이합니다. 문자의 **해독과 발음**에 대해 이해하는 것을 중점에 두지요. 자음과 모음의 소릿값을 이해하고, 철자법, 읽기, 쓰기와 같은 명시적이고 체계적인 문자교육을 중요시하며, 관습적인 문해 결과물에 가치를 둡니다. 이러한 접근법은 체계적이고 위계적인 학습

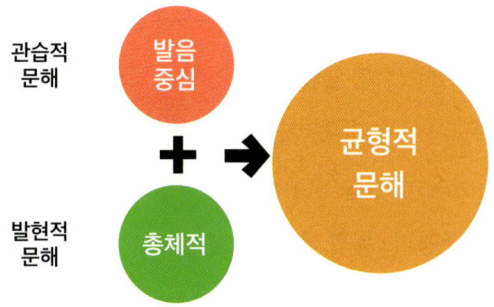

[그림 2-6] 균형적 문해 접근법

계획하에 교육이 이루어지기 때문에 해독 기술을 배우는 데 효과적일 수 있습니다. 하지만 지나치게 분석적, 논리적, 반복적인 특징을 가지고 있어서 지루해지기 십상이지요. 실제적인 언어 상황을 벗어난다는 점에서 전학령기 아동에게 적용하기에는 특히 어려움이 따릅니다.

이와 반대되는 급부로 등장한 교육방법이 **총체적 언어 접근법**(whole language approach)입니다. 발현적 문해 관점에 초점을 두기 때문에 **의미**를 중요시합니다. 구성요소로 작게 분리하기보다는 전체적인 의미를 파악하는 것에 초점을 두기 때문에 이야기를 중심으로 문해를 지도합니다. 말하기, 듣기, 읽기, 쓰기 모두 총체적인 경험을 통해 배워 나갈 수 있다고 보지요. 의미 있는 풍부한 문해 환경이 충분히 제공된다면 아이들은 자연스럽게 글자를 깨치고 문해를 자유자재로 활용할 수 있게 된다고 간주합니다. 하지만 총체적 언어 접근법만을 시행할 때는 단어나 문장과 같은 더 세부적인 단위로 들어갈수록 아이들이 어려움을 겪으며, 명시적인 학습을 필요로 하는 아이들에게 특히 불리하다는 것이 단점으로 지적되었지요.

따라서 발현적 문해 관점인 발음중심 접근법과 관습적 문해 관점인 총체적 언어 접근법을 적절히 절충할 필요가 있습니다. 두 방법을 균형 있게 활용하는 것이 바로 균형적 언어 접근법인 것이지요. 흥미를 느낄 수 있도록 일상생활 속에서 그림책과 이야기, 동요 등을 통해 문자와 발음의 관계를 가르침으로써 두 마리 토끼를 모두 잡는 방법입니다. 아동 개개인의 개인차를 고려하여 발현적·관습적 문해교육의 정도를 달리할 수 있습니다. 의미 있고 풍부한 문해 맥락을 만들어 주되 아이들이 지루해하지 않을 정도로만 관습적인 문해교육을 적절히 시행하는 것이 가장 바람직합니다.

이전까지 제시되어 온 균형적 언어 접근법은 특정 문해 영역에만 치중하여 프로그램이 구성되어 있었다는 한계를 가집니다. 음운론적 인식, 이야기 이해 또는 읽기, 쓰기 한두 가지의 영역에만 한정되어 이루어진 프로그램이 대부분이었지요. 또한 기존의 프로그램들은 아이들이 흥미를 느낄 수 있는 주제를 골고루 선정하지 못하였다는 점에서도 아쉬움이 컸습니다. 그 때문에 저희 서울대학교 아동가족학과 언어·인지연구실에서 **균형적·통합적 유아 문해교육 프로그램**(Balanced and Integrated Literacy Education Program for Early Childhood: BILEPEC)을 구성하여 유아의 기초문해력에 미치는 효과를 확인하였지요. 기초문해력의 요소 여섯 가지를 골고루 다룰 수 있도록 개발하였고, 영역 통합적으로 활동이 이루어질 수 있도록 언어, 수학, 조작, 사회, 과학, 음률, 신체, 미술활동을 고르게 다루었습니다. 아이들이 흥미를 느낄 수 있는 주제를 선정하고 구성한 여러 활동 중 대표적인 문해활동을 소개하자면 다음과 같습니다(<표 2-2> 참조). 이와 관련한 자세한 사항은 EBS <문해력 유치원>을 통해 소개해 드렸으니 방송과 책을 참고하시기 바랍니다.[3] 이 책에서 새롭게 소개하는 균형적 언어 접근 프로그램의 자세한 방법은 6장과 7장에서 자세히 다루도록 하겠습니다.

---

[3] 최나야, 정수지, 최지수, 김효은, 박상아(2022). EBS 문해력 유치원: 우리 아이 문해력 발달의 모든 것. EBS BOOKS.

〈표 2-2〉 균형적·통합적 유아 문해교육 프로그램

주제	그림책 및 활동	기초문해 요소	통합영역
이름	『내 이름은 제동크』		
	부모님 이름으로 이름 만들기	음운론적 인식, 이야기 이해력, 읽기	언어, 조작
	이름 빙고 게임	소근육, 읽기	사회, 조작
	과자로 이름 만들기	소근육, 쓰기, 읽기	미술, 과학
미디어문해	『나는 오, 너는 아!』		
	전자책의 규칙 바꾸기	음운론적 인식, 읽기	언어, 조작
	VR그림책에서 곤충 찾기	어휘력, 소근육, 읽기	언어, 과학
	내가 만드는 전자책	이야기 이해력, 읽기	언어, 미술
환경인쇄물	『시골 쥐의 서울 구경』		
	그림책에서 간판 찾기	음운론적 인식, 읽기	언어, 조작
	환경인쇄물로 과자이름 벽 꾸미기	소근육, 읽기	미술, 조작
	주변 환경의 글자 사진첩 만들기	음운론적 인식, 어휘력, 읽기	미술, 조작
글 없는 그림책	『야호, 비온다!』		
	이야기 카드 순서대로 나열하기	이야기 이해력, 어휘력	언어, 조작
	동요 가사의 글자 바꾸기	음운론적 인식, 이야기 이해력, 읽기	음률, 신체
	내가 만든 이야기	이야기 이해력, 어휘력	언어, 과학
놀이터	『놀이터』		
	놀이터에서 자음·모음 찾기	음운론적 인식, 읽기	언어, 신체
	물·옥수수가루 페인트로 글자 쓰기	음운론적 인식, 쓰기, 읽기	언어, 미술
	스프레이 글자 청소 게임		
	자연물 수집책 만들기	음운론적 인식, 소근육	미술, 과학
대근육	『내 몸으로 ㄱㄴㄷ』		
	글자로 변신하기	음운론적 인식, 읽기	사회, 신체
	블록 달리기로 소리 합치기 게임	음운론적 인식, 읽기	언어, 신체
	몸으로 이름 글자 표현하기	음운론적 인식, 읽기	언어, 신체

주제	그림책 및 활동	기초문해 요소	통합영역
장보기	『동물들의 장보기』		
	식품이름 징검다리 건너기	어휘력, 읽기	언어, 신체
	장보기 구매목록 만들기	소근육, 쓰기	언어, 미술
	마트에 가서 장보기	어휘력, 읽기	언어, 신체
요리	『한 그릇』		
	한글블록으로 글자 비빔밥 만들기	음운론적 인식, 어휘력, 소근육, 읽기	언어, 조작
	글자 모양 주먹밥 만들기	소근육, 읽기	언어, 사회
	과자 비빔밥 만들며 합성어 익히기	어휘력, 소근육, 쓰기	언어, 조작
놀잇감	『블록친구』		
	글자블록 암호로 보물찾기	소근육, 읽기	언어, 신체
	거울로 글자 만들기	소근육, 읽기, 쓰기	언어, 과학
	테이프 거미줄 놀이	소근육, 쓰기	언어, 미술
도서관	『도서관에 간 사자』		
	비밀 이야기 전달하기	음운론적 인식, 이야기 이해력, 어휘력	언어, 사회
	그림책 검색하고 찾아보기	음운론적 인식, 소근육, 쓰기, 읽기	언어, 사회
	우리 집 책꽂이 가나다순으로 정리하기	소근육, 읽기	사회, 조작
자모책	『기차 ㄱㄴㄷ』		
	한글 기차놀이	음운론적 인식, 이야기 이해력, 어휘력, 읽기	언어, 신체
	자모책에서 한글의 비밀 찾기	음운론적 인식, 읽기	언어, 사회
	같은 소리 글자사전 만들기	음운론적 인식, 어휘력, 쓰기	언어, 미술
식당	『고민식당』		
	식당 메뉴판 만들기	음운론적 인식, 어휘력, 소근육, 쓰기	언어, 미술
	식당 놀이	어휘력, 쓰기, 읽기	언어, 사회
	우리 집 저녁 식탁 꾸미기	음운론적 인식, 어휘력, 쓰기	언어, 사회

출처: 최나야, 정수지, 최지수, 박상아, 김효은(2022).

2. 차곡차곡 자라는 기초문해력

1) 기초문해력이란

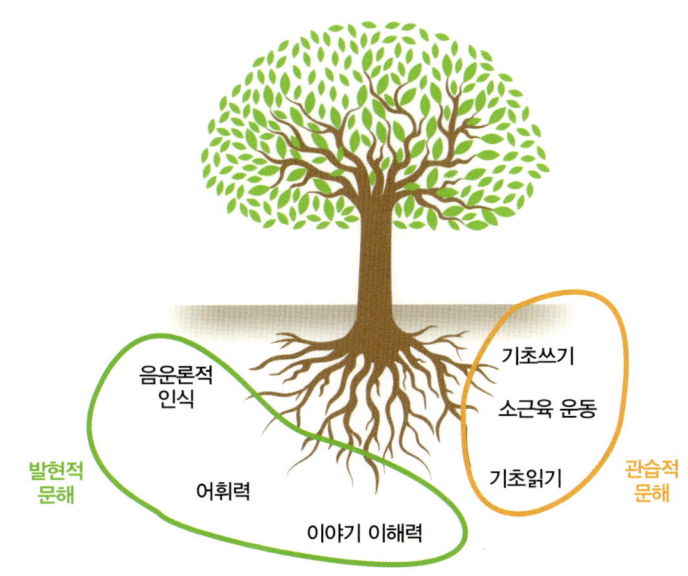

[그림 2-7] 문해력이란 나무가 성장하기 위한 요소들

앞서 간략하게 살펴본 기초문해력의 요소를 그림으로 표현하자면 [그림 2-7]과 같습니다. **문해력이라는 커다란 나무가 튼튼하게 성장하기 위해서는 음운론적 인식, 어휘력, 이야기 이해력, 기초 읽기, 기초 쓰기, 소근육 운동이란 여섯 가지 요소가 골고루 성장**해야 하는 것이지요. 문해력은 어린 영유아 시기부터 성장하기 때문에 이를 구별하여 지칭하기 위하여 **기초문해력**이라고 표현합니다. 영유아 시기부터 자라고 있는 기초문해력은 우리 아이들의 일평생에 큰 영향력을 끼치는 문해력의 근간이 되는 것이지요. 기초문해력은 말소리의 구조를 아는 음운론적 인식, 말하기 위한 재료가 되는 어휘력, 문해력의 궁극적인 목적인 이야기 이해력, 글자를 읽고 쓰는데 도움을 주는 기초읽기, 기초쓰기와 소근육 운동으로 구성됩니다. 앞서 설명하였던 것처럼 음운론적 인식, 어휘력, 이야기 이해력은 발현적 문해의 관점에서, 기초읽기, 기초쓰기, 소근육 운동은 관습적 문해의 측면에서 중점을 두는 요소입니다. **우리**

아이의 문해력이 튼튼하게 성장하려면 여섯 가지로 구성되는 기초문해력이 고루 성장해야 합니다.

이러한 아이들의 기초문해력은 보이지 않는 시기부터 성장하고 있습니다. **나무가 보이지 않는 흙 속에서부터 튼튼하게 뿌리를 내려야 건강한 나무로 자랄 수 있듯, 우리 아이의 문해력이 흔들림 없이 자라려면 기초문해력이란 뿌리부터 탄탄**해야 합니다. 하지만 이 기초문해력이라는 뿌리는 눈으로 확인이 어렵다는 점에서 쉽게 간과되고는 합니다. 아직 글을 읽고 쓸 줄 모르기 때문에 문해력이란 것이 성장하고 있다고 생각하기 어려운 것이지요. 이러한 오해는 협소한 의미에서의 문해력에 한정 짓기 때문에 생겨납니다. 좁은 의미에서의 문해력은 글을 읽고 쓰면서 이해할 수 있는 능력이라고 정의하기 때문이지요. 하지만 문해력은 넓은 의미에서 살펴볼 필요가 있습니다. 타인과 소통하고 서로의 말을 이해할 수 있는지에 초점을 두어야 하는 것이지요. 문해력은 글을 읽고 쓰는 것에 한정되지 않습니다. 아이들의 기초문해력의 발달은 말하기, 듣기에서부터 시작합니다. 우리 아이들의 문해력은 읽고 쓸 줄 알게 되기 전부터 차곡차곡 성장하고 있는 것이지요.

그렇다면 우리 아이들의 문해력은 언제부터 길러 줘야 할까요? 아이들의 문해력은 태어나면서부터 성장한다고 해도 과언이 아닙니다. 심지어 아이들은 뱃속에서부터 청각이 발달하기 때문에 반복하여 들은 이야기를 선호하는 경향을 보이기도 합니다. 갓 태어난 신생아 시절부터 아이에게 따뜻하게 말을 걸어 주세요. 우리 아이의 문해력은 어려서부터 조금씩 조금씩 성장하고 있습니다. 아이들은 일상 속에서 나누는 성인의 상호작용을 통해 문해력을 길러 나갑니다. 무엇보다도 **아이에게 그림책을 읽어 주는 것은 우리 아이들의 문해력을 길러 주기에 가장 좋은 방법**입니다. 그림책을 아이와 함께 읽을 때 질적으로 풍부한 상호작용이 이루어질 수 있기 때문에 아이의 문해력 발달에 큰 도움을 줍니다.

그림책은 지금-여기에서 벗어나 새로운 세계로 떠날 수 있도록 돕는다는 점에서 우리들은 그림책의 수만큼 수만 개의 세상을 경험할 수 있습니다. 그림책은 아이의 입장에서 보면 그림을 눈으로 보며 성인이 들려주는 글의 내용을 듣게 되는 구조입니다. 아이들은 부모가 읽어 주는 글을 듣기도 하고, 질문에 대답을 하고, 그림을 보고 자신이 느낀 바를 이야기하며 다양하게 언어적인 상호작용을 하게 되지요. 이 과정에서 아이들은 새로운 어휘를 배우며 자신만의 심성어휘집을 키우게 됩니다. 글자가 어떻게 소리로 표현되는지 귀를 기울이며 음운론적 인식도 발달하지요. 책장을 넘기고 그림책을 다양하게 조작해 보면서 소근육 운동의 발달도 도울 수 있습니다. 게다가 반복하여 나타나는 글자에 관심을 기울이며 기초적인 읽기와 쓰기도 시작할 수 있습니다. 그리고 그림책을 다양하게 해석해 보며 이야기 이해력을 기를 수 있으니 그림책 읽기는 우리 아이들의 기초문해력을 키우는 핵심적인 열쇠인 셈이지요.

즐겁고 재미있게 문해력의 발달을 돕기 위해 아이들의 눈길을 사로잡는 그림책으로 시작해 보세요. **우리 아이가 흥미로워하는 그림책이 가장 좋은 그림책**입니다. 연령별로 구분되어 있는 그림책 코너의 구분에 얽매일 필요가 없습니다. 아이가 좋아하는 주제의 그림책부터 함께 읽어보세요. 공룡, 곤충, 동물, 탈 것 등 다양한 주제의 그림책으로 시작할 수 있습니다. 그림책을 읽어 줄 때는 적혀 있는 글을 그대로 읽어 주기보다는 **아이의 흥미와 연령, 발달 수준을 고려하여 그림과 글에 대한 설명을 적절히 가감하며 읽어 주는 것**이 좋습니다. 성인이 혼자 일방적으로 아이에게 읽어 주는 것보다는 아이와 함께 그림책을 읽어 나가는 것이 바람직합니다. 아이의 적극적인 반응을 유도하는 다양한 확산적인 질문을 던지며 아이의 반응을 기다려 주세요. 이 책에서는 영유아 시기에 특히 중점을 두어 성장할 수 있도록 도와야 하는 **음운론적 인식, 어휘력, 이야기 이해력**에 초점을 둔 상호작용 방법에 대해 자세히 소개해 드리고자 합니다.

2) 우리나라 유아의 기초문해력 발달 양상

우리나라 아이들의 기초문해력의 발달 양상에 대해 살펴보도록 하겠습니다([그림 2-8] 참조). 우리나라의 만 4세 유아를 대상으로 음운론적 인식, 어휘력, 이야기 이해력의 발달수준을 유형화하였을 때 크게 우수(56.7%), 평균(32.8%), 지연(9.6%) 집단으로 구분되었습니다. 과반수 이상이 우수 집단이었고 지연 집단의 수는 적은 편이라는 점이 참 다행입니다.

기초문해력의 요소를 하나씩 살펴보면 재미있는 점을 발견할 수 있습니다. **음운론적 인식과 어휘력의 발달수준에서는 큰 차이를 보이지만, 이야기 이해력의 경우 우수 집단과 평균 집단에서의 차이가 없다는 점이지요.** 만 4세 시기가 한참 음운론

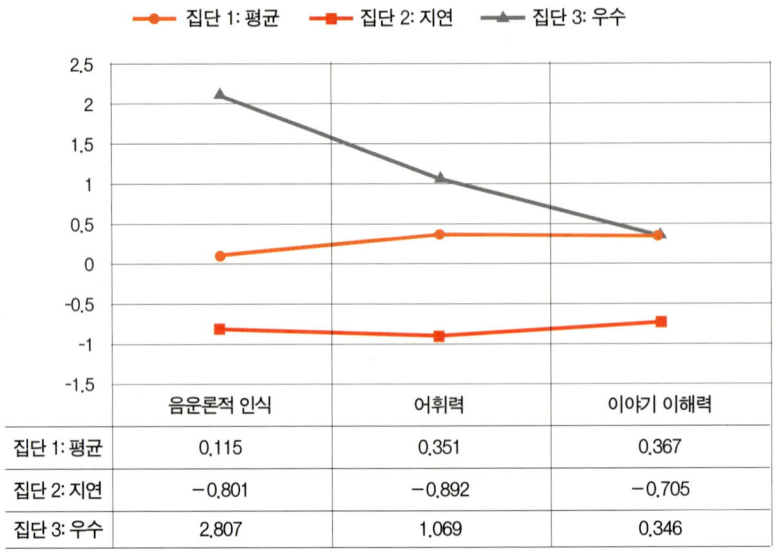

[그림 2-8] 잠재집단별 기초문해력 하위요인의 분포 양상

출처: 최나야, 최지수, 정수지, 김효은, 박상아(2023).

적 인식과 어휘력이 발달하는 시기라는 점에서 이러한 차이가 기인한 것으로 보입니다. 만 4세 시기는 음소에 대한 인식이 발달하기 시작하고, 자음과 모음의 결합인 CV음절에 대한 인식에서 더 나아가 자소와 음소 대응규칙까지 이해하기 시작하는 시기이기 때문입니다. 이 시기의 아이들에게 음운론적 인식의 발달을 돕는 적절한 개입이 이루어질 때 눈부신 성장을 보인다는 점에서 음운론적 인식의 발달을 더 적극적으로 도와야겠지요. 어휘력 또한 비슷한 발달 양상을 보여 줍니다. 어휘력도 마찬가지로 만 4세 전후로 폭발적으로 성장하기 때문이지요. 이러한 성장 패턴은 이후에도 꾸준히 누적되기 때문에, 아이들의 어휘력 발달을 위해 끊임없는 노력이 필요합니다.

반면에 이야기 이해력의 경우에서는 큰 차이가 나타나지 않았습니다. 평균 집단과 지연 집단에서 차이가 나타난 정도이지요. 이러한 결과는 다른 기초문해력 요소에 비해 이야기 이해력의 발달이 쉽지 않음을 보여 주는 것으로 해석할 수 있습니다. 문해교육을 통해 궁극적으로 달성하고자 하는 최종적인 목표가 이해라는 점에서 이러한 결과는 눈여겨볼 필요가 있습니다. 다른 요소들보다 발달이 쉽지 않다는 점은 그만큼 더 주의를 기울여야 한다는 걸 의미하지요. 이야기를 이해한다는 것은 단순히 글을 해독하거나 내용을 기억하는 것이 다가 아니기 때문에 쉽게 발달하기 어렵습니다. 이야기를 이해하기 위해서는 전반적인 내용에 대한 사실적인 이해에서 더 나아가 깊이 있는 이해가 선행되어야 하지요. 이야기에 대한 비평적인 평가와 더불어, 직접 드러나 있지 않고 숨어 있는 내용이 무엇인지 추론해야 하는 추론적인 이해까지 필요합니다.

부모님들께서는 우리 아이가 평균을 넘어서 우수 집단에 속하기를 모두 원하시겠지요. 그렇다면 음운론적 인식, 어휘력, 이야기 이해력이 무엇인지 좀 더 자세히 알아보고, 이러한 기초문해력의 발달을 돕기 위해 어떤 개입이 이루어지면 좋을지도 알아보도록 하겠습니다.

3. 소릿값을 알아가는 음운론적 인식

1) 음운론적 인식이란

음운론적 인식(phonological awareness)은 말소리의 구조를 이해할 수 있는 능력을 의미합니다. '강'이라는 단어가 /그/+/아/+/응/이라는 음소가 합쳐지면 나는 소리라는 것을 이해할 수 있어야 하지요. 이렇게 소릿값에 대해 이해하는 것에서 더 나아가 구조를 분석하고 조작할 수 있는 수준까지 달성되었을 때 음운론적 인식이 모두 발달했다고 볼 수 있습니다. '강'에서 'ㅏ'를 'ㅓ'로 바꾸면 무슨 소리가 될지 물었을 때 '겅'이라고 대답할 수 있어야 하는 것이지요. 음운론적 인식이 모두 발달하면 소리가 어떻게 다른지 변별하고, 소리를 더하거나 빼거나 바꾸는 등의 활동 또한 자유자재로 할 수 있게 됩니다. 이러한 소리에 대한 조작은 음절과 음소 수준 모두에서 가능해지지요.

놀랍게도 이러한 능력은 관습적 문해교육이 시작되기 이전부터 조금씩 그리고 꾸준히 발달합니다. 일상생활 속에서 이루어지는 성인과의 상호작용을 통해서 발달하게 되지요. 우리나라 아이들의 경우에는 보통 3세경에 음절, 4세경에 음소에 대한 인식이 발달하기 시작합니다. 우리나라의 한글은 음절 단위로 모아서 적기 때문에 음절에 대한 인식에서부터 시작하게 되는 것이지요. 이러한 음운론적 인식은 이후의 문자 해독을 자동화하는 과정의 밑바탕이 되며, 문자 해독 수준에 영향을 끼치는 주요한 역량입니다. **음운론적 인식이 발달할수록 자소와 음소의 대응규칙을 이해할 수 있도록 돕기 때문에 해독에 영향을 주는** 것이지요. 음운론적 인식은 구어와 문어의 징검다리 역할을 하는 핵심 요소라고 할 수 있습니다. 음운론적 인식은 읽기발달과 밀접한 관련이 있을 뿐만 아니라, 어휘력과 이야기 이해력까지 예측하는 요소로 주목받고 있습니다.

- **자소**(字素): 한 언어의 문자 체계에서 음소를 표시하는 최소의 변별적 단위로서의 문자 혹은 문자 결합. 낱글자라고도 함. 'ㄱ(기역)'은 자소.
- **음소**(音素): 한 언어의 음성체계에서 단어의 의미를 구별 짓는 더 이상 작게 나눌 수 없는 최소의 소리 단위. 'ㄱ'의 소릿값인 /그/를 음소라고 함.

2) 음운론적 인식을 키우는 말놀이

음운론적 인식을 가정에서 쉽게 길러 줄 수 있는 비법은 바로 **말놀이**입니다. "내가 그린 기린 그림은 잘 그린 기린 그림이고, 네가 그린 기린 그림은 못 그린 기린 그림이다."와 같은 말놀이를 한 번쯤 해 보신 적이 있으시지요? **말을 가지고 장난을 치며 언어유희를 즐기는 것을 모두 통칭하여 말놀이**라고 합니다. 언어의 특성과 규칙을 활용해서 즐기는 놀이이지요. 말놀이는 아이들의 음운론적 인식의 발달을 도울 수 있는 가장 효과적인 수단 중 하나입니다. 말놀이를 통해 언어가 가지고 있는 규칙과 문장의 구조까지 이해할 수 있어 전반적인 언어능력의 발달을 도모할 수 있습니다. 말놀이의 종류는 굉장히 다양합니다. 저희 서울대학교 아동가족학과 언어·인지 연구실에서 그림책을 활용한 부모-자녀 말놀이 프로그램을 구성하고, EBS 〈당신의 문해력〉 4부 '내 아이를 바꾸는 소리의 비밀'이라는 주제로 소개하였습니다. 이 책에서는 그림책과 함께 시도해 볼 수 있는 말놀이들에 대해 간략히 소개해 드리도록 하겠습니다. 자세한 내용은 논문과 방송을 참고해 주세요.

3. 소릿값을 알아가는 음운론적 인식

〈표 2-3〉 그림책을 활용한 말놀이 프로그램

그림책	말놀이 활동명	활동 내용
고구마구마	어미 바꾸어 말하기	말을 할 때 문장의 끝에 '-구마'를 붙여서 말한다. (예: 엄마는 배가 고프구마. 밥 먹고 싶구마)
	길게 늘어트려서 말하기	단어 또는 문장을 길게 늘어트려서 말한다. (예: 길쭉이 고구마 → 기-이-일-쭈-우-욱-이-고-오-구-우-마-아)
최승호 시인의 말놀이 동시집1 - 모음편	동시를 노래로 부르기	동요로 만들어져 있는 동시 노래를 부른다. (예: 가오리연, 너구리, 사자, 거미, 보리 등)
	반댓말, 비슷한 말로 말하기	동시에 나오는 단어를 반대말, 비슷한 말로 바꾸어 표현한다. (예: 느리게 → 천천히 / 빠르게)
빵이 되고 싶은 토끼	단어(합성어) 만들기	단어의 합성 원리를 이해하고 단어를 만든다. (예: 세상에서 제일 큰 빵 → 거인빵)
	의성어·의태어 말하기	그림책에 나온 의성어와 의태어를 실감 나게 말한다. (예: 팡팡팡, 폭신폭신, 주룩주룩, 뾰록뾰록)
가나다는 맛있다	같은 음절 수의 단어 찾기	1, 2, 3, … 5 음절의 이름을 부모와 자녀가 번갈아 말한다. (예: 한 글자 - 빵, 떡, 꿀, 깨, 김)
	ㅇ자로 시작하는 말 찾기	'ㅇ, ㅇ, ㅇ자로 시작하는 말?'이라는 노래에 맞춰 각 자음·모음으로 시작하는 말들을 찾아본다. (예: '가, 가, 가' 자로 시작하는 말은? 가지, 가방, 가위)
좋은 걸까? 나쁜 걸까?	수수께끼 놀이	그림책에 나오는 대상을 사용하여 스무고개 수수께끼 놀이를 한다. (예: 이건 동물이고, 눈은 나쁘지만 달리기는 잘해. 힌트, ㅇㅇ소. 정답은 코뿔소!)
	이야기 구조를 활용한 능동/피동 알아보기	이야기의 구조를 활용하여 능동/피동 표현을 알아본다. (예: 소년은 호랑이한테 쫓기고, 호랑이는 소녀를 쫓아가네)
들어봐! 들리니?	소리 잡기 게임	그림책을 읽으며 특정 단어나 소리가 나올 때마다 소리를 잡는 놀이를 한다. 그림책을 활용한 보리쌀 놀이로, 소리를 잡는 시늉을 하거나 해당 소리가 나올 때 박수 친다. (예: 같은 단어인 '소리' 또는 음절 '-리'가 나올 때 박수를 친다.)
	첫소리 바꿔 말하기	의성어 또는 의태어에 들어간 첫소리를 바꿔서 말한다. (예: '샤샤샤샤'의 첫소리를 'ㅇ'로 바꾸면 '야야야야'. 누굴 부르는 소리 같네.)
엉덩이 학교	소리 맞추기 게임	입으로 표현한 소리를 듣고 무슨 소리인지 맞히며 한글이 표음능력에 대해 안다. (예: 꼬르륵, 똑똑똑, 졸졸졸, 쿠르릉쾅쾅 등)
	소리 만들기	일상생활 속에서 들리는 방귀 소리를 입으로 흉내 내어 만들어 본다. (예: 뿡뿡, 바바방, 뽀오오옹) 주변의 의성어를 입으로 표현해 보는 놀이로 확장한다.

그림책	말놀이 활동명	활동 내용
엄마가 너에 대해 책을 쓴다면	한 단어로 표현하기	엄마, 아빠, 아동을 한 단어로 표현한다면 어떤 형용사와 구로 표현할 수 있는지 말한다. (예: 엄마는 ○○이를 한 단어로 '보물'이라고 하고 싶어.)
	같은 접두사/접미사 찾기	그림책에 나온 단어와 같은 접두사/접미사를 사용한 단어를 찾아본다. (예: '-둥이'→귀염둥이, 사랑둥이, 쌍둥이 / '풋-'→풋사과, 풋고추, 풋잠, 풋내기)
큰일 났다	단어 끝말잇기	그림책에 나오는 단어를 시작으로 끝말잇기를 한다. (예: 개암 - 암소 - 소나무 - 무대)
	단어로 문장 만들기	단어 끝말잇기의 확장된 형태로, 연달아 나온 단어 두 개를 이용하여 문장을 만들어 본다. (예: 개암 - 암소 → 개암이 암소한테 데굴데굴 굴러갔어요.)
딩동거미	○자로 끝나는 말 찾기	같은 음절로 끝나는 단어를 찾아본다. (예: 거미, 개미처럼 '미'자로 끝나는 말은 뭐가 있을까?)
	받침 없는 소리 찾기와 받침소리 빼기	받침이 없는 소리를 찾는 놀이를 한 뒤, 받침이 있는 단어의 종성을 뺀 소리를 말한다. (예: 받침 없는 소리 찾기 - 너무, 나도, 개미 등 / 받침소리 빼기 - 딩동거미 → 디도거미, 거미줄 → 거미주)
훨훨 간다	몸으로 말하기	그림책에 나온 의태어를 말해 보며 이를 몸으로 표현한다. (예: 성큼성큼, 터벅터벅)
	의태어 찾아보기	움직임을 묘사하는 다양한 의태어를 찾는다. (예: 아장아장, 뒤뚱뒤뚱, 깡충깡충, 폴짝)
간장 공장 공장장	빠른말 놀이 (또박또박 말해요)	빠른말 놀이(tongue-twister)를 위한 문장을 또박또박 말한다. (예: 간장 공장 공장장은 장 공장장이고, 된장 공장 공장장은 강 공장장이다.)
	같은 소리 찾기	빠른말 놀이를 위한 문장 속에서 같은 소리를 나타내는 자음 또는 모음을 찾는다. (예: 간장공장공장장 → 'ㅇ' 받침, 그린 기린 그림 → 린, 림, 'ㅣ')
곰 사냥을 떠나자	비슷한 의성어·의태어의 바뀐 부분 찾기	의성어와 의태어의 바뀐 부분을 찾는다. (예: 덤벙/텀벙, 사각/서걱, 처벅/철벅, 바스락/부시럭)
	소리 빼기 놀이	서로 번갈아 가며 그림책의 문장에서 음절을 하나씩 빼는 놀이를 한다. (예: 큰 곰 잡으러 간단다 → 큰 곰 잡으러 간단 → 큰 곰 잡으러 간)
하회탈 쓰고 덩실	거꾸로 말하기	책에 나온 단어를 거꾸로 말한다. (예: 나무 → 무나, 덩실 → 실덩, 하회탈 → 탈회하)
	말소리 듣고 전달하기	그림책에 나온 문장을 듣고 상대방에게 전달한다. (예: '오리나무를 적당한 크기로 쓱싹쓱싹 잘랐지요' 문장을 듣고 따라 말하여 전달하기)

출처: 최나야, 최지수, 노보람, 오태성(2021).

음운론적 인식을 길러 주는 추천 그림책

『독 독 꼬마 독 사세요!』
김정희 글, 밤코 그림, 사계절, 2023

한 친구는 독 장수, 한 친구는 꼬마 독인 척을 하며 독 장수 놀이를 해요. '독 독 꼬마 독 사세요'를 외치지요. 입에 착 붙는 리듬감이 느껴지는 독 장수 놀이 한바탕 어때요? 그림책을 읽고 나서 아이와 독 장수 놀이를 하며 신나게 신체 놀이를 해요.

Q. 독이라는 말 재미있다. '도'에 기역 받침이 들어가면 독이 돼. 독 독 꼬마 독 사세요!

『오리 오리 오리는』
김난지 글, 엘리 그림, 봄개울, 2022

귀여운 오리와 함께 꽁지 따기 놀이를 할 수 있는 말놀이 그림책입니다. 오리 오리 엉덩이는 빵빵해, 빵빵하면 후후 분 풍선, 풍선은 두둥실 하늘을 날아. 줄줄이 이어지며 단어를 하나씩 떼어내서 이어가는 꽁지 따기 말놀이를 함께 해요.

Q. 우리도 꽁지 따기 놀이해 볼까? 원숭이 엉덩이는 빨개. 빨가면 소방차. 소방차는 빨라. 빠르면 치타.

『알공달공 소풍』
이상교 글, 김정선 그림, 재능교육, 2018

귀여운 생쥐 가족과 함께 하는 『재잘 재잘 말놀이 그림책』 시리즈 중 하나입니다. 해님은 반짝, 구름은 동동, 징검다리는 징검징검 건너지요. 설레고 즐거운 마음으로 떠나는 소풍 이야기를 읽으며 의성어, 의태어로 말놀이를 할 수 있어요.

Q. '알공달공 소풍'에서 'ㅇ'만 찾아볼까?

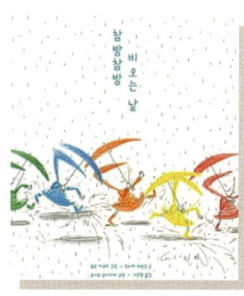

『참방참방 비 오는 날』
후시카 에츠코 저자 글, 모로 카오리 그림, 우시로 요시아키 구성, 이은정 옮김, 키다리, 2019

보슬비가 내리는 날 알록달록한 친구들이 만나서 신나게 놀아요. 빨강이가 빗속을 담방담방, 노랑이는 찰방찰방. 재미있는 의성어, 의태어로 놀이하다 보면 비 오는 날이 즐거워져요.

Q. 보슬보슬, 참방참방. 비 오는 날 또 어떤 소리를 들을 수 있을까?

『범인을 찾아라』
수아현 지음, 재능교육, 2022

덜커덩하고 엘리베이터가 멈춰섭니다. 좁디좁은 엘리베이터에 갇히게 된 동물 친구들. 그 와중에 뿡 하고 큰 소리가 납니다. 방귀를 뀐 범인은 과연 누구일까요? 푸바방, 푸붑과 같이 실감나게 방귀 소리를 따라 하며 그림책을 읽어 보세요.

Q. 엄마, 아빠, ㅇㅇ이 방귀 소리도 소리 나는 대로 적어 볼까?

4. 차곡차곡 쌓이는 어휘력

1) 어휘력이란

어휘력이란 소통하기 위한 재료를 얼마나 풍부하게 가지고 있는지를 의미합니다. 어휘력은 어휘에 대한 지식이라고도 할 수 있지요. **어휘지식**은 알고 있는 어휘의 양(quantity)이 얼마나 많은지, 알고 있는 어휘의 질(quality)적인 측면이 얼마나 풍부한지로 구분하여 살펴볼 수 있습니다. **어휘의 양은 얼마나 많은 어휘를 알고 있는지를 보여 주는 너비(breadth)의 개념**입니다. 다양한 어휘를 알고 있을수록 자신의 생각을 명료하고 쉽게 표현할 수 있게 되지요. 아이들은 보통 7개월 즈음에 첫 단어를 이해하기 시작하고, 16개월경에는 일상생활에서 접하는 사물들을 위주로 약 150개의 단어를 습득하게 됩니다. 새로운 단어를 습득하는 속도는 점점 탄력을 받아 하루에 습득하는 새로운 단어의 수는 24개월경에는 약 1.6개, 36개월경에는 약 3.6개가 됩니다. 반면에 **어휘의 질은 어휘에 대해 얼마나 깊이(depth) 있게 알고 있는지**를 의미합니다. 단어의 철자, 형태, 의미, 음운, 화용, 통사와 같은 다양한 측면에서 각각의 단어를 얼마나 깊이 있게 이해하는지를 보여 주는 지표이지요.

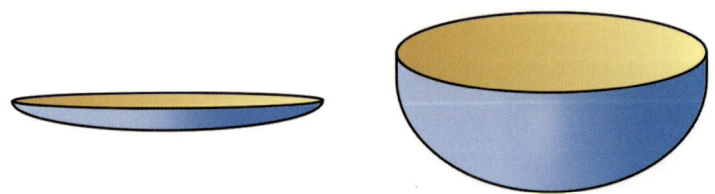

[그림 2-9] 어휘의 양(너비) vs 어휘의 질(깊이)

영유아기 초반에는 단어의 양적인 확장이 중요하지만, 알고 있는 단어가 많이 쌓일수록 단어에 대해 얼마나 깊이 있게 알고 있는지도 중요한 측면이 됩니다. 초반에는 그릇의 크기를 키우는 데 중점을 두지만, 어느 정도 크기를 키웠다면 그릇의 깊이를 키우는 것이 중요한 셈이지요([그림 2-9] 참조). 이러한 어휘지식은 학령기 이후의 학업성취뿐만 아니라, 전반적인 언어능력과 이해력을 예측하는 중요한 지표입니다.

아동이 가지고 있는 어휘에 대한 질적인 측면까지 고려한 어휘력을 보여 주는 개념이 바로 **심성어휘집**(mental lexicon)입니다. 우리 모두의 머릿속에 들어 있는 어휘에 대한 일종의 사전과 같은 것이지요. 심성어휘집은 단어의 형태와 음운에 대한 정보를 담고 있는 **형태음운부**(lexeme)와 단어의 의미와 통사에 대한 정보가 담기는 **의미통사부**(lemma)로 구분할 수 있습니다. 언어 자체에 대한 인식인 상위언어인식이 발달할수록 심성어휘집이 견고해지고, 심성어휘집이 견고해질수록 상위언어인식이 발달하는 선순환의 구조가 이루어집니다.

- **형태론:** 단어의 내적 조직체계
- **음운론:** 언어를 구성하는 소리체계
- **의미론:** 언어의 내용
- **통사론:** 언어의 문법체계

2) 어휘 크기를 키우는 상호작용

아이들의 심성어휘집을 옹골차게 만드는 핵심 비법은 **성인의 상호작용**입니다([그림 2-10] 참조). 아이들은 성인과 상호작용하며 매일 새로운 단어를 쌓아 나갑니다. 비고츠키(Vygotsky, L. S.)는 아이들의 전반적인 발달에 있어 사회적 상호작용의 중요성을 강조하였는데, 이를 **사회적 상호작용주의**(social interactionism) 이론이라고 하지요. 그는 사회적 상호작용에 따라 아동의 발달수준이 달라질 수 있음을 강조하기 위해 실제적·잠재적 발달수준이라는 개념을 도입하였습니다. 아이가 현재 혼자서 할 수 있는 수준을 **실제적 발달수준**, 약간의 도움이 있으면 달성할 수 있는 수준을 **잠재적 발달수준**이라고 말합니다. 그리고 실제적 발달수준과 잠재적 발달수준 사이의 영역을 **근접발달영역**(Zone of Proximal Development: ZPD)이라고 말하지요. 여기서 주목해서 보아야 하는 부분은 잠재적 발달수준입니다. 아이들이 약간의 도움이 있다면 계속해서 성장해 나갈 수 있음을 강조하기 때문이지요.

아이에게 도움을 제공하는 성인, 또래와 같은 사람을 **유능한 협력자**라고 합니다.

유능한 협력자가 제공하는 도움을 **비계**(scaffolding)라고 말하고요. 비계는 건축학에서 사용되는 용어인데요. 건물을 세울 때 건물을 지을 수 있도록 설치하는 임시가설물을 칭합니다. 건물을 짓기 위해 도와주는 뼈대이지만, 건물을 짓고 나면 철거하게 되지요. 이와 같이 아이의 발전을 돕는 것은 **대신 건물을 지어 주는 성인이 아닌, 아이가 스스로 건물을 지을 수 있도록 옆에서 살짝만 도와주는 성인**입니다. 이러한 약간의 도움은 아이들의 어휘력도 무럭무럭 성장할 수 있도록 돕습니다.

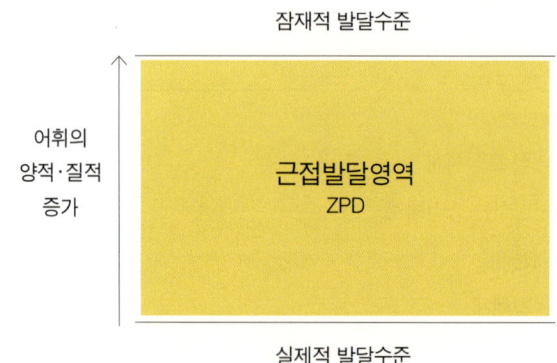

[그림 2-10] 어휘의 성장을 돕는 성인의 상호작용

아이들의 어휘력은 가정에서 사용하는 어휘의 양과 밀접한 관련이 있다고 합니다. 어떤 어휘를 사용하여 어떻게 상호작용하는지가 아이들의 어휘력 발달수준을 가르는 핵심 키가 됩니다. 그렇다면 아이들과 어떻게 상호작용해 주어야 아이들의 어휘발달을 도울 수 있을까요? **부모-유아 어휘 상호작용 척도**(Parent-Child Lexical Interaction Scale for Preschoolers: PLIS-P)의 문항을 살펴보면 힌트를 얻을 수 있습니다(<표 2-4> 참조). 아이들의 어휘발달을 돕는 상호작용은 크게 단어자극 제공, 단어 정교화, 단어인식 지도, 발현적 단어지도, 관습적 단어지도로 나뉩니다. 각각의 항목을 살펴보고 이를 염두에 두고 아이와 상호작용 한다면 아이들의 어휘력이 쑥쑥 자라날 수 있을 거예요.

⟨표 2-4⟩ 부모-유아 어휘 상호작용 체크리스트

단어자극 제공	• 아이가 그림책이나 영상에서 알게 된 것을 실제로 관찰하거나 경험하는 시간을 가진다. (예: '탈 것'에 대한 책을 읽고 기차를 타 보기) • 아이에게 새로운 단어를 반복적으로 말해 준다. • 아이가 새로 알게 된 단어가 다양한 상황에서 사용되는 모습을 보여 준다. • 아이와 함께 그림책을 읽는다.
단어 정교화	• 단어의 의미를 확장하여 아이에게 말해 준다. (예: 아이: 물고기 같아. / 부모: 붕어처럼 생겨서 붕어빵이라는 이름을 붙였나 보다.) • 아이가 말한 단어를 정교하게 수정하여 아이에게 말해 준다. (예: 아기 개를 '강아지'라고 한단다.) • 아이에게 단어를 설명할 때 사용법, 사용하는 장소와 같은 구체적인 정보를 알려 준다. (예: 이것은 토스터기야. 이것은 빵을 굽는 기계이고 부엌에서 사용해.) • 아이에게 단어의 뜻을 설명할 때, 상황의 예를 들어 설명한다. (예: '꺼려진다'는 건 너무 매운 김치가 반찬으로 나왔을 때 먹기 싫어지는 거야.) • 아이와 대화할 때 아이에게 한 단어의 다양한 뜻을 알려 준다. (예: 사과가 땅에 '떨어지는' 거랑 우유가 다 '떨어진' 거는 의미가 달라.) • 아이에게 단어의 의미를 설명할 때 유사어나 반대어를 활용한다. (예: 오염됐다는 건 깨끗하다는 것과 반대되는 말이야.) • 아이에게 단어의 의미를 설명할 때 상위개념으로 분류한다. (예: 잠자리는 곤충이야.)
단어인식 지도	• 아이에게 단어를 설명할 때 부분의 뜻을 이용하여 설명한다. (예: 봉선화, 무궁화에서 '화'는 꽃이라는 뜻이야.) • 아이에게 단어를 설명할 때 접두사/접미사의 의미를 알려 준다. (예: 날고기에서 '날'은 익지 않았다는 뜻이야.) • 아이에게 새로운 단어를 알려줄 때, 같은 접두사/접미사가 있는 단어들과 연결하여 알려 준다. (예: 장난을 많이 치는 사람을 '장난꾸러기'라고 하고, 잠이 많은 사람은 '잠꾸러기'라고 해.) • 아이에게 단어의 부분의 뜻을 알려 주고 새로운 단어의 뜻을 추측하게 한다. (예: 암소에서 '암'은 여자 동물이라는 뜻이래. 그러면 '암탉'은 무슨 뜻일까?) • 아이에게 한국어 어휘에 고유어, 한자어, 외래어가 있다는 것을 알려 준다. (예: 우리나라 말에는 한자나 영어로 쓸 수 있는 말도 있어.) • 아이에게 고유어, 한자어, 외래어의 특징을 알려 준다. (예: '바나나'는 'banana'랑 소리가 비슷하면서 다르지?) • 아이에게 단어의 어종(고유어, 한자어, 외래어)에 대해 생각해 보게 한다. • 아이에게 외래어를 설명할 때, 어원이 되는 영어 단어와 연결 지어 설명한다. (예: 아이스크림은 영어로도 'ice cream'이야.)

발현적 단어지도	• 아이가 단어의 뜻을 물어볼 때 자세하게 설명해 준다. • 아이가 볼 그림책을 고를 때 그림책의 어휘 수준이 아이에게 적합한지 생각한다. • 아이에게 단어의 뜻을 알려줄 때 단어의 뜻을 아이가 이해할 수 있는 쉬운 말로 설명해 준다. • 아이에게 그림책을 읽어 줄 때 내용을 연기하듯이 읽어 준다. • 아이가 읽고 싶어 하는 단어를 읽어 준다. • 아이가 새로운 단어를 말할 때 칭찬해 준다. • 아이에게 힌트를 주고 단어(개념)를 맞추게 하는 수수께끼 놀이를 한다. (예: 이것은 동물인데, 바다에 살고, 허리가 굽어 있어. 무엇일까?) • 아이와 단어의 소리를 이용한 말놀이, 말장난을 한다. • 아이와 끝말잇기 놀이를 한다. • 아이가 좋아하는 노래 가사에서 단어를 바꿔서 불러 본다. • 아이와 그림책을 읽다가 재미있는 단어(의성어, 의태어, 말장난)를 함께 말해 본다.
관습적 단어지도	• 아이가 새로 알게 된 단어를 말해 보거나 써 보도록 격려한다. • 그림책을 읽어 줄 때 단어를 손으로 가리키며 읽는다. • 아이에게 그림책에 나오는 단어를 소리 내서 따라 읽게 한다. • 아이와 그림책 속 단어와 관련된 언어활동을 한다. (예: 책에 나온 단어 써 보기, 단어를 넣어 문장 만들기, 단어와 관련된 동시 짓기 등) • 단어를 써서 아이에게 보여 준다. (예: 비행기 그림 옆에 '비행기'라고 써서 보여 주기) • 단어카드, 학습지 등을 활용해서 아이에게 단어를 직접 가르친다.

출처: 정수지(2021).

단어자극 제공은 어휘발달을 돕는 적절한 맥락에서 풍부한 단어자극을 제공하는 상호작용입니다. 실생활 속에서 또는 그림책을 읽는 것과 같은 간접적인 활동을 하며 단어자극을 제공해 줄 수 있습니다. **단어 정교화**는 아이들이 접하거나 사용하는 단어를 더욱 정교하게 확장해 주는 것을 의미합니다. 아이가 사용한 단어를 반복해서 말해 주거나, 부연설명을 해 주거나, 의미를 확장해 주는 등의 정교화를 시도할 수 있습니다. **단어인식 지도**는 단어 자체에 대해 생각해 볼 수 있도록 돕는 방식의 상호작용입니다. 단어의 의미가 무엇인지, 어떻게 사용하는지, 형태가 어떠한지 관심을 가질 수 있도록 도울 수 있습니다. **발현적 단어지도**는 아이의 흥미와 관심도를 고려하여 의미 있는 맥락에서 단어에 대해 상호작용하는 것을 말합니다. 반면에 **관습적 단어지도**는 단어카드, 학습지와 같은 명시적이고 체계적인 방식으로 성인이 단어에 대해 가르치는 방식을 의미합니다.

연구결과에 따르면 **성인이 단어 자극을 제공하고, 단어를 인식할 수 있도록 도우며 정교화하는 상호작용**은 아동이 단어를 인식하고 학습하고, 더 나아가 수용어휘의 크기를 키우는 데 긍정적인 영향을 미칩니다. 반면에 관습적으로 이루어지는 어휘에 대한 상호작용은 아동이 단어를 인식, 학습하는 데 부정적인 영향을 미칩니다. 성인이 아이들에게 어휘와 관련하여 상호작용할 때 의미 있는 맥락에서 단어에 대해 관심을 가질 수 있도록 돕는 다양한 유형의 상호작용이 중요함을 보여 줍니다. 하지만 관습적인 방식의 지도는 오히려 역효과를 불러일으킬 수 있으니 주의가 필요합니다.

어휘력을 길러 주는 추천 그림책

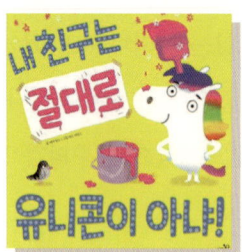

『내 친구는 절대로 유니콘이 아냐!』

난 유니콘처럼 생겼지만 유니콘이 아니랍니다. 유니콘이라고 부르지 마세요. 아이스크림을 먹을 때는 달그락달그락 숟가락콘, 목이 마를 때는 쪼르륵 물병콘. 의성어, 의태어와 함께 합성어를 만들며 놀이를 할 수 있는 그림책입니다.

Q. 페인트 붓이 뿔에 달려 있으니까 페인트붓콘?

『출렁출렁 문어섬』

김지현 지음, 웅진주니어, 2023

덥고 지칠 때는 우리 모두 문어섬으로 떠나요. 문어섬에서는 문어 친구와 한바탕 재미있게 놀 수 있어요. 수영섬, 변신섬, 식당섬, 기념품섬, 낚시섬까지! 문어섬에서 놀이하며 다양한 어휘를 자연스럽게 들려주세요.

Q. 수송 문어 1회 이용권이라니. 무슨 뜻일까? 수송은 탈 것으로 물건이나 사람을 옮겨 준다는 뜻이야. 수송 문어 이용권을 사용하면 문어를 타고 어딘가로 이동할 수 있겠다.

『올망졸망 고양이 남매』

플뢰르 판 데르 베일 지음, 정신재 옮김, 베로니카이펙트, 2023

아이들의 언어 발달을 도울 수 있는 그림책을 만들기 위해 고양이 남매와 함께 살고 있는 작가가 오랜 시간 고심하여 만든 그림책입니다. 귀여운 고양이 친구의 일상을 함께하며 다양한 어휘를 배워요.

Q. 보리는 빨리 먹지 않는대. 빨리 먹지 않는다는 걸 다른 말로 표현하면 뭐라고 할 수 있을까? 맞아, 천천히 먹는 거지.

『날씨 상점』

토마쓰리 지음, 웅진주니어, 2023

화창한 날씨부터 비 오는 날까지 원하는 대로 날씨를 살 수 있는 날씨상점에 오신 것을 환영합니다. 모두의 말에 귀 기울이며 날씨상점을 운영하고 있는 두두 씨와 함께라면 오늘도 행복한 하루가 될 수 있을 거예요.

Q. 각설탕 평야래. 넓고 평평한 땅 위에 각설탕들이 있지? 만약에 평야 위에 민들레가 있으면 여기에 뭐라고 적혀 있었을까?

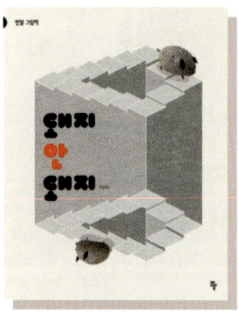

『돼지 안 돼지』

이순옥 지음, 반달, 2016

귀여운 조약돌로 만들어진 돼지 친구들과 재미있는 놀이를 해요. 돼지가 양탄자 위에/아래에, 돼지가 없다/있다, 돼지가 무겁다/가볍다. 플랩을 들춰보며 서로 반대되는 뜻을 가진 반의어에 대해 알아볼 수 있어요.

Q. 돼지가 깊은 물에 들어가 있네. 이 돼지는? 물이 얕다. 플랩을 들추니 돼지가 더 더 더 깊은 물에 있다.

5. 궁극적인 목표, 이야기 이해력

1) 이야기 이해력이란

이야기를 이해한다는 것은 문해교육의 궁극적인 목표입니다. **글로 전달하고자 하는 내용을 적고, 글로 적혀 있는 내용을 읽고 이해하는 것이 문해의 최종적인 목적**이기 때문이지요. 이러한 이해력은 글을 읽지 못하는 영유아기 시기부터 차곡차곡 발달합니다. 그림책의 그림을 보면서 이야기를 듣는 과정은 직접 글을 읽으며 의미를 구성하는 과정과 유사하기 때문입니다.

하지만 가장 중요하다고 꼽을 수 있는 이야기 이해력은 가장 많은 노력을 들여야 발전할 수 있는 능력이기도 합니다. 이야기에 대한 이해는 글을 해독하는 것 그 이상을 요구하기 때문이지요. 겉으로 드러나 있는 사실에 대한 이해와 더불어, 표면적으로 나타나 있지 않은 부분까지 파악하여 의미를 종합적으로 통합하는 비평적, 추론적인 인지 과정을 거쳐야 합니다. 따라서 이야기를 이해한다는 측면은 크게 사실적, 비평적, 추론적 이해로 구분하여 살펴볼 수 있습니다.

사실적 이해는 그림책에 명시적으로 나타나 있는 정보에 대한 이해를 의미하며 가장 기초적인 수준의 이해입니다. 이야기에 대한 이해는 이야기에서 등장하는 주인공의 이름은 무엇인지, 어디에서 펼쳐지는 이야기인지와 같은 사실적인 정보를 파악하는 것에서 시작됩니다. 반면에 **비평적 이해**는 이야기의 내용에 대한 이해에서 더 나아가 주어진 정보를 통한 비평직인 사고와 문제를 해결하려는 시도를 의미합니다. 주인공이 어떤 사람이라고 생각하는지, 주인공이 보인 행동에 대해 어떻게 생각하는지와 같은 조금 더 높은 차원의 사고가 필요합니다. 그리고 **추론적 이해**는 명시적으로 언급되어 있지는 않지만, 주어진 정보를 토대로 간접적으로 추측해 봄으로써 등장인물의 감정, 사건의 발생 원인과 같은 숨겨져 있는 부분까지 파악하는 것을 말합니다. 제대로 이야기를 이해하기 위해서는 사실적 이해에 그치는 것이 아닌, 비평적, 추론적 이해를 할 줄 알아야 합니다. 아이들의 사실적, 비평적, 추론적 이해를 기르기 위해서는 성인의 질적으로 높은 수준의 질문이 필요합니다(<표 2-5> 참조).

〈표 2-5〉 이야기의 이해를 돕는 질문

이야기 이해	질문의 예시
사실적 이해	그림책에 누가 나왔지? 친구들이 어디로 놀러 간 거야?
비평적 이해	○○이 생각에 주인공 친구는 어떤 것 같아? ○○이는 어떻게 생각해? 왜 그렇게 생각했어?
추론적 이해	이때 친구 기분이 어땠을까? 다시 만났을 때 뭐라고 말했을 것 같아?

2) 이해력을 키우는 확산적인 질문

부모님들은 그림책을 활용해서 자녀와 상호작용함에 있어 가지각색의 어려움을 호소합니다. 부모님이 자녀와 그림책을 활용하여 상호작용하는 모습을 관찰해 보면, 있는 그대로 글을 읽어 주기 급급한 모습이 가장 많이 눈에 띕니다. 그리고 그림책을 수단으로 무언가를 가르치려는 교수적인 상호작용에 치우친 모습도 종종 보입니다. 아이들은 이러한 부모의 속마음을 귀신같이 알아채지요. 아이는 금세 흥미를 잃고 적극적으로 그림책 읽기를 방해하기까지 합니다. 큰마음을 먹고 시작한 그림책 읽기가 부모님과 아이 모두 괴로운 시간이 되어 버리기 일쑤이지요.

그림책 읽는 시간이 재미있기 위해서는 무언가를 가르치기 위한 수단으로 그림책을 활용하는 것은 지양해야 합니다. 아이들은 그 자체로 즐거운 놀이가 될 때 진정한 의미에서 놀이를 할 수 있기 때문이지요. 아이들은 놀이하며 배웁니다. 지금까지 그림책 육아라고 말하면서 아이들을 성인이 원하는 대로 이리저리 이끌고 있지는 않았는지 다시 한번 되돌아볼 필요가 있습니다. 아이들은 즐겁게 그림책 읽기를 시작했다고 하더라도, 부모가 계속해서 정답이 정해져 있는 질문을 퍼부으면 그림책 읽는 시간을 온전히 즐길 수 없게 됩니다.

수렴적인 사고보다는 확산적인 사고를 돕는 질문을 해야 합니다. 답이 정해져 있는 닫힌 질문을 **교수적인 상호작용** 또는 **수렴적인 상호작용**이라고 말합니다. 이러한 질문이 무조건 나쁘다는 것은 아닙니다. 적재적소에 필요한 만큼만 사용한다면 아이들이 얼마나 이야기를 이해하고 있는지 확인할 수 있지요. 질문을 해 보았을 때 아이가 이해를 어려워하는 부분이 있다면 부연설명을 하거나 그림을 조금 더 꼼꼼하게 살펴보는 등의 방안을 모색할 수 있습니다.

반대로 정답이 정해져 있지 않은 열린 질문을 **확산적 상호작용**이라고 합니다. 확산적인 상호작용은 아이들이 능동적으로 사고할 수 있도록 돕습니다. 정답이 없는 질문에 대해 본인 나름대로의 답을 찾아보며 비평적으로 사고하고, 추론해 보는 경험을 할 수 있습니다. 앞으로 어떻게 이야기가 펼쳐질 것 같은지 추측해 보도록 돕는 질문을 하거나, 주인공이 왜 그런 행동을 했을지 생각해 보도록 돕는 확산적인 질문을 해 주세요. 상호작용 유형에 따른 확산적인 질문의 예시는 다음의 표를 참고해 주세요(<표 2-6> 참조). 자세한 설명은 4장에서 다루도록 하겠습니다.

EBS <당신의 문해력>에서 그림책을 활용한 말놀이 프로그램을 기획할 때 확산적인 상호작용에 대한 코치를 함께 진행하였습니다. 그림책 한 권을 읽는 과정에서 나타나는 상호작용에 대한 모니터링을 실시하여 프로그램 참여 전후의 상호작용 양상을 비교하였지요([그림 2-11] 참조). 평균적으로 책 한 권을 읽는 데 할애하는 시간이 현저히 적었고, 확산적인 상호작용과 아동의 발화 수가 무척이나 낮았습니다. 반면에 부모 주도의 교수적인 상호작용이 주를 이루었습니다. 하지만 확산적인 상호작용의 이점에 대해서 알아보고 구체적인 방법들을 꾸준히 적용해 보며 연습하는 시간을 가진 뒤 다시 확인해 보았을 때는 아동 주도적인 상호작용이 눈에 띄게 증가한 것을 볼 수 있었습니다. 부모의 확산적인 상호작용 비율이 늘어나자, 아이들은 스스로 대답하기 시작하며 그림책 읽기 시간 자체에 적극적으로 참여하게 된 것이었습니다. 덕분에 그림책 읽는 시간도 확연하게 길어졌습니다. **확산적인 상호작용이 주를 이루도록 돕는 책 읽기 상호작용은 아이들의 이야기 이해력 향상**까지 도왔습니다.

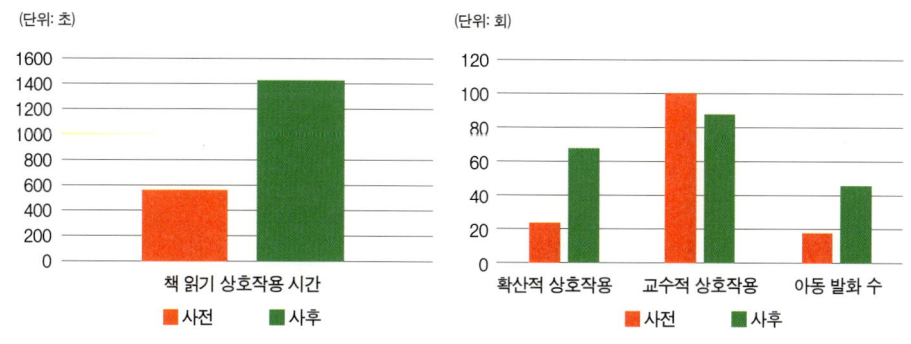

출처: 최나야, 최지수, 노보람, 오태성(2021).

[그림 2-11] 그림책을 활용한 말놀이 프로그램 참여 전후의 변화

앞서 언급한 것처럼 교수적인 상호작용을 하지 말라는 의미는 아닙니다. 아이들이 이야기를 잘 이해하며 따라가는지 확인하기 위한 교수적인 상호작용도 어느 정도 필요하지요. 하지만 **아이가 스스로 생각해 볼 수 있도록 돕고, 그림책 읽는 시간이 놀이가 될 수 있도록 돕는 확산적인 상호작용이 주가 되는 것**이 좋습니다. 아이들의 반응과 흥미도를 확인하며 적절히 상호작용해 주세요. 다음 표는 『훨훨 간다』라는 그림책을 읽으며 할 수 있는 상호작용의 예시입니다(〈표 2-6〉 참조).

〈표 2-6〉 『훨훨 간다』 그림책 상호작용의 예시

확산적인 상호작용
• 목소리 또는 몸짓으로 역동적으로 재현하기 　예: 새들이 훨훨 날아가는 건 어떻게 날아가는 걸까? 몸으로 표현해 볼까? • 주인공 행동의 이유에 대해 추측하도록 질문하기 　예: 할아버지는 왜 무명을 이야기 한 자리에 판다고 하는 걸까? • 이후에 나오는 내용을 예측하는 질문하기 　예: 할아버지는 무명을 이야기랑 바꿀 수 있을까? • 앞에 나온 내용과 연결 짓도록 질문하기 　예: 아까 빨간 코 아저씨한테 들었던 이야기를 할머니한테 해 주나 보다. • 그림책과 관련된 사전경험 활용하기 　예: 우리 저번에 박물관에서 무명천 만져 봤었지? 손에 닿는 감촉이 어땠어? • 다른 매체에서 본 것을 활용하여 읽기(상호텍스트적 읽기) 　예: 이 새가 황새래. 예전에 황새가 아기 가져다준다는 이야기 들은 적 있지? • 유아의 반응에 적절한 피드백 제공하기(칭찬, 확인, 모방, 대답, 되묻기 등) 　예: 우와, ○○이가 하는 것처럼 정말 기웃기웃 살피고 있네? • 그림책과 관련된 내용에서 유아의 의견 묻기 　예: 이야기 들려주는 이 빨간 코 아저씨 어떤 사람인 것 같아? • 그림책의 내용을 활용한 말놀이하기 　예: '기웃기웃'을 거꾸로 말하면 어떤 소리가 될까?
교수적인 상호작용
• 이야기 도식 활용하기 　예: 옛날 옛날에 할머니, 할아버지가 살고 있었어요. • 그림에 나오는 사물이나 상황에 이름 명명하거나 묘사하기 　예: 이 새 이름이 뭐라고? 맞아, 황새! • 그림책의 글에 중점을 두어 읽어 주기(본문에 있는 그대로 읽기) 　예: 할아버지는 집을 향해 터벅터벅 걸어갔어요. • 유아의 이해도를 확인하는 질문하기(정보추구적인 질문: 무엇, 어디, 누구, 어떻게, 왜, 기능 및 행동에 대한 질문) 　예: 할아버지가 어디에서 물건을 파는 거야?

- 유아가 이야기한 것 중 틀린 부분을 고쳐서 이야기하기
  예: 이야기 한 자리랑 바꾼 건 옷이 아니고, 무명천이야.
- 단답형(예/아니오)의 대답이 나오는 단순한 질문하기
  예: 할아버지가 빨간 코 아저씨한테 무명천을 팔았어?
- 유아의 관심을 끌기 위해 그림을 가리키며 말하기
  예: 이거 봐, 황새처럼 똑같이 고개를 기웃기웃 거리면서 살피네.
- 그림책과 관련한 사실적인 지식과 지식에 대해 질문과 설명하기
  예: 이 책 이름이 뭐라고? 맞아, 훨훨 간다.
- 그림의 수 세기, 분류, 색깔 등과 관련된 질문과 설명하기
  예: 나무 아래에 몇 사람이 모여서 앉아 있어? 하나, 둘, 셋. 세 사람이네.
- 필요나 요구를 달성하기 위해 유아에게 지시하기
  예: 다음 장에 무슨 이야기가 나오나 ○○이가 넘겨 볼래?

이야기 이해력을 길러 주는 추천 그림책

『태양 왕 수바: 수박의 전설』

이지은 지음, 웅진주니어, 2023

할머니 앞에 나타난 동글동글 귀여운 태양 왕 수바. 하늘의 용이었다는 수바는 둘 머리 용한테 날개를 빼앗기는 바람에 크기가 앙증맞아졌다는데요. 할머니에게 날개를 찾을 수 있도록 제사를 지내 달라는 수바. 수바는 과연 날개를 찾을 수 있을까요?

Q. 용의 보물들이라니 어떤 보물들이 나무에서 열릴까?

『내 거야 다 내 거야』

노인경 지음, 문학동네, 2022

노인경 작가의 『밤이랑 달이랑』 시리즈 중 하나입니다. 뭐든지 다 내가 먹고 내가 하고 싶은 동생 밤이. 누나 달이는 속상한 마음을 안고 대파를 사러 심부름을 떠납니다. 그런 누나를 따라가는 밤이. 대파도 자기가 들겠다고 우기는데요. 대왕 큰 대파를 밤이와 달이가 무사히 집까지 가지고 갈 수 있을까요?

Q. 커다란 대파를 집까지 가져가려면 어떻게 해야 할까?

『아빠와 호랑이 버스』

국지승 지음, 창비, 2023

부모님과 함께 하는 모든 순간이 아이에게는 행복하고 따뜻한 시간임을 일깨워 주는 그림책입니다. 엄마의 복직으로 아빠와 시간을 보내게 된 선아는 아빠와 어린이 대공원에 가기로 합니다. 아빠와 함께 탄 호랑이 버스 안에서 무슨 일이 벌어질까요?

Q. 어떻게 된 거야? 버스 안에 동물 친구들이 가득하네?

『말도 안 되는 이야기』

안효림 지음, 길벗어린이, 2023

하마가 친구들과 이야기를 나누며 엄마가 하마에게 말도 안 되는 이야기를 해요. 하마에게 수영을 하라니! 풀을 먹으라니! 정말 말도 안 되는 이야기일까요? 모든 것이 처음이라 걱정스러워하는 우리 하마를 응원하며 함께 읽어요.

Q. 하마에게 수영을 하라니 말도 안 되는 이야기인 걸까?

『호랭면』

김지안 지음, 미디어창비, 2023

푹푹 찌는 여름날, 책에서 보았던 절대로 녹지 않는 얼음을 찾기 위해 세 아이들이 모험을 떠납니다. 동굴 깊숙한 곳에 떨어졌다가 발견한 냉면 폭포! 얼음 동동 시원한 호랭면 한 그릇과 함께하는 냉면 잔치 이야기를 들어 보세요.

Q. 냉면 폭포라니 너무 멋지다. ○○이라면 냉면 폭포에서 뭐 하면서 놀고 싶어?

그림책, 언제부터 읽어 줘야 할까?

우리 아이에게 언제부터 그림책을 읽어 주면 좋을까요? 이 질문에 대해서는 빠르면 빠를수록 좋다고 확언할 수 있습니다. 그림책을 읽어 주는 **첫 읽기 연령**이 빠를수록 아이들의 읽기 동기와 읽기능력이 증가하고, 읽기동기가 높고 읽기능력이 좋을수록 학령기 이후의 학업성취도 향상된다는 점이 연구 결과로도 밝혀졌기 때문이지요. 늦어도 아이가 **돌이 지나기 전부터** 그림책 함께 읽기를 시작하는 것을 추천합니다. 호기심을 보이며 주변을 탐색하기 시작하고, 어느 정도 부모의 말에 반응하기 시작하는 **6개월 전후로** 그림책 함께 읽기를 시작하는 것도 적절해요. 하지만 **가장 추천하는 시기는 신생아 시기부터**입니다. 시각적, 언어적인 자극을 주는 방법으로 그림책 읽어 주기 만한 것이 없기 때문이지요. 이 시기에 적절한 그림책의 종류로는 색상 대비가 선명하여 아이의 시선을 끌기에 충분한 단순한 보드북을 추천합니다.

이렇게 말씀드리면 아차 하면서 마음이 심란해지는 부모님들이 분명 계실 거예요. 이미 우리 아이가 출발선부터 늦어 버린 게 아닌가 낙담하실 수도 있지요. 하지만 연구 결과를 곧이곧대로 받아들이며 조급해하실 필요는 없습니다. 더 일찍 그림책 함께 읽기를 시작했다는 건 그만큼 아이와 함께 그림책 읽는 것을 중요하게 여긴다는 걸 의미하겠지요? 단순히 빨리 읽히기 시작하기만 하면 된다는 게 아니에요. 첫 읽기 연령이 빠르다는 건 그만큼 더 빨리, 더 많이, 그리고 더 질적으로 풍부한 그림책 읽기 상호작용을 경험했다는 걸 의미하는 것이니까요. 늦었다고 생각할 때가 가장 빠를 때입니다. 지금이라도 아이와 함께 그림책 읽는 시간을 자주 가지며 질적으로 풍부한 상호작용을 해 주세요. 그림책을 함께 읽는 경험이 쌓이면 쌓일수록 아이들의 미래가 변하게 됩니다.

함께 읽는 경험이 빠르면 빠를수록 좋다고 말씀 드리면 백이면 백, 그렇다면 어떻게 하면 빠르게 아이들의 문해력을 쌓을 수 있을지를 묻는 질문이 연이어 들어옵니다. 하지만 아쉽게도 아이들의 문해력 발달을 위한 지름길은 존재하지 않습니다. **어려서부터 꾸준히 쌓아 온 읽기 경험만이** 아이들의 문해력을 보장해 주지요. 함께 읽기의 경험이 이른 시기부터 차곡차곡 쌓일 때 그 효과는 날이 갈수록 배가됩니다. 문해력에 있어서 나타나는 이러한 현상을 **매튜효과**(Matthew effect)라고 하지요. 많은 연구결과에 따르면 아이들의 어휘력과 읽기능력의 발달 과정은 부익부 빈익빈(富益富 貧益貧) 현상이 여실히 드러납니다. 초기 읽기능력에서의 개인차가 이후의 차이로도 지속적으로 이어지는 것이지요. 읽기능력이 뛰어날수록 책에 대한 흥미가 더 높고, 읽기 동기와 읽기 효율성도 더 높을 수밖에 없어요. 이런 아이들은 자신의 관심에 따라 더 많은 읽기 경험을 축적하게 되고, 그래서 읽기 능력은 더 쉽고 빠르게 성장하게 됩니다. 문해력 발달의 선순환 구조가 형성되는 것이지요. 아이가 높은 읽기 동기와 읽기능력을 가질 수 있도록 돕고, 이러한 순환 구조가 이어질 수 있도록 돕는 방법은 방금 전에도 이야기 드렸으니 기억하시지요? **그림책 함께 읽기를 더 빨리 시작하고, 질적으로 더 우수한 시간을 많이 보내는 것입니다.**

03

기초문해력을 키우는 가정문해환경

1. 기초문해력을 결정하는 가정문해환경

1) 가정문해환경이란

가정의 문해환경은 크게 물리적 문해환경과 심리적 문해환경으로 나눌 수 있습니다. **물리적 문해환경**은 다양한 종류의 그림책이 구비되어 있는지, 그림책을 읽을 수 있는 아늑한 공간이 따로 마련되어 있는지, 글자를 끼적이거나 표현할 수 있는 필기구가 있는지 등을 의미합니다. 물리적인 공간의 구성이 얼마나 언어 자극을 유발할 수 있는지를 보여 주지요. 반면에 **심리적 문해환경**은 언어적인 상호작용을 의미하는 눈에 보이지 않는 인적 자원을 의미합니다. 심리적인 문해환경은 양적인 측면과 질적인 측면으로 다시 구분할 수 있습니다. 그림책을 얼마나 빈번히, 긴 시간 동안 읽는지와 같은 상호작용을 **양적 책 읽기 상호작용**이라고 합니다. **질적 책 읽기 상호작용**은 한 권의 책을 읽더라도 얼마나 깊이 있게 질적으로 높은 수준의 상호작용이 이루어지는지는 의미합니다. 그림에 대해 부연설명을 하거나, 답이 정해져 있지 않은 확산적인 질문을 하는 것이 대표적인 예입니다.

[그림 3-1] 가정문해환경

2) 우리나라의 가정문해환경 유형

가정의 문해환경은 아동의 기초문해력에 영향을 끼치는 주요한 요인입니다. 우리나라의 가정문해환경 유형을 살펴보았을 때 크게 3가지 유형 집단이 나타났습니다([그림 3-2] 참조). 물리적 문해환경과 양적·질적 책 읽기 상호작용 수준이 모두 높은 집단이 가장 이상적이었지요. 반면에 물리적 문해환경과 책읽기 상호작용의 수준이 낮은 집단도 나타났습니다. 상대적으로 물리적 문해환경이 취약한 집단 2와 질적 상호작용이 취약한 집단 3으로 나뉘었지요.

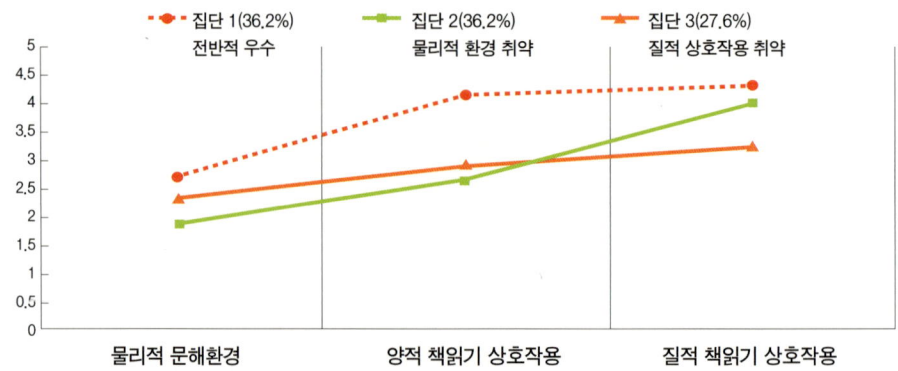

[그림 3-2] 우리나라의 가정문해환경 유형

출처: 최나야, 노보람, 최지수, 오태성(2021).

가정문해환경이 아동의 기초문해력과 어떤 관련이 있는지 확인해 보았을 때 흥미로운 결과가 나타났습니다. 가정문해환경이 모두 풍부할 때 수용 어휘력과 표현 어휘력, 그리고 읽기에 대한 흥미가 전반적으로 모두 높게 나타났습니다. 반면에 질적 책 읽기 상호작용의 수준이 낮을 때 아동의 어휘력뿐만 아니라 음운론적 인식, 이야기 이해력이 전반적으로 저조한 것으로 나타났습니다. 질적 상호작용과는 달리 양적 책 읽기 상호작용은 아동의 기초문해력에 큰 영향을 미치지 못하는 것으로 나타났지요. **양보다는 질**이 중요하다는 점을 다시 한번 보여 주는 결과였습니다. 가정에서 **언어 자극이 풍부한 물리적 환경을 제공해 주고, 질적으로 우수한 상호작용을 해 주는 것**이 아동의 기초문해력 발달의 핵심인 것이지요. 단순히 많이 읽어 주는 데 초점을 두기보다는 질적으로 높은 수준의 상호작용을 하며 읽어 주는 것이 중요함을 명심해 주세요.

2. 우리 집 언어영역 만들기

1) 물리적으로 풍부한 언어영역

물리적으로 풍부한 문해환경을 구성하려면 어떻게 해야 할까요? 처음 그림책 육아를 시작하는 부모님들은 어떤 그림책을 고르는 것이 좋을지부터가 고민일 것입니다. 앞서 다룬 1장에서 그림책이 어떻게 구성되어 있는지를 살펴보았으니 어떤 그림책이 좋은 그림책인지 조금은 감이 오실 겁니다. 여기에서는 어떤 그림책을 고르는 것이 좋을지, 어떤 언어환경을 조성해 주는 것이 좋을지 조금 더 자세히 살펴보도록 하겠습니다.

그림책이기 때문에 당연히 **그림과 글**을 모두 살펴보아야 합니다. 특히 글을 소리내어 읽어 보는 것이 좋습니다. 아이들은 성인이 읽어 주는 것을 듣기 때문이지요. 그리고 그림책은 전집으로 구매하는 것보다는 **단행본**으로 구매하는 것이 좋습니다. 그림책 또한 양보다는 질이 중요하지요. 단행본은 한 권을 만들기 위해 그림책 작가가 많은 공을 들이기 때문에 질적으로 우수합니다. 마음에 드는 그림책을 발견했다면 그 그림책 작가의 다른 그림책에는 무엇이 있는지 살펴보며 질 좋은 그림책을 모으는 것도 방법입니다.

무엇보다도 **아이가 좋아하는 그림책**이 좋은 그림책입니다. 우리 아이가 좋아하는 그림책이 무엇인지 알기 위해서는 다양한 그림책을 접해 보아야 합니다. 도서관에 가서 함께 그림책을 골라 보는 것도 좋은 방법 중 하나입니다. 아이들은 재미있는 그림책이 있으면 반복해서 읽는 것을 좋아하지요. 특히 좋아하는 특정 주제를 선호하는 아이들도 있습니다. 공룡, 곤충, 탈 것, 동물과 같은 주제들은 아이들이 흔히 좋아하는 주제이지요. 좋아하는 주제가 너무 확고해서 한 종류의 주제만을 고집하는 게 걱정이라는 경우도 종종 있습니다. 이런 경우라면 좋아하는 주제에서 점차 확장해 나갈 수 있도록 다양한 장르도 함께 접해 보는 것이 좋습니다. 만일 공룡을 좋아한다면 공룡이 유치원을 가거나, 친구와 놀이하는 에피소드를 담은 그림책으로 확장하면서 자연스럽게 관심사를 넓혀 나갈 수 있도록 도와주는 것이지요.

우리 집만의 포근하고 아늑한 언어영역을 만들어 주는 것도 중요합니다. **책을 읽기 편한 공간**을 작게라도 만들어 주는 것이 좋습니다. 아이의 키에 맞는 낮은 책상과 편안한 의자, 소파 등을 비치해 주세요. 아이들이 언제나 끼적이는 활동을 할 수 있도록 책상 위에는 다양한 종류와 재질의 **필기구**도 함께 비치해 주세요. 아이의 눈높이에 맞는 낮은 키의 책장에 아이가 관심을 가지고 있는 그림책을 표지가 보이게 진열해 주는 것도 좋은 방법입니다. 책을 반드시 정리정돈해야 할 필요는 없습니다. 작은 바구니나 침대 머리맡 등 다양한 곳 구석구석 **책이 손쉽게 닿을 수 있도록** 해 주세요. 이와 더불어 주변 환경을 다양한 **환경인쇄물**로 꾸며 주는 것도 도움이 됩니다. 아이에게 의미 있는 맥락이 되기 위해서는 완제품보다는 아이와 부모의 손길이 닿아 있는 것이 좋습니다. 아이가 직접 그린 그림과 끼적인 작품, 과자봉지나 신문, 잡지로 만든 **단어벽**(word wall)을 만들어 주는 것도 좋습니다. 아이가 관심을 갖는 주제로 만든 **주제망**을 만들어 주거나, 아이의 하루일과를 보여 주는 과정을 그림과 글로 표현하여 꾸며 주는 것도 하나의 방법입니다.

[그림 3-3] 나비를 주제로 그림과 글로 표현한 주제망

2) 우리 집 언어영역 체크리스트

가정의 물리적 문해환경을 체크할 수 있는 척도를 소개해 드리겠습니다(<표 3-1> 참조). 문항을 하나씩 읽어 보며 우리 집 언어영역이 어떻게 구성되어 있는지 체크해 보시기 바랍니다. 1번에 가까울수록 물리적 문해환경이 부족한 것이고, 3번에 가까울수록 물리적 문해환경이 풍부함을 의미합니다. 부족한 부분이 있다면 조금 더 보완해 줄 수 있는 방안을 모색해 보는 것이 좋습니다.

〈표 3-1〉 가정의 물리적 문해환경 체크리스트

가정에 유아의 책 읽기만을 위한 공간이 마련되어 있나요?

1. 유아가 책을 읽을 특정한 공간이 전혀 없다.
2. 다른 목적의 장소에서 책도 읽는다.
3. 책 읽기만을 위한 공간이 따로 있다(카펫, 유아용 소파, 쿠션 등으로 꾸밈).

유아가 책에 쉽게 접근할 수 있나요?

1. 유아가 책을 달라고 해야만 한다. 책이 높은 선반이나 손이 닿지 않는 곳에 있다.
2. 일부 책은 유아가 스스로 꺼낼 수 있다.
3. 어른의 도움 없이 유아가 모든 유아용 책에 쉽게 접근할 수 있다.

유아가 지내는 공간에 두루 걸쳐서 책이 있나요?

1. 책은 도서 영역 한 곳에만 있다.
2. 집안에서 두세 군데에 책이 있다.
3. 도서 영역 이외의 아동이 지내는 다른 대부분의 공간에 책이 있다.

유아가 볼 수 있는 책이 몇 권 정도 있나요?

1. 100권 미만 / 2. 100~200권 / 3. 200권 초과

다양한 종류(장르)의 유아용 책이 있나요?

1. 종류가 다양하지 않고, 부모나 유아가 가장 좋아하는 종류의 책만 있다.
2. 다양한 종류가 있는 편이나, 책의 배치에 장르가 반영되지 않았다.
3. 책이 유형과 장르에 따라 배열되어 있다.

책 이외에 유아가 볼 수 있는 다른 인쇄물 자료가 있나요?

1. 책만 있다. 다른 종류의 인쇄물이 없다.
2. 약간 있다(유아용 잡지, 유아가 만든 책, 신문, 전단지, 포스터 등).
3. 어른의 도움 없이 유아가 다른 종류의 인쇄물 자료를 풍부하게 볼 수 있다.

유아의 눈높이에서 볼 수 있는 글자자료가 있나요?

1. 붙여 놓은 한글 자모 인쇄물이 전혀 없다.
2. 있지만, 완전히 보이지 않는다. 너무 높거나 낮아 유아의 눈높이에 있지 않다.
3. 유아의 눈높이에 한글 자모가 분명히 보인다. 쓰기 영역 근처에 있다.

유아가 글자를 만들어 내는 것을 돕는 도구가 있나요?

1. 유아가 글자를 만들어 낼 수 있는 도구가 없다.
2. 글자 판화, 모래 글자, 고무로 만든 글자 등이 있지만, 어른의 도움 없이 쓸 수 없다.
3. 유아가 글자를 찍어낼 수 있는 도구가 많고, 어른의 도움 없이 쓸 수 있다.

유아가 쓸 종이가 있나요?

1. 어른의 도움 없이 쓸 수 있는 종이가 전혀 없다.
2. 유아가 달라고 하면 줄 스케치북, 공책 등이 약간 있다.
3. 유아가 다양한 크기, 색, 재질의 종이를 원하는 대로 쓸 수 있다.

유아가 쓸 수 있는 필기도구가 있나요?

1. 유아가 쓸 필기도구가 없다.
2. 크레파스와 색연필 등 기본적인 필기도구만 한 군데에 있다.
3. 다양한 색의 크레파스, 색연필, 연필, 마커 등이 골고루, 집안 곳곳에 있다.

유아가 쓸 수 있는 공간이 마련되어 있나요?

1. 유아가 쓸 수 있는 공간이 없다.
2. 간식 먹기나 미술 활동과 같은 다른 활동과 공유하는 장소만 있다.
3. 도구와 자료가 준비된 쓰기 영역이 따로 있다(유아용 책상 등).

유아가 쓴 결과물이 가정에 전시되어 있나요?

1. 유아가 쓴 결과물이 전시되어 있지 않다.
2. 냉장고 등 한 곳에만 붙어 있다(그린 것, 끼적인 것, 상징, 글자, 단어).
3. 다양하게 집안 여기저기에 전시되어 있다.

유아의 인지발달을 도울 자극적인 놀잇감이 있나요?

1. 접근 가능한 놀잇감이 없거나, 어른의 도움이 있어야만 사용할 수 있다.
2. 약간 있지만, 단순히 조작할 수 있는, 흥미 위주의 놀잇감뿐이다.
3. 쌓기 블록, 찰흙, 모래 탁자, 물 탁자, 채소가게 놀이처럼 사회극놀이를 위한 소품으로, 유아가 놀이할 때 변형이 가능한 놀잇감이 매우 풍부하다. 어른의 도움이 없이도 사용가능하고, 단순한 흥미를 넘어서는 놀잇감이 있다.

유아의 극놀이를 지원하는 소품이 있나요?

1. 사회극놀이를 지원하고, 상상력과 인지기술의 발달을 조장하는 소품이 없다.
2. 변장용 옷/모자, 전화, 금전등록기, 소꿉놀이 세트 등의 놀잇감이 약간 있다.
3. 상상과 인지 기술뿐 아니라 사회극놀이를 지원하는 소품이 풍부하다.

글자놀이, 글자퍼즐이 있나요?

1. 인지와 관련된 글자 게임, 퍼즐이 없다.
2. 사용할 수 있는 글자 게임, 퍼즐이 약간 있다.
3. 사고와 논리를 요구하는 인쇄물, 글자 퍼즐, 글자 게임을 포함하는 보드게임, 직소퍼즐 등이 풍부하게 있다.

유아가 들을 수 있는 녹음된 책이나 이야기가 있나요?

1. 녹음된 책이나 이야기가 없다.
2. CD, CD-ROM, 카세트, 전자책 등 어른의 도움으로 들을 수 있는 녹음된 책과 이야기가 약간 있다.
3. 녹음된 책과 이야기가 많고, 유아가 쉽게 이용할 수 있다.

유아의 언어와 문해를 지원하는 기술적 요소가 있나요?

1. 컴퓨터, 스마트폰, 태블릿 PC 등이 없거나 읽기·쓰기 발달의 지원을 목적으로 활용되지 않는다(만화 시청, 비교육적 비디오 게임, 녹음된 책 제외).
2. 읽기·쓰기 등 언어 관련 프로그램을 가끔 시청하거나, 언어와 문해를 지원하는 애플리케이션 등을 약간 가지고 있다.
3. 언어와 읽기·쓰기 발달을 지원하는 기술들이 다양하게 사용된다(언어 관련 프로그램을 정기적으로 시청하거나, 언어와 문해를 지원하는 애플리케이션 등을 많이 가지고 있다).

출처: Neuman, S. B., Koh, S., & Dwyer, J. (2008).

3. 상호작용은 양보다는 질

1) 양적 책 읽기 상호작용

자녀와 그림책을 얼마나 자주 읽으시나요? 그림책 한 권을 읽을 때 얼마나 오래 읽으시나요? 아이가 그림책 읽는 것을 좋아한다면 문제가 되지 않겠지만, **그림책을 읽는 절대적인 시간 자체가 너무 부족한 것은 문제**가 될 수 있습니다. 양적인 책 읽기 상호작용이 빈번할수록 질적인 책 읽기 상호작용도 증가하는 양상이 나타나기 때문이지요. 절대적인 양적 시간이 부족할 때 질적인 수준도 충족되지 못할 가능성이 높습니다.

그림책을 많이 읽어 주고 싶어도 아이가 도와주지 않는다고 걱정하시는 경우가 많습니다. 그림책을 꺼내 오면 아이가 도망을 가 버려서 손쓸 방법이 없다고 한탄을 하시기도 합니다. 이런 경우라면 그림책을 읽는 시간이 지나치게 성인 주도적이지는 않은지, 그림책을 읽을 때 자꾸 아이에게 지시적이고 교수적인 상호작용을 하고 있지는 않은지 한 번 되돌아볼 필요가 있습니다. 아이와의 상호작용 양상을 객관적으로 되돌아보는 것은 생각보다 어렵습니다. 아이와 그림책을 읽는 과정을 휴대전화로 촬영하여 다시 살펴보면 조금 더 객관적인 시선을 유지하며 살펴보기 좋습니다.

부모가 그림책을 골라서 제시하기보다는, 아이가 읽고 싶은 그림책을 스스로 골라 볼 수 있도록 주도권을 넘겨주세요. 아이가 좋아하는 주제의 쉽고 재미있는 그림책부터 시작해서 그림책이 재미있다는 인식을 심어 주는 것이 먼저입니다. 빅북이나 팝업북과 같이 아이의 눈길을 사로잡는 그림책을 활용하는 것도 좋은 방법입니다. 아이가 좋아하는 그림책을 함께 읽으며 상호작용 시간을 점차 늘리는 것이 중요합니다. **그림책을 통해 무언가를 가르치려는 욕심을 내려놓고, 아이와 그림책을 통해 수다를 떠는 시간을 가진다**고 생각하면 부모님의 마음도 한결 가벼워질 수 있습니다.

잠자기 전에만 그림책을 읽으려고 한다는 어려움을 호소하는 경우도 자주 보입니다. 잠자기 전에 책을 읽는 습관을 가지게 된 것은 긍정적이지만, 잠자기 전에만 그림책을 읽는 것으로 굳어지는 것은 바람직하지 않습니다. 잠자기 전의 시간은 나른하고 안정적이기 때문에 그림책을 읽기에 적합한 시간이기는 하지만, 적극적으로 탐색하며 읽기는 어렵기 때문이지요. 낮에도 그림책을 읽어 주며 그림책을 읽는 것은 언제든 재미있을 수 있다는 걸 경험하도록 도와주세요. 밥 먹기 전, 목욕하고 나서, 어린이집에 가기 전과 같은 자투리 시간도 적극적으로 활용해 보세요. 아이의 눈에 띄도록 곳곳에 그림책을 두는 것도 방법입니다. 그림책을 높이 쌓거나, 그림책으로 징검다리를 만들거나, 같은 글자로 시작하는 그림책을 모아보는 등의 놀이를 하며 그림책과 친숙해지는 것으로 시작하는 것도 좋습니다. 성인이 그림책이나 책을 재미있게 읽는 모습을 보여 주는 것도 좋은 방법이 될 수 있습니다. 그림책을 활용한 재미있는 독후 활동을 해 보는 것도 좋습니다. 수단과 방법을 가리지 말고 우리 아이와 그림책을 함께 읽는 절대적인 시간을 확보하길 바랍니다.

2) 질적 책 읽기 상호작용

한 권의 책을 읽더라도 질적으로 깊이 있는 상호작용을 하면서 그림책을 함께 읽는 것이 중요합니다. **아이들의 기초문해력 성장을 돕는 가장 효과적인 방법은 질적으로 풍부한 책 읽기 상호작용을 빈번히 하는 것**이기 때문이지요. 그렇다면 어떻게 읽어 주는 것이 질적으로 우수한 책 읽기 상호작용일까요?

그림책의 글을 꼼꼼하게 모두 읽어 주는 것이 좋은 걸까요? 그림책의 글은 그림책 작가가 여러 번 고심하며 적은 정수만 남겨 둔 글입니다. 하지만 그렇다고 해서 글 텍스트만 줄줄 읽어 나가기만 하면 그림책 읽기를 통해 얻을 수 있는 본연의 즐거움을 반도 얻지 못하게 됩니다. 그림책을 읽을 때 모든 글을 읽어 줘야 한다는 압박감을 내려놓을 필요가 있습니다. 아이의 연령을 고려하였을 때 글의 내용을 모두 소화하기 어려울 것 같다면 더 쉬운 문장으로 풀어서 요약해 주는 것이 좋을 때도 있습니다.

아이의 흥미나 관심을 살피며 그림책에 대한 **부연설명**을 덧붙이는 것도 좋습니다. 그림책은 그림책을 읽는 사람이 누군지에 따라 그 내용이 다르게 읽힙니다. 누가 읽는지에 따라 그림책의 해석이 달라진다는 것을 설명하기 위해 로젠블라트(Rosenblatt, L. M.)는 **독자반응이론**을 주장하기도 하지요. 각자가 가지고 있는 사전경험이 다르기 때문에 그림책의 내용을 해석하고 의미를 부여하는 과정이 모두 다를 수밖에 없습니다. 백 명의 사람이 그림책을 읽는다면 그림책도 백 권이 탄생하는 것이지요. 그림책은 그림책 작가가 완성해 놓은 작품처럼 보이지만, 독자의 해석이 첨가될 때 비로소 완성될 수 있는 미완의 작품입니다.

아이와 함께 공유하고 있는 **사전경험**을 적극적으로 활용하며 그림책을 읽어 보세요. 개인적인 경험을 연결시키면서 이야기에 대한 이해가 더 높아질 수 있습니다. 『비밀의 문』이라는 그림책을 함께 읽다가 다음과 같은 그림을 보면서 "오리발을 신고 수영을 하네? ○○이도 여름에 수영장 갔을 때 오리발 신어 봤었는데, 기억나?"와 같은 질문을 할 수 있겠지요. 상호텍스트적 읽기를 시도하는 것도 좋은 방법입니다. **상호텍스트적 읽기**(Intertextual reading)는 다른 매체(책, 텔레비전, 디지털 미디어 등)에서 접한 다양한 텍스트를 서로 관련시키는 것을 의미합니다. 깊은 바닷속에 수영을 해서 들어간 등장인물을 보면서 "TV에서 봤던 것처럼 인어공주가 사는 나라에 간 건가? 깊은 바닷속에 있는 궁전인가 봐."라고 이야기할 수 있습니다.

『비밀의 문』
에런 베커 그림, 웅진주니어, 2016

무엇보다도 성인이 아동에게 일방적으로 말하는 것은 상호작용이라고 보기 어렵다는 것을 꼭 기억해 주시기 바랍니다. **서로 주고받으며 이야기를 나눌 때** 진정한 의미에서의 상호작용이 이루어진다고 볼 수 있습니다. 성인이 주도하는 그림책 육아였다면 초반에는 아이가 스스로 질문하고 이야기하도록 만드는 데 어려움을 겪을 수 있습니다. 앞에서 살펴본 확산적인 질문을 통해 아이의 적극적인 참여를 유도해 보세요. 답이 정해져 있지 않은 질문을 통해 아이들이 스스로 생각하고 이야기해 보는 시간이 늘어날 수 있습니다. 그림책 읽기에서 더 나아가 그림책을 활용한 독후활동으로 확장해 보는 것도 좋습니다. 자세한 내용은 7장에서 다루도록 하겠습니다.

3) 책 읽기 상호작용 체크리스트

가정의 양적·질적 책 읽기 상호작용을 체크해 볼 수 있는 척도입니다. 양적인 책 읽기 상호작용도 물론 중요하지만, 질적으로 얼마나 우수한 상호작용이 이루어지는지가 아이들의 기초문해력의 발달에 중요합니다. 우리 가정의 책 읽기가 질보다는 양적인 읽기에만 치중하고 있지는 않은지 체크해 보세요. 그림책을 읽는 시간이 부모와 아이가 모두 즐겁다면 질적인 책 읽기 상호작용이 충분히 이루어지고 있다고 볼 수 있습니다.

〈표 3-2〉 책 읽기 상호작용 체크리스트

양적 책 읽기 상호작용 체크리스트					
자녀는 어머니께 얼마나 자주 그림책을 읽어 달라고 부탁합니까?	전혀 부탁 안 함	가끔 부탁함	2~3일에 한 번	하루 한 번	하루 두 번 이상
어머니는 자녀에게 얼마나 자주 그림책을 함께 읽자고 권유합니까?	전혀 권유 안 함	가끔 권유함	2~3일에 한 번	하루 한 번	하루 두 번 이상
가정에서 자녀가 어머니와 함께 그림책을 읽을 때 한 번에 몇 권 정도 읽습니까?	1권	2권	3권	4권	5권
가정에서 자녀가 어머니와 함께 그림책을 읽을 때 한 번에 몇 분 정도 읽습니까?	5분 내외	10분 내외	20분 내외	30분 내외	40분 내외

어머니는 자녀에게 한 주에 몇 권의 그림책을 읽어 줍니까?	1~2권	3~4권	5~6권	7~8권	9권 이상
어머니는 자녀에게 한 주에 얼마나 자주 자기 직전에 그림책을 읽어 줍니까?	0번	1~2번	3~4번	5~6번	7번 이상
어머니는 자녀에게 한 주에 얼마나 자주 잠잘 시간 이외에 그림책을 읽어 줍니까?	0번	1~2번	3~4번	5~6번	7번 이상
질적 책 읽기 상호작용 체크리스트					
자녀가 어머니와 함께 그림책 읽는 것을 얼마나 즐긴다고 생각합니까?	매우 싫어함	약간 싫어함	보통	약간 좋아함	매우 좋아함
어머니는 자녀와 함께 그림책 읽는 것을 얼마나 즐깁니까?	매우 싫어함	약간 싫어함	보통	약간 좋아함	매우 좋아함
어머니는 자녀와 함께 그림책 읽는 시간이 하루 일과 중 얼마나 중요합니까?	절대 중요하지 않음	별로 중요하지 않음	보통	약간 중요함	매우 중요함
어머니는 자녀와 함께 그림책을 읽을 때 쓰여 있는 문장을 읽는 것 이외에 얼마나 많은 설명 또는 질문을 합니까?	절대 안 함	거의 안 함	보통	약간함	매우 많이 함
자녀는 어머니와 함께 그림책을 읽을 때 질문이나 말을 얼마나 합니까?	절대 안 함	거의 안 함	보통	약간함	매우 많이 함
어머니는 자녀와 함께 그림책을 읽을 때 그림에 대해 얼마나 자주 설명 또는 질문을 합니까?	절대 안 함	거의 안 함	보통	약간함	매우 많이 함
어머니는 자녀와 함께 그림책을 읽고 나서 그 내용에 대해 얼마나 자주 설명 또는 질문을 합니까?	절대 안 함	거의 안 함	보통	약간함	매우 많이 함

출처: 최나야(2012).

그림책 육아 QnA

그림책 육아, 잘하고 있는 걸까?

어떤 그림책을 고르면 좋을지, 언제부터 그림책 육아를 시작하면 좋을지, 질적으로 우수한 책 읽기 상호작용은 무엇인지 함께 알아보았습니다. 그렇다면 그림책 육아를 얼마나 잘하고 있는지는 어떻게 확인해 볼 수 있을까요? 그림책 육아가 잘 이루어지는지 확인하려면 무엇보다도 **아이와 부모 모두가 그림책 읽는 시간이 즐거운지**부터 체크해 보아야 합니다. 책 읽는 시간이 즐겁다는 건 내적 동기가 충분히 자극되고 있다는 걸 의미하기 때문이지요. 어느 한쪽이 그림책 읽는 시간이 과제처럼 느껴지고 힘들다면 잠시 멈추고 되돌아보아야 합니다. 만일 아이가 그림책만 읽어 주려고 하면 적극적으로 방해하거나, 도망을 가거나, 흥미를 잃기 일쑤라면 성인이 그림책 읽는 시간을 지나치게 주도하고 있다는 신호입니다. 반대로 부모님께서 그림책을 읽는 시간이 과제처럼 느껴지고 힘들다면 그림책을 읽는 시간을 아이에게 무언가를 가르치기 위한 수단으로만 여기고 있지 않은지 살펴보아야 합니다.

부모도 즐겁게 즐기면서 아이에게 그림책을 재미있게 읽어 주는 일이 녹록지는 않지요. 아이가 같은 그림책을 몇 번이고 다시 읽어 달라고 들고 오면 지겹게 느껴지기도 합니다. '아이에게 하루에 몇 권씩 읽어 줘야지' 하고 목표를 정해 두고 읽어 주다 보면 많이 읽히지 못한 것 같아 마음이 조급해지기도 합니다. 목이 쉬어라 그림책을 읽어 주고 있기는 하지만 과연 이게 맞는 건지 의문이 들 때도 있지요. 부모가 직접 읽어 주는 것보다는 전문 성우가 읽어 주는 게 더 좋지 않을까 의구심도 밀려옵니다. 그래서인지 부모의 이런 괴로움을 덜어 주고자 다양한 시도가 이루어지고 있습니다. 펜으로 터치하면 그림책을 읽어 주는 기기도 있고, 그림책 자체에 버튼을 누르면 녹음되어 있는 목소리가 나오기도 하고, 읽어 주는 기능이 포함된 전자 그림책도 있지요. 하지만 이런 부수적인 기기들이 부모가 직접 읽어 주는 것을 대체하기는 어렵습니다.

부모가 직접 그림책을 읽어 주는 것이 가장 좋다는 연구 결과로도 다시 한번 상호작용의 중요성을 확인할 수 있습니다. 디지털 펜만 사용하여 그림책을 읽을 때보다 부모와 자녀가 상호작용하면서 읽을 때 책에 대한 흥미가 더 높았습니다. 그림책을 읽어 주는 방법을 '디지털 펜'과 '부모-자녀의 상호작용'으로 나누어 그 효과를 살펴보았을 때도 부모가 읽어 주는 것이 더 효과적이었지요. 그림책의 내용이 녹음되어 있는 기기는 서로 주고받는 상호작용이 불가능하다는 점에서, 그리고 아이의 흥미와 관심을 반영한 읽기가 어렵다는 점에서 명확한 한계를 가집니다. 이러한 기기는 어디까지나 부모와 자녀의 상호작용을 도와주는 부수적인 역할에 머물러야 합니다. 부모의 상호작용을 절대 대체할 수 없기 때문이지요. 아이와 그림책을 읽으며 함께 수다를 떨 수 있는 부모님이 아이에게 있어 최고의 선생님입니다.

04

그림책 어떻게 읽어 줘야 할까?

1. 어린 시절부터 그림책 읽어 주기

그림책은 언제부터 읽어 주는 것이 좋을까요? 그림책을 읽어 주는 시기는 빠르면 빠를수록 좋습니다. 아이가 목을 어느 정도 가누고 무언가를 관찰하는 것에 흥미를 보이기 시작할 때부터 그림책을 함께 읽어 주는 것이 좋지요. 성인과 아동이 그림책을 함께 보면서 읽을 때 성인은 소리 내어 그림책을 읽어 주게 됩니다. 자연스럽게 성인과 아동이라는 **이중독자 구조**가 형성되는 것이지요. 즉, 아이들은 귀로 소리를 들으며 눈으로 그림책을 보게 됩니다. 아이들은 눈과 귀를 통해 들어오는 정보를 이중으로 처리하는 것이지요. 이러한 과정을 **이중 정보 처리 시스템**(dual information processing systems)이라고 말합니다([그림 4-1] 참조).

성인은 아동에게 그림책을 읽어 줄 때 다양한 억양을 사용하고, 내용을 몸으로 소리로 구현하는 등 적극적인 방식으로 책의 내용을 전달합니다. 이러한 노력은 아이들에게 이야기를 전달하는 것에 그치지 않고, 읽기의 모델을 제공하며 언어능력의 향상에 도움을 주지요. 이 덕분에 영아기에 경험하는 조기의 읽기 경험은 아이들의

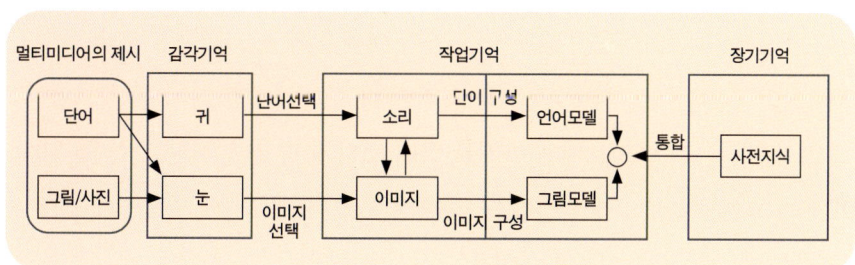

[그림 4-1] 그림책 읽기의 이중정보 처리 시스템

출처: Mayer, R. E., Heiser, J., & Lonn, S. (2001).

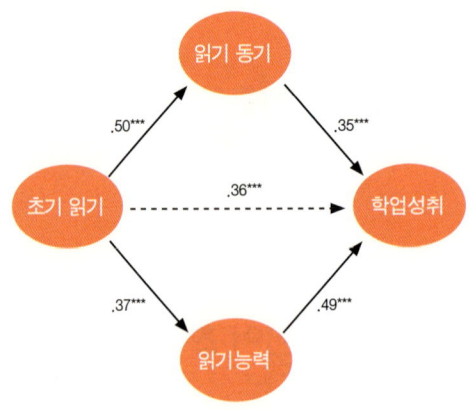

[그림 4-2] 초기 읽기가 학업성취에 미치는 영향

출처: Jung, S., Choi, N. & Jung, S. (2020).

읽기 동기와 읽기능력에 긍정적인 영향을 미치고 이를 통해 이후의 학업성취까지 이어집니다([그림 4-2] 참조).

아이가 어릴 적부터 그림책을 읽어 주면서도 이런 게 과연 효과가 있을지 의문이 들 때도 종종 있을 겁니다. 하지만 제 경험을 돌이켜보면 어릴 적 부모님과 함께 그림책을 읽던 순간의 몽글몽글하고 따뜻한 시간은 아이들의 기억 어딘가에 고스란히 쌓인다고 확신할 수 있습니다. **그림책 함께 읽기는 언어적인 이점만을 위한 것이 아닌 정서적인 안정감까지 줄 수 있는 훌륭한 수단인 것이지요.** 그림책을 함께 읽는 행복한 시간을 가질 수 있을 때 가능한 한 많이 가져 보기를 권해 드립니다.

저는 어렸을 적 읽었던 그림책을 성인이 되어서 다시 보았을 때의 그 전율을 잊지 못합니다. 제가 서울대학교 어린이집에서 보육교사로 근무하면서 그림책 모으기 삼매경에 빠져 있을 때였습니다. 중고책 서점에서 『치과의사 드소토 선생님』이라는 그림책을 발견했을 때와 어린이집에서 『혼자서 쉬해요』라는 그림책을 펼쳐 들었을 때 깜짝 놀랐던 기억이 있습니다. 정확히 기억이 나지는 않지만 읽어 봤던 그림책이라서요. 그림을 하나씩 살펴보며 이야기를 읽어 보니 분명 전에 봤던 그림책이라는 확신이 들었습니다. 부모님께 호들갑을 떨며 여쭤 보니 부모님께서도 읽어 줬던 기억이 난다며 웃으시더군요. "목이 쉬어라 열심히 읽어 준 보람이 있네. 허구한 날 도서관에 가서 그림책 빌려와서 방에 한가득 풀어놓고 그림책 같이 읽었지."라고 말씀하시며 회상하셨지요.

『치과의사 드소토 선생님』
윌리엄 스타이그 글·그림,
조은수 옮김, 비룡소, 1995

『혼자서 쉬해요』
기요노 사치코 글·그림,
고향옥 옮김, 비룡소, 2011

영아기에 읽어 주기 좋은 그림책들을 소개해 드리도록 하겠습니다. **어린 시기일수록 그림책의 그림이 단순하고, 의성어와 의태어가 풍부하게 들어간 그림책**이 좋습니다. 이야기는 아이의 **일상생활**을 담고 있는 것이 좋고요. 영아기 초기에는 **현실성이 높은** 그림책 위주로 제공해 주는 것이 바람직합니다. 아이가 스스로 책장을 하나씩 넘기며 조작하기 쉬운 **보드북**이 제격이고, 간단히 조작하며 읽을 수 있는 **플랩북** 종류도 적절합니다. 앞서 보여 드렸던 『아치는 개구쟁이 한 살』이라는 그림책은 이러한 점을 모두 만족하는 시리즈 중 하나입니다. 『달님 안녕』 시리즈도 아이들에게 인기가 많습니다. 『달님 안녕』 그림책의 경우에는 달님이 구름에 가리는 장면에서 긴장감과 해소가 번갈아 나타나지요. 『구두구두 걸어라』 그림책은 그림을 구두가 걷는 것처럼 그림책을 움직이며 의태어에 관심을 가져 보고 몸으로도 표현해 볼 수 있지요.

『달님 안녕』 시리즈
하야시 아키코 글·그림, 한림출판사, 2006

『개구쟁이 아치는 한 살』 시리즈
기요노 글·그림, 고향옥 옮김, 비룡소, 2011

의성어와 의태어가 들어가 있어서 소리 내어 읽을 때 재미가 더 살아나는 『사과가 쿵!』 『두드려 보아요』 『누가 숨겼지?』와 『똥강아지 봄 여름 가을 겨울』 세트도 추천합니다. 『똥강아지』 시리즈의 경우에는 특히 계절별로 접할 수 있는 사물들을 사실적인 그림체로 담아내어 어린 영아들에게 적합합니다.

[그림 4-2] 영아기 추천 그림책

2. 그림책의 그림 읽기

성인은 그림책을 펼치는 순간 그림보다는 글에 먼저 눈길이 가게 됩니다. 아이에게 그림책을 읽어 주는 경우에는 그림의 작은 부분까지 감상하는 것을 놓치기 쉽지요. 이렇게 그림책의 그림을 꼼꼼히 읽지 못한다면 그림책의 반을 놓쳐 버리는 것과 다름이 없습니다. 그림을 읽는다는 건 얼핏 보면 쉬워 보입니다. 하지만 그림을 본다는 것은 생각보다 어려운 작업입니다. 그림을 이해하기 위해서는 시각적인 요소를 해석할 수 있는 **시각문해**(visual literacy)가 필요하기 때문이지요. 그림책을 읽는다는 것은 시각 텍스트를 해석하는 작업입니다. **그림책은 아이들의 이런 시각문해를 길러 줄 수 있는 훌륭한 매체이면서, 시각문해가 있어야 향유할 수 있는 매체이기도 합니다.**

그림책에서 흔히 볼 수 있는 그림과 글로 시각문해가 왜 필요한지 알아볼까요? 다음에는 사과 사진과 그림, 그리고 사과라는 의미를 상징하는 글자가 있습니다([그림 4-3] 참조). 성인이라면 이 과정이 거의 자동적으로 이루어져서 단번에 모두 사과를 의미한다고 알 수 있겠지요. 하지만 사진과 그림이 무언가를 상징한다는 것을 이해하기 어려운 영아일수록, 시각적인 텍스트에 대한 경험이 적을수록 이러한 과정이 어렵게 느껴집니다. 아이들은 이러한 상징에 대한 이해를 꾸준한 반복 경험을 통해 발달시키게 됩니다. 생후 9개월까지는 그림이나 사진이 무언가를 상징한다는 것을 이해하기 어려울 수 있지만, 시각 텍스트에 대한 경험이 점차 쌓이면서 15~18개월 정도가 지나면 어느 정도 상징성에 대해 이해할 수 있게 됩니다.

[그림 4-3] 사과를 표현한 사진, 그림, 글

그렇다면 그림책을 활용해서 시각문해를 길러 줄 수 있는 방법에는 어떤 것들이 있을까요? 가장 먼저 쉽게 시도해 볼 수 있는 방법은 **그림 산책**입니다. 그림책을 모두 해석해야 한다는 압박감 없이 그림책을 한 장 한 장 넘기면서 그림들을 훑어보는 것이지요. 그림산책을 할 때는 그림을 있는 그대로 읽는 수준으로 간략하게 훑어보는 정도로도 충분합니다. "여기에 빨간색 크레파스가 있다." "보라색 새가 날아간다."와 같이 그림을 보이는 그대로 직관적이고 주관적으로 읽어 보는 것에서 시작해 보세요. 조금 더 나아간다면 사전 경험과 지식을 활용해서 그림에 이름을 붙이거나 행동에 대해 묘사하는 그림 분석으로 확장할 수 있습니다. "여자아이가 크레파스로 무언가를 그리고 있어. 풍선을 그리는 건가?"와 같이 해석을 덧붙일 수 있겠지요.

그림책을 읽을 때 시각문해를 길러 주기 위해 그림읽기를 유도하는 질문도 적절하게 해 주세요. **시각문해를 길러 주는 심미적인 질문을 통해 그림의 시각적 구성요소인 선, 색, 동작과 움직임, 크기와 위치, 상징 등에 주목할 수 있도록 도울 수 있습니다.** 특히 선과 색을 활용하여 등장인물의 움직임과 감정, 심리 상태, 등장인물 사이의 관계, 분위기 등이 표현되기 때문에 주목해서 살펴보아야 합니다. 일반적으로 희미하거나 굵은 선은 편안하고 안정적인 상태를, 지그재그로 표현된 선이나 각진 선은 역동성이나 혼란스러운 심리 상태를 표현하지요. 색은 문화적인 상징성이 축적되어 있는 시각적인 요소이기도 합니다. 빨강, 주황, 노랑과 같은 따뜻한 계열은 강렬함과 기쁨을, 초록, 파랑과 같은 차가운 계열은 차분함, 편안함, 상실감 등을 표현하기도 하지요.

특히, 색상은 생각보다 다양한 장치로 활용됩니다. 화려한 색감과 흑백의 대조를 통해 현실 세계와 상상의 세계를 구분하기도 하고, 색의 대조와 조화를 통해 등장인물 사이의 관계 단절과 회복을 표현하기도 합니다. 『고릴라』라는 그림책에서는 색을 활용해서 등장인물인 한나와 아빠 사이의 거리감이 회복되었음을 표현하고 있습니다. 초반에는 빨강과 파랑이라는 대조되는 색상의 옷을 입고 있고 서로를 바라보지 않고 있지만, 이야기가 끝날 때 즈음에는 같은 빨간색 옷을 입고 같은 곳을 바라보고 있는 구조로 그림이 그려져 있지요.

그림책을 읽을 때 간단한 도구를 함께 활용하여 그림에 집중할 수 있도록 돕는 것도 좋은 방법입니다. **단어채**(word swatter)를 활용하면 아이들이 그림에 더욱 집중할 수 있습니다([그림 4-4] 참조). 단어채가 없다면 색종이, 수수깡, 나무젓가락 등을 활용해서 직접 만들어 사용하는 것도 좋겠지요. 그림책의 그림을 보며 숨어 있는 작은 단서를 찾거나, 익숙한 글자 찾기, 주인공 찾기 등의 놀이로 확장해 볼 수 있습니다.

[그림 4-4] 단어채

3. 손으로 가리키며 함께 읽기

어린 영아기에는 그림책이라는 매체에 주목하면서 함께 읽는 것 자체가 어려울 수 있습니다. 그림책을 함께 읽는다는 것은 생각보다 많은 연습이 필요합니다. 아이가 그림책이라는 매체 자체에 대한 이해가 선행되어야 하고, 그림책을 읽는다는 행위에 대한 이해가 쌓여야 하지요. 그림책을 읽는 과정은 **인식의 삼각형 이론**(epistemic triangle)으로 설명할 수 있습니다. 아이들은 자신, 타인, 물체라는 상호 간 관계를 반복적으로 경험하면서 타인과 함께 **사회적인 공동주의**(joint attention)를 할 수 있게 됩니다. 이러한 반복을 통해 타인의 마음 상태에 대한 이해도 깊어질 수 있습니다. 인식의 삼각형을 그림책 읽기에 적용해 본다면 다음 그림과 같습니다([그림 4-5] 참조). **함께 그림책이라는 공동의 목표에 주의를 집중하면서, 성인과 아동이 상호보완적인 역할을 하며 그림책을 읽어 나가는 것이지요.**

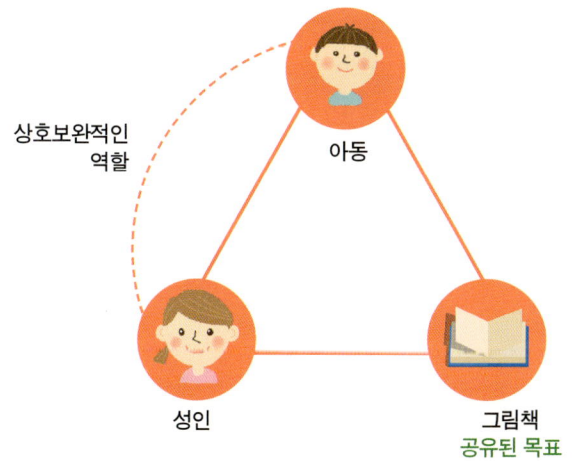

[그림 4-5] 인식의 삼각형 이론을 적용한 그림책 읽기의 과정

이 과정을 조금 더 수월하게 만들어 주는 방법은 **가리키기**(pointing)와 **부연 설명하기**(labeling)입니다. 그림을 가리키면서 성인이 바라보는 그림을 아이도 볼 수 있도록 공동주의를 유도하고, 이에 대해 덧붙여 부연 설명을 함으로써 그 그림이 무엇을 의미하는지 알 수 있도록 도울 수 있습니다. 그림책을 읽을 때 성인이 가리키기와 부연 설명하기를 적절히 사용하면 아이가 인식의 삼각형에 부단히 속할 수 있도록 도울 수 있죠. 가리키기와 부연 설명하기의 효과는 실험을 통해서도 확인이 되었습니다.

그림책을 읽어 주는 내레이션은 동일하게 들려주되, 성인의 가리키기와 부연 설명하기의 정도에는 차등을 두어 실험을 진행하였죠. 그림책 읽기 조건은 크게 혼자 읽기, 손으로 그림 가리키기, 그림 부연 설명하기, 그림을 가리키며 부연 설명하기였습니다. 연구 결과, 성인이 그림을 가리키며 부연 설명을 해 줄 때 이야기 이해가 가장 높았습니다([그림 4-6] 참조). 그림책의 내용에 대한 사실적, 비평적, 추론적 이해 모두에서 그 효과가 확인되었습니다. 옆에서 함께 상호작용해 주는 성인의 역할이 얼마나 중요한지를 보여 주는 결과이지요.

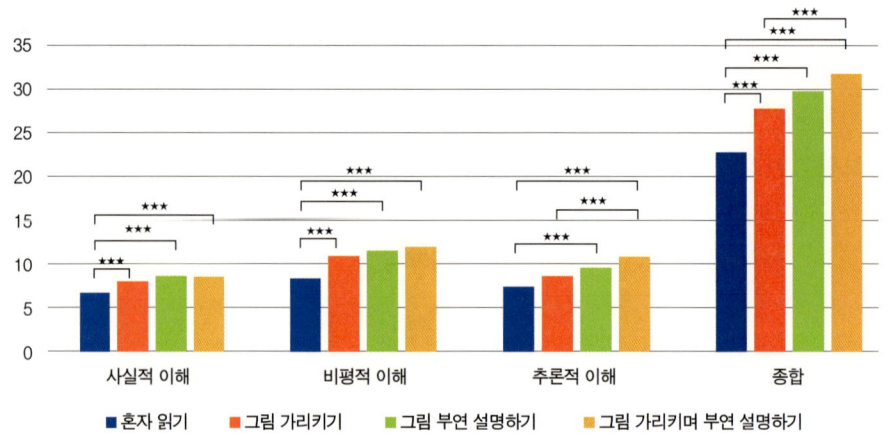

[그림 4-6] 그림 가리키기와 부연 설명하기에 따른 이야기 이해의 차이

출처: 최지수, 최나야, 서지효(2022).

최근 들어서 그림책을 읽어 주는 내레이션이 담겨 있는 그림책이나 디지털 매체들이 우후죽순 생겨나고 있습니다. 하지만 디지털 펜을 사용하여 그림책을 읽을 때보다 부모가 자녀에게 직접 읽어 주며 상호작용해 줄 때 그림책에 대한 흥미가 더 높았습니다. 아무리 기술이 발전해도 성인의 상호작용을 대체하기 어렵다는 것을 보여 주는 결과이지요. 성인은 아이의 반응을 살펴보며 적절히 피드백을 해 줄 수 있고, 흥미를 고려한 질문을 던지는 등 다양한 상호작용이 가능합니다. 디지털 매체는 이러한 유동적인 상호작용에 있어서 한계가 있지요. 언어적, 인지적인 이점을 차치하더라도 부모와 자녀가 그림책을 함께 읽으며 상호작용을 할 때 얻을 수 있는 정서적인 교감과 사회성의 발달이라는 이점도 무시할 수 없는 부분입니다.

4. 아이 주도적인 읽기

아이들은 타고나기에 능동적인 학습자입니다. 세상을 끊임없이 궁금해하는 호기심을 가지고 있지요. 아이들의 배우고자 하는 학습동기는 크게 내적 학습동기와 외적 학습동기로 나눌 수 있습니다. **내적 학습동기**는 배우는 것 자체에 즐거움을 느껴 자발적으로 학습하도록 만듭니다. 반면에 칭찬, 보상, 경쟁, 평가 등과 같은 외부적인 요인에 의해 학습하려는 동기를 **외적 학습동기**라고 합니다. 내적 학습동기는 스스로 궁금해서 파고들 수 있도록 돕는다는 점에서 영유아 시기뿐만 아니라 성인 모두에게 앞으로 나아가는 원동력이 되지요. 그렇다고 외적 학습동기가 반드시 나쁘다고만 볼 수는 없습니다. 영유아 시기에는 적절한 성인의 칭찬, 인정, 격려와 같은 외적인 측면이 아이의 학습동기를 자극하는 데 도움을 주기 때문이지요.

연구 결과에 따르면, 그림책을 읽는 데 있어서 이러한 학습동기가 아이의 읽기 행동에 영향을 미칩니다. **내적 학습동기가 높을수록 그림책을 읽을 때 그림에 대해 탐색하고 이야기를 구성하려는 읽기 행동이 더 많이 나타났지요.** 반면에 외적 학습동기는 그림책을 읽을 때 읽기 행동이 풍부하게 나타나는 데 큰 도움을 주지 못하였습니다. 그림책을 읽는 것에 대한 칭찬이나 물질적인 보상보다는 그림책을 읽는 것 자체가 즐거워서 읽을 수 있도록 해야 함을 알 수 있는 결과였지요.

내적 학습동기가 점점 더 커져서 스스로 배우고 싶어 배우는 아이가 되도록 돕기 위해서 성인이 적절히 자극해 줄 필요가 있습니다. 그림책 읽기뿐만 아니라 전반적인 일상생활에서 아이가 스스로 해내는 작은 성공 경험과 궁금해서 스스로 찾아 나서는 탐구 활동이 장려되어야 하지요. 특히 그림책을 읽을 때 내적 학습동기가 더욱 강해지기 위해서는 성인이 주도하는 것보다는 **아이가 주도적으로 그림책을 읽을 수 있도록** 도와야 합니다.

그림책을 선택하는 것에서부터 아이가 주도할 수 있도록 해 주세요. 그림책의 표지가 잘 보이도록 책장에 꽂아 두거나, 아이의 흥미를 끌 수 있을 만한 새로운 책들을 다양하게 구비해 주는 것이 도움이 됩니다. 무엇보다도 아이가 좋아서 스스로 고른 그림책들로 책꽂이를 구성하는 것이 좋습니다. 성인에 의해 완벽하게 갖추어진 환경보다 아이가 하나하나 직접 고른 책으로 채워진 책장이 아이에게는 더 소중할 테니까요. 어떤 그림책을 읽어 볼지 고를 때도 아이가 스스로 고르게 하는 것이 좋습니다. 그림책의 내용을 순서대로 하나씩 모두 정복해야 한다는 틀에서도 벗어날 필요가 있습니다. 그림책을 읽는 시간은 아이가 관심을 갖는 대로 살펴보며 수다를 떠는 재미있는 시간이 될 수 있어야 합니다. 부모가 모두 읽어 주기보다는 아이와 함께 읽는다는 생각으로 그림책을 읽어 보세요. 평소에 아이가 성인이 읽어 주는 것을 듣는 것에만 익숙하다면 여러 번 반복해서 읽어 본 그림책부터 아이 주도적으로 읽어 보는 것이 좋습니다. 아이와 부모가 번갈아 가며 한 장씩 읽어 보거나, 등장인물 하나씩을 맡아서 그림책을 읽어 보는 것으로 시작할 수 있습니다.

5. 또래와 함께 읽기

그림책은 성인과 아동이 함께 읽어야 한다는 고정관념을 버릴 필요가 있습니다. **비슷한 연령의 또래나 연령 차이가 나는 형제자매가 그림책을 함께 읽는 것**도 좋은 방법 중 하나이기 때문입니다. 어린이집이나 유치원에서 근무하시는 선생님이라면 전이 시간에 아이들끼리 그림책을 읽는 시간을 자주 마련해 주세요. 저는 어린이집에서 근무할 때 아이들이 점심을 먹으러 가기 전 함께 그림책 읽는 시간을 가질 수 있도록 하였습니다. 아이들은 둘이 같이 그림책을 읽기도 하고, 선생님이 읽어 주던 것처럼 다른 친구에게 읽어 주는 것을 관찰할 수 있었지요. 선생님이 따로 알려주지 않아도 친구와 번갈아 가며 한 페이지씩 읽거나, 각자 좋아하는 주인공의 역할을 맡아 그림책을 읽어 나가는 모습을 보여 주었습니다. 선생님이 읽어 줄 때보다 더 기발하고 재미있게 읽어 주는 아이들도 있었어요. 아이들은 듣기만 하는 청자가 아닌, 능동적으로 이야기를 만들어 나가는 이야기꾼인 화자가 되는 경험을 무척 즐거워합니다.

　이렇게 아이들끼리 그림책을 함께 읽는 것을 **또래와 함께 읽기**(buddy reading)라고 합니다. 또래와 함께 읽는 시간은 성인과 함께 읽을 때와는 질적으로 다른 읽기의 과정이 될 수 있습니다. 아이들이 보기에 성인은 명확히 자기보다 더 많은 것을 아는 사람이라는 인식이 강하기 때문에 수직적인 구조가 형성되기 때문이지요. 하지만 또래끼리는 다릅니다. **또래는 어느 정도 연령의 차이가 있어도 수평적인 구조 속에서 그림책을 읽을 수 있습니다.** 아이들에게 또래는 강력한 준거집단이자 공동체로 작용하기도 합니다. 이 덕분에 아이들은 또래를 통해 많은 것을 배우며 성장할 수 있지요. 아이들은 또래와 관계를 맺을 때 자신과 타인의 관점이 다르다는 것을 경험하면서 다른 사람의 생각이 나와 다를 수 있다는 것을 이해하고, 서로를 존중하며, 서로를 돕는 긍정적인 경험을 할 수 있습니다. 이러한 점을 증명하듯 또래와 함께 무언가를 해 보는 경험은 타인의 관점을 이해하는 타인조망수용능력과 친사회성의 발달에 도움을 주지요. 그림책을 함께 협동하며 읽는 한 번의 경험만으로도 친사회적인 선택의 빈도가 더 늘어나기도 합니다.

　특히 또래와 함께 읽기 환경을 조성할 때는 누가 더 잘 읽는지 경쟁하는 것보다는 협동하며 읽을 수 있도록 도와야 합니다. 연구 결과에 따르면, 아이들은 경쟁보다는 협동하는 상황일 때 그림책 읽기에 더욱 자발적으로 참여하고, 즐거운 놀이 행동이 더 많이 나타나며, 의미를 구성하며 이야기를 이해해 보려는 노력을 더 빈번히 합니다. 아이들은 본인이 잘하지 못할까 봐, 실수할까 봐 걱정할 필요 없이 그림책을 읽는 즐거움을 느끼며 자신감을 가질 수 있는 것이지요. 그리고 이러한 긍정적인 읽기 행동은 궁극적으로 이야기에 대한 이해의 정도를 더 높일 수 있습니다. "누가 더 멋지게 잘 읽는지 볼 거야. ○○이가 정말 잘 읽는데?"와 같이 아이들의 경쟁심리를 자극하는 발언은 무의식중에라도 하지 않도록 노력해야 합니다. 이는 일상생활 속에서도 마찬가지이지요. "○○이랑 ○○이가 힘을 합쳐서 그림책을 읽으니까 너무 멋진 이야기가 만들어졌는데?"와 같이 아이들이 협동하며 읽는 것에 대해 격려해 주는 것이 좋습니다.

　글을 해독하지 못하는 유아기 시기에도 또래와 함께 읽기는 충분히 가능합니다. 오히려 그림이 표상하는 의미를 적극적으로 해석하고 말로 표현해 보는 경험을 통

[그림 4-7] 또래와 함께 읽기

해 구어 능력과 시각문해, 이야기 이해력 등이 향상될 수 있기 때문이지요. 또래와 함께 읽는 것은 글자를 해독하지 못하는 어린 유아일 때부터 가능하지만, 특히 읽기 독립을 시작하는 초기 학령기 아동에게 있어서도 이점이 큽니다. 또래와 함께 읽고 이야기를 만들어 가면서 글의 해독과 이야기를 구성하는 과정에서 자신감을 가질 수 있기 때문이지요. 아이들의 연령과 상관없이 또래와 함께 읽기는 적극적으로 권해져야 합니다.

6. 친숙한 그림책 반복 읽기

부모님들께서는 간혹 아이가 같은 그림책만 계속 반복해서 읽기를 좋아한다고 걱정을 하는 경우가 있습니다. 하지만 아이들이 같은 그림책을 반복해서 읽는 것은 크게 걱정할 필요가 없습니다. 이는 대부분의 아이들에게서 나타나는 지극히 자연스러운 현상이기 때문이지요. 성인의 입장에서는 같은 것만 반복해서 읽으면 무슨 소용이 있을지, 이왕이면 여러 권의 그림책을 읽으며 더 많이 배우기를 원하는 마음에서 이런 걱정이 생겨났을 겁니다. 하지만 같아 보이는 반복 읽기에서도 아이들은 계속해서 배우고 성장해 나갈 수 있습니다.

아이들은 **반복 읽기**(repeated reading)를 통해서 그림책이 어떻게 구성되어 있는지 기본적인 개념을 형성할 수 있습니다. 읽을 때마다 조금씩 달라지는 이야기를 통해 다양한 어휘도 접할 수 있지요. 반복하는 경험을 통해 이야기의 구조에 대한 이해가 더 깊어질 수 있습니다. 반복해서 읽을수록 더 구체적인 부분에 대해서 질문을 하고 이야기할 수 있게 되어 더욱 심도 깊은 이해를 도모할 수 있는 것이지요. 또한 그림책을 처음 접할 때 아이는 조금 더 수동적인 입장의 청자 역할을 맡게 된다면, 익숙한 그림책을 반복하여 읽을수록 능동적인 해석을 하는 독자가 되어 이야기를 스스로 꾸며 볼 수 있게 되기 때문에 자신감도 향상될 수 있습니다. 이러한 경험이 축적되면 아이는 혼자서 **읽는 척하기**(pretending reading)가 가능해집니다. 반복 읽기를 통해 **독자적 읽기**(independent reading)가 가능한 능동적인 독자가 될 수 있는 것이지요. 반복 읽기 경험을 통해 얻은 경험과 지식은 새로운 그림책을 해석하는 초석이 되기도 합니다.

반복 읽기는 다양한 방식으로 시도해 볼 수 있습니다. 연구 결과에 따르면 다양한 방식으로 반복 읽기를 시도할 때 아이들의 읽기 흥미와 이야기 이해력에 긍정적인 영향을 미쳤다고 합니다. 소개해 드리는 반복 읽기를 아이의 관심과 흥미를 고려하여 적용해 보세요. 가장 기초적인 반복 읽기는 **따라 읽기**입니다. 성인이 먼저 그림책의 글을 한 줄 읽고 나면 아이들이 같은 문장을 따라 읽는 것이지요. 이때 성인의 말하기는 아이들에게 모델이 되기 때문에 정확한 발음과 적당한 속도로 읽어 주는 것이 좋습니다. 의성어와 의태어를 실감나게 표현하는 것이 좋고, 화자가 누구인지에 따라 목소리에 약간의 변화를 주는 것도 좋은 방법입니다. 앞서 소개해 드린 **또래와 함께 읽기** 방법을 반복 읽기에도 활용할 수 있습니다. 유창하게 읽을 수 있는 유아가 먼저 읽고 나서, 다른 또래가 반복해서 읽을 수 있습니다. 각각의 등장인물의 대사를 정하고 각자 역할을 맡는 **대사 읽기**도 재미있는 방법 중 하나입니다. 그림책을 읽는 것을 녹음한 뒤, **녹음한 것을 들으면서 읽기**도 손쉽게 따라 해 볼 수 있는 방법입니다. 성인이 읽어 주는 것을 녹음하거나, 아이가 직접 녹음해 보고 들어볼 수 있겠지요.

가정에서 부모와 자녀가 함께 읽는 반복 읽기라면 여러 번 읽어서 익숙한 그림책을 아이에게 읽어 달라고 부탁하는 것도 좋습니다. 아이가 부담스러워한다면 번갈아 가면서 한 페이지씩 읽는 것도 가능하겠지요. 여러 등장인물이 나오는 그림책의 경우, 아이가 등장인물 중 하나의 역할을 맡아 그림책을 읽어 보는 것도 좋습니다. 손위 형제가 손아래 형제에게 여러 번 읽어본 그림책을 읽어 주도록 권하는 것도 좋은 방법입니다.

7. 확산적인 질문으로 생각 주머니 키우기

앞서 소개해 드린 것처럼 아이들과 그림책을 읽을 때 **확산적인 질문**을 적극적으로 하는 것이 좋습니다. 확산적인 질문은 아이가 그림책 읽기에 적극적으로 참여할 수 있도록 돕고, 이야기에 대한 이해를 높일 수 있지요. 또한 확산적인 질문은 틀에 갇혀 있지 않은 다양한 대답을 유도하기 때문에 아이들의 창의성 증진에도 도움이 됩니다. 그렇다면 구체적으로 어떤 식으로 확산적인 질문을 하면 좋을지 그림책을 활용하여 알아보도록 하겠습니다. 안녕달의 『눈 아이』라는 그림책을 함께 읽어 보며 확산적인 질문을 통해 아이들의 생각 주머니를 키워 볼 수 있습니다. 『눈 아이』는 눈사람과 한 아이가 겨울에 만나 놀이를 하다가 봄이 오자 헤어지게 되지만 다시 겨울이 되었을 때 만나는 내용을 담고 있습니다.

"눈빵이라니 너무 맛있겠다.
눈빵은 무슨 맛일까?
○○이가 눈으로 음식을 만들 수 있다면
무슨 음식을 만들고 싶어?
엄마는 눈송이 쉐이크!"

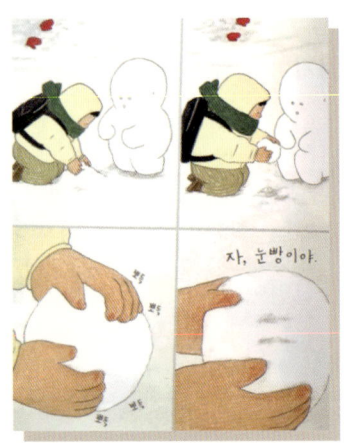

"왜 눈사람이 따뜻해서
눈물이 나는 걸까?
여름이 오면 친구랑
헤어져야 해서 슬픈가?
친구랑 헤어져야 한다니
눈사람은 무슨 기분일까?"

"눈사람이 친구랑 숨바꼭질 하다 말고 어디로
사라진 거야? 어디로 가 버린 걸까?
땅속으로 숨었나?
눈사람이랑 아이는 다시 만날 수 있을까?
다시 만나려면 어떻게 해야 하려나?
서로 엇갈릴 수 있으니까
어디서 만날지 편지를 쓰면 좋겠다."

『눈아이』
안녕달 글·그림, 창비, 2021

안녕달의 『겨울 이불』이라는 작품도 기발한 상상력이 돋보이는 그림책입니다. 이 그림책을 읽어 보면서도 다음과 같이 확산적인 질문을 하며 상상의 나래를 펼쳐 볼 수 있습니다.

"우와, 겨울 이불 속이 찜질방이네! 우리도 이 친구처럼 찜질방 가 봤었지? 우리 가서 뭐 하면서 놀았지? 계란이랑 식혜도 판다. 겨울 이불 속에 이렇게 멋진 곳이 있으면 ○○이는 어떨 것 같아? 만약 ○○이 겨울 이불 속이 이렇게 바뀔 수 있다면 뭐였으면 좋겠어?"

『겨울 이불』
안녕달 글·그림, 창비, 2023

8. 언제 어디서나 함께 하는 말놀이

말놀이는 그림책이 없을 때도 언제 어디서나 함께 할 수 있다는 장점이 있습니다. 밥을 기다리면서, 차를 타고 어딘가로 이동하면서 말놀이를 하며 전이 시간을 보내 보세요. 별다른 준비물 없이 알찬 시간이 될 수 있습니다. 끝말잇기, 같은 소리로 시작하는/끝나는 단어 찾기, 거꾸로 말하기, 귓속말로 문장 전달하기, 수수께끼와 같은 말놀이를 추천합니다.

말놀이는 그림책을 활용해서 함께 할 때 그 효과가 배가될 수 있습니다. 그림책을 활용한 말놀이를 예시와 함께 알아보도록 하겠습니다.『곰 사냥을 떠나자』라는 그림책은 의성어와 의태어가 풍부하게 들어가 있고, 반복되는 플롯의 구조로 이야기가 구성되어 있어 말놀이에 적합합니다.

"곰 잡으러 간단다. 큰 곰 잡으러 간단다.
'곰 잡으러 간단다'에서 '다'를 빼면 어떤 문장이 될까?
'곰 잡으러 간단!' 이번에는 '단'도 빼 볼까? '곰 잡으러 간!'"

『곰 사냥을 떠나자』
마이클 로젠 글, 헬린 옥슨버리 그림, 공경희 옮김, 시공주니어, 2022

"풀밭을 헤치면서 지나가는 소리네. 사각 서걱 사각 서걱.
'사각'이랑 '서걱'은 어느 부분이 다를까?
사각은 모두 'ㅏ'가 들어가는데 서걱은 모두 'ㅓ'가 들어가네.
(손으로 ㅏ와 ㅓ를 만들어 보여 주면서) 사각 사각 사각 서걱 서걱 서걱."

의성어와 의태어를 활용한 『문혜진 시인의 말놀이 동시집』도 추천합니다. 의성어와 의태어를 재미있게 활용한 동시이기 때문에 말놀이를 하며 글자와 글자의 소릿값에 관심을 가질 수 있도록 돕기 좋습니다. 의성어를 활용하여 어떤 소리를 나타내는 건지 수수께끼를 내 보거나, 의태어를 활용하여 몸으로 표현하는 활동으로도 확장할 수 있습니다. 조금 더 연령이 높은 자녀에게는 『최승호 시인의 말놀이 동시집』 시리즈도 추천합니다.

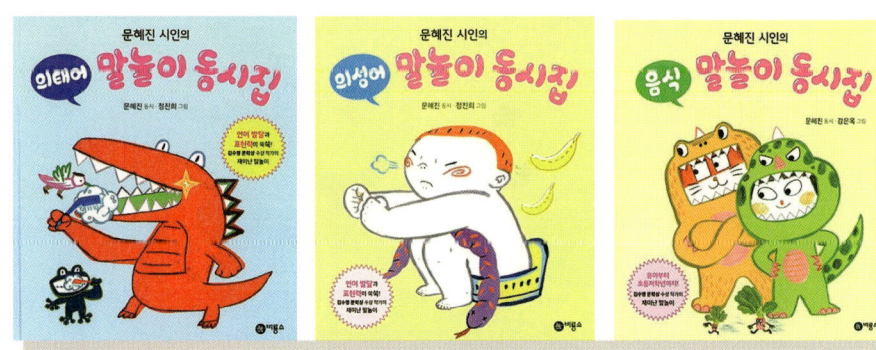

『문혜진 시인의 말놀이 동시집』 시리즈
문혜진 동시, 정진희·강은옥 그림, 비룡소

"다람쥐, 도토리 모두 '디귿'으로 시작하네.
다람쥐, 도토리처럼 /드/ 소리로 시작하는 단어는 또 뭐가 있을까?"
"엄마가 동시 다시 읽어줄게. '다' 소리가 날 때만 ○○이가 박수 쳐 볼래?"

『문혜진 시인의 의태어 말놀이 동시집』

문혜진 동시, 정진희·강은옥 그림, 비룡소, 2016

"치타보다 빠르게 타조보다 빠르게 걸으면 무슨 소리가 날까?
깨금발 들고 빠르게 걸어가면 도도도도도 소리가 나겠다.
보행기 타고 슝슝슝 씽씽씽 달려가는 건 어떻게 달려가는 거야?
몸으로 표현해 볼까? 슝슝슝 쑹쑹쑹 싱싱싱 씽씽씽.
비행기가 날아갈 때는 어떤 소리가 날까?"

『문혜진 시인의 의성어 말놀이 동시집』

문혜진 동시, 정진희·강은옥 그림, 비룡소, 2016

9. 그림책을 활용한 역할놀이

흔히 엄마, 아빠놀이, 마트 놀이와 같이 아이들이 다양한 소품을 활용해서 각자 역할을 맡은 것처럼 연기하는 것을 **역할놀이**(role play)라고 합니다. 역할놀이는 상상을 통해 만들고 실제인 것처럼 행동한다고 해서 **가작화놀이**(make-believe play), **상상놀이**(pretend play)라고도 불립니다. 역할놀이는 역할을 맡아 연기해야 하기 때문에 타인의 입장을 이해할 수 있도록 돕고, 감정조절능력을 길러 주는 데 도움이 됩니다. 특히 그림책을 활용한 역할놀이는 유아의 정서지능과 조망수용능력의 발달에 효과적입니다. 함께 읽은 그림책을 토대로 하기 때문에 구체적인 역할놀이로 확장하기가 수월합니다.

> **조망수용능력**: 자신과 타인의 관점이 다름을 이해할 수 있고, 타인의 관점에서 타인의 생각, 의도, 감정 등을 이해하고 추론할 수 있는 능력

과거에는 연령 차이가 나는 또래끼리 어울려 놀이를 할 기회가 많았기 때문에 자연스럽게 역할놀이가 발전할 수 있었습니다. 하지만 요즈음에는 대체로 동일한 연령으로 반이 구성되어 있고, 형제자매도 많지 않아서 역할놀이가 자연스럽게 확장되기가 쉽지 않습니다. 따라서 성인이 함께 역할놀이를 하면서 놀이가 확장될 수 있도록 돕고 모방할 수 있는 모델이 되어 줄 필요가 있습니다. 아이들의 역할놀이 수준을 구체적으로 살펴보고 적절한 도움을 주는 비계를 설정하기 위해선 다음과 같은 여섯 가지 요소를 살펴볼 수 있습니다(<표 4-1> 참조). **계획**(plan), **역할**(roles), **소품**(props), **연장된 시간의 틀**(extended time frame), **언어**(language), **시나리오**(scenario)의 앞 글자를 따서 **PRoPELS**라고 기억해 주시면 좋습니다.

<표 4-1> 역할놀이를 풍부하게 만들어 주는 여섯 가지 요소

PRoPELS	내용
계획(Plan)	역할놀이를 시작하기 전, 놀이에 대해 생각할 수 있는 능력
역할(Roles)	특정 역할과 관련된 행동, 언어, 감정 표현
소품(Props)	놀이에서 사용하는 실제적, 상징적 대상이 되는 사물
연장된 시간의 틀 (Extended time frame)	역할놀이가 지속되는 시간(1회기, 여러 회기의 지속)
언어(Language)	시나리오를 발전시키기 위해 사용하는 언어(특정 역할과 관련된 말, 다른 놀이 상대의 행동을 조절하기 위해 사용하는 말)
시나리오(Scenario)	스크립트의 순서 및 역할 간 상호작용을 포함하는 아동의 행동

제가 어린이집에서 아이들과 『아기 돼지 삼 형제』라는 그림책을 함께 읽고 나서 역할놀이로 확장했던 예시를 통해 역할놀이가 풍부하게 이루어질 수 있도록 돕는 방법을 알아보도록 하겠습니다.

- **계획**(plan): 역할놀이를 시작하기 전에 어떤 역할을 맡고 싶은지 친구들과 이야기를 나누며 역할을 선택할 수 있도록 도울 수 있습니다. 역할과 관련한 구체적인 규칙을 함께 세우면 놀이를 하면서 발생할 수 있는 잠재적인 갈등을 방지할 수 있습니다. 함께 정한 규칙은 그림으로 표현하거나, 글씨로 쓰는 척을 하며 표현해 볼 수 있습니다. 계획 세우기는 놀이를 하는 중간에도 언제든지 이루어질 수 있습니다. 기억을 되살릴 수 있는 실제적인 대상(tangible reminder)이 있으면 역할놀이에 참여하는 아이들의 행동을 조절하도록 도울 수 있고, 갈등이 생겼을 때 원만히 문제를 해결하며 긍정적인 상호작용을 할 수 있습니다.

"○○이는 아기 돼지 삼 형제랑 늑대 중에 어떤 역할을 해 보고 싶어?
늑대가 너무 많으면 무서우니까 늑대를 하는 친구는 세 명으로 할까?
첫째 돼지, 둘째 돼지, 셋째 돼지는 두 명씩 하기로 하자.
하고 싶은 역할 옆에 선생님이 친구들 이름을 적어 줄게.
바꾸고 싶으면 다른 친구와 얼마든지 바꿀 수 있어."

[그림 4-8] 아이들이 직접 만든 돼지와 늑대를 자석 칠판에 붙이고
각자 맡은 역할이 무엇인지 이름으로 적기

- **역할**(roles): 그림책을 토대로 역할놀이를 하면 각자의 역할에 대해 좀 더 쉽게 이해할 수 있습니다. 아이들이 역할놀이에 익숙해질 수 있도록 돕기 위해서는 등장인물의 행동 목적이나 순서, 행동 사이의 원인과 결과에 대해 설명해 주는 것이 좋습니다. 아이들이 역할이나 규칙을 까먹을 때는 가끔씩 역할에 대해 언급해 주는 것이 좋습니다. 각자의 역할에 맞는 행동을 가작화하면서 자기조절력을 기를 수 있게 됩니다.

"무서운 늑대가 나타났어! 아기 돼지야, 얼른 집에 숨어 있어야지!
늑대는 무시무시한 목소리로 말해. 입김을 불어서 집을 다 날려 버릴 테다!"

- **소품**(props): 사실성이 지나치게 뛰어난 놀잇감보다는 상상을 통해 다양한 방법으로 활용할 수 있는 비구조적인 소품들(예: 막대기, 종이접시, 종이상자 등)을 다양하게 구비하는 것이 좋습니다. 다양한 방법으로 사용할 수 있는 소품(multi-fuctional props)을 소개해 주고, 상상하여 놀이하는 모습을 보여 주면 놀이가 풍부하게 확장될 수 있지요. 필요에 따라 아이들이 스스로 소품을 만들어 볼 수 있도록 돕는 것도 좋은 방법입니다.

"아기 돼지 삼 형제가 사는 집을 만들려면 어떤 것들이 있어야 할까?
튼튼한 벽돌집이 필요하겠다.
우리 벽돌집을 어떻게 꾸며 주는 게 좋을까?
커다란 굴뚝이랑 늑대를 물리칠 수 있는 난로도 만들어 보자."

[그림 4-9] 유아가 직접 만든 굴뚝과 화롯불로 꾸민 아기 돼지 집

- **연장된 시간의 틀**(extended time frame): 역할놀이는 1회기로 그칠 수 있지만, 경우에 따라서는 반복해서 놀이가 이루어질 수 있습니다. 아이들이 놀이를 하던 중 이동을 해야 한다면 다시 돌아와서 놀이할 수 있도록 아이들이 구성한 놀이 환경을 보존해 주세요. 여러 날에 거쳐서 역할놀이가 지속된다면 역할놀이를 위한 소품들을 역할 영역에 정리하여 보관해 주는 것이 좋습니다. 특히 아이들이 직접 만든 놀이 소품들은 놀이의 지속적인 확장을 돕는 훌륭한 매개체가 됩니다. 아기 돼지 삼 형제를 주제로 한 놀이였기 때문에 아이들의 얼굴 사진이 들어간 아기 돼지 삼 형제 그림책, 아기 돼지 집 등을 아이들과 직접 만들어 환경을 구성해 보았습니다.

- **언어**(language): 역할놀이 전반에 있어서 가작화가 유지될 수 있도록 적절한 언어를 사용하도록 도와주세요. 가장 기초적으로는 역할놀이에 사용되는 소품에 다양하게 이름을 붙여 주는 것에서부터 시작할 수 있습니다. 여기에서 더 나아가 역할놀이를 할 때 역할에 맞게 말하기(role speech)를 돕는 것도 필요합니다. 성인이 일시적으로 역할놀이에서 부수적인 역할을 하면서 역할놀이가 원활히 이루어질 수 있도록 비계 설정을 해 주는 것도 큰 도움이 됩니다.

"(원래 목소리 톤으로) 이건 첫째 돼지가 짚으로 만든 집이야.
(낮은 목소리 톤으로) 나는 늑대다. 내가 입김으로 집을 날려 버리고 아기 돼지를 잡아 먹어야지!
(원래 목소리 톤으로) 집이 날아가 버렸어! 아기 돼지야, 얼른 도망쳐!"

[그림 4-10] 아이들의 얼굴 사진이 들어간 아기 돼지 삼 형제 그림책 만들기(좌), 종이 벽돌블록으로 만든 아기 돼지 삼 형제 집(우)

- **시나리오**(scenario): 배경, 역할, 행동과 관련된 시나리오를 만들기 위한 배경지식이 부족하다면 현장학습, 초청, 연사, 그림책, 비디오 등을 통해 가작화에 필요한 지식을 재정립할 수 있도록 도울 수 있습니다. 시나리오에 대한 배경지식을 쌓았음에도 불구하고 역할에 맞게 말하는 것을 어려워한다면 더 명확하게 모델링을 하여 놀이를 지원해 주는 것이 좋습니다.

"아기 돼지 삼 형제는 어떤 걸로 집을 지었었지?
첫째 돼지 집은? 짚! 둘째 돼지는 나무. 셋째 돼지는 벽돌로 집을 지었었지.
그러면 우리 첫째 돼지 집부터 늑대가 찾아온 걸로 할까?"

10. 도서관과 친해지기

저는 어렸을 적 부모님과 화도진 도서관에 자주 다녔습니다. 단풍잎이 알록달록 떨어진 길을 따라 걸으며 도서관으로 뛰어갔던 기억이 아직도 생생합니다. 매번 마음에 드는 그림책을 잔뜩 꺼내서 읽고 그림책을 한 아름 대출해 오는 것을 반복했었지요. 지금도 책 읽는 걸 취미로 가질 수 있었던 것은 어렸을 적 경험이 쌓인 덕분이라고 생각합니다. 우리 아이들도 책을 좋아하는 아이로 자랄 수 있도록 도서관 나들이를 자주 다녀 보기를 추천합니다. 엄마, 아빠와 함께한 도서관 나들이는 행복한 추억으로, 그리고 우리 아이의 튼튼한 문해력으로 남게 될 거예요.

도서관을 적극적으로 활용하면 양질의 그림책으로 문해환경을 구성해 주기 좋습니다. 아이에게 양질의 그림책을 제공해 주기 위해 모든 그림책을 구비 하는 것은 현실적으로 어렵습니다. 온라인이든 오프라인이든 서점에서는 그림책을 원하는 만큼 내용을 꼼꼼하게 살펴보고 구매하는 것이 어렵지요. 하지만 도서관을 이용하면 그림책의 내용을 직접 확인하며 고를 수 있기 때문에 손쉽게 양질의 그림책을 고를 수 있습니다. 주기적으로 그림책을 빌려 오기 때문에 물리적 문해환경이 한층 풍부해질 수도 있지요. 그리고 **도서관을 주기적으로 이용하면서 아이들은 자연스럽게 책과 가까워지게 됩니다.** 도서관을 이용하는 사람들과 함께 앉아 그림책을 읽는 시간을 통해 아이들은 책을 향유하는 즐거움을 알 수 있게 되는 것이지요. 더불어 기본적인 예의범절을 지키며 공공기관을 이용하는 경험을 통해 타인과 함께 더불어 살아가는 것이 무엇인지도 배울 수 있습니다. 장점만 가득한 도서관 활용하기를 오늘부터 당장 시작해 보세요.

도서관을 적극적으로 활용하면 이미 절판되었거나 품절 되어 구하기 어려운 그림책들도 손쉽게 구할 수 있다는 장점도 있습니다. 원고를 작성하는 과정에 있어서 질 좋은 그림책임에도 불구하고 품절 또는 절판되어 아쉬움이 큰 그림책들도 소개를 하는 것이 좋을지 고민을 많이 했었는데요. 독자들께서도 도서관을 적극적으로 활용해 보시기를 희망하면서 그대로 담아 두었습니다. **절판되거나 품절된 그림책을 소장하고 싶은 경우에는 알라딘 중고서점을 적극적으로 활용해 보기를 추천합니다.** 노다지 속에서 보물을 찾아내는 듯한 기쁨을 느끼실 수 있을 거예요. 중고 그림책을 구매하는 것은 이전의 사람에게서 쓰임이 다했던 그림책이 버려지지 않고 필요한 곳에 가서 다시 새로운 생명을 얻을 수 있다는 점에서 바람직합니다. 또한 중고 그림책을 구매하는 것은 그림책을 재활용함으로써 환경을 보호하는 데 이바지할 수 있는 일이라는 것에 대해서도 아이와 이야기를 나누어 보기 좋겠지요?

도서관에서 운영하는 프로그램에도 적극적으로 참여해 보실 것을 추천합니다. 제가 다녔던 화도진 도서관에서 운영하는 프로그램을 몇 가지 소개하자면 다음과 같습니다. 방학 기간을 활용하여 〈겨울·여름 독서교실〉을 운영합니다. 도서관 이용 방법에 대한 교육이 이루어지고 독서 프로그램을 통해 독서의 즐거움을 경험하

[그림 4-11] 화도진 도서관 어린이 프로그램

며 독서 습관을 길러 주는 것을 목표로 하지요. <1일 도서관 교실> 프로그램을 통해 도서관을 견학하고 독후 프로그램을 함께 진행하기도 합니다. <새싹 어린이 독서회>를 통해 책 읽기와 글쓰기, 독서 체험활동을 제공하기도 합니다.

도서관에서 이루어지는 프로그램은 아이들의 문해력 향상과 도서 대출 빈도의 증가에도 도움을 줍니다. 연구 결과에 따르면 초등학교 1학년생을 대상으로 이루어진 그림책과 이야기 구조도식을 활용한 학교 도서관 프로그램을 통해서 읽기 이해력과 쓰기 유창성 및 글의 주제, 내용, 형식, 조직, 표현 면에서의 쓰기능력이 유의하게 향상되었다고 합니다. 더불어 프로그램 참여 도서관에서 책을 대출하는 빈도도 증가하였다고 합니다. 책을 활용한 프로그램에 참여하다 보니 책 읽기가 익숙해지고, 자발적인 책 읽기로도 이어질 수 있는 것이지요. 책 읽는 즐거움과 더불어 읽기, 쓰기 능력 면에서도 눈에 띄는 향상을 이루었다는 점에서 도서관을 가까이 해야 할 이유가 더욱 확실해집니다.

이 연구에서 한 가지 더 주목해서 살펴볼 부분은 **이야기 구조도식**(graphic organizer)을 활용한 독후활동을 진행했다는 점입니다. 가정에서도 쉽게 따라 해 볼 수 있는 방법 중 하나이지요. '이야기 구조도식'은 공간적인 배열, 순서도, 화살표와 칸, 도형 등을 활용하여 독자가 읽은 글의 내용을 시각적으로 재구성할 수 있도록 돕는 도식을 말합니다([그림 4-12] 참조). 글을 통해 얻은 정보를 시각화함으로써 개념과 지식을 요약 및 통합하여 내용을 구체적으로 표상할 수 있도록 도울 수 있지요.

이야기 도식을 활용하여 원인과 결과, 공통점과 차이점, 기승전결의 이야기 구조, 육하원칙을 토대로 한 사건 정리, 새롭게 배운 단어 정리, 브레인스토밍 등을 시각적으로 표현해 볼 수 있습니다([그림 4-13] 참조). 아직 글을 적기 어려운 아동이라면 그림으로만 표현하는 것도 충분합니다. 성인과 이야기를 나누며 그림책의 내용을 조직화한 뒤, 이를 그림으로 표현하고, 아동이 말한 내용을 성인이 요약하여 문장으로 적어 주고, 다시 읽어 주는 것도 좋은 접근입니다.

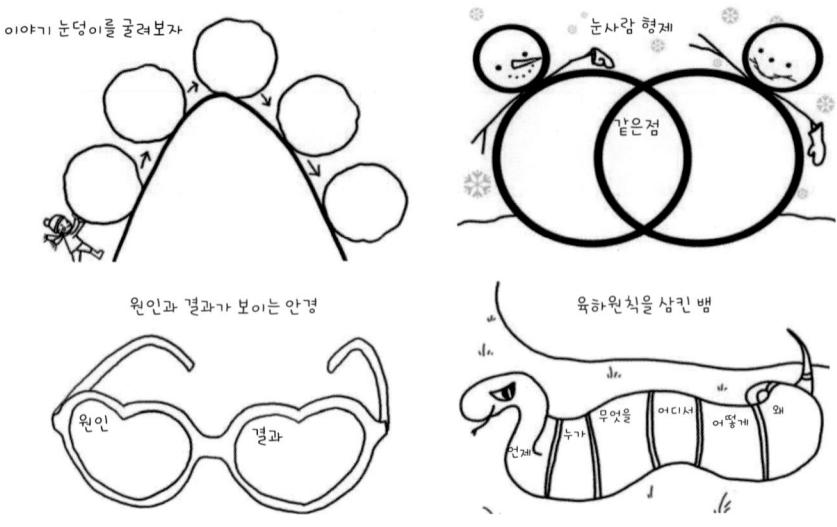

[그림 4-12] 이야기 구조도식의 예

출처: 최나야, 정수정(2013).

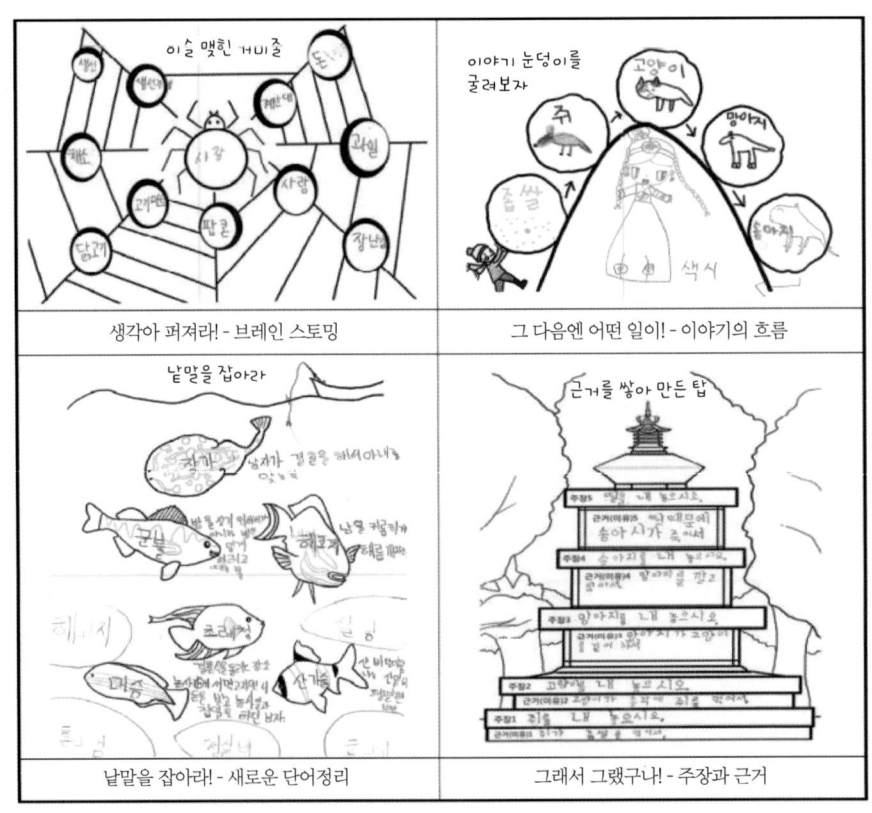

[그림 4-13] 도서관 프로그램에 참여한 아동이 작성한 이야기 도식

출처: 최나야, 정수정(2013).

그림책 육아

그림책 육아 12계명

그림책 육아를 함에 있어서 기억해 두면 좋을 12가지 꿀팁을 소개해 드리고자 합니다. 그림책 육아에 임하실 때 이 부분을 항상 염두에 두신다면 아이와의 그림책 육아는 재미있고 즐거운 시간이 될 수 있을 거예요. 어떤 점에 특히 주의해야 하는지 하나씩 살펴보도록 하겠습니다.

1. 아이와 함께 그림책 고르기

그림책을 읽는 시간은 성인이 주도하는 시간이기보다는 아이가 적극적, 능동적으로 참여하는 시간이 되어야 합니다. 아이가 즐거운 시간이 되려면 본인이 읽고 싶어서 고른 그림책이어야겠지요? 오늘은 어떤 그림책을 읽어 보고 싶은지 아이가 골라보는 것으로 그림책 읽기를 시작해 보세요. 아이의 시선이 닿는 곳에 꺼내기 쉽게 다양한 그림책들을 구비해 주면 자연스럽게 아이가 그림책을 고를 수 있습니다.

2. 그림책의 표지, 면지 보며 이야기 추측하기

처음 접하는 그림책이라면 표지와 면지를 보며 그림책에 대한 흥미를 유발할 수 있어요. 앞표지와 뒤표지, 그리고 면지를 비교하면서 어떤 내용을 담고 있을지 추측해 보세요. 그림책의 내용이 표지와 속지로까지 펼쳐져 있는 그림책일 때 특히 유용한 방법입니다. 이미 여러 번 읽어 본 그림책이라면, 아이가 빨리 그림책을 읽고 싶어 한다면 억지로 표지랑 면지 모두를 살펴볼 필요는 없습니다.

3. 그림책의 그림과 글 함께 읽기

그림책은 글과 그림이 함께 어우러지며 이야기를 펼쳐 나가는 하나의 작품입니다. 그렇기 때문에 그림만 또는 글만 읽는다면 그림책을 제대로 향유했다고 볼 수 없지요. 성인들은 아이에게 그림책을 읽어 줘야 한다는 생각 때문에 그림보다는 글에 자꾸 눈길이 갈 수밖에 없습니다. 아이와 함께 그림책을 읽기 전 성인이 먼저 그림책의 그림과 글을 전반적으로 한번 훑어보면서 그림책을 충분히 감상하는 시간을 가져 보세요. 아이와 함께 읽는 그림책 읽기가 더욱 풍부해질 수 있습니다.

4. 그림책 한 권을 다양한 방법으로 읽기

특강을 나가면 항상 반복해서 받는 질문이 있어요. 같은 그림책만 반복해서 읽어 달라고 하는데 괜찮냐는 질문이지요. 하지만 반복해서 읽는 것은 걱정할 필요가 전혀 없습니다. 그림책을 녹음해서 읽어 주는 게 아닌 이상 그림책은 읽어 줄 때마다 달라지기 마련이지요. 목소리를 변조해서 읽어 주거나, 의성어와 의태어를 살려서 읽어 주거나, 역할놀이를 하면서 읽어 주는 등 다양한 방법으로 그림책을 읽어 보세요.

5. 모두 소화해야 한다는 압박 버리기

첫술에 배부를 수 없듯이 그림책을 처음 읽을 때 모든 걸 소화하겠다는 욕심은 내려놓는 것이 좋습니다. 처음에는 그림책의 그림만 살펴보고, 그다음에는 이야기를 읽으며 그림을 살펴보고, 그다음에는 주인공 한 명의 입장을 생각해 보며 읽어 보는 등 조금씩 조금씩 그림책을 섭렵해 나가는 것이 좋습니다. 처음 읽을 때는 보이지 않았던 그림책의 숨은 묘미까지 발견할 수 있습니다.

6. 천천히 여유 있게 읽어 주기

많이 읽어 주고 싶다는 욕심에서, 빨리 읽고 재우고 싶다는 생각에서 그림책 읽는 시간이 조급하고 빨라질 수 있습니다. 하지만 아이들은 성인의 이러한 의도를 귀신같이 눈치 채기 마련이지요. 무언가에 쫓기기보다는 천천히 여유 있게 그림책을 탐색하며 읽어 줄 때 아이도 부모도 즐거운 시간이 될 수 있습니다.

7. 목소리와 몸짓을 활용하여 역동적으로 읽기

차분하게 앉아서 그림책을 읽어야 한다는 편견에서 벗어날 필요가 있습니다. 그림책을 읽을 때 주인공에 따라 목소리를 변조해 가며 익살스럽게 읽어 주기도 하고, 몸짓으로 직접 재현해 가면서 읽으면 아이들은 깔깔깔 웃으며 넘어가기 마련입니다. 아이와 함께 역할을 나누어 그림책을 읽어 보며 엉덩이가 들썩들썩 하는 시간을 가져 보세요.

8. 사전 경험 활용하여 읽기

아이와 함께 공유하고 있는 사전 경험을 활용하여 그림책을 읽는 것은 상호작용의 질적 수준을 풍부하게 이끌어 주는 손쉬운 방법 중 하나입니다. 그림책에 나오는 장면 중 아이와 함께 경험해 보았던 부분이 있다면 과거의 추억 속으로 잠시 떠나는 시간을 가져 보는 것도 좋습니다. 사전 경험을 활용하여 읽는 것은 그림책의 이야기에 대한 이해도를 높이는 데도 그만입니다.

9. 확산적, 개방적인 질문하기

정답이 정해져 있는 수렴적이고 지엽적인 질문보다는 정해진 답이 없는 확산적이고 개방적인 질문을 해 주세요. 물론 그림책을 잘 이해하고 있는지 확인하는 질문도 가끔은 하셔도 좋습니다. 하지만 아이가 스스로 생각하는 힘을 길러 줄 수 있는 질문은 확산적인 질문이라는 것을 명심해야 합니다.

10. 아이의 반응에 적절하게 피드백하기

너무 당연한 부분이지만 의외로 부모님들께서 간과하는 부분입니다. 읽어 주기에 급급하다 보니 아이의 질문이 그림책을 읽어 주는 것을 방해하는 것처럼 느껴져 아이의 반응을 무시해 버리는 경우도 종종 눈에 띄지요. 그림책을 읽는 시간을 아이와 상호작용하며 수다를 떠는 시간이란 것을 잊지 말아야 합니다. 아이의 반응을 살펴보며 아이의 질문에 적절히 피드백 하면서 함께 읽어 주세요.

11. 그림책을 활용한 말놀이하기

그림책을 읽을 때 음운론적 인식을 길러 주는 말놀이를 함께 활용하면 그림책 읽는 시간이 일석이조가 됩니다. 각각의 그림책이 가지고 있는 특색을 활용한 말놀이를 시도할 때 그림책 읽는 시간이 더욱 재미있고 풍부해지기도 하지요. 말놀이는 그림책뿐만 아니라 일상생활 속에서도 얼마든지 활용할 수 있어서 매력 만점입니다. 자세한 말놀이의 예시는 2장을 참고해 주세요.

12. 그림책을 활용한 활동하기

그림책을 읽고 나서 꼭 독후활동을 해야 하는 것은 아니지만, 그림책을 읽고 나서 독후활동을 하게 되면 그 효과를 배가시킬 수 있습니다. 그림책을 읽고 나서 어떤 활동을 해 보면 좋을지 아이와 함께 궁리해 보세요. 자세한 독후활동의 예시는 7장을 참고해 주세요.

출처: 우리 아이를 위해 알아야 할 그림책 읽기 12가지 팁

05

재미 가득
그림책으로 시작하기

　무엇보다도 그림책 읽기는 그 자체로 아이들에게 즐거운 시간이 되어야 합니다. 그림책을 무언가를 가르치기 위한 수단으로, 그리고 교훈을 얻기 위해서만 읽는다면 고리타분하고 재미없어지겠지요. 만일 이런 목적을 갖고 있다고 하더라도 아이들에게 성인의 뜻을 관철하기는 어렵습니다. 아이들은 무언가 가르치려는 어른들의 의도를 귀신같이 눈치 채고 도망치기 때문이지요. 우리 아이들에게 무언가를 가르치려고 하기보다는 함께 그림책을 즐기는 시간이 되길 희망해 보며 재미있는 그림책들을 선정하였습니다. 기발한 상상력이 돋보이는 그림책들이지요. 아이들은 그림책 속 상상의 나래로 푹 빠지는 시간이 되고, 어른들은 동심의 세계로 돌아가는 시간이 되길 바랍니다. 아이들과 깔깔깔 웃으며 재미있게 읽었던 익살스러운 그림책들을 소개합니다.

1. 유머가 가득한 그림책

　아이들의 시선에서 그려낸 유머가 가득한 그림책은 남녀노소 불문하고 웃음을 자아냅니다. 유머가 가득한 그림책은 그림책의 진정한 묘미를 보여 주지요. 아이와 읽다 보면 한바탕 깔깔 웃을 수 있어요. 재미의, 재미에 의한, 재미를 위한 그림책에 푹 빠져 보세요.

『벗지 말걸 그랬어』

요시타케 신스케 지음, 유문조 옮김, 위즈덤하우스, 2016

> **그림책 소개**

혼자서 옷을 벗을 수 있다고 큰소리치다가 옷이 얼굴에 걸려 버렸다! '이대로 어른이 되어 버리면 어떡하지' 걱정이 되기 시작하는데. 까짓거 옷이 얼굴에 걸린 채로 살면 되지! 나처럼 똑같이 옷이 얼굴에 걸린 친구랑 인사도 하고, 나비도 잡으러 가고. 사랑스럽고 재미있어서 킥킥 웃으며 보게 되는 엉뚱한 어린이 친구의 세계에 초대합니다.

● **아이의 생각을 키우는 질문**
- 옷을 벗다가 ○○이도 이렇게 걸려 버리게 되면 어떨 것 같아?
- 배고파서 음식을 먹고 싶어지면 어떻게 해야 하지?

● **추천 문해활동: 상상 이야기 그리기**
- **기초문해요소**: 이야기 이해력, 기초쓰기, 소근육 운동
- 그림책의 주인공처럼 내가 옷을 벗다가 얼굴에 걸려 버렸다면 어떨까요? 옷이 얼굴에 걸려 버리면 나는 어떻게 할지 상상해 보고 나만의 『벗지 말걸 그랬어』 그림책을 만들어 보세요. 그림을 그리고, 어떤 이야기인지 간략하게 줄글로 적어 주세요. 아직 아이가 직접 글을 적지 못한다면 성인이 이야기를 요약해서 문장으로 적어 주는 것도 좋아요.

1. 유머가 가득한 그림책

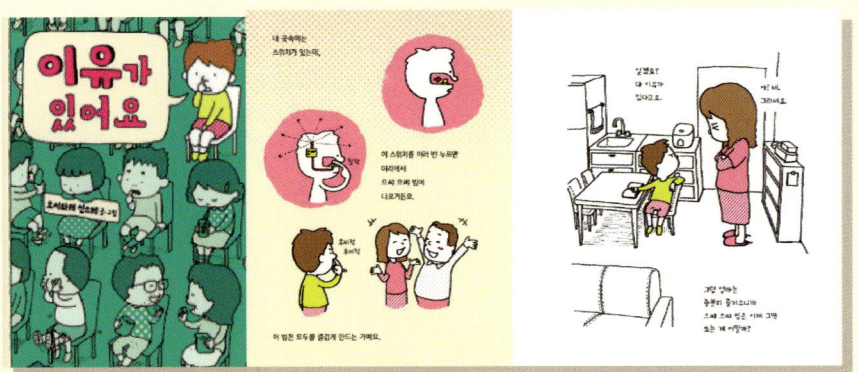

『이유가 있어요』

요시타케 신스케 지음, 유문조 옮김, 위즈덤하우스, 2016

그림책 소개

아이들의 행동에는 다 이유가 있다! 코를 파는 건 코 안에 있는 신바람 빔을 누르려는 거고, 다리를 떠는 건 두더지한테 신호를 보내고 있는 중인 거라고요! 이유를 듣다 보면 나름대로 납득이 가는 것 같기도 하고…… 그럴 듯한 이유가 있으니 잔소리는 그만하고 눈감아 주세요.

- **아이의 생각을 키우는 질문**
  - ○○이는 옷을 갈아입고 벗은 옷은 아무 데나 던져 두는 이유가 뭐야?
  - 밥 먹기 전에 사탕을 먹고 싶은 이유가 뭐야?

- **추천 문해활동: 다 이유가 있어!**
  - **기초문해요소**: 어휘력, 이야기 이해력, 음운론적 인식
  - 우리 아이가 하는 작은 습관들이 있나요? 아니면 부모님의 습관은요? 우리가 가지고 있는 습관들에 대해 말도 안 되지만 말이 되는 것 같은 갖가지 이유를 붙여 보며 서로 말장난을 주고받아 보세요.

『내 잠버릇의 비밀』

요시타케 신스케 지음, 유문조 옮김, 위즈덤하우스, 2020

그림책 소개

잠만 자고 일어나면 왜 머리는 부스스해지고, 이불은 꾸깃꾸깃해진 이상한 자세로 자고 있을까요? 내가 잠든 사이 무슨 일이 벌어지는지도 몰라요. 내 잠버릇을 만드는 잠버릇 조작단이 나를 어딘가로 데려가 버리는 걸 수도 있겠어요. 내 잠버릇에 무슨 비밀이 숨겨져 있을까요?

● 아이의 생각을 키우는 질문

- ○○이가 잠든 사이 무슨 일이 벌어질 수 있을까?
- 잠버릇 조작단으로 활동할 수 있다면 뭘 해 보고 싶어?

● 추천 문해활동: 잠버릇 조작단의 행동일지

- **기초문해요소**: 어휘력, 이야기 이해력, 기초쓰기
- 잠버릇 조작단의 행동을 특정한 기준을 정해서 분류해 보아요(예: 집 밖으로 아이를 데려가서 잠버릇을 조작함, 침대에서 잠버릇을 조작함). 기준에 따라 잠버릇 조작단의 행동을 분류한 뒤 그림과 글로 표현해요. 잠버릇 조작단이 될 수 있다면 어떤 잠버릇을 조작해 보고 싶은지 이야기를 나누고 표현해 보는 것도 좋아요.

1. 유머가 가득한 그림책   **141**

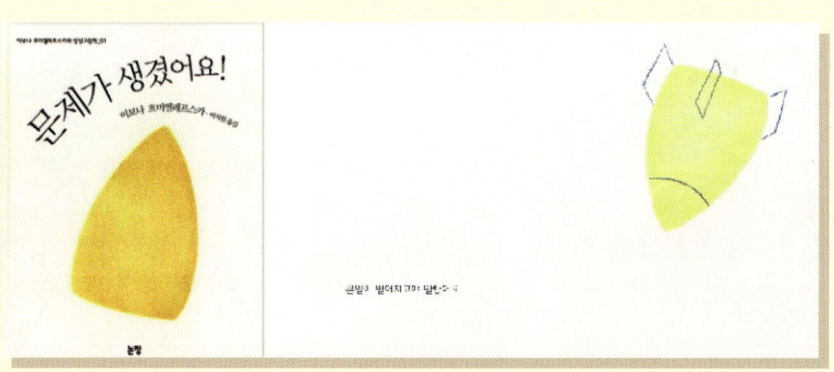

『문제가 생겼어요!』
이보나 흐미엘레프스카 지음, 이지원 옮김, 논장, 2010

그림책 소개

할머니가 곱게 자수를 놓아서 엄마가 가장 좋아하는 식탁보가 있는데요. 다림질을 하다 말고 잠시 다른 생각을 하다가 식탁보를 태워 먹었어요. 다리미 자국이 나 버린 식탁보, 이를 어쩌죠? 엄마의 소중한 식탁보를 망가트려 버린 아이의 식탁보를 되살리기 위한 좌충우돌을 담고 있어요. 어떻게 수습을 할 수 있을까요?

● 아이의 생각을 키우는 질문

- ○○이라면 이 친구한테 뭐라고 조언해 줄 것 같아?
- 다림질을 하다가 이렇게 다리미 자국이 나 버렸다면 ○○이라면 어떻게 감출 수 있을 것 같아?

● 추천 문해활동: 글자로 만드는 그림

- **기초문해요소**: 소근육 운동, 기초읽기, 기초쓰기
- 다리미 자국을 이용해 다양한 그림을 표현하는 것처럼 글자로 새로운 그림을 그려보는 건 어떨까요? 자음 또는 모음 하나를 도화지에 크게 적어요. 글자의 모양을 활용해서 그림을 만들어요. 어떤 그림을 그릴 수 있을까요? 'ㄱ'자를 이용해서 사과 박스를 그릴 수도 있고, 'ㅏ'를 이용해서 커다란 창문을 그려 볼 수도 있어요. 나만의 상상을 펼치며 글자로 그림을 만들어 보아요.

『수박씨를 삼켰어!』
그렉 피졸리 지음, 김경연 옮김, 토토북, 2014

> **그림책 소개**

수박을 먹다 나도 모르게 그만 꿀~꺽 수박씨를 삼켜 버렸다! 이런, 어떡하지? 배 속에서 수박이 자라면 배가 빵 터져 버릴까? 몸 색깔도 수박처럼 바뀌어 버리면 어쩌지? 귀로는 스륵스륵 수박 넝쿨이 자랄지도 몰라. 말도 안 되는 것 같은 걱정을 유머러스하게 풀어내어 더욱 재미가 있어요.

- **아이의 생각을 키우는 질문**
  - 배 속에서 진짜 수박이 자라면 어떡하지? ○○이라면 어떻게 할 거야?
  - 악어처럼 ○○이도 걱정해 본 적 있어? 어떤 게 걱정됐었어?

- **추천 문해활동: 수박씨로 만드는 문패**
  - **기초문해요소**: 소근육 운동, 기초쓰기
  - 수박을 먹고 나서 수박씨를 모아요. 수박씨로 멋진 글자를 만들어 볼 수 있어요. 수박씨로 내 이름을 만들어도 좋고, 문패를 만들어 볼 수도 있어요. 우리 가족의 가훈을 함께 정하고 표현해 보는 것도 재미있는 활동이 될 수 있어요.

1. 유머가 가득한 그림책 **143**

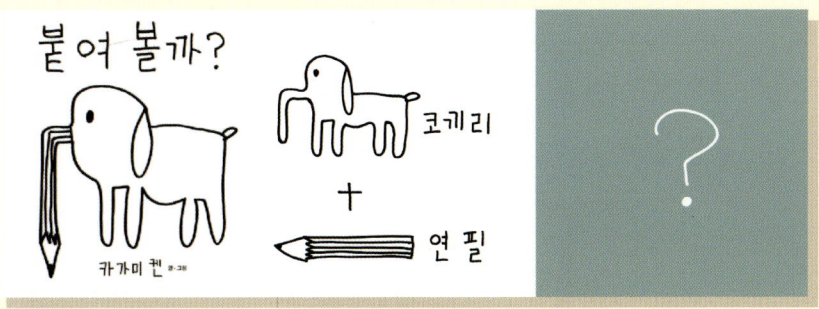

『붙여 볼까?』
카가미 켄 지음, 상상의집, 2022

그림책 소개

사과랑 안경을 합치면? 안경알이 사과 모양인 사과경! 코끼리랑 연필을 합치면 코가 연필 모양인 필끼리. 이번엔 또 무엇을 합쳐서 새롭게 만들어 볼까요? 전혀 어울리지 않는 것 같은 것들을 붙여 보며 창의력이 쑥쑥 자랄 수 있는 말놀이를 해 보아요.

• **아이의 생각을 키우는 질문**
- 우리 주변에 있는 물건들을 붙여서 만들어 볼까? 책이랑 휴대전화를 붙여 보면?
- ○○이는 어떤 것들을 붙여 보고 싶어? 붙여서 무엇이든 발명품으로 만들 수 있다면 뭘 만들어 보면 좋을까?

• **추천 문해활동: 합성어 그림글자 만들기**
- **기초문해요소**: 기초쓰기, 소근육 운동, 어휘력
- 주변에서 볼 수 있는 사물과 동식물들을 다양하게 떠올려요. 두 가지를 골라 『붙여 볼까?』처럼 두 가지를 붙인 그림을 그려요. 단어를 어떻게 한 글자씩 따 와서 합성할지 고민해 보고 합성어를 만들어요(예: 강아지+빵=빵아지). 합성어를 그림 옆에 적어 보아요.

『끼였네 끼였어』

박보라 지음, 오늘책, 2022

> **그림책 소개**

집에 혼자 남아 있는 고양이는 나름대로 할 일이 산더미예요. 심심할 틈이 없지요. 혼자 있는 시간은 외롭기만 한 시간이 아니라고요! 이리저리 점프 연습을 하는 게 가장 재미있어요. 앗, 그런데 어쩌죠. 멋지게 재주넘기를 하며 점프를 하다 그만 소파 사이에 끼여 버렸어요. 고양이는 무사히 소파 사이에서 탈출할 수 있을까요?

- **아이의 생각을 키우는 질문**
  - ○○이가 만약 소파에 낀 고양이라면 어떻게 했을 것 같아?
  - ○○이도 이 고양이처럼 혼자 집에서 놀아야 한다면 뭐 하면서 놀고 싶어?

- **추천 문해활동: 점토에 적은 그림글자**
  - **기초문해요소**: 기초쓰기, 소근육 운동
  - 손바닥만 한 크기의 점토를 준비해 주세요. 점토 위에 적어 보고 싶은 글자를 써요. 좋아하는 동물 친구를 그림으로 그리고 이름을 적어 볼 수도 있어요. 그림과 글자를 모두 적었다면 점토를 가지고 놀이해 볼까요? 점토를 길쭉하게 또는 납작하게 눌러 보며 글자 모양이 어떻게 변하는지 관찰해요. 소파 사이에 낀 고양이처럼 세로로 길쭉하게 글자를 늘려 볼 수도 있어요.

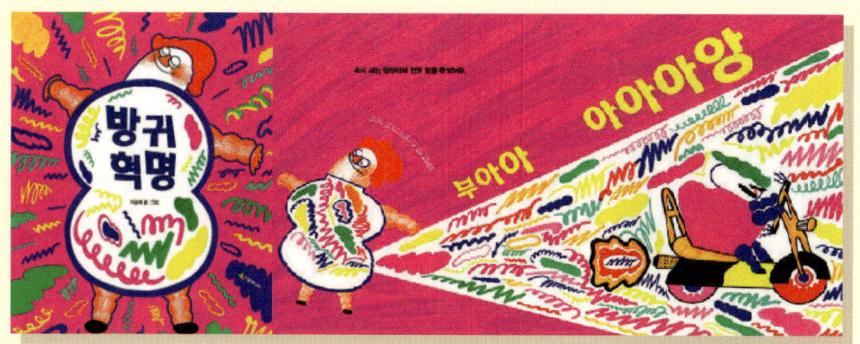

『방귀 혁명』

최윤혜 지음, 시공주니어, 2021

그림책 소개

방귀를 뀌면 안 되는 법이라니, 그런 법이 어딨어? 방귀 금지법이 생기자 사람들 배 속은 방귀로 부글부글 끓어요. 모두들 힘겹게 방귀를 참고 있는데 숙이 씨가 도저히 참지 못하고 피슈우우욱하고 방귀를 뀌었어요. 방귀를 뀌자 경찰들이 방귀를 뀌지 못하게 왕집게를 엉덩이에 집으려고 쫓아와요. 숙이 씨는 무사할 수 있을까요?

- **아이의 생각을 키우는 질문**
  - 방귀 금지법이라니 도대체 왜 이런 법을 만든 걸까?
  - 만약 방귀 금지법이 진짜로 생기면 ○○이는 어떻게 할 것 같아? 방귀를 몰래 뀔 거야? 어떻게 해야 걸리지 않을 수 있을까?

- **추천 문해활동: 입으로 만드는 방귀 소리**
  - **기초문해요소**: 음운론적 인식, 기초쓰기, 기초읽기
  - 그림책에 나오는 다양한 방귀 소리를 따라 읽어 보아요. 피슈우우욱, 부아아앙, 푸르파르, 포로롱. 재미있는 방귀 소리가 많아요. 또 어떻게 방귀 소리를 표현할 수 있을까요? 입으로 방귀 소리를 표현해 보아요. 내가 만든 방귀 소리를 글로도 적어요. 커다란 숙이 씨 몸을 그리고 몸 한가득 방귀 소리를 그려서 가득 채워 줄 수도 있어요.

유머가 가득한 추천 그림책

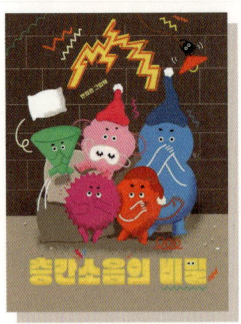

『층간소음의 비밀』
변정원 지음, 보림, 2023

층간소음으로 서로에게 날카로워지는 요즘, 층간소음 문제를 유머러스하게 풀어낸 그림책입니다. 층과 층 사이에는 소란이들이 살고 있어서 그렇다는 기발한 발상입니다. 소리를 그대로 따라 하며 놀기를 좋아하는 소란이들을 그대로 둬도 괜찮을까요?

Q. 소란이들을 어떻게 조용히 시킬 수 있을까?

『콧물끼리』
최병대 지음, 월천상회, 2023

코가 없이 태어난 코끼리라니. 코가 없다고 놀림을 당한 코끼리는 눈물이 펑펑 나요. 울다 보니 노란 콧물이 젤리처럼 주르륵 나왔어요. 길쭉한 콧물 코를 가지게 된 콧물끼리! 콧물코로는 날파리도 잡을 수 있다고요. 나 자신을 있는 그대로 사랑하게 되는 과정을 유머러스하게 담고 있어요.

Q. 기다란 콧물 코로 또 무슨 일을 할 수 있을까?

『새 엉덩이가 필요해!』
돈 맥밀런 글, 로스 키네어드 그림, 장미란 옮김, 제제의숲, 2023

어느 날 거울을 봤는데 엉덩이가 쩌저적 갈라져 있어요. 새 엉덩이가 필요하겠어요. 어떤 엉덩이가 좋을까요? 로켓 엉덩이, 점박이 무늬 엉덩이. 상상 속에서는 어떤 엉덩이든지 가능하지요. 나에게 꼭 맞는 엉덩이를 찾아 함께 떠나 보아요.

Q. 새 엉덩이를 가질 수 있다면 어떤 엉덩이를 갖고 싶어?

『있는 그대로가 좋아』
국지승 지음, 시공주니어, 2008

미미가 오토에게 '넌 다 좋은데 말이야, 눈이 너무 작아.'라고 말하자 오토의 눈이 커다래지고, 코가 너무 납작하다고 하니 코끼리 코처럼 길쭉해져요. 미미의 불평에 따라 끊임없이 변해 가는 오토, 이대로 괜찮을까요? 있는 그대로의 모습을 사랑하는 것이 중요함을 재미있는 상상을 통해 알려 주어요.

Q. 오토 모습 좀 봐. 미미가 뭐라고 불평을 한 것 같아?

『너희가 똥을 알아?』
이혜인 지음, 웅진주니어, 2022

너희가 똥들의 세계를 아느냐? 뱃속 똥들의 세계를 살피다 보면 어디선가 똥 냄새가 나는 것만 같은 착각까지 들어요. 똥 친구들의 이야기에 한 장 한 장 넘길 때마다 깔깔깔 웃음이 터집니다. 목욕하는 똥, 노래하는 똥, 연구하는 똥까지. 구리구리한 똥들의 세계에 오신 것을 환영합니다.

Q. 똥들이 노느라 나갈 시간을 까먹었대. 무슨 놀이 하느라 까먹은 걸까?

2. 그림책과 상호작용하며 읽는 인터랙티브 그림책

그림책은 읽히기만 한다는 편견에서 벗어날 수 있는 인터랙티브 그림책을 소개합니다. 그림책이 독자들한테 끊임없이 말을 걸며 상호작용하며 읽도록 유도하지요. 그림책에 흥미가 없는 아이들한테 특히 제격입니다. 그림책을 읽어 주는 노하우가 아직 부족한 부모님들도 재미있게 읽어 줄 수 있어요.

『절대로 누르면 안 돼!』
빌 코러 지음, 이정훈 옮김, 북뱅크, 2018

그림책 소개

하지 말라고 하면 더 하고 싶어지지요. 빨간 단추를 절대 누르지 말라고 하는데 정말 누르면 안 되는 걸까요? 누르면 무슨 일이 벌어지길래? 빨간 버튼을 눌렀더니 래리가 한 마리, 두 마리 점점 늘어나요! 어떻게 해야 할까요? 그림책과 상호작용하며 읽을 수 있는 인터랙티브 그림책을 함께 읽어 보아요. 『절대로 누르면 안 돼!』의 다양한 시리즈도 있으니 참고해 주세요.

- **아이의 생각을 키우는 질문**
  - 빨간 단추를 눌렀을 때 래리한테 어떤 일이 벌어졌으면 좋겠어?
  - 누르면 무엇이든지 할 수 있는 단추가 있다면 어떤 단추를 만들고 싶어?

- **추천 문해활동: 빨간 단추 사용 설명서**
  - **기초문해요소**: 어휘력, 이야기 이해력, 기초쓰기
  - 그림책에 나오는 빨간 단추 사용 설명서를 만들어 보는 건 어때요? 그림책 내용을 다시 꼼꼼하게 살펴보면서 빨간 단추를 사용할 때의 주의 사항을 만들어 보아요. 나만의 기발한 상상력을 덧붙여 빨간 단추에 새로운 기능을 추가해 보는 것도 좋아요.

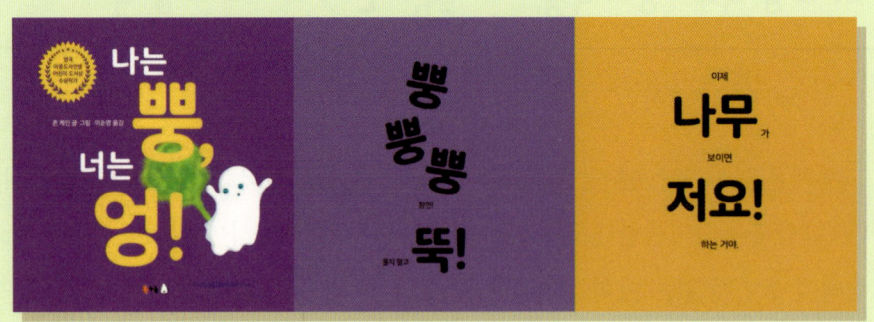

『나는 뿡, 너는 엉!』

존 케인 지음, 이순영 옮김, 북극곰, 2022

> **그림책 소개**

그림책이랑 이야기하며 읽을 수 있는 그림책이 있다면? 이 그림책은 〈문해력 유치원〉에서 소개해 드렸던『나는 오, 너는 아!』의 후속작이에요. 이 그림책은 아이들이 처음 읽을 때는 규칙을 파악하고 기억하느라 어려울 수 있지만, 반복해서 읽으면 읽을수록 재미있어 하는 그림책이에요. 존 케인의 그림책 시리즈로 직접 팬티를 입는 것 같이 놀이할 수 있는『이것은 팬티 책!』도 있으니 함께 즐겨 보세요.

- **아이의 생각을 키우는 질문**
  - 규칙들이 정말 많이 나오네. 우리가 규칙을 까먹지 않으려면 어떻게 해야 할까? 좋아, 종이에다가 규칙이 뭐였는지 하나씩 적어 두자.
  - 그림책 작가가 왜 이런 그림책을 만들었을까?

- **추천 문해활동: 내 마음대로 규칙 만들기**
  - **기초문해요소**: 기초읽기, 기초쓰기, 이야기 이해력
  - 접착 메모지와 색연필을 준비해 주세요. 기존의 그림책에 있는 규칙을 내가 원하는 대로 바꾼 뒤 접착 메모지를 그 위에 덧붙여 그림책을 바꿔 주세요(예: '뿡'하면 '빵', '나무'가 보이면 '너요!'라고 말하기). 바뀐 그림책의 규칙을 기억하며 그림책을 읽어요.

『크런치: 부끄럼쟁이 공룡과 친해지는 책』

시로코 던랩 글, 그렉 피졸리 그림, 달보름 옮김, 키즈엠, 2019

> **그림책 소개**

부끄럼쟁이 공룡 크런치가 있어요. 공룡이 부끄러워하다니 이상한가요? 크런치는 부끄러움이 많지만 우리랑 친해지고 싶은 마음은 굴뚝같을 거예요. 우리가 먼저 용기 내서 크런치에게 한 발짝 다가가 볼까요? 큰 소리로 인사하면 크런치가 마음을 열지도 몰라요. 크런치가 좋아하는 노래를 불러 주는 것도 좋은 방법이에요. 크런치와 우리는 친해질 수 있을까요?

- **아이의 생각을 키우는 질문**
  - 크런치는 왜 부끄러워하는 거야?
  - 부끄러워하거나 낯을 가리는 친구가 있다면 어떻게 친해질 수 있을까? ○○이는 뭐라고 말하면서 친구에게 다가가 볼래?

- **추천 문해활동: 숨어 있는 글자 찾기**
  - **기초문해요소**: 기초쓰기, 기초읽기, 소근육 운동
  - 크런치가 풀숲에 몸을 숨기는 것처럼 숨어 있는 글자를 만들어 볼까요? 숨기고 싶은 글자를 카드에 적어서 여러 개 만들어요. 종이 상자나 트레이에 글자 카드를 넣어요. 색종이나 나뭇잎을 가위나 손으로 작게 잘라서 글자 카드 위에 올려요. 손이나 도구로 색종이/나뭇잎을 헤치고 숨어 있는 글자 카드를 찾아요. 찾은 글자 카드로 단어를 만들거나 문장을 만드는 놀이로 확장해요.

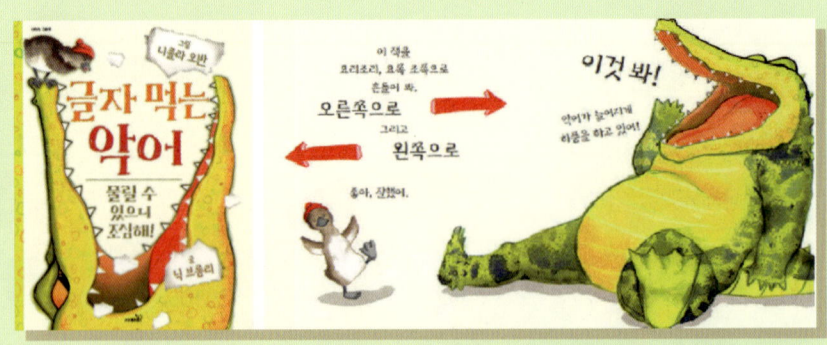

『글자 먹는 악어』

닉 브롬리 글, 니콜라 오반 그림, 노은정 옮김, 사파리, 2021

그림책 소개

'미운 아기 오리'를 읽어 주려는데 갑자기 등장한 글자 먹는 악어! 'ㅇ'이랑 'ㄷ'을 골라 먹어서 글자가 마구 사라지고 있어요. 단어랑 문장도 꿀꺽꿀꺽 먹어 치우지요. 악어가 글자를 먹지 못하게 우리가 막을 수 있을까요? 그림책을 다양하게 조작해 보며 그림책을 읽어요. 같은 저자의 그림책으로 『문밖에는 무엇이 있을까?』도 재미있는 인터랙티브 그림책입니다.

● 아이의 생각을 키우는 질문

- 악어가 글자를 먹어 치워 버리면 그림책이 어떻게 될까?
- 글자 먹는 악어가 그림책 밖으로 나오면 어떤 일이 벌어질까?

● 추천 문해활동: 지우개로 글자 골라서 지우기

- **기초문해요소**: 기초쓰기, 기초읽기, 소근육 운동
- 악어가 글자를 먹어 치우는 것처럼 글자 먹어 치우기 놀이를 해요. 먼저 종이와 지우개를 준비해요. 『글자 먹는 악어』에 나오는 글자들을 커다랗게 따라 써도 좋고, 원하는 글자나 문장을 적어요. 지우개로 지우고 싶은 자음 또는 모음을 정해요. 같은 모양의 자음 또는 모음만 골라서 지워 보아요. 볼펜과 화이트를 이용해 보는 것도 좋아요. 글자의 일부분을 가위로 오려 내어 악어 인형이 먹어 버리는 놀이로 확장해 보는 것도 재미있어요.

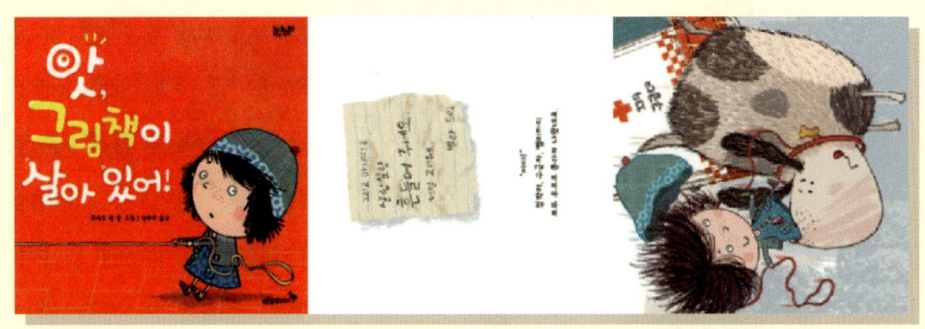

『앗, 그림책이 살아 있어!』
리처드 번 지음, 김영욱 옮김, 푸른숲주니어, 2014

그림책 소개

벨라가 점박이를 데리고 산책을 나왔는데 책 사이로 점박이가 사라져 버렸어요. 점박이도, 친구 벤도, 자동차들도 줄줄이 사라져 버려요. 어떻게 된 일일까요? 그림책을 들고 탈탈탈 털어 주면 친구들이 다시 돌아올 수 있대요. 사라진 친구들이 그림책 속에서 탈출할 수 있도록 도와 줘요.

● 아이의 생각을 키우는 질문
- 왜 그림책 속으로 친구들이 사라져 버리는 걸까?
- 친구들을 그림책 속에서 꺼내 주려면 어떻게 해야 할까?

● 추천 문해활동: 글자 청소놀이
- **기초문해요소**: 기초쓰기, 소근육 운동
- 책 속으로 사라져 버리는 친구들처럼 글자를 청소해 볼까요? 종이와 색연필, 연필, 작은 크기의 핸디 청소기를 준비해요. 종이에 다양한 글자, 자음, 모음을 적어요. 색깔과 크기를 다양하게 적어 주면 좋아요. 글자를 적은 종이들을 바닥에 넓게 펼쳐요. 핸디 청소기를 움직여 글자들을 빨아들여요. 같은 소리의 글자 종이들만 골라서 청소기로 청소해 보는 것도 좋아요. 핸디 청소기 대신 작은 크기의 쓰레받기와 빗자루를 활용해 볼 수 있어요.

『일어나』

김지연 지음, 북멘토, 2022

> **그림책 소개**

나는 언제 기쁜가요? 걱정이 있다면 무엇이 걱정되나요? 이 그림책은 우리가 가진 기쁨과 걱정을 직접 적어 볼 수 있는 공간이 마련되어 있어요. 그림책 곳곳에 숨어 있는 노란색 기쁨이를 찾아보는 재미도 있지요. 물방울이 되어 쫓아오는 걱정들에게 쫓기는 주인공은 무사할 수 있을지도 함께 알아보아요.

- **아이의 생각을 키우는 질문**
  - 걱정 물방울들이 진짜 많다. 무슨 걱정들 때문에 생겨난 걸까?
  - 주인공은 자신이 무엇인지 궁금하다네. 왜 궁금한 걸까?

- **추천 문해활동: 나의 기쁨, 나의 걱정**
  - **기초문해요소**: 어휘력, 기초쓰기, 소근육 운동
  - 그림책에 나오는 것처럼 나의 기쁨과 걱정을 표현해 보아요. 나는 언제 기쁜가요? 나는 어떤 걱정을 가지고 있나요? 먼저 내가 가지고 있는 기쁨과 걱정에 대해 이야기를 나누어요. 도화지에 다양한 색으로 물방울 모양과 반짝이 모양을 그려요. 물방울에는 나의 걱정을, 반짝이에는 나의 기쁨을 적어요. 반짝이 옆에는 더 기뻐질 수 있는 방법을, 걱정 물방울 옆에는 걱정을 없앨 수 있는 방법도 생각해서 적어 보아요.

『버니비를 응원해 줘』

박정화 지음, 후즈갓마이테일, 2020

그림책 소개

토끼도 아니고 꿀벌도 아닌 버니비는 토끼 마을 라빌에 하나뿐인 친구예요. 매년 열리는 꽃꿀 빨리 마시기 대회에 버니비도 참가했어요. 토끼들만 우승했었다는 대회에서 버니비가 우승할 수 있을까요? 버니비가 꽃꿀을 빨리 마실 수 있도록 우리가 그림책을 흔들어서 도와줘요. 우리가 버니비를 응원해 주면 버니비는 더 특별해질 거예요.

- **아이의 생각을 키우는 질문**
  - 버니비는 다른 토끼들과 어떤 점이 다른 것 같아?
  - 버니비처럼 ○○이가 다른 친구들과 다른 특별한 점이 있어?

- **추천 문해활동: 동물 이름 합치기**
  - **기초문해요소**: 어휘력, 음운론적 인식, 기초쓰기
  - 버니비의 이름은 토끼와 꿀벌의 이름을 합쳐서 만들었어요. 우리도 이렇게 동물 친구들의 이름으로 새로운 동물 이름을 만들어 보아요. 먼저 다양한 동물들의 이름을 떠올려요. 동물의 이름을 접착 메모지에 음절 단위로 하나씩 적어요(예: 토, 끼). 접착 메모지에 적은 동물의 이름을 다양하게 섞어 보면서 '버니비'처럼 새로운 동물 이름을 만들어요(예: 토끼+사자= 사토끼, 고양이+원숭이=고숭이).

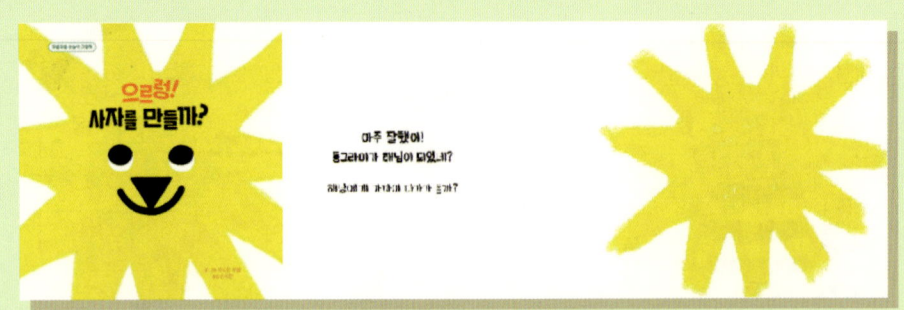

『으르렁! 사자를 만들까?』

아드린 루엘 지음, 손시진 옮김, 키즈엠, 2019

그림책 소개

동그란 노란 원으로 어떻게 사자를 만들 수 있을까요? 그림책이 시키는 대로 동그라미 바깥쪽으로 삐죽삐죽 선을 그어주고, 검은색으로 눈, 코, 입을 그려 주어요. 하나씩 그리다 보면 으르렁! 사자가 완성되어요. 같은 저자의 그림책으로 『슈우우웅! 로켓을 만들까?』도 재미있는 인터랙티브 그림책입니다.

● 아이의 생각을 키우는 질문

- 사자 갈기가 완성되었네. 눈, 코, 입은 아직 없는데 어떻게 하지?
- 사자가 숲으로 산책을 하러 간대. 산책을 가서 무슨 일들이 벌어질까?

● 추천 문해활동: 종이접시로 만드는 사자 가면

- **기초문해요소**: 소근육 운동, 기초쓰기
- 그림책으로 사자 얼굴을 만든 것처럼, 얼굴에 쓰고 놀이할 수 있는 사자 가면을 직접 만들어 볼까요? 종이접시와 색종이, 풀, 색연필을 준비해요. 색종이를 손으로 길게 길게 찢어서 사자 갈기를 만들어요. 종이접시의 눈 부분을 뚫어서 가면을 만들고, 사자의 코와 입을 그려서 표현해요. 손으로 찢은 색종이로 사자의 갈기를 표현해요. 사자 가면을 활용해서 역할놀이로 확장할 수 있어요.

인터랙티브 추천 그림책

『내가 만드는 1000가지 이야기』
막스 뒤코스 지음, 이주희 옮김, 국민서관, 2018

세 갈래로 나뉘어 있는 페이지에는 그림과 글이 적혀 있어요. 페이지를 자유자재로 조합하고 넘겨보면서 나만의 이야기를 만들 수 있지요. 상상 속이라면 어떤 이야기든 만들어 낼 수 있으니 나만의 이야기를 들려주세요.

Q. 가장 말이 안 되는 것 같은 이야기를 만들어 볼까?

『줄타기 한판』
민하 지음, 글로연, 2022

그림책을 펼치면 기다란 빨간 줄이 가로로 길게 펼쳐져요. 우리나라의 세계무형문화유산인 줄타기를 그림책으로 표현했어요. 긴장감 넘치는 줄 타는 모습을 함께 읽어 볼까요? 손가락으로 통통 줄 위를 튕겨 보면서 읽을 수도 있어요. 그림책으로 놀이하며 읽을 수 있어 즐거움이 더욱 커요.

Q. 작은 인형을 만들어서 줄타기 놀이를 한번 해 볼까?

『이렇게 접어요』
이보나 흐미엘레프스카 지음, 이지원 옮김, 논장, 2021

접어도 되는, 아니 접으면서 읽는 그림책이 있다? 책은 접으면 안 된다는 고정관념에서 벗어나도록 도와주는 참신한 그림책입니다. 그림책을 접으면 풍선이 아이스크림이 되고, 아기에게 이불을 덮어 주기도 해요. 접을지 말지 결정하는 건 우리 손에 달려 있어요.

Q. 접을지 말지는 네가 결정해야 한다는 건 무슨 뜻일까?

『당신은 빛나고 있어요』
에런 베커 지음, 루시드 폴 옮김, 웅진주니어, 2019

반짝이는 햇빛에 비춰 보며 읽을 수 있는 영롱한 그림책은 우리 모두의 시선을 사로잡아요. 모든 존재가 빛에서 시작된다는 이야기를 통해, 우리가 모두 빛나는 존재라는 따뜻한 메시지를 담고 있습니다.

Q. ○○이 안에서는 빛이 어떤 색으로 반짝이는 것 같아?

『이 작은 책을 펼쳐 봐』
제시 클라우스마이어 글, 이수지 그림, 이상희 옮김, 비룡소, 2013

책 속에서 펼쳐지는 더 작은 책. 펼치면 펼칠수록 더 작은 책이 나오며 크기가 점점 작아져요. 무당벌레 무늬가 그려진 그림책에는 무당벌레가 개구리 그림책을 읽고 있고, 개구리 그림책을 펼치면 개구리가 토끼 그림책을 읽어요. 어떤 이야기가 계속 이어질까요?

Q. 토끼가 보는 그림책은 뭘까? 노란색 벌집 모양이네?

3. 꼬리에 꼬리를 무는 이야기 그림책

꼬리에 꼬리를 물고 이어지는 아이들의 질문에 시달려 본 적 다들 있으시지요? 꼬리에 꼬리를 물고 이어지는 이야기 그림책은 "왜?"라고 끝없이 질문하기 좋아하는 아이들에게 특히 매력적으로 다가옵니다. 다음 장이 궁금해서 계속 책장을 넘기게 만들지요. 그다음엔 무슨 이야기가 펼쳐질지 추측해 보며 한 장 한 장 넘겨 보세요.

『우주로 간 김땅콩』
윤지회 지음, 사계절, 2019

그림책 소개

유치원에 가기 싫은 김땅콩. 엄마 몰래 유치원에 안 가면 무슨 일이 벌어질까? 선생님이 못 찾겠다 김땅콩 하겠지? 엄마, 아빠는 집안 구석구석, 동네방네 날 찾아다닐 거야. 그리고 방송국에서도 날 찾고, 난 유명해지겠지? 신발장 앞에서 신발을 신다 말고 꼬리에 꼬리를 무는 상상에 빠지는 김땅콩의 이야기를 한 번 들어보아요.

- **아이의 생각을 키우는 질문**
  - 김땅콩처럼 우주로 여행 갈 수 있으면 어디로 떠나고 싶어?
  - 김땅콩처럼 유치원에 가지 않았다가 방송에 나온다면 뭐라고 말할 거야?

- **추천 문해활동: 땅콩 껍질로 만드는 지도**
  - **기초문해요소**: 소근육 운동, 기초쓰기, 기초읽기
  - 김땅콩을 찾을 수 있는 나만의 지도를 만들어 보는 건 어때요? 지도만 보고 따라가면 김땅콩을 찾을 수 있는 길이 있는 지도를 만들어요. 어떤 장소인지 한눈에 알아볼 수 있도록 간판도 그리고 간판의 이름도 적어 넣어요. 김땅콩을 찾을 수 있는 길은 특별하게 땅콩 껍질로 꾸며 보아요. 물풀로 길을 만들고 땅콩 껍질을 붙여 주면 멋진 지도가 완성될 거예요.

『왜냐면…』
안녕달 지음, 책읽는곰, 2017

그림책 소개

아이들은 '왜?'라는 질문을 끝도 없이 물어볼 때가 있지요. 모든 질문에 진지하게 대답해 주기보다는 가끔은 이렇게 엉뚱하고 기발한 상상 이야기를 펼쳐 보는 건 어떨까요? 비는 왜 와요? 하늘에서 새들이 울어서 그래. 새가 왜 우는데? 물고기가 새보고 더럽다고 놀려서야. 꼬리에 꼬리를 물고 이어지는 질문과 대답으로 이야기가 펼쳐집니다.

● 아이의 생각을 키우는 질문
- 하늘에서 눈은 왜 오는 거야? A. 땅이 추울까 봐 이불을 덮어 주는 거야.
- 달님은 왜 자꾸 우리를 따라와? A. 우리끼리만 맛있는 거 먹을까 봐 따라다니면서 감시하는 거래.

● 추천 문해활동: 왜? 왜? 게임
- **기초문해요소**: 어휘력, 이야기 이해력, 기초쓰기
- 주변에서 볼 수 있는 사소한 것들에 대한 질문에서 이야기를 시작해 보아요. 왜 잠은 일찍 자러 가야 하는지, 왜 음식은 골고루 먹어야 하는지, 왜 옷을 입어야 하는지 다양한 것에 의문을 품을 수 있어요. 그럴 때마다 "왜?"라고 질문하고 나만의 이유를 말해 보아요. 얼토당토않아도 이유를 듣기만 하면 그만인 게 이 게임의 규칙이에요. 구두로 말해 보고 나서는 그림과 글로 나만의 『왜?』 그림책을 만들어 보는 것도 좋은 활동이 될 수 있어요.

『간질간질』
서현 지음, 사계절, 2017

그림책 소개

머리가 간지러워 긁다가 떨어져 나온 머리카락이 또 다른 내가 된다면? 신난 '나'는 머리카락으로 만든 '나' 친구들과 춤을 추면서 돌아다니기 시작해요. 산에도 가고, 바다의 문어랑도 놀고. 이번엔 또 무슨 놀이를 하며 신나게 춤을 출까요? 마음을 간질이듯 나도 모르게 흥얼흥얼 노래가 나오고 엉덩이가 씰룩이는 그림책이에요.

- **아이의 생각을 키우는 질문**
  - 머리카락으로 '나'를 더 만들 수 있다면 뭘 하고 싶어?
  - 나랑 똑같이 생긴 사람이 있다면 어떤 느낌일까?

- **추천 문해활동: 글자 스텐실 복사 놀이**
  - **기초문해요소**: 기초쓰기, 소근육운동, 기초읽기
  - 머리카락으로 '나'를 여러 명 만든 것처럼 글자도 여러 개 똑같이 만들 수 있다면 어떨까요? 먼저 만들어 보고 싶은 글자 하나를 정해요(예: 아, 야, 해 등). 두꺼운 도화지에 글자를 두껍게 표현하고 칼로 글자 모양대로 파서 글자 스텐실 카드를 만들어요. 물감이나 크레파스로 글자 스텐실을 색칠해요. 똑같은 글자를 여러 개 만들어 글자들을 복사해 내요. 같은 소리로 시작하는 단어를 떠올려 적어 보는 활동으로도 확장할 수 있어요(예: 아-아이스크림, 아파트, 아기 등).

3. 꼬리에 꼬리를 무는 이야기 그림책

『꼬리를 돌려주세요』

노니 호그로지안 지음, 홍수아 옮김, 시공주니어, 2017

그림책 소개

목이 몹시 마르던 여우는 할머니의 우유를 몰래 마시다가 그만 싹둑 꼬리를 잘리고 말아요. 할머니는 우유를 다시 가져오면 꼬리를 다시 붙여 주겠다고 하셔요. 꼬리를 되찾기 위해 여우는 젖소를 찾아가요. 젖소에게 우유를 달라고 부탁하지만 우유를 그냥 주지 않아요. 우유를 줄 테니 풀을 가져다 달라고 해요. 꼬리에 꼬리를 물고 이어지는 우유 가지고 오기 대작전. 여우는 꼬리를 되찾을 수 있을까요?

• 아이의 생각을 키우는 질문

- 할머니의 우유를 몰래 훔쳐 먹은 여우, 어떻게 생각해? 우유를 훔쳤다고 꼬리를 잘라 버리고 우유를 다시 가져오면 꼬리를 돌려주겠다는 할머니는 어때?
- 여우는 꼬리를 되찾을 수 있을까? 어떻게 하면 우유를 구해 올 수 있을까?

• 추천 문해활동: 그림책의 대사를 그림과 글로 표현하기

- **기초문해요소**: 소근육 운동, 기초쓰기, 기초읽기, 이야기 이해력
- 여우가 꼬리를 되찾기 위한 여정이 정말 길고 길어요. 여우의 대사에서 여우가 어떻게 우유를 다시 가져갈 수 있을지 알 수 있지요. 여우의 대사를 조금 각색하여 아이가 이해하기 쉽게 적어 주세요(예: 방앗간 주인님, 제게 곡식을 조금만 주세요. 전 그걸 암탉님께 드려 달걀을 얻고, 달걀과 유리구슬을 바꾸고, 유리구슬과 항아리를 바꾸고, 항아리로 물을 길어 들판님께 드리고, 들판님께 풀을 얻어 암소님께 드리고, 암소님께 우유를 얻어 할머니께 드려야 제 꼬리를 다시 찾을 수 있어요). 대사 위에 구해야 하는 물건들의 그림을 아이가 그려서 표현해요. 직접 만든 대본을 활용하여 문장을 꾸며내어 읽어 보아요.

『잘 자, 올빼미야!』
그렉 피졸리 지음, 김경연 옮김, 토토북, 2016

> **그림책 소개**

잠을 자려고 침대에 누운 올빼미에게 찾아온 불청객이 있다? 어디서 자꾸 찍찍 소리가 나요. 밖에 누가 왔는지 나가 봤는데 아무도 없어요. 이번에는 장식장에서 소리가 나는 것 같아 장식장을 모두 비워 버렸어요. 그런데 또 소리가 나요. 과연 올빼미는 무사히 잠들 수 있을까요?

- **아이의 생각을 키우는 질문**
  - "잘 자, 올빼미야!"라고 누가 말하는 걸까?
  - 자꾸 어디에서 소리가 들리는 걸까? 올빼미는 잠을 잘 수 있을까?

- **추천 문해활동: 작은 소리로 단어 전달하기**
  - **기초문해요소**: 음운론적 인식, 어휘력, 기초쓰기, 기초읽기
  - 찍찍찍 작은 생쥐가 조용히 속삭이듯 작은 목소리로 단어를 전달해 보는 놀이를 해보아요. 과일, 채소, 동물, 꽃과 같은 큰 범주를 먼저 떠올리고 한 가지 주제를 정해요. 선정한 주제에 해당하는 것을 떠올리고 단어카드를 적고 뒤집어 두어요(예: 채소 - 파프리카). 멀리 떨어져서 단어카드에 적은 단어를 작은 목소리로 말해요. 상대방이 뭐라고 말했는지 칠판 또는 종이에 적어요. 출제자가 적은 단어카드와 비교해 보며 정답인지 확인해요.

『휴지가 돌돌돌』

신복남 지음, 웅진주니어, 2021

> **그림책 소개**

산 아래에서 볼일을 보던 돼지는 휴지가 똑 떨어진 걸 뒤늦게 발견하는데. 산꼭대기에 있는 토끼한테 휴지를 가져다 달라고 큰소리로 외쳤어요. 토끼는 냅다 휴지를 돼지한테 던지는데요. 돼지는 무사히 휴지를 받을 수 있을까요? 휴지는 돼지가 있는 곳까지 먼 길을 헤쳐 가면서 만난 동물 친구들이 도와준 덕분에 무사히 돼지한테 도착하게 돼요.

- **아이의 생각을 키우는 질문**
  - 산꼭대기에 있는 토끼가 산 아래에 있는 돼지한테 어떻게 휴지를 가져다 주면 좋을까?
  - ○○이가 휴지였다면 어떻게 했을 것 같아?

- **추천 문해활동: 돌돌돌 휴지 끝말잇기**
  - **기초문해요소**: 기초쓰기, 소근육 운동, 어휘력
  - 휴지와 사인펜을 준비해요. 휴지 한 칸에 단어의 음절 하나씩 적어요. 사인펜으로 적을 때 적절하게 힘 조절을 해야 휴지가 찢어지지 않기 때문에 휴지에 글자를 적어 보며 소근육 운동의 발달을 도울 수 있어요. 마지막 음절로 시작하는 단어를 떠올리고 그다음 단어를 적어 보면서 단어 끝말잇기를 해요. 단어 끝말잇기를 모두 하고 난 뒤에는 휴지를 한 칸씩 잘라서 음절 단위로 단어를 쪼개요. 다양한 음절을 조합해서 새로운 단어도 만들어 보아요.

『간다아아!』

코리 R. 레이버 지음, 노은정 옮김, 오늘책, 2022

> **그림책 소개**

엄마 새가 외출을 한 사이 아기새 멜은 훨훨 날아가고 싶어졌어요. 둥지에서 걸어 나와 나무 아래로 공중제비를 뛰어 내려가기 시작하지요. 나무에 함께 살고 있던 다람쥐, 꿀벌, 거미, 개미는 너나 할 것 없이 멜을 잡으려고 하지만 놓치고 말아요. 멜은 무사히 다시 집으로 돌아올 수 있을까요? 멜이 아래로 내려갈 때는 그림책을 위로 넘기고, 멜이 다시 날아서 올라갈 때는 그림책을 뒤집어서 아래로 넘기며 볼 수 있어요.

- **아이의 생각을 키우는 질문**
  - 멜은 새인데 어떻게 물속으로도 들어갔다가 나올 수 있을까?
  - 날 수 있게 된 멜은 또 모험을 떠난다면 어디를 가고 싶을까?

- **추천 문해활동: 순서대로 아코디언 가나다 그림책**
  - **기초문해요소**: 기초읽기, 기초쓰기, 소근육 운동
  - 멜이 아래로 아래로 끝없이 내려가는 것처럼 아코디언북 가나다 그림책을 만들어 보는 건 어때요? 도화지 또는 A4 종이로 그림책의 형태가 되도록 만들고 이어 붙여서 아코디언북을 만들어요. 종이에 한 장씩 기역부터 히읗까지 순서대로 자음을 크게 적어요. 다시 한 장씩 넘기면서 같은 자음으로 시작하는 단어들을 떠올리며 하나씩 적고 그림으로도 표현해요 (예: ㄱ - 고구마). 완성된 순서대로 가나다 그림책을 함께 읽어요.

『옛날 옛날에 파리 한 마리를 꿀꺽 삼킨 할머니가 살았는데요』

심스 태백 지음, 김정희 옮김, 베틀북, 2000

> **그림책 소개**

옛날 옛날에 파리 한 마리를 꿀꺽 삼킨 할머니가 살았는데요. 파리 한 마리를 잡으려고 거미 한 마리를 꿀꺽 삼켰대요. 그리고 그다음에는 거미 한 마리를 잡으려고 새 한 마리도 꿀꺽! 파리 한 마리를 잡으려고 동물들을 줄줄이 꿀꺽 꿀꺽 삼키는 할머니, 과연 괜찮을까요?

- **아이의 생각을 키우는 질문**
- 할머니는 어쩌다가 파리를 꿀꺽 삼킨 걸까?
- 파리를 잡으려고 거미 한 마리를 삼켜도 되는 걸까? 할머니가 계속해서 꿀꺽 꿀꺽 삼키네. 괜찮을까?

- **추천 문해활동: 줄줄이 삼켜 버렸어**
- **기초문해요소**: 이야기 이해력, 소근육 운동, 기초쓰기
- 그림책을 다시 살펴보면서 할머니가 어떤 순서로 동물들을 삼켰는지 살펴보아요. 그림책에서 할머니가 줄줄이 삼킨 동물들(파리, 거미, 새, 고양이, 개, 암소, 말)을 순서대로 줄지어 그림을 그려요. 그림 아래에 동물의 이름을 적고, 할머니가 꿀꺽 삼킨 순서대로 문장으로 만들어서 표현해요(예: 파리를 한 마리 꿀꺽 삼킨 할머니가, 파리를 잡으려고 거미를 한 마리 꿀꺽, 거미를 한 마리 꿀꺽 삼킨 할머니가, 거미를 잡으려고 새 한 마리를 꿀꺽).

꼬리에 꼬리를 무는 이야기 추천 그림책

『균형』

유준재 지음, 문학동네, 2016

줄 위에서 균형을 잡으며 걸으려면 수많은 시행착오가 필요하지요. 한 아이가 균형을 잡는 연습을 하는 이야기가 계속해서 이어져 긴장감 속에서 읽게 됩니다. 아이가 혼자 외줄을 걷는 모습도, 모두가 함께 피라미드를 만들며 균형을 잡는 모습도 우리들의 마음을 두근두근하게 만들어요.

Q. 이렇게 균형을 잡아야 하는 경우는 또 뭐가 있을까?

『문 밖에 사자가 있다』

윤아해 글, 조원희 그림, 뜨인돌어린이, 2023

새롭게 도전한다는 건 큰 용기를 필요로 하는 일이지요. 문밖에 있는 사자를 이겨내고 나가는 것만 같은 용기가 필요합니다. 문 밖의 사자가 무서워 나가지 못하는 노랑아이, 문 밖에 사자가 있어도 나가고 싶은 파랑아이. 문 밖에 사자가 찾아왔을 때 우리의 마음은 어느 쪽인가요?

Q. 문 밖에 사자가 있다는 건 무슨 뜻일까?

『내가 여기에 있어』

아드리앵 파를랑주 지음, 이세진 옮김, 웅진주니어, 2020

어느 날 잠에서 깬 소년의 눈앞에 보이는 뱀의 꼬리. 뱀의 몸을 따라 계속해서 따라갑니다. 모든 페이지를 가로지르며 구불구불 이어지는 기다란 뱀의 몸을 따라가다 보면 서로가 서로 이어져 있음을 발견할 수 있어 큰 울림을 줍니다.

Q. 내가 여기에 있다니 누가 하는 말일까?

『넌 우리 동물원에 어울리지 않아!』

로스 콜린스 지음, 김현희 옮김, 사파리, 2021

초대장을 만들어 동물원으로 향한 오리너구리. 하지만 만나는 동물친구들 마다 오리너구리가 동물원에 어울리지 않는다면서 타박하기 바쁘지요. 뒤늦게 오리너구리의 마음을 알아챈 동물 친구들, 오리너구리와 친구가 될 수 있을까요?

Q. 오리너구리 기분은 어떨 것 같아?

『내 코가 부러졌어』

모 윌렘스 지음, 박보미 옮김, 봄이아트북스, 2020

코끼리 제럴드의 코가 부러졌어요. 어쩌다 부러진 걸까요? 꼬리에 꼬리를 물며 이어지는 코끼리 코가 부러진 사연을 한 번 들어볼까요? 하마를 코로 들어 올리고, 하마 위에는 코뿔소를 들어올리고…… 하지만 정작 코가 부러진 이유는 따로 있다는데 과연 무엇일까요?

Q. 코끼리는 왜 코로 하마를 들어 보고 싶어진 걸까?

4. 환상의 세계로 떠나는 그림책

말도 안 되는 것 같은 기발한 상상은 현실이라는 틀에서 벗어나게 도와줍니다. 현실 세계에서 벗어나 어디로든 마음껏 뻗어 나갈 수 있지요. 무한한 잠재력을 가진 아이들처럼, 무한하게 뻗어 나갈 수 있는 환상의 그림책 세계로 떠나 볼까요? 아이들의 상상력과 생각의 크기가 한층 커질 수 있을 거예요.

『겨울 이불』
안녕달 지음, 창비, 2023

그림책 소개
겨울 이불 속을 들추니 펼쳐지는 환상적인 세계. 동물 친구들과 할머니, 할아버지가 모두 모여 있는 찜질방은 없는 게 없어요. 곰이 파는 달걀과 얼음 동동 띄운 식혜가 일품! 달걀 옆에는 마을 사람들이 또 있고, 식혜 위에서는 썰매를 타요. 아이가 그려내는 것만 같은 따뜻하고 행복한 겨울 이불 속으로 한번 들어올래요?

● 아이의 생각을 키우는 질문
- 이렇게 커다란 식혜 얼음장이 생기면 ○○이는 뭐 하면서 놀고 싶어?
- ○○이 겨울 이불 속에 들어갔을 때 어떤 세계가 펼쳐지면 좋겠어?

● 추천 문해활동: 나만의 겨울 이불
- **기초문해요소**: 어휘력, 기초읽기, 기초쓰기
- 상상의 세계가 펼쳐지는 겨울 이불처럼 우리도 겨울 이불로 역할놀이를 해 볼까요? 두꺼운 겨울 이불이 있다면 이불과 의자를 이용해 천막처럼 만들어 주세요. 나만의 이불 속은 어떤 장소로 바뀔 수 있을까요? 아이와 함께 어떤 놀이를 할 수 있을지 이야기 나누고 소품들을 하나씩 만들어요. 이불 속을 가게로 만들고 싶다면 간판과 물건들을 직접 만들어요. 역할놀이에 대해 소개해 드린 내용을 참고해서 환경인쇄물이 풍부한 환경을 구성해 주세요.

『호랭떡집』

서현 지음, 사계절, 2021

그림책 소개

"떡 하나 주면 안 잡아먹지!"를 외치던 호랑이가 떡을 먹고 반해 버려 떡집을 차려 버렸어요. 떡집을 열자마자 지옥에서 떡 주문이 들어왔어요! 지옥에 있는 온갖 요괴들이 "떡 하나 주면 안 잡아먹지!"를 외치며 떡을 뺏어 먹는데…… 호랑이는 지옥으로 무사히 떡 배달을 할 수 있을까요?

- **아이의 생각을 키우는 질문**
  - 호랑이가 지옥으로 떡 배달을 가야 한대. 어떻게 가야 할까?
  - 요괴들이 배달해야 하는 떡을 다 먹어 치워 버렸네. 어떡하지?

- **추천 문해활동: 찰흙으로 만드는 호랑이 떡**
  - **기초문해요소**: 기초읽기, 소근육 운동
  - 알록달록 다양한 색상의 찰흙을 준비해 주세요. 나만의 호랑이 떡을 만들어요. 누구에게 선물하는 떡인지 한눈에 알아볼 수 있도록 선물 받는 사람의 이름도 찰흙으로 만들어 넣어요. 알록달록 무지개떡, 팥고물이 가득한 시루떡, 꿀이 가득한 꿀떡. 어떤 모양의 떡을 만들든지 그건 자유예요. 누구에게 주는 떡인지만 알아볼 수 있도록 찰흙으로 이름 만들어 주기만 잊지 말아요.

『참새를 따라가면』

김규아 지음, 창비, 2020

그림책 소개

참새의 짹짹짹 지저귀는 소리를 들으며 깨어나는 친구. 학교에 간 친구는 창밖의 참새들을 보며, 참새와 함께하는 싱그러운 하루를 상상해 봅니다. 참새들과 함께 숨바꼭질도 하고, 작은 물웅덩이에서 실컷 수영도 해요. 참새가 되면 가슴이 뻥 뚫릴 때까지 하늘을 훨훨 날 수도 있지요. 아기 참새가 된 친구를 한번 따라가 보아요.

- **아이의 생각을 키우는 질문**
  - 참새가 짹짹짹 하고 친구한테 뭐라고 말하는 걸까?
  - 참새들이랑 놀 수 있다면 뭐 하면서 놀고 싶어?

- **추천 문해활동: 참새처럼 작고 작은 글씨**
  - **기초문해요소**: 기초읽기, 기초쓰기
  - 참새처럼 작은 크기로 글자를 적으면 글자가 어떻게 보일까요? 따라 써 보고 싶은 글자를 보고 작게 더 작게 글자를 적어요. 글자들을 작게 작게 적은 다음, 글자를 돋보기로 확대해서 보며 다시 읽어 보는 것도 재미있어요. 작게 작게 쓴 글자로 편지를 적어 보내 보는 건 어떨까요? 편지를 읽을 수 있도록 돋보기도 넣어서 보내는 것 잊지 말아요.

『아낌없이 주는 도서관』

안토니스 파파테오둘루·디카이오스 챗지플리스 글, 미르토 델리보리아 그림, 이계순 옮김, 풀빛, 2021

그림책 소개

도서관에서 빌려온 그림책을 읽으면 상상의 세계가 나의 것이 되어요. 내가 얻은 상상의 세계는 책을 반납하는 것처럼 돌려줄 필요도 없지요. 꾀돌이 곰, 나무다리를 한 곡예사, 재잘재잘 쉴 새 없이 떠드는 기린, 눈이 여러 개 달린 분홍 외계인, 우락부락하게 생긴 마음씨 고운 괴물까지 모두 친구가 될 수 있어요. 나만의 작은 세계를 만들어 주는 그림책 속 이야기로 떠나 보아요.

• 아이의 생각을 키우는 질문

- ○○이가 읽었던 그림책 중에서 어떤 이야기가 가장 재미있었어?
- 그림책 속 친구들과 만나서 놀 수 있다면 누구랑 놀고 싶어?

• 추천 문해활동: 이야기 보따리 그림책

- **기초문해요소**: 이야기 이해력, 어휘력, 기초쓰기
- 그림책에서 읽은 상상의 세계는 나의 것이 될 수 있어요. 내가 읽었던 그림책들의 이야기로 나만의 이야기 보따리를 표현해 볼까요? 내가 좋아하는 그림책 5권을 준비하고 도화지와 색연필도 준비해 주세요. 도화지에 커다란 이야기 보따리 같은 주머니나 동그라미 그림을 크게 5개 그려요. 그림책에 나왔던 이야기와 주인공 중 내가 좋아해서 간직하고 싶은 부분을 그림으로 그리고 문장으로도 표현해요.

『훌라훌라 추추추』

카슨 엘리스 지음, 김지은 옮김, 웅진주니어, 2017

그림책 소개

우리가 보기 힘든 작은 곤충들의 작은 세계에서는 어떤 이야기가 펼쳐질까요? 우리가 무심히 넘겼던 곤충들의 이야기에 한번 귀 기울여 볼까요? 기발하게 만들어 낸 곤충 언어들을 하나씩 찾아보며 읽는 재미가 있어요. 곤충 친구들이 말을 한다면 이렇게 말을 할까요? 그림책을 다 읽고 나면 나만의 곤충 언어를 만들고 해석하는 놀이에 푹 빠지게 돼요.

● 아이의 생각을 키우는 질문

- 곤충 친구들이 뭐라고 말하고 있는 것 같아? 곤충들이랑 대화를 나눌 수 있다면 무슨 이야기를 해 보고 싶어?
- 나만의 곤충 언어를 만든다면 어떻게 만들어 볼래?

● 추천 문해활동: 나만의 비밀 언어 만들기

- **기초문해요소**: 어휘력, 기초읽기, 기초쓰기
- 곤충들끼리만 이해할 수 있는 말이 있듯이, 우리는 우리끼리만 통하는 말을 만들어 볼까요? 사과는 호롤로, 우유는 뽕보롱, 과자는 랑팡 어때요? 글자 카드 앞에는 원래 단어의 이름을 적고, 뒤에는 새로 만들어 낸 이름을 적어 주세요. 기존에 사용하던 단어를 거꾸로 말하는 규칙을 적용해서 새로운 단어를 만들어 보는 것도 재미있어요.

『털털한 아롱이』
문명예 지음, 책읽는곰, 2020

> **그림책 소개** ▼
>
> 아롱이는 털이 엄청나게 많이 빠지는 강아지예요. 집은 아롱이 털로 금세 가득 차 버리지요. 아롱이가 사는 곳은 따뜻한 털집이라는 소문을 듣고 동물 친구들이 우르르 몰려와요. 찬바람이 솔솔 불어오기 전에 따뜻한 털집으로 이사를 가야겠다네요. 잔뜩 빠진 털들로 동물 친구들은 뭘 하면서 놀게 될까요?

- **아이의 생각을 키우는 질문**
  - 동물들은 왜 아롱이네 털집으로 우르르 몰려가는 걸까? 털집에 가서 뭐 하고 놀려는 걸까?
  - 털 하나가 쏙 빠져나갔대. 그다음에 어떻게 될 것 같아?

- **추천 문해활동: 털실로 만든 글자**
  - **기초문해요소:** 소근육 운동, 기초쓰기
  - 아롱이가 털로 집을 만들었다면, 우리는 털로 '털 글자'를 만들어 보는 건 어때요? 양면테이프와 다양한 색상의 털실, 가위, 도화지를 준비해요. 먼저 도화지에 만들고 싶은 글자를 큼직하게 적어요. 미리 글자 도안을 인쇄하여 준비하는 것도 좋아요. 글자 모양 안에 양면테이프를 붙여요. 양면테이프 위에 털실을 가위로 작게 잘라서 붙여요. 길쭉한 모양의 글자라면 털실을 글자의 모양에 맞게 길게 잘라서 붙이는 것도 좋아요. 완성된 털실 글자를 손끝으로 촉감을 느끼며 읽어 보아요.

『호라이 호라이』
서현 지음, 사계절, 2021

> **그림책 소개**

밥 위에만 있고 싶지 않은 달걀 후라이, 아니 호라이! 밥 위에 있기 싫다면 호라이는 도대체 어디로 가려는 걸까? 호라이의 깜찍한 일탈이 시작돼요. 하얀 눈밭 위에 떠오르는 태양이 되기도 하고, 멋진 모자도 되고, 우주를 날아가는 우주선이 되기도 하지요. 호라이는 또 어디로 모험을 떠나게 될까요? 서현 작가의 그림책으로 『호라이』 시리즈도 함께 읽으면 좋아요.

- **아이의 생각을 키우는 질문**
  - 호라이는 왜 밥 위에만 있는 것이 싫었을까?
  - ○○이가 생각하기에 호라이는 어떤 친구인 것 같아?

- **추천 문해활동: 호라이 그림글자 카드**
  - **기초문해요소**: 기초읽기, 기초쓰기, 소근육 운동
  - 도화지를 작은 카드 크기로 잘라서 준비해요. 호라이 모양 그림을 카드 위에 작은 크기로 여러 개 그려요. 호라이를 이용해서 다양한 그림을 그려요(예: 호라이 모자, 호라이 우주 비행선, 호라이 접시, 호라이 자동차 등). 호라이를 활용하여 그린 그림이 무엇을 표현한 건지 그림카드 뒤에 적어 주세요. 그림을 보고 어떻게 사용하는 호라이인지 맞혀 보는 놀이를 해 보세요.

『한밤중 개미 요정』

신선미 지음, 창비, 2016

그림책 소개

열이 펄펄 끓는 아이 옆을 엄마가 지키고 있어요. 엄마가 깜빡 잠든 사이 개미 요정들이 나타났어요. 엄마의 어린 시절을 함께한 개미 요정이 이번엔 아픈 아이를 돌봐 주러 몰래 놀러 왔대요. 엄마는 개미 요정을 기억할까요? 동양화가 신선미 작가의 그림책으로 『개미 요정의 선물』 시리즈도 함께 감상해 보세요. 고즈넉한 그림체가 시선을 사로잡아요.

• 아이의 생각을 키우는 질문
- ○○이가 생각하기에 개미 요정은 어떤 친구들인 것 같아? 왜 아이를 도와주러 온 걸까?
- ○○이를 지켜주는 개미 요정이 있다면 개미 요정 친구들이랑 뭘 하고 싶어?

• 추천 문해활동: 이야기 이어 그리기
- **기초문해요소**: 이야기 이해력, 어휘력, 기초쓰기, 소근육 운동
- 다시 아이처럼 작아진 엄마와 아이, 그리고 개미 요정이 모두 만났어요. 다 같이 만나서 무엇을 하고 놀까요? 『한밤중 개미 요정』 그림책의 마지막 장면부터 어떤 이야기가 펼쳐질 것 같은지 자유롭게 이야기를 상상해 보아요. 그림책의 결말에서부터 시작하는 새로운 이야기를 내 마음대로 구상해 보아요. 도화지를 그림책 모양으로 만들고, 직접 꾸민 이야기를 그림과 글로 표현해 보세요.

환상의 세계로 떠나는 추천 그림책

『눈이 오면』
이희은 지음, 웅진주니어, 2020

눈이 오면 세상은 흰 가루 마법에 걸려요. 흰 가루 마법이 온 세상을 덮으면 새하얀 상상의 세계가 펼쳐져요. 눈구름 비행기를 타고 멀리 날아가서 펭귄 친구들을 만나 신나게 썰매를 타요. 흰 가루 병정을 따라 비밀 다리를 건너면 눈꽃 여왕님도 만날 수 있지요.

Q. 눈구름 비행기를 타고 어디를 갈 수 있을까?

『직선과 곡선』
데보라 보그릭 글, 피아 발렌티니스 그림, 송다인 옮김, 브와포레, 2021

직선과 곡선은 무엇이든 만들어 낼 수 있어요. 곧게 뻗은 직선은 별들을 이어 별자리를 만들고, 회오리치는 곡선은 바람을 만들어 나뭇잎을 흔들기도 해요. 직선과 곡선으로 또 무엇을 만들 수 있을까요?

Q. ○○이는 직선이랑 곡선으로 어떤 걸 만들어 보고 싶어?

『차마고도를 넘어』
유재숙 지음, 비룡소, 2017

아픈 엄마를 위해 달에서 토끼가 내려와요. 토끼는 엄마를 살릴 생명의 찻잎을 가지고 돌아가기 위해 머나먼 여정을 떠나게 됩니다. 험준한 차마고도를 달리다 보니 점점 잎이 없어지는데, 과연 무사히 엄마에게 가져다 줄 수 있을까요?

Q. 호랑이 길을 어떻게 건너야 무사히 건너갈 수 있을까?

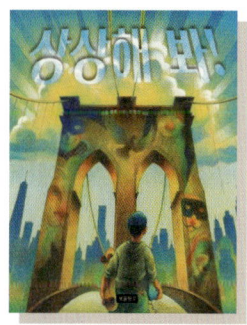

『상상해 봐!』
라울 콜론 지음, 신형건 옮김, 보물창고, 2020

평상시와 다를 바 없는 일상을 보내던 아이가 미술관에 방문합니다. 아이가 그림 앞에 멈춰 서자 그림 속 사람이 튀어나와요. 명화 속 주인공들과 함께 곳곳을 누비며 보내는 하루는 한 폭의 그림과 같은 시간입니다. 같은 작가의 그림책 『그림이 온다!』와 『밤의 도서관』도 추천합니다.

Q. 그림이랑 놀 수 있다면 어떤 그림이랑 놀고 싶어?

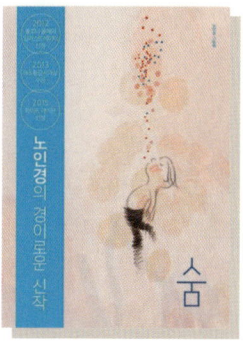

『숨』
노인경 지음, 문학동네, 2018

부드럽고 신비로운 세상이 펼쳐지는 글 없는 그림책입니다. 아이가 내쉬는 숨이 방울방울 공간을 가득 채워 나가며 이야기가 시작됩니다. 꿈결 속을 헤엄치는 것 같은 몽환적인 그림을 읽으며 자유로이 상상의 나래를 펼쳐 보세요. 우리 아이와 함께 세상에 하나뿐인 우리들만의 이야기를 만들어 보세요.

Q. 숨방울로 무엇이든 만들 수 있다면 무얼 만들어 볼래?

5. 주인공이 살아 숨 쉬는 그림책

말을 하지 못하는 동식물과 생명이 없는 무생물이 말을 할 수 있다면? 아이들의 물활론적 사고를 보여 주는 그림책들은 동심의 세계로 돌아가는 것 같아 더욱 정겨워요. 생각해 보지 못한 기발한 주인공 친구들의 살아 숨 쉬는 이야기에 한번 귀 기울여 보세요.

『고구마유』

사이다 지음, 반달, 2021

그림책 소개

당신의 문해력에서 소개해 드렸던 『고구마구마』의 후속작 『고구마유』. 귀여운 고구마들의 이야기로 더 강력해져서 돌아왔어유! 생긴 건 모두 달라도 우리는 고구마 친구구먼유! 고구마 친구들이 힘을 합쳐 작은 고구마 집을 찾아 주었구먼유. 고구마 친구들의 이야기 속으로 함께 떠나 보아유.

• **아이의 생각을 키우는 질문**
  • 이 고구마 친구들 이름은 뭐라고 지어 줄까? 작은 고구마유, 큰 고구마유, 길쭉한 고구마유 라고 불러 볼까?
  • 고구마들이 작은 고구마 집을 어떻게 찾을 수 있을까?

• **추천 문해활동: '유'로 끝나는 그림책 이야기**
  • **기초문해요소**: 기초읽기, 어휘력, 이야기 이해력
  • 고구마 친구들이 말하는 것처럼 말끝에 '~유'를 붙여서 그림책을 읽어 볼까요? 목소리도 느리고 간드러지게 말하면 재미가 더욱 배가 돼요. 우스꽝스러운 목소리로 그림책을 읽으면, 이전에 읽어 본 그림책을 읽더라도 까르르 웃으며 넘어갈 수 있어요.

『수크를 찾습니다』

김은재 지음, 책읽는곰, 2014

그림책 소개

조용하던 부엌 마을이 발칵 뒤집혔어요. 엄마 숟가락과 아빠 포크의 귀염둥이 수크가 사라져 버렸거든요. 설거지를 하던 사이 수크가 도대체 어디로 사라져 버린 걸까요? 숟가락과 포크는 수크를 찾을 수 있을까요? 부엌의 온갖 잡동사니들이 살아서 움직이는 부엌 마을에 초대합니다. 깨알같이 작게 적혀 있는 부엌데기 친구들의 이야기에도 귀 기울여 보세요.

● 아이의 생각을 키우는 질문

- 수크가 어디로 간 것 같아? 설거지하다 길을 잃어버렸나? 아니면 엄마, 아빠 몰래 냉장고 속으로 놀러 갔나?
- 부엌에 있는 접시랑 숟가락, 포크, 조리도구들이 말을 할 수 있다면 우리한테 무슨 이야기를 할까?

● 추천 문해활동: 부엌데기 친구들로 만드는 내 이름

- **기초문해요소**: 기초읽기, 소근육 운동
- 다양한 모양의 숟가락과 포크, 젓가락, 접시 등을 준비해 주세요. 다양한 부엌데기 친구들로 내 이름을 표현해요. 동그란 'ㅇ'은 접시로 표현하고, 길쭉한 모음 부분은 포크와 젓가락으로 표현할 수 있겠지요? 내 이름을 멋지게 완성하고 나서 사진으로 찍어서 보관해요. 엄마, 아빠, 할머니, 할아버지 이름도 함께 만들어 볼 수 있어요.

『브로콜리지만 사랑받고 싶어』
별다름·달다름 글, 서영 그림, 키다리, 2021

> **그림책 소개**

아이들이 제일 싫어하는 채소 1위로 브로콜리가 뽑혔어요! 이 소식을 들은 브로콜리 눈에 눈물이 글썽글썽 차올라요. 이대로 아이들이 제일 싫어하는 채소로 남을 수 없다! 브로콜리는 아이들이 좋아하는 친구들을 따라 해서라도 사랑받고 싶은데…… 라면처럼 뽀글뽀글 파마를 하면 어떨까? 소세지처럼 분홍 칠을 해 보는 건? 브로콜리는 과연 아이들에게 사랑받을 수 있을까요?

● **아이의 생각을 키우는 질문**
- 브로콜리는 왜 화장을 하고, 파마를 하고, 방송도 하면서 바뀌려고 노력하는 거야? 어떻게 해야 친구들이 브로콜리를 좋아할 수 있을까?
- ○○이는 어떤 채소가 제일 좋아? 우리만의 채소 선발대회를 열어 볼까? 어떤 채소가 제일 좋은지, 제일 싫은지 순서대로 나열해 보는 거야. 싫어하는 채소는 어떻게 하면 좋아질 수 있을지도 고민해 보자.

● **추천 문해활동: 브로콜리즙으로 편지쓰기**
- **기초문해요소**: 기초읽기, 기초쓰기, 소근육 운동
- 브로콜리를 믹서기에 갈거나 착즙기에 넣어서 브로콜리즙을 만들어요. 모양이 어떻게 변했는지, 어떤 냄새가 나는지도 같이 탐색해요. 브로콜리즙이 완성되었다면 브로콜리즙을 붓으로 찍어 글자를 써 봐요. 도화지에 커다랗게 '브로콜리'라고 적어 보는 건 어떨까요? 원하는 글자를 크게 적어 보아도 좋고, 브로콜리즙으로 적은 카드를 만드는 것도 좋아요.

『파닥파닥 해바라기』

보람 지음, 길벗어린이, 2020

그림책 소개

길쭉길쭉한 해바라기들 사이에 키도 작고 크기도 작은 해바라기가 하나 있어요. 멋진 잎사귀 날개가 있지 않느냐는 꿀벌의 말에 파닥이던 작은 해바라기는 하늘을 나는 멋진 꿈을 꿔요. 잎사귀를 파닥이면 꿈처럼 하늘을 날 수 있을까요? 작은 해바라기와 키 큰 해바라기가 함께 살아가는 이야기를 들어 보아요.

● 아이의 생각을 키우는 질문

- 작은 해바라기처럼 하늘을 날 수 있다면 ○○이는 뭘 하고 싶어?
- 키가 큰 해바라기 친구들이 작은 해바라기 친구를 위해 어떻게 해 줬어? ○○이는 다른 친구를 위해 이렇게 배려하고 도와준 적 있어?

● 추천 문해활동: 해바라기씨 초콜릿 글자

- **기초문해요소**: 기초쓰기, 소근육 운동, 기초읽기
- 해바라기씨 초콜릿으로 글자를 만들어요. 글자 테두리를 만들어 주고 그 안을 초콜릿으로 가득 채울 수 있어요. 글자 모양을 보고 그대로 따라서 만들어 보는 것도 좋은 방법이에요. 가획을 하며 글자의 모양을 바꿔 보는 것도 재미있어요(예: ㄱ, ㅋ, ㄲ). 거꾸로 글자를 먹어 치우면서 어떻게 모양과 소리가 바뀌는지 이야기 나누어 볼 수 있어요. 초콜릿으로 만든 글자를 먹으면서는 어떤 자음/모음을 먹고 있는지도 이야기 나눠요.

『고양이 히어로즈의 비빔밥 만들기』

보람 지음, 딸기책방, 2022

> **그림책 소개**

고양이 히어로즈를 뽑는 오디션이 열렸어요. 히어로즈를 뽑기 위한 오디션은 비빔밥 만들기! 다양한 재료가 섞여서 만들어지는 것처럼 다양한 특색의 고양이가 힘을 합쳐 비빔밥을 만들어요. 우리가 함께 산다는 건 비빔밥 재료처럼 이렇게 다양한 사람들이 한데 어우러지는 것 아닐까요? 누가 더 멋지고 잘난지 뽑는 게 아닌, 얼마나 잘 어우러졌는지를 살펴보면 좋겠어요.

- **아이의 생각을 키우는 질문**
  - ○○이만의 비빔밥을 만들 수 있다면 어떤 비빔밥을 만들고 싶어?
  - 고양이 섬이 정말 멋지다. 고양이 친구들이 무슨 이야기를 하고 있을 것 같아?

- **추천 문해활동: 색종이 글자 비빔밥**
  - **기초문해요소**: 소근육 운동, 기초읽기
  - 색종이로 다양한 모양과 크기의 자음, 모음을 만들어요. 그릇에 색종이 글자를 잔뜩 넣고 흔들어 글자 비빔밥을 만들어요. 자음 비빔밥과 모음 비빔밥을 따로 만들면 좋아요. 자음과 모음들을 뽑아 조합해서 글자를 만들어요(예: ㄱ+ㅏ = 가). 만들어진 글자로 시작하는 단어를 떠올려 보는 놀이로 확장할 수 있어요. 자음만 여러 개 뽑아서 초성 게임을 해 볼 수 있어요(예: ㄱ, ㅁ = 구멍).

5. 주인공이 살아 숨 쉬는 그림책

『착한 달걀』
조리 존 글·피트 오즈월드 그림, 김경희 옮김, 길벗어린이, 2022

그림책 소개

온갖 착한 일을 찾아서 하는 착한 달걀이 있어요. 말썽꾸러기 달걀 친구들의 뒤치다꺼리까지 하느라 지쳐 버린 착한 달걀. 착한 달걀은 이제 자신한테도 착한 달걀이 되려고 노력하기 시작해요. 어떻게 하면 나한테 착한 달걀이 될 수 있을까요? 조리 존의 음식 시리즈 그림책으로 『나쁜 씨앗』 『멋진 콩』도 있으니 함께 즐겨 보세요.

• 아이의 생각을 키우는 질문
- 착한 달걀은 왜 착한 아이가 되려고 하는 거야?
- '나한테 착하다'는 건 무슨 의미일까? 어떻게 하면 나한테 착할 수 있는 걸까?

• 추천 문해활동: 계란판으로 글자 만들기
- **기초문해요소**: 기초읽기, 기초쓰기, 소근육 운동
- 계란판과 탁구공 여러 개를 준비해요. 탁구공에 자음과 모음을 하나씩 적어 넣어요. 모음의 경우에는 ㅏ, ㅑ, ㅡ 만 준비해서 두 모음을 조합하거나, 모음을 회전시켜서 새로운 모음을 만들 수 있어요. 자음과 모음 탁구공을 계란판 위에서 다양하게 조합해 보며 새로운 글자를 만들어 보아요.

*참고: 탁구공 한글놀이

『용기를 내, 비닐장갑!』

유설화 지음, 책읽는곰, 2021

> **그림책 소개**

비닐장갑은 장갑 초등학교에서 제일 겁이 많은 겁쟁이예요. 학교에서 별빛 캠프를 가게 되어 친구들은 들떠 있지만, 비닐장갑은 걱정이 한가득이지요. 그런데 이런! 다같이 캠프를 즐기던 중 컴컴한 길을 걷다 비닐장갑만 빼고 모두 낭떠러지로 떨어져 버렸어요. 비닐장갑은 어떻게 해야 할까요? 유설화의 장갑 시리즈 그림책으로 『잘했어, 쌍둥이 장갑!』『욕심은 그만, 레이스 장갑!』도 있으니 함께 즐겨 보세요.

● 아이의 생각을 키우는 질문
- 비닐장갑은 뭐가 걱정되는 걸까?
- 비닐장갑이 친구들이랑 선생님을 어떻게 구할 수 있을까?

● 추천 문해활동: 비닐장갑으로 만드는 글자
- **기초문해요소**: 기초읽기, 소근육 운동
- 비닐장갑과 비닐장갑 안에 넣을 내용물(예: 폼폼이, 쌀, 콩 등)을 준비해 주세요. 비닐장갑에 내용물을 넣고 고무줄로 밀봉해 주세요. 내용물을 너무 가득 채우지는 말아 주세요. 비닐장갑 안에 넣은 내용물을 요리조리 움직이면서 글자 모양을 만들어요. 비닐장갑 놀잇감을 여러 개 만들어서 글자 하나를 완성해 볼 수도 있어요.

『나에겐 비밀이 있어』
이동연 지음, 올리, 2022

그림책 소개

비 오는 날을 죽기보다도 싫어하는 망고. 망고에겐 무슨 비밀이 있을까? 꼭꼭 비밀을 감추고 있던 망고의 비밀은 얼굴에 물이 닿으면 드러나는데. 아보카도인 게 싫어 망고처럼 화장을 해서 본모습을 감추고 있는 망고, 아니 아보카도. 아보카도는 원래의 모습을 계속 숨길 수 있을까요?

- **아이의 생각을 키우는 질문**
  - 왜 아보카도는 망고로 변장을 한 걸까?
  - 체리를 구하러 물에 들어가면 비밀이 드러날 텐데, ○○이라면 어떻게 할 것 같아?

- **추천 문해활동: 셀로판지로 글자 숨기기**
  - **기초문해요소**: 기초쓰기, 기초읽기
  - 아보카도가 화장으로 원래 모습을 감추었던 것처럼 셀로판지로 글자를 감추는 놀이를 해 볼까요? 다양한 색상의 셀로판지와 색연필 또는 사인펜, 도화지를 준비해 주세요. 도화지에 셀로판지의 색과 같은 색의 색연필 또는 사인펜으로 숨기고 싶은 글자를 적어 주세요. 셀로판지를 도화지 위에 올려 보며 어떤 글자가 사라지는지 살펴보세요. 셀로판지로 안경을 만들어 쓰고 글자 모양을 살펴보는 것도 좋아요.

주인공이 살아 숨 쉬는 추천 그림책

『크레용이 돌아왔어!』

드루 데이월트 글, 올리버 제퍼스 그림, 장미란 옮김, 주니어김영사, 2016

『크레용이 화났어!』의 후속작이 돌아왔다! 집 나갔던 크레용들이 대니에게 관심을 가져달라고 호소하는 카드를 읽으면 웃음이 절로 나옵니다. 그동안 모양이 제각각이 되어버린 크레용 친구들. 대니는 어떻게 하면 좋을까요?

Q. 크레용 친구들한테 어떤 새 집을 만들어 주면 좋을까?

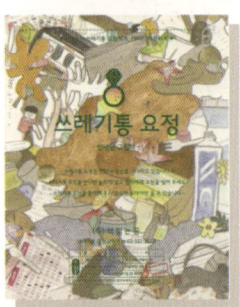

『쓰레기통 요정』

안녕달 지음, 책읽는곰, 2019

쓰레기통 속에서 태어난 쓰레기통 요정. 쓰레기 더미를 헤치고 돌아다니며 소원을 들어주겠다고 외치지만 사람들에게 외면 당하기만 합니다. 보잘 것 없어 보이는 귀여운 쓰레기통 요정의 이야기에 귀 기울여 주실래요?

Q. ○○이라면 쓰레기통 요정한테 무슨 소원을 빌고 싶어?

『야, 눈온다』

이상교 글, 김신진 그림, 보림, 2023

숲속에 하얀 눈이 펑펑 내리면 동물친구들이 모두 나와 신나게 놀아요. 토끼는 눈을 굴려 눈토끼를 만들고, 청설모는 눈청설모를 만들지요. 부드럽고 귀여운 그림체로 몽글몽글한 동물친구들의 이야기를 담고 있어요. 겨울의 모습을 담고 있지만 따뜻한 분위기가 느껴지는 그림책입니다.

Q. ○○이는 어떤 모양 눈사람을 만들고 싶어?

『밤이에요!』

마갈리 보니올 지음, 이정주 옮김, 재능교육, 2016

모두가 잠든 밤이 되면 토끼 인형의 모험이 시작돼요. 우리가 잠든 사이 인형이 살아 움직인다는 상상에서 시작된 기발한 이야기를 읽으며 동심의 세계로 빠져들어요. 토끼인형과 여우가 친구가 될 수 있었던 비밀도 알아보아요.

Q. 토끼인형은 어떻게 여우랑 친구가 될 수 있었을까?

『빛방울이 반짝반짝』

윤여림 글, 황정원 그림, 나는별, 2023

눈에 보이지 않는 빛을 빛방울로 형상화하여 주인공으로 삼은 그림책입니다. 햇살이 반짝이는 나뭇잎에서 자라난 빛방울은 이곳저곳을 여행하며 다정한 마음씨를 나눠요. 아기 새, 꽃봉오리, 고양이까지 모든 곳으로 가서 행복을 전해요.

Q. ○○이가 빛방울을 만난다면 어떤 기분일 것 같아?

장르별 그림책 읽어 주기 방법

1장에서 다양한 장르의 그림책을 살펴보았습니다. 여기에서는 그림책의 장르에 따라 어떤 식으로 활용하면 그림책 읽는 시간이 더욱 풍부해질 수 있는지 소개해 드리고자 합니다.

옛이야기 그림책

옛이야기 그림책은 기승전결의 구조가 뚜렷하고, 주인공이 선과 악으로 명확하게 구분되고, 캐릭터 자체가 갖는 특징이 단순합니다. 그렇기 때문에 한두 번만 읽어 보아도 아이들이 이야기의 구조를 예측하기가 쉽지요. 반복해서 읽어 본 옛이야기 그림책의 경우에는 읽는 척하는 활동을 해 보기에 좋습니다. 간단한 소품을 함께 만들어 역할을 나누어 읽어 보는 것도 재미있습니다. 주인공 각자의 특색이 명확하기 때문에 역할을 나누어 놀이하는 역할놀이로 확장하기에 가장 적절한 그림책 장르입니다.

사실주의 그림책

사실주의 그림책은 현실 세계에서 볼 수 있는 사건들을 토대로 구성되기 때문에 무척이나 현실적입니다. 현실 세계를 담고 있지만 아이들이 직접 경험하기는 힘든 현실을 간접적으로 경험할 수 있도록 돕기도 하지요. 현실 세계를 바탕으로 하기 때문에 아이들이 주인공의 입장이 되어 살펴보기에 특히 유리합니다. 각각의 등장인물의 입장에서 어떤 기분일지, 나라면 어떻게 했을지 등을 추측하고 이야기 나누어 보세요. 실제로 우리 아이가 경험한 적이 있는 경우를 담고 있는 그림책이라면 실제 이야기와 비교해 보는 것도 방법입니다.

환상 그림책

환상 그림책은 대부분 상상의 세계로 이동하게 되거나, 초자연적인 힘을 가진 등장인물이 나타나거나, 특정한 능력을 가질 수 있는 물건들을 얻게 되면서 이야기가 펼쳐집니다. 현실 세계에서 벗어나는 판타지적인 요소를 담고 있다는 점에서 아이들의 상상력을 자극하지요. 만일 내가 환상 그림책 속 주인공이 된다면 어떻게 하고 싶은지 상상의 나래를 펼쳐 볼 수 있도록 돕는 질문을 해 주세요. 그림책의 이야기를 토대로 나만의 환상 그림책을 만들어 보거나, 새로운 결말을 이어서 그려 보는 것도 좋은 방법입니다

정보 그림책

정보 그림책은 수 그림책, 과학 그림책, 자모 그림책처럼 특정한 주제를 바탕으로 만들어진 논픽션 그림책입니다. 특정 주제에 아이가 관심을 보인다면 주제별로 정보 그림책을 모아서 살펴보고 나만의 정보 그림책을 새로 구성해 볼 수 있습니다. 정보 그림책에서 반복해서 발견할 수 있는 정보의 공통점과 차이점을 비교해 보면서 탐구해 보기에도 적절합니다. 예전과는

달리 스토리 라인이 탄탄하고 질적으로 우수한 정보 그림책이 많이 나오고 있으니 적절히 활용해 보기를 권해 드립니다.

운문 그림책

운문 그림책은 동시나 동요를 토대로 그림책 한 권이 펼쳐지거나, 그림과 글을 함께 보여 주는 동요, 동시집이 해당됩니다. 반복되는 음절이 많고, 글 자체에 운율이 강하기 때문에 한 번만 읽어 보아도 입에 착 달라붙지요. 운문 그림책에 나오는 노래의 가사를 바꾸어 불러 보거나, 말놀이를 할 때 활용해 보면 좋습니다. 그림책의 내용을 활용하여 노래를 부를 때 직접 녹음을 해 보고, 녹음한 것을 다시 들어 보면서 그림책을 읽어 보는 것도 좋은 접근이 될 수 있어요.

글 없는 그림책

글 없는 그림책은 글 없이 그림으로만 서사가 진행되기 때문에 그림이 굉장히 큰 축을 담당하는 장르의 그림책입니다. 글이 없다 보니 아이와 성인이 동등한 위치에서 그림책을 함께 읽어 나갈 수 있지요. 처음에는 그림 산책을 하며 그림을 꼼꼼히 살펴보고, 그다음에 읽을 때는 그림을 보며 이야기를 꾸며 말해 보고, 더 익숙해지면 번갈아 가면서 읽어 보고, 마지막으로는 아이가 주도해서 성인에게 그림책을 읽어 주는 시간을 가져 보는 것이 좋습니다.

06

주제별로 살펴보는 그림책 처방전

　아이들이 성장해 나가면서 우리들은 매번 새로운 국면을 맞이하게 됩니다. 6장에서는 아이들과 이야기 나누어 보면 좋을 주제 12가지를 선정하였습니다. 크게 채소, 잠, 배변훈련, 분리불안, 동생, 몸, 성 역할 고정관념, 감정, 친구, 다름, 죽음, 환경오염으로 나눕니다. 각 꼭지의 주제에 대해 깊이 있게 생각해 보며 아이들과 이야기를 나누다 보면 부모님과 아이들 모두 한층 성장해 있는 모습을 발견하실 수 있을 겁니다. 왜 각각의 주제에 주목할 필요가 있는지 알아보고, 각 주제별로 추천하는 그림책과 이를 어떻게 활용하여 상호작용하면 좋을지를 다루었습니다. 기초문해력과 더불어 아이들의 마음이 한층 성장할 수 있는 시간이 되길 바랍니다.

1. 채소: 아삭아삭 채소는 힘들어

　대부분의 가정에서 아이들에게 채소를 먹이기 위해 실랑이를 하곤 합니다. 왜 아이들은 채소를 싫어하는 걸까요? 채소에 대한 혐오는 우리 인간이 잡식을 하기 때문에 생기는 딜레마에서 비롯됩니다. 잡식성인 인간은 다양한 음식을 통해 영양소를 골고루 섭취하는 것이 중요하지만, 새로운 음식을 식단에 포함 시키는 과정에서 독성이 있는 음식을 먹게 될 위험도 각오해야 하기 때문이지요. **특히 채소는 독성을 의미하는 쓴맛이 강하기 때문에 아이들에게 있어 공포의 대상이 됩니다.** 게다가 아이들은 성인보다 미뢰의 수도 3배 이상 많기 때문에 약간의 쓴맛도 더 강하게 느낍니다. 다른 음식에 잘 섞어 주어도 귀신같이 채소만 골라내는 건 아이들의 타고난 본능과 신체적인 특성 때문인 것이지요.

채소를 비롯해 처음 접하는 새로운 음식을 맛보기 거부하는 것에서 더 나아가 무서워하는 것을 **음식 공포증**(food neophobia)이라고 합니다. 음식에 대한 공포는 이유식을 시작하면서 시작되고, 스스로 음식을 맛보고 탐험해야 하는 2~5세 사이에 가장 빈번히 나타납니다. 아이들마다 정도가 다르지만 싫어하는 음식의 종류 한두 가지는 있기 마련이지요. 이러한 특정 음식에 대한 혐오와 편식을 줄여 나가는 것은 그리 간단하지 않습니다. 기나긴 인고의 시간이 필요하지요. **사회적인 맥락 속에서 반복하여 먹어 보면서 그 결과가 긍정적이었다는 경험**이 쌓이다 보면 음식 공포증을 서서히 줄여 나갈 수 있습니다.

특히 아이들은 사회적인 맥락 속에서 음식을 경험할 때 새로운 음식을 시도하고 더 쉽게 받아들입니다. 아이에게 음식을 제공할 때 성인이 아이가 먹는 음식과 동일한 것을 먹는 걸 보여 주며 모델링하거나, 칭찬 또는 긍정적인 사회적인 상호작용을 하면서 음식을 제공할 때 새로운 음식을 더 쉽게 받아들이고 선호하게 됩니다. 그리고 음식 공포증을 줄이기 위해 무엇보다도 가장 중요한 점은 **식사 시간이 즐거운 시간**이어야 한다는 점입니다. 아이에게만 음식을 먹도록 제공하기보다는 아이와 같은 식단을 성인이 함께 먹으면서 아이와 즐겁게 이야기를 나누는 것이 아이들이 채소를 좋아하는 지름길인 셈이지요.

그리고 반복을 통해 음식에 대한 선호를 향상시키는 **푸드 브릿지**(food bridge) 방법이 적절합니다. 아이가 싫어하는 음식을 다양한 방식으로 조리해 주고, 조금씩 맛보는 것을 시도해 보면서 익숙해지는 것이지요. 채소 중에서도 파프리카에 대해 푸드 브릿지를 시도해 본다면 다음과 같이 적용해 볼 수 있습니다. 처음에는 채소의 원재료 자체에 친숙해질 수 있도록 원재료를 탐색해 보며 가지고 놀이하는 시간을 가져 보세요. 그다음에는 채소의 형태를 알아볼 수 없지만, 맛과 향은 느낄 수 있도록 제공해 주세요. 파프리카의 즙을 착즙하고 밀가루와 섞어 반죽으로 제공하는 것이 하나의 방법이 되겠지요. 그다음에는 작게 잘라서 좋아하는 음식과 함께 제공합니다. 파프리카와 햄 등을 잘게 다져서 만드는 볶음밥을 예로 들 수 있습니다. 그리고 마지막으로는 채소 본연의 맛을 느낄 수 있도록 조리하여 제공해 줄 수 있지요. 어떤 종류의 채소더라도 단계별로 차츰차츰 제공하면서 반복적인 경험을 할 수 있도록 돕는다면 채소를 좋아하는 아이가 될 수 있습니다.

1. 채소: 아삭아삭 채소는 힘들어 **191**

음식 관련 그림책 읽기

『난 토마토 절대 안 먹어』
로렌 차일드 지음, 조은수 옮김, 국민서관, 2001

그림책 소개

편식쟁이 여동생 롤라한테 찰리가 음식을 차려 주려고 해요. 싫어하는 음식이 한가득인 롤라가 어떻게 하면 골고루 먹을 수 있을까요? 롤라가 재미있게 음식들에 관심을 가질 수 있도록 웃긴 이름들을 음식에 붙여 주는 찰리의 지혜가 눈부셔요. 찰리가 지어 주는 기상천외한 음식 이름들을 같이 살펴보아요.

- **음운론적 인식을 기르는 질문**
  - ○○이도 채소들에 이름 붙여 줘 볼래? 브로콜리에는 뭐라고 이름 붙여 주고 싶어? 올록볼록하게 생겼으니까 올록볼록 초록이라고 이름 붙여 줄래.
  - 그림책에서 당근이라는 글자가 어디 어디 나오는지 처음부터 찾아볼까?
  - 당근 이름이 오렌지뿡가지뿡이네. 그럼 하얀 무에는 뭐라고 이름 붙여 주면 좋을까? 하이얀 뿡가지뿡이라고 이름 붙여 줄까?

- **어휘력을 기르는 질문**
  - 당근, 완두콩 같은 채소는 또 뭐가 있을까? 우리 마트에서 어떤 채소들이 있는지 찾아볼까?
  - 롤라는 조그마한 아이래. 롤라가 채소를 골고루 먹어서 키가 엄청 커지면 어떤 아이가 될까? 커다란 아이가 될 수 있을까?
  - '꾀'는 절묘한 생각이나 수단을 말해. 비슷한 말로 '꾐'이 있어. 토끼와 거북이 이야기 기억나? 토끼의 '꾐'에 거북이가 속아넘어갔다고 말할 수 있어.

- **이야기 이해력을 기르는 질문**
  - 찰리가 좋은 꾀를 생각해 냈대. 무슨 꾀를 생각해 낸 걸까?
  - 찰리는 왜 음식들에 웃긴 이름들을 붙여 주는 거야? 롤라가 싫어하는 음식들을 먹이려고 하는 거구나. ○○이도 롤라처럼 싫어하는 음식이 있어? 왜 별로야?
  - 롤라가 토마토에 무슨 이름을 붙여 줬다고? 달치익쏴아. 왜 이런 이름을 붙여 준 걸까? 토마토가 달콤하고 한 입 베어 물면 치익~ 쏴아~ 하고 즙이 튀어나와서 그런가?

1. 채소: 아삭아삭 채소는 힘들어   **193**

『과일과 채소로 만든 맛있는 그림책』

주경호 지음, 보림, 2000

그림책 소개

맛있는 과일과 채소가 동물 친구들로 변신을 했어요. 어떤 과일과 채소로 만들어진 동물 친구들일까요? 그림책을 함께 읽어 보며 아이들이 다양한 종류의 과일과 채소에 친숙해질 수 있도록 도울 수 있어요. 그림책을 함께 읽어 보고 난 뒤, 다양한 종류의 채소들로 아이와 함께 채소 동물 만들기 활동으로 확장해 보기도 좋아요.

● 음운론적 인식을 기르는 질문

- '보물찾기'의 'ㅈ' 받침을 없애면 무슨 소리가 될까? 보물차기가 된다. 보물을 찾는 게 아니라 보물을 발로 뻥 차 버린단 뜻이 되네.
- 면지에 과일이랑 채소 이름들이 적혀 있다. 여기서 세 글자인 과일이랑 채소만 찾아볼까? 양배추, 강낭콩, 풋고추, 애호박!
- '콩쾅콩쾅' 거꾸로 말하면 무슨 소리가 될까? 쾅콩쾅콩!

● 어휘력을 기르는 질문

- '여기, 저기'처럼 위치를 나타내는 단어는 또 뭐가 있을까?
- 면지에 어떤 과일, 채소로 만들어져 있는지 이름이 적혀 있어. 이건 뭘까? 참외랑 옥수수, 감자, 팥, 콩이라고 읽을 수 있어. 돼지가 이 과일이랑 채소로 만들어졌었는지 살펴볼까?
- 여기서 과일이랑 채소가 아닌 걸로 만들어진 것도 있나? 솔방울!

● 이야기 이해력을 기르는 질문

- 바다코끼리는 어떤 과일이랑 채소로 만들어졌어? 몸통은 당근이고, 눈은 완두콩인 것 같다. 이 쭈글쭈글한 코 부분은 대추라고 해. 기다란 이빨 부분은 뭘까?
- 한 페이지씩 넘길 때마다 같이 나들이 가는 과일이랑 채소 친구들이 늘어나고 있다. 누가 나들이 가는 길에 더 들어온 거지?
- ○○이는 과일, 채소 친구들이랑 뭐하고 놀고 싶어? 보물찾기를 하고 싶어?

『채소가 최고야』

이시즈 치히로 글, 야마무라 코지 그림, 염혜숙 옮김, 천개의 바람, 2011

그림책 소개

채소 친구들의 달리기 경주가 열리고 있어요. 어떤 채소 친구들이 뛰어가고 있나요? 재미있는 의성어, 의태어로 채소의 달리는 모습을 표현하고 있는 그림책을 함께 읽어 보아요. 의성어와 의태어에 주목하여 재미있는 말놀이로 확장해 보기 좋아요.

• 음운론적 인식을 기르는 질문

- '오르르' 달리기 대회래. 오르르라니 어떻게 달리는 거야? 우르르 달리면 안 되나?
- 나란히 나란히 누에콩. 누에콩들이 정말 나란히 서 있네? 'ㄴ'이 여러 번 들어간다. 'ㄴ' 어디에 있는지 찾아볼까? 나란히 할 때 '나'에도 들어가고, 누에콩 할 때 '누'에도 들어간다.
- '올통볼통'에는 다 'ㅗ'가 들어간다. 올통볼통에 들어가는 'ㅗ'를 'ㅜ'로 바꾸면 무슨 소리가 될까? 울퉁불퉁! 토마토 노래에 나왔던 소리네. 울퉁불퉁 멋진 몸매에, 빨간 옷을 입고!

• 어휘력을 기르는 질문

- 여기 면지에 그림책에 나오는 채소들 이름이 적혀 있나 봐. (한 글자씩 적혀 있는 글자를 하나씩 손으로 따라가면서) 옥수수, 양파, 가지, 파프리카.
- 파릇파릇처럼 색을 나타내는 단어 또 아는 거 있을까? 푸릇푸릇도 파랑단 소리고. 울긋불긋은 단풍잎이 주황색, 노란색, 빨간색으로 울긋불긋 물들었다고 할 때도 쓸 수 있다.
- 팽이버섯은 설렁설렁 걷고 있대. 설렁설렁 걷는 건 어떻게 걷는 거야?

• 이야기 이해력을 기르는 질문

- 우와, 채소 달리기 대회에 참가한 채소 친구들이 진짜 많다. 어떤 채소 친구들이 있어? 양상추, 가지, 파프리카, 무. 또 누가 있지?
- 오이가 자전거 타고 가고 있는데 멈추질 못했대! 당근이랑 단호박이 바로 앞에 있는데 어떡하지? 어떻게 될 것 같아? 꽈당 부딪힐까?
- 고추가 1등으로 들어왔다. 그러면 그다음으로 들어오는 배추가 2등, 옥수수가 3등일까? 어? 아니네? 배추가 3등이야. 어째서지? 배추가 사람들한테 인사하는 사이에 옥수수가 후다닥 들어왔나 봐. 그래서 그런지 배추 표정이 안 좋다.

추천 그림책

『채소밭 차차차』

야기 다미코 지음, 김소연 옮김, 천개의바람, 2020

『후끈후끈 고추장 운동회』

오드 지음, 다림, 2021

『채소밭에 숨어 있는 작은 세계』

캐런 브라운 글, 조르다노 폴로니 그림, 김현희 옮김, 유영한 감수, 사파리, 2021

『감자가 만났어』

수초이 지음, 후즈갓마이테일, 2017

『으쌰 으쌰 당근』

멜리 지음, 책읽는곰, 2021

『알레나의 채소밭』

소피 비시에르 지음, 김미정 옮김, 단추, 2017

『농부 할아버지와 아기 채소들』

현민경 지음, 웅진주니어, 2021

『채소가 좋아』

이린하애 글, 조은영 그림, 길벗어린이, 2016

『채소들아, 어디 가니?』

미소선생 글, 천이진 그림, 임미라 옮김, 에듀앤레크, 2020

『채소 학교와 책벌레 양배추』

나카야 미와 지음, 강방화 옮김, 웅진주니어, 2020

2. 잠: 잠자기 너무 너무 싫어

아이들은 잠자는 소중함을 모르는 듯이 잠자는 것을 참 적극적으로 거부하지요. 하지만 우리 아이들이 말하지 못했던 잠자기 싫은 속사정을 이해할 필요가 있습니다. 자는 건 너무 당연해 보이지만 잔다는 것 또한 연습이 필요한 행동이기 때문이지요. 신생아 시기에 흔히 발견되는 일명 등센서는 아이들의 생존본능에서 비롯됩니다. 아이는 자신을 돌봐 주는 성인과 떨어질 때 목숨이 위태로워진다고 판단하기 때문에 본능적으로 누워서 자는 것을 거부하는 것이지요. 실제로 6개월 이하의 영아들은 성인이 자신을 안고 걷고 있는 상태를 가장 안전하게 느끼기 때문에 안고 재울 때 가장 빠르게 잠이 듭니다. 하지만 누워서 스스로 진정할 수 있도록 돕는 경험을 반복하는 수면 교육을 통해 서서히 잠에 익숙해질 수 있습니다.

잠을 잔다는 건 단순히 피로를 회복하기 위한 시간만이 아닙니다. **수면은 뇌의 성숙과 시냅스의 가소성에도 관여하는 것으로 밝혀지고 있습니다.** 그리고 우리의 뇌는 잠을 자면서 깨어 있는 동안 배운 것을 장기기억으로 부지런히 전환합니다. 그렇기 때문에 수면은 기억력의 향상과 기억의 재구성에 이바지하는 바가 크지요. 밤잠은 새롭게 형성된 기억을 강화하고, 명시적인 지식의 습득을 돕고, 문제에 대한 통찰력을 기를 수 있도록 돕습니다. 낮잠 또한 비슷한 효과를 가집니다. 낮잠은 인지 시스템의 발달에 있어서 중요한 **추상화**(abstraction)의 발달을 촉진합니다. 추상화는 다양한 자극들 속에서 발견되는 비슷한 패턴의 규칙을 발견하고 이를 확대 적용하여 다른 자극의 해석에 활용하는 능력을 말합니다. 추상화는 언어학습에 있어서 특히 중요한 능력이지요.

특히 영유아 시기는 비교적 정보를 유지하는 기간이 짧기 때문에, 낮잠을 자는 것이 학습에 유리합니다. **아이들은 깨어 있는 동안 배운 많은 정보를 이해하고, 통합하고, 유지하기 위해 주기적으로 낮잠을 자는 것이 좋습니다.** 아이가 낮잠을 자기 싫어하거나, 낮잠을 자면 밤잠을 자는 데 방해가 될까 봐 낮잠을 재우지 않는 것은 지양해야 하는 것이지요. 아이가 좋아하는 포근한 이불에 함께 누워서 잠과 관련된 그림책을 읽는 시간을 가져 보세요. 잠자는 시간이 즐거워지면 아이도 부모도 행복해질 수 있습니다.

잠 관련 그림책 읽기

『우리 아빠 재우기는 정말 힘들어!』
코랄리 소도 글, 크리스 디 지아코모 그림, 그린북, 2012

그림책 소개

잠자기 싫어하는 아빠와 그런 아빠를 달래 주며 재우려는 아이. 무언가 거꾸로 된 것 같지 않나요? 재우기 힘든 아빠를 아이가 어떻게 재울 수 있을까요? 입장이 거꾸로 된 아빠와 아이를 보며 아이들이 무척 즐거워해요. 낮잠 자기 전, 밤잠에 들기 전 아이와 함께 읽어 보세요.

- **음운론적 인식을 기르는 질문**
  - 싫어! 라는 단어가 계속 나오네. 싫어의 '싫'은 모양이 어렵다. 아래 받침이 두 개나 들어가네? 이렇게 받침이 두 개 들어가는 단어가 또 있나 찾아볼까?
  - 'ㅇ'이 들어가는 단어를 찾아볼까? 아빠라고 할 때도 'ㅇ'이 들어가고, '이리 와서 앉으세요.'에도 'ㅇ'이 정말 많다. 어디 어디 있어?
  - 살금살금 까치발로 걸어가는 건 어떻게 걸어가는 거야?

- **어휘력을 기르는 질문**
  - 날마다 깜깜한 밤이 되면 똑같은 일을 되풀이해요. 되풀이한다는 건 무슨 뜻인 것 같아?
  - 아빠가 잠자리에 들어도 작은 등불을 켜 놓는대. 여기서 말하는 '잠자리'는 우리가 전에 잡아 봤던 곤충 잠자리랑은 다른 뜻이네.
  - '안'이라는 단어가 '할 거야'에 붙으면 '안 할 거야'가 된다. 이렇게 쓰이는 말이 또 뭐가 있을까? 안 잘 거야. 안 먹을 거야. 안 놀 거야.

- **이야기 이해력을 기르는 질문**
  - 왜 아빠는 잠자러 가기 싫어하는 것 같아? ○○이도 여기 나오는 아빠처럼 잠들기 싫을 때가 있어? 언제 잠자러 가기가 싫어?
  - 이렇게 아빠가 잠자기 싫다고 떼 부리면 아이는 어떤 기분일까? 화가 날까? 속상할까?
  - ○○이라면 잠자기 싫어하는 아빠한테 어떤 이야기를 들려주고 싶어?

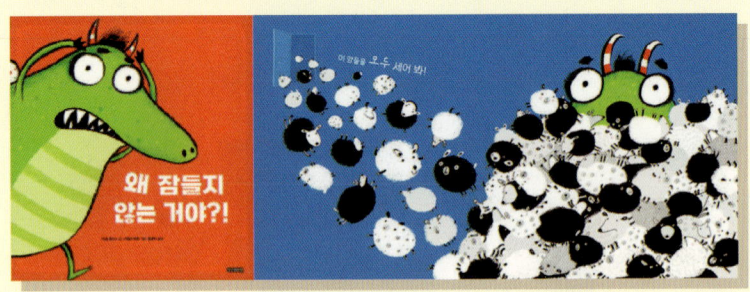

『왜 잠들지 않는 거야?!』

아담 월리스 글, 카를라 마텔 그림, 홍명지 옮김, 작가와비평, 2022

그림책 소개

악어 친구가 잠들 수 있는 다양한 방법을 소개해 줘요. 양 100마리를 세어 보는 고전적인 방법부터 시작해 볼까요? 우리는 악어 친구의 말대로 잠드는 데 성공할 수 있을까요? 잠들기 어려워하는 친구들과 함께 읽으면 잠자리 시간이 재미있어질 수 있어요.

- **음운론적 인식을 기르는 질문**
  - 악어가 몸을 움직이면 잠이 온대. 몸을 양쪽으로 쭉쭉 내리는 건 어떻게 하는 거야? 몸으로 표현해 볼까? 떼굴떼굴 구르는 건 어떻게 구르는 거지?
  - '얼음물'이라는 글자를 커다랗게 써 보고 같은 글자끼리 똑같은 색으로 색칠해 볼까? 'ㅇ'만 찾아서 파란색으로 칠하고, 'ㄹ'만 찾아서 초록색으로 칠하고, 'ㅁ'만 찾아서 주황색으로 칠해 보자.
  - 악어가 불러 주는 자장가 들어 봤어? 잘 자라 우리 아가, 앞뜰과 뒷동산에~ 그다음은 뭐였지? 새들도 아가양도 다들 자는데 달님은 영창으로 은구슬 금구슬을 보내는 이 한밤.

- **어휘력을 기르는 질문**
  - 양을 셀 때는 한 마리, 두 마리처럼 '마리'를 붙여서 셀 수 있어. 여기 양이 몇 마리나 있는지 세어 볼 수 있을까? 순서대로 세어 보자. 한 마리, 두 마리, 세 마리, 네 마리, 다섯 마리.
  - "아직도 깨어 있다고?" 라고 말하네. 우리 '아직도'라는 단어를 넣어서 문장을 만들어 볼까? 아직도 먹을 게 남아 있다고? 아직도 그림책을 더 읽고 싶다고?
  - 송곳니가 뭔지 알아? 치아 중 하나인데 가장 길고 뾰족한 이를 말해. 송곳처럼 뾰족한 이라고 해서 송곳니라고 말해.

- **이야기 이해력을 기르는 질문**
  - 악어 친구가 잠이 오는 방법을 알고 있대. 어떤 방법들일까? ○○이는 잠들 때 어떤 방법을 쓰면 잠이 잘 왔어?
  - 이야기가 무시무시하네. ○○이가 만약에 악어한테 이야기 들려준다면 무슨 이야기를 들려주고 싶어?
  - 악어가 왜 이불을 높게 올려서 덮으라는 거야?

『잠이 오는 이야기』
유희진 지음, 책소유, 2019

> **그림책 소개**

아이들이 잠을 자지 않아서 고민인가요? 몽글몽글한 잠이 오는 이야기를 읽으며 아이의 입장에서 잠을 이해할 수 있는 행복한 시간이 되길 바랍니다. 잠은 아주 멀리서 우리에게 오기 때문에 오래 걸리는 거래요. 잠은 어떤 꿈을 가지고 우리에게 올까요? 잠은 우리에게 무사히 올 수 있을까요?

- **음운론적 인식을 기르는 질문**
  - 하윤이가 엄마를 부르네. 엄맘마마마마마마! 하고. 'ㅁ'이 몇 번이나 들어가 있어? 만약에 아빠를 부른다면 뭐라고 부를 수 있을까? 아빠빠빠빠빠빠빠빠빠!
  - 포근포근한 이불, 푹신푹신한 베개. 여기에 같은 소리가 여러 번 나온다. 무슨 소리야? 'ㅍ' 이었네.
  - 보들보들도 그럼 'ㅍ' 소리가 나게 바꿔 볼까? 포들포들!

- **어휘력을 기르는 질문**
  - 잠이 달팽이처럼 느릿느릿 온대. '느릿느릿'의 반대말은 그럼 뭘까? 빠릿빠릿!
  - 금방 잠이 온대요. '금방'을 넣어서 다른 문장도 만들어 볼까? 전자레인지에서 음식을 금방 꺼내서 뜨거워요. 엄마가 금방 돌아오셨어요.
  - 잠이 부지런히 오고 있대. '부지런하다'의 반대말은 뭘까? 게으르다!

- **이야기 이해력을 기르는 질문**
  - 잠이 원래 잘 안 온대. 왜 잠이 잘 안 오는 걸까? ○○이 생각엔 잠이 왜 안 오는 것 같아?
  - 잠이 가방에 꿈을 잔뜩 넣어서 가지고 온대. ○○이는 잠이 어떤 꿈을 가지고 왔으면 좋겠어?
  - 앗, 잠이 돌아가 버린다. 왜 친구한테 오다 말고 다시 돌아가 버리는 거야?

추천 그림책

『곰아, 자니?』
조리 존 글, 벤지 데이비스 그림, 이순영 옮김, 북극곰, 2015

『오늘 밤에는 어떤 꿈을 꿀까?』
구도 노리코 지음, 엄혜숙 옮김, 천개의바람, 2021

『잘 자, 올빼미야!』
그렉 피졸리 지음, 김경연 옮김, 토토북, 2016

『오늘은 진짜 진짜 혼자 잘 거야』
홍수영 지음, 웅진주니어, 2021

『별 낚시』
김상근 지음, 사계절, 2019

『잠이 안 오니?』
윤소영 글, 김진미 그림, 제제의숲, 2023

『잠을 자요』
셰르스티 안네스다테르 스콤스볼 글, 마리 칸스타 욘센 그림, 손화수 옮김, 책빛, 2021

『알로, 잠들지 못하는 사자』
캐서린 레이너 지음, 정화진 옮김, 미디어창비, 2022

『잘도 자네』
이상교 글, 김정선 그림, 재능교육, 2014

『모두 잠든 오싹한 밤에』
아서 멕베인 글, 톰 나이트 그림, 김은재 옮김, 에듀앤테크, 2020

3. 배변훈련: 기저귀야 안녕! 변기야 안녕?

아이들의 삶은 늘 새로운 도전의 연속입니다. 처음 보는 음식을 시도해 보고, 새로운 놀잇감을 탐색하고, 익숙하지 않던 잠자기에도 도전하고, 처음 가는 장소에 발을 디뎌 보고, 새로운 친구들도 사귀지요. 이러한 크고 작은 변화의 과정은 **분리**(separation)와 **전이**(transition)로 설명할 수 있습니다. 변화는 이전의 친숙함에서 분리되어 새로운 것으로 전이되는 과정을 수반하기 때문이지요. 아이들은 이 과정에서 스트레스를 받게 되지만, 변화를 경험하며 한층 성장한 자신을 만나게 될 수 있습니다. 따라서 변화는 아이들의 성장과 더불어 성취감과 자아존중감의 발달을 돕는 원동력이 됩니다.

부모와 떨어져 기관 생활을 시작하는 것을 제외한다면 아이들의 가장 큰 도전은 아마도 **배변훈련**일 것입니다. **자신의 생리적 욕구를 일정 시간 억제하는 것을 처음 시도하는 훈련**이기 때문이지요. 그 때문에 배변훈련은 아이뿐만 아니라 부모가 겪는 첫 번째 도약기이기도 합니다. 이 시기는 아이에게도 부모에게도 많은 성공과 실패가 반복되는 인고의 시간입니다. 배변훈련을 시작하게 되면 아이들은 아무 때나 기저귀에 소변과 대변을 볼 수 있던 편안함에서 차츰 벗어나는 연습을 시작합니다.

아이들은 대체로 만 1세 후반~2세 초부터 자신의 생리적 욕구를 기저귀에 해결하던 익숙함에서 벗어나는 변화를 시도할 수 있게 됩니다. 아이가 스스로 옷을 내리고 올릴 수 있을 정도로 신체가 성숙하고, 2시간 정도 소변을 참을 수 있고, 기저귀가 젖었음을 알아채고 표현할 수 있게 되었을 때, 변기에서 용변을 처리하는 것에 관심을 가지기 시작할 때가 배변훈련을 시도하기 적절한 때입니다. 이 시기는 아이들마다 모두 제각각이기 때문에 조급해하실 필요는 없습니다. 우리 아이가 충분히 준비가 되었을 때 시작해야 부모도 아이도 스트레스를 받지 않을 수 있지요.

배변훈련을 시작하면 부모님들은 아이들의 양가적인 태도에 고개를 갸우뚱하기도 합니다. 아이들은 변기에 배변하는 것에 관심을 가지고 흉내를 내기 시작하지만, 기저귀를 고집하면서 변기를 거부하는 모순적인 모습을 보이기 때문이지요. 이는 기저귀에서 분리되어 변기로 전이되는 과정에서 고민하는 아이들의 심경을 고스란히 보여 줍니다. 하지만 변기를 반복적으로 경험해 보면서 변기와 친해지고 변기에서 용변을 보는 성공을 경험해 보면서 점차 기저귀에서 용변을 보던 과거와 분리되고, 변기로 전이할 수 있게 됩니다.

    배변훈련의 과정 역시 놀이를 중심으로 이루어지는 것이 가장 바람직합니다. **놀이 중심으로 배변훈련을 시도하면 실패에 대한 걱정은 경감되고 성취감은 증진**될 수 있지요. 배변훈련과 관련한 그림책으로 시작해서 기저귀와 팬티, 변기를 탐색하는 것으로 놀이를 확장해 보세요. 아이들의 배변훈련 과정을 응원이라도 하듯, 배변훈련과 관련한 그림책과 놀잇감을 정말 많이 찾아볼 수 있습니다. 아기 변기에 옷을 입은 채로 앉아 보기, 블록으로 변기를 표현하고 앉아서 대변을 보는 흉내 내기, 갈색 점토로 똥을 만들어 변기 모양 놀잇감에 넣어 보기와 같은 활동들을 추천합니다. 아이에게 변기는 낯선 대상이라는 점을 꼭 기억해 주세요. 물이 내려가는 모습을 보면 빨려들어갈 것만 같고, 뻥 뚫린 변기 위에 앉는다는 건 불안하기만 하지요. 아이가 변기와 친숙해질 수 있는 시간을 충분히 주어야 합니다. 아이를 재촉하게 되면 오히려 기저귀와 헤어지기 위한 마음의 준비 기간이 길어질 뿐입니다. 변기에서 용변 보는 것을 시도하는 것은 변기에 친숙해진 다음의 문제입니다. 변기의 모양 탐색하기, 변기 물 내리고 관찰하기, 기저귀를 한 채로 변기에 앉아 보기, 기저귀를 내린 상태에서 변기에 앉아 보기의 순서로 차츰 변기에 친숙해질 수 있는 시간을 가지는 것이 좋습니다. 변기에 익숙해진 뒤, 여러 번 반복해서 변기에 소변이나 대변을 보는 것을 시도하여 성공하는 경험을 반복하는 것이 중요합니다. 우리 아이의 첫 도약을 옆에서 지켜보며 응원해 주세요.

배변훈련 관련 그림책 읽기

『안녕? 쉬야, 똥아!』

양승현 글, 김미선 그림, 꿈꾸는달팽이, 2014

그림책 소개

은이는 변기에서 콸콸 소리가 나고, 변기에 퐁당 빠질 것만 같아서 화장실에 가기가 싫어요. 은이는 변기에 앉아서 볼일을 볼 수 있을까요? 은이가 변기에 앉아서 볼일을 보면 은이 쉬야, 똥아가 변기를 통해 다른 쉬야, 똥아 친구들을 만나러 갈 수 있대요. 쉬야, 똥아는 어디로 놀러 가는 걸까요?

- **음운론적 인식을 기르는 질문**
  - 언제 변기에서 콸콸 소리가 나지? 변기에서 물 내릴 때 나는 소리를 다르게 표현할 수 있을까?
  - 쉬야가 랄랄라 노래하면서 간대. '라'에도 'ㄹ' 받침을 넣어 주면 무슨 소리가 될까? 랄랄랄! 다 똑같은 '랄' 소리가 되네.
  - 뱅글뱅글 소용돌이 돌아가는 건 어떤 모양이야? 뱅글뱅글 돌아 볼까? 껑충 폭포 놀이하는 건? 껑충껑충 뛰어 볼까?

- **어휘력을 기르는 질문**
  - ○○이는 폭포 본 적 있어? 폭포가 뭐야? 어디에 있는 거지?
  - 쉬야가 친구들이랑 소용돌이 놀이, 폭포 놀이를 한다네. 또 무슨 놀이를 할 수 있을까?
  - 졸졸이 차례대로 미끄럼틀을 탄대. 차례리는 건 **무슨 뜻**이야? 순서대로 디는 걸 **뜻**해. 차례는 다른 뜻도 있어. 명절에 지내는 제사도 차례라고 해.

- **이야기 이해력을 기르는 질문**
  - 은이가 똥이 마려운데 화장실에 가기 싫어서 참고 있나 봐. 똥 마려운 걸 계속 참으면 어떻게 될까?
  - 변기는 은이 똥아가 친구를 만나러 가는 길이래. 어떻게 친구를 만나러 갈 수 있을까? 친구들을 만나면 뭘 하려나?
  - 똥 친구들이 멋진 성이랑 미끄럼틀에서 놀이하네. 또 뭐 하고 노는 것 같아?

『똥 똥, 무슨 똥?』

무라카미 야치요 글, 세베 마사유키 그림, 이정민 옮김, 노란우산, 2011

그림책 소개

똥은 어떻게 만들어지는 걸까요? 똥 모양은 왜 모두 다를까요? 건강한 똥을 싸려면 뭘 먹어야 할까요? 어떤 음식을 먹었을 때 무슨 똥을 싸는지 하나씩 알아볼 수 있어요.

- **음운론적 인식을 기르는 질문**
  - 똥이라는 단어가 여러 번 나온다. 엄마가 다시 읽어 줄 테니까 '똥'이라는 말이 나올 때마다 박수 쳐 볼까?
  - 건강한 똥은 바나나 같은 모양으로 쑤욱 나온대. '쑤욱'을 길게 늘어트려서 말해 볼까? 쑤우우욱!
  - 건강한 똥은 몇 글자야? 건, 강, 한, 똥. 네 글자네. 된똥은 몇 글자야?

- **어휘력을 기르는 질문**
  - 똥에도 종류가 다양하다. 똥 모양에 따라서 이름을 다르게 지어 줄 수 있나 봐. 어떤 똥 이름이 나왔어? 물똥, 진똥, 된똥, 건강한 똥!
  - 된똥은 엄청 딱딱하대. 딱딱한 게 뭐야? 딱딱한 물건은 어떤 것들이 있지? 딱딱하다 반대말은 뭘까?
  - 물똥이 뿌지직 나온대. 뿌지직처럼 'ㅃ'으로 시작하는 단어가 있을까? 빵, 뽀뽀, 뻥, 뻐꾸기.

- **이야기 이해력을 기르는 질문**
  - 똥을 자세히 살펴보면 똥의 모양이랑 색, 냄새가 다 다르대. ○○이도 똥 싸고 나서 똥 관찰해 본 적 있어? ○○이 오늘은 무슨 똥 쌌었지? 우리도 똥 관찰일지를 적어 볼까? 똥 모양은 어땠어? 냄새는? 색은 무슨 색인 것 같아?
  - 물똥, 진똥, 된똥은 별로 건강한 똥이 아니네. 언제 이런 똥을 싸게 되는 거래?
  - 똥은 어떻게 만들어지는 거래? 똥은 우리가 먹은 음식들이 소화가 되고 남은 것들이 뭉쳐져서 나오는 거래.

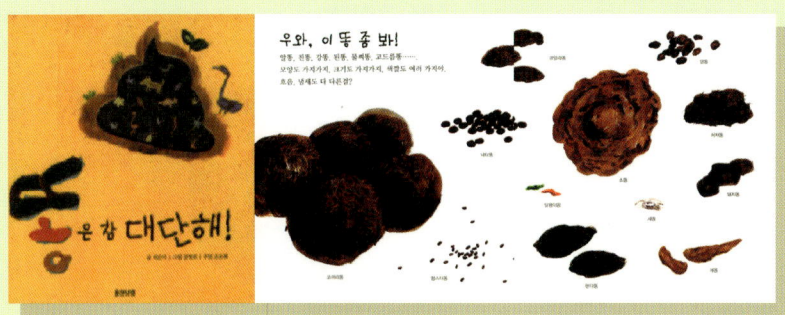

『똥은 참 대단해!』

허은미 글, 김병호 그림, 웅진주니어, 2004

> **그림책 소개**

우리는 모두 똥을 싸요. 동물 친구들도 밥을 먹고 나면 똥을 눠요. 동물 친구들은 어떤 모양의 똥을 눌까요? 똥은 다양하게 쓰이기도 한대요. 대단한 똥에 대해 알아보아요.

- **음운론적 인식을 기르는 질문**
  - 지렁이는 흙을 먹고 몽글몽글한 똥을 눈대. '몽글몽글' 어떤 느낌의 똥인 것 같아?
  - '커다란 나무'로 다른 문장을 만들어 볼까? 커다란 나무에 올라가서 멀리 보이는 산을 구경해요.
  - '우쭐우쭐'을 거꾸로 말하면 무슨 소리가 될까? 쭐우쭐우 이상한 소리가 되네.

- **어휘력을 기르는 질문**
  - 똥 종류가 되게 많다. 똥에 이름도 붙어 있어. 똥 앞에 동물 이름을 붙여서 누구 똥인지 알 수 있도록 부른다. 누구 똥인지 한번 살펴볼까?
  - 빨간색 꽃을 빨간 꽃, 노란색 꽃을 노란 꽃, 그럼 파란색 꽃이면 뭐라고 부를 수 있을까?
  - 어떤 씨앗은 코끼리 똥을 거름 삼아서 싹이 나고, 잎이 자라서 커다란 나무가 된대. '거름'이 무얼 의미하는지 아니? 똥, 오줌같이 식물들이 잘 자랄 수 있도록 땅을 기름지게 만들어 주는 걸 말해.

- **이야기 이해력을 기르는 질문**
  - 이건 뭐지? 빨강, 노랑, 초록 물감인가? 똥 이야기였는데 이런 색깔 똥을 쌀 수 있을까? 누가 싼 똥일 것 같아? 달팽이였네!
  - 똥이 맛있는 음식이라니! 왜 하마가 싼 똥을 물고기들이 먹는 걸까? 똥에는 소화되지 않은 영양분이 가득 남아 있어서 다른 동물들의 먹이가 된대.
  - 사자는 고기를 많이 먹어서 지독한 냄새가 나는 끈적끈적한 똥을 싼대. 그럼 대나무를 먹는 판다 똥은 어떨까?

추천 그림책

『응가 하자, 끙끙』
최민오 지음, 보림, 2004

『응가, 안녕!』
유애순 글, 권시우 그림, 길벗어린이, 2020

『엉덩이 친구랑 응가 퐁!』
정호선 지음, 푸른숲주니어, 2017

『끙끙 응가 놀이』
기무라 유이치 지음, 웅진주니어, 2017

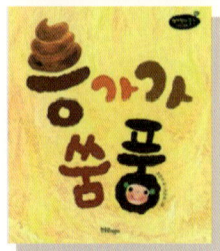
『응가가 쑴풍』
조은수 글, 조은화 그림, 한울림어린이, 2018

『기저귀 그만할래요』
디디에 뒤프레슨 글, 아르멜 도데레 그림, 이향 옮김, 키다리, 2021

『이게 뭘까?』
아니타 베이스테르보스 지음, 이정은 옮김, 키즈엠, 2016

『화장실 로켓』
핫토리 히로키 지음, 민점호 옮김, 베틀북, 2019

『응가 말놀이』
주니어RHK 편집부 글, 김일경 그림, 주니어RHK, 2016

『도와줘요, 응가맨!』
무라카미 아치요 글, 세베 마사유키 그림, 이정민 옮김, 노란우산, 2020

4. 분리불안: 엄마 아빠랑 붙어 있으면 안 돼?

아이에게 있어 부모는 자신을 보호하고 보살펴 주는 굉장히 중요한 존재입니다. 세상에서 가장 중요한 사람이라고 해도 과언이 아니지요. 자녀는 부모의 돌봄을 받으며 성장하고 부모에 대한 **애착**(attachment)을 형성합니다. 반대로 부모도 자녀를 돌보며 자녀에 대한 애착을 형성해 나갑니다. 하지만 뭐든지 과유불급이지요. 사랑이라는 이름으로 정도가 지나친 보호를 하거나, 한계선 없이 모든 행위를 허용해 주거나, 자녀의 일거수일투족을 감시하며 개입하는 것은 자녀와 당사자인 부모 모두에게 좋지 않습니다. **아이는 하나의 인격체로 존중받지 못하기 때문에 불행해지고, 부모는 자신의 에너지를 필요 이상으로 소비**하게 되기 때문이지요.

우리나라는 특히 자녀를 자신의 분신처럼 생각하는 경향이 강합니다. 이러한 경향은 어린 시기의 자녀뿐만 아니라 성인이 된 자녀에게까지 이어지지요. 청년이 된 자녀에게까지 이어지는 과보호는 부모와 자녀 모두의 심리적인 안녕감에 부정적인 영향을 미치기 때문에 주의해야 합니다. 정도의 차이가 있겠지만 외국에서도 이런 유형은 꽤나 흔해서 신조어도 탄생하였습니다. 자녀의 주변을 맴돌며 자녀를 관리 감독하는 **헬리콥터 부모**(helicopter parents), 자녀 앞에 닥칠 어려움을 미리 모두 제거해 버리는 **잔디깎이 부모**(lawn mower parents)가 대표적인 예이지요. 모두 삐뚤어진 사랑에서 비롯되는 부모 유형입니다.

자녀에 대한 과보호는 부모와 자녀의 **분리불안**(separation anxiety), 특히 부모의 분리불안에서 비롯됩니다. 우리 아이가 분리불안이 지나치게 심하다면 부모인 자신부터 점검해 보아야 할 필요가 있습니다. 부모의 분리불안 정도가 높을수록 자녀를 과보호하기 때문에 자녀가 기관에 적응하고 타인과 관계를 형성하는 것이 어렵기 때문이지요. 부부 사이의 애착이 안정적이지 못할 때 어머니의 분리불안이 자녀의 분리불안에 미치는 영향이 더 크다는 연구결과를 고려한다면, 자녀의 분리불안 문제를 다룰 때는 가족 구성원 모두를 함께 살펴볼 필요도 있습니다. 가족 사이의 심리사회적인 역동이 그만큼 긴밀하다는 의미이지요.

분리불안에 대해 이해하기 위해서는 애착의 형성과정에 대한 이해가 선행되어야 합니다. 신생아 시기부터 살펴보자면, 이 시기는 부모와 자신을 분리할 수 없는 하나의 개체로 인식하는 단계입니다. 부모의 돌봄이 있기 때문에 신생아는 모든 욕구를 별다른 어려움 없이 해결할 수 있지요. 부모가 자신의 모든 욕구를 즉시 해결해 주는 절대적인 의존 상태에 있기 때문에 아기는 자신과 부모가 하나라고 느끼는 **마법적인 전능감**(magical omnipotence)**과 일체감**을 갖고 있지요. 부모가 모든 욕구를 해결해 줄 때의 편안함이 그립기 때문에 분리불안이 생기는 것은 어쩌면 당연할 수 있습니다.

하지만 살아가면서 '나'라는 존재가 독립되어 있다는 경험이 축적되고 자아가 형성되면서 점차 부모와 내가 다른 인격체라는 것을 인식하게 되는 **분리-개별화**(separation-individuation)의 단계를 거치게 됩니다. 이 과정에서 분리불안이 생겨나지요. 아이들의 발달 과정상 6~15개월에 분리불안을 겪는 것은 자연스러운 현상입니다. 애착 대상과 분리되었을 때의 미래에 대한 불확실성 때문에 불안해지게 되는 것이지요. 세상에서 가장 중요한 대상과 영영 이별할 수도 있다는 불안함은 우리 성인들이 상상할 수 있는 것 이상의 고통일 것입니다. 하지만 우리 아이들은 참 강하지요. 부모와 분리되었다가 다시 만나는 경험을 반복하면서 점차 불안함이 감소하게 됩니다. 분리-개별화의 과정은 부모로부터 자신의 자아를 분리하여, 자신에 대한 개념을 스스로 정립하여 건강한 정체성을 형성하기 위해 반드시 거쳐야 할 발달 과업입니다. 이러한 과정의 어려움을 읽어 주고 공감해 주며 스스로 헤쳐 나갈 힘을 줄 수 있도록 도와주는 그림책을 소개해 드리겠습니다.

분리불안 관련 그림책 읽기

『우리는 언제나 다시 만나』
윤여림 글, 안녕달 그림, 위즈덤하우스, 2017

그림책 소개

어렸을 때는 항상 엄마랑 함께이지만, 점점 커 가면서 엄마와 우리는 마음속으로 함께해요. 우리는 씩씩하게 헤어졌다가 다시 만나요. 우리는 언제나 다시 만나니까요!

- **음운론적 인식을 기르는 질문**
  - 까꿍놀이를 하면 까르르 웃었대. 웃는 소리를 나타내는 의성어는 또 뭐가 있을까? 하하하, 호호호! 꺄르륵. 다양하게 웃는 소리를 나타낼 수 있어.
  - 까꿍, 까르르 모두 'ㄲ'이 들어가네. 기역이 두 번 들어가면 /그/ 소리가 /끄/ 소리가 돼. /끄/ 소리로 시작하는 단어 또 뭐가 있을까? 꼬리, 꿈, 꽃, 끼리끼리.
  - 기억들이 새록새록 떠올랐대. 새록새록에서 'ㄱ'을 빼면 무슨 소리가 될까? 새로새로. 가로세로 할 때 '세로'랑 비슷한 소리가 된다.

- **어휘력을 기르는 질문**
  - '서로'라는 단어를 넣어서 문장을 만들어 볼까? 우리는 서로 손 잡고 같이 걸어가요. 서로 도우면서 살아요. 서로 맛있는 음식을 먹여 줘요.
  - '누비다'라고 말할 때는 이곳저곳을 돌아다닌다는 뜻으로 '전국을 누비다'라고 말할 때 사용해. 그런데 바느질할 때도 '누비다'라고 표현할 수 있어. 이렇게 생긴 이불처럼 천 사이에 솜을 넣은 걸 누빈다고 말해. 그래서 이런 이불을 누빔 이불이라고 해.
  - 하루 지나면 하룻밤이라고 해. 그러면 이틀이 지나면 뭐라고 말할까? 이틀밤! 씨앗 노래에서 나왔지? 하룻밤, 이틀밤, 어어어, 뽀로롱 뽀로롱 뽀로롱, 꽃이 폈어요.

- **이야기 이해력을 기르는 질문**
  - 왜 아기가 문을 두드리면서 엉엉 울고 있어? 엄마가 화장실 가느라 잠깐 안 보여서 불안했나 봐.
  - 유치원에 가기 싫다고 펑펑 울고 있네. ○○이도 엄마랑 헤어지기 싫어서 어린이집에 안 가겠다고 했었잖아. 그때 기분이 어땠어? 엄마도 ○○이랑 헤어져 있어야 해서 속상했어. 그래도 ○○이가 씩씩하게 엄마한테 인사해 줬었지?
  - 엄마가 아이를 보고 싶어도, 아이가 엄마를 보고 싶어도 서로 꾹 참고 씩씩하게 자기 할 일을 하고 있네. 어떻게 이렇게 잘 참고 각자 해야 할 일을 할 수 있을까? 다시 만날 걸 알아서 그런가 봐.

4. 분리불안: 엄마 아빠랑 붙어 있으면 안 돼?　**211**

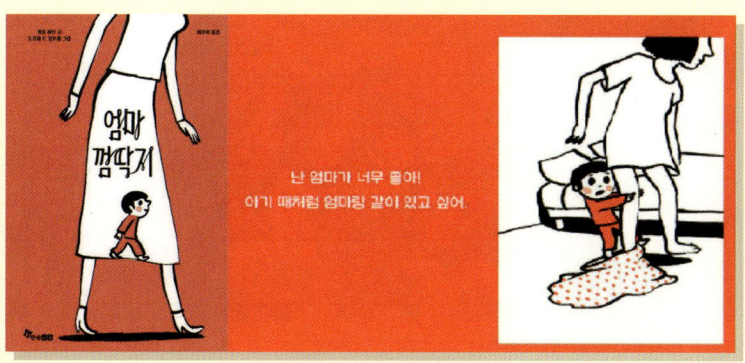

『엄마 껌딱지』

카롤 피브 글, 도로테 드 몽프레 그림, 이주희 옮김, 한솔수북, 2017

그림책 소개

엄마랑 항상 붙어 있고 싶어요. 엄마한테 껌딱지처럼 딱 달라붙어 있고 싶은 마음을 재미있게 표현하고 있어요. 엄마 치마 속에 달라붙어서 살고만 싶은 아이의 마음을 함께 읽어 보아요. 엄마한테 찰싹 달라붙어 있고 싶은 아이가 엄마 품에서 벗어나려면 어떻게 해야 할까요?

- **음운론적 인식을 기르는 질문**
  - '껌딱지'처럼 지로 끝나는 말은 뭐가 있을까? 강아지, 바지, 가지.
  - '엄마'로 끝말잇기 시작해 볼까? 엄마, 마음, 음악, 악기, 기차.
  - 치마는 보드랍고, 매끄럽고, 알록달록하고, 또 치마는 어때? 이어서 말해 볼까? 길쭉길쭉하고~ 아름답고~

- **어휘력을 기르는 질문**
  - 껌딱지라는 건 뭘 의미하는 것 같아? 껌처럼 딱 달라붙어서 떨어지지 않는 걸 껌딱지라고 한대. 껌딱지 지니기면서 본 적 있어? 껌이 바닥에 딱지처럼 찰싹 달라붙어 있어서 떼이니기 힘들어.
  - 치마처럼 옷의 종류를 말하는 단어가 또 있을까? 바지, 점퍼, 스웨터, 니트, 양말, 속바지, 속치마, 속옷. 종류가 다양하다.
  - 치마 속에 집이 있네? 침실, 거실, 부엌. 화장실. 집안 구석구석이 다 있다.

- **이야기 이해력을 기르는 질문**
  - ○○이처럼 이렇게 엄마 치마 속에서 살 수 있을까? ○○이도 이 친구처럼 엄마한테 꼭 붙어서 떨어지기 싫을 때가 있었어? 언제 엄마랑 떨어지기 싫었어?
  - 여기서 마티아스는 누구야? 치마 속에 있는 친구일까, 아니면 뭐라고 말하는 친구일까?
  - 엄마한테 껌딱지처럼 붙어 있기를 좋아하던 친구가 어떻게 엄마 치마 밖으로 나오게 된 거야?

『유치원 가지 마, 벤노!』
마레 제프 글, 타르실라 크루스 그림, 유수현 옮김, 소원나무, 2016

그림책 소개

유치원에 씩씩하게 등원하는 벤노와 유치원에 가지 말라고 떼 부리는 엄마! 현실과는 달리 엄마와 벤노의 입장이 뒤바뀌어 버렸어요. 어쩌면 우리 아이가 유치원에 처음 등원할 때 불안한 건 엄마, 아빠도 마찬가지 아닐까요? 엄마는 벤노와 씩씩하게 헤어질 수 있을까요?

● 음운론적 인식을 기르는 질문

- 벤노가 여러 번 뽀뽀를 해 줬대. 뽀뽀뽀뽀 글자가 어떻게 생겼어? 비읍이 두 개 있다. 뽀뽀뽀뽀에 'ㅇ' 받침을 넣으면 어떻게 될까? 뽕뽕뽕뽕 방귀 뀌는 소리가 된다.
- 실룩실룩 벤노가 엉덩이 춤을 추고 있네. 실룩실룩은 어떻게 움직이는 거야?
- '유치원'처럼 세 글자인 단어는 또 뭐가 있을까? 다람쥐, 호랑이, 강아지 모두 세 글자네.

● 어휘력을 기르는 질문

- 옷장은 옷을 넣는 장이야. 그럼 책을 넣는 장은 뭐라고 말할까? 책장!
- 처음이니깐 첫째 날, 그다음에는 둘째 날, 세 번째 날은 뭐라고 말할까?
- '외투'는 밖에 입는 겉옷이라는 뜻이야. 외투처럼 '외'가 들어가는 단어는 또 뭐가 있을까? 외박! 외박은 밖에서 자는 걸 말해.

● 이야기 이해력을 기르는 질문

- 벤노가 어디를 가려고 아침 일찍 일어나서 옷을 갈아입는 걸까? 엄청 중요한 날이래. 아, 유치원에 가는 첫날이구나. 처음 가는 날이라니 너무 떨리겠다. ○○이는 유치원 처음 갈 때 기분이 어땠어?
- 왜 엄마는 벤노한테 유치원에 가지 말라고 떼를 부리는 걸까? 이때 엄마 기분이 어떨까? 벤노는 어떤 생각이 들 것 같아?
- 유치원에 있는 친구들 표정이 안 좋네. 왜 표정이 안 좋은 것 같아?

추천 그림책

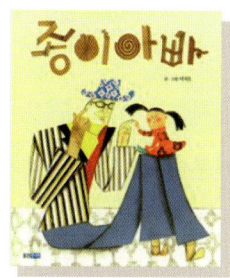

『종이아빠』

이지은 지음, 웅진주니어, 2014

『오늘도 너를 사랑해』

이누이 사에코 지음, 고향옥 옮김, 비룡소, 2023

『엄마 왜 안 와』

고정순 지음, 웅진주니어, 2018

『엄마 어디 있지?』

방성우 글, 밤코 그림, 창비, 2022

『엄마 가슴 속엔 언제나 네가 있단다』

몰리 뱅 지음, 최순희 옮김, 열린어린이, 2007

『사랑하는 아가야』

조 위버 지음, 김경미 옮김, 재능교육, 2017

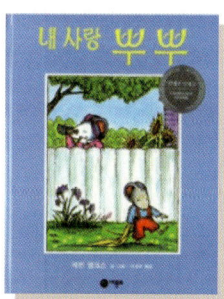

『내 사랑 뿌뿌』

케빈 헹크스 지음, 이경혜 옮김, 비룡소, 1996

『엄마 기다리기』

천미진 글, 김영미 그림, 키즈엠, 2016

『엄마, 잘 갔다 와』

이새복 지음, 사세질, 2012

『언제나 바로 너!』

실비아 베키니 글, 다니엘라 티에니 그림, 권재숙 옮김, 마음별, 2022

5. 동생: 이럴 수가! 동생이 생겼대

동생이 생기는 경험은 첫째 아이에게 있어서 온 세상이 무너지는 느낌과도 같아요. **세상의 전부인 부모를 어린 동생에게 홀라당 빼앗겨 버린 기분이지요.** 이전까지는 '나'를 중심으로 돌아가던 세상이었지만, 동생이 태어나면서부터는 모든 게 뒤죽박죽이 되어 버립니다. 너무나도 큰 상실감과 박탈감을 겪는 것이지요. 나와 동생이 부모를 함께 공유해야만 한다니 얼마나 억울하고 속상할까요? 둘째가 태어난다는 건 가족 구성원이 더 늘어남에 따라 부모에게도 고충이 많은 시기이겠지만, 아이도 가장 힘든 시기를 겪고 있다는 점을 기억해 주시기 바랍니다. 둘째가 태어난다는 것은 1+1=2이라는 단순한 수식으로 설명하기 어렵습니다. 첫째 아이는 혼란함과 당혹스러움을 겪으며 스트레스를 받고, 부모는 부모대로 새로 생긴 가족구성원을 포함한 새로운 가족관계를 재정립해 나가야 하는 격변의 시기이지요.

동생을 만나게 되면 첫째 아이는 시기하거나 거부하거나 더 적극적으로는 분노를 표출하는 행동을 보이게 됩니다. 정도의 차이는 있겠지만 더 흔히 나타나는 소극적인 행위로는 **퇴행**(regression)을 꼽을 수 있습니다. 현재 자신이 도달하였던 발달수준 이전의 행위로 돌아감으로써, 자신의 긴장감과 불안한 마음을 해소하고, 애착의 대상인 부모의 마음을 자신에게 돌리려는 눈물 나는 노력이지요. 이러한 아이의 행동 때문에 신생아를 돌보느라 안 그래도 힘든 부모님들은 더 힘들어집니다. 답답한 마음에 아이를 나무라거나 윽박지르는 것은 오히려 상황을 악화시키기만 하니 진퇴양난일 겁니다.

첫째 아이가 동생을 받아들일 수 있도록 도우려면 어떻게 해야 할까요? 먼저, 둘째를 임신하고 있을 때부터 아이가 동생이 태어난다는 걸 이해할 수 있는 수준으로 설명해 주세요. 엄마의 배를 만져 보거나, 병원에 같이 가서 초음파로 동생의 심장 소리를 듣는 등 동생이 배 속에서 자라고 있음을 함께 경험해 보는 것도 좋은 방법입니다. 그리고 **동생이 태어나면 무엇이 달라지는지 이해하기 쉽도록 그림책을 활용해 첫째 아이와 이야기를 충분히 나누어 보는 것이 좋습니다.** 첫째 아이가 어릴 때 찍어 둔 사진과 동영상을 보며 어린 아기일 때는 다른 사람의 돌봄이 왜 필요한지에 대해서도 충분히 설명해 주는 시간을 갖는 것을 추천합니다.

동생이 생길 첫째 아이에게 절대 하지 말아야 할 실수도 있습니다. 아이의 의사를 존중하지 않고, 동생에게 양보하고 배려할 것을 강요하는 것입니다. 아이에게는 세상에 하나뿐인 내 엄마, 아빠를 동생과 나눠야 한다는 것만으로 이미 큰 고통이지요. 이런 와중에 아이가 사용하던 물건을 말도 없이 동생에게 준다거나, 멋진 형님으로서의 모습을 보일 것을 강요한다면 그 고통이 가중될 것입니다. **아이의 마음을 읽어 줄 수 있는 그림책을 함께 읽으며 아이의 마음을 충분히 헤아려 주세요.** 자신과 비슷한 처지의 주인공이 딱하다고 생각하면서도 나 혼자만의 문제가 아니란 걸 깨달을 수 있을 거예요. 그림책 속 주인공의 모습을 지켜보며 조금씩 동생에게 마음을 열게 되는 첫째 아이의 모습을 발견할 수 있을 겁니다.

동생 관련 그림책 읽기

『피터의 의자』
에즈라 잭 키츠 지음, 이진영 옮김, 시공주니어, 1996

그림책 소개

피터에게 여동생 수지가 생겼어요. 엄마, 아빠가 피터가 아기 때 쓰던 물건들을 수지에게 주려고 준비해요. 피터는 동생이 내 물건을 다 빼앗아 가 버리는 것만 같아 속상해요. 피터는 동생을 받아들일 수 있을까요?

- **음운론적 인식을 기르는 질문**
  - 피터의 의자. '의'가 두 번 들어간다. 어디 어디 들어갔어?
  - 블록으로 만든 빌딩이 와당탕 무너져 버렸네. 와당탕의 '당'이랑 '탕'은 어디가 달라? '당'에는 'ㄷ'이 들어가는데 '탕'에는 'ㅌ'이 들어가네. 당, 탕! 소리가 달라. 당은 당나귀 할 때 당, 탕은 탕수육 할 때 탕이다.
  - 엄마가 커튼을 홱 젖혔대. 홱 젖히는 건 어떻게 젖히는 거야?

- **어휘력을 기르는 질문**
  - 갓난아기는 갓 낳은 아기를 말해. 태어난 지 얼마 안 된 아기란 소리야. 신생아라고도 말할 수 있어. 여동생 수지가 태어난 지 얼마 되지 않았나 봐.
  - 여기서 요람이 뭐인 것 같아? 분홍색으로 칠한 게 요람이네. 아기를 재우는 작은 침대야.
  - 엄마가 피터한테 '요, 장난꾸러기'라고 말하네. 장난을 치기 좋아하는 사람을 장난꾸러기라고 해. 그럼 잠이 많은 사람은 뭐라고 할까? 잠꾸러기!

- **이야기 이해력을 기르는 질문**
  - 피터 엄마, 아빠가 피터한테 물어보지도 않고 수지한테 주려고 색칠을 해버렸네. 피터 기분이 어떨까? 무척 속상했겠다.
  - 피터가 왜 의자를 들고 도망가 버린 걸까? 피터가 쓰던 물건을 다 동생에게 양보하기 싫었나 보다.
  - 피터가 윌리랑 어디로 도망가려는 걸까? 동생이 없는 세상으로 도망가고 싶은 건가?

『동생이 생겼어요!』
리사 스틱클리 지음, 유 아가다 옮김, 책놀이쥬, 2019

> **그림책 소개**

에디스에게 동생 앨버트가 생겼어요. 응애 응애 울기만 해서 시끄럽기만 하던 동생이 점점 크면서 달라져요. 첫째 아이의 시선에서 동생이 커 가는 모습을 그리고 있어요. 동생이 태어나기 전에 함께 읽어 보면서 동생이 태어나면 어떤 점들이 달라지는지 이야기 나누어 보기 좋아요.

- **음운론적 인식을 기르는 질문**
  - 피우우우우웅하고 방귀를 뀌었대. 방귀 소리 재미있다. 방귀 뀌면 또 어떤 소리가 나지?
  - 모빌을 빙글빙글 펄럭펄럭 돌린대. 받침을 모두 빼면 무슨 소리가 될까? 비그비그 퍼러퍼러!
  - 오물오물 옹알옹알을 거꾸로 하면 무슨 소리가 될까? 물오물오, 알옹알옹.

- **어휘력을 기르는 질문**
  - 소리를 나타내는 의성어, 움직임을 나타내는 의태어를 찾아볼까? 까르르르는 웃는 소리니깐 의성어다. 간질간질은 간지럽히는 모습이니까 의태어네.
  - 의젓하게 앉아 있는 건 어떻게 앉아 있는 거야? 늠름하게 앉아 있다고도 말할 수 있겠다.
  - 이유식은 엄마 젖이나 분유 말고, 아기에게 처음 먹이는 음식을 말해. 보통 이렇게 부드럽게 죽으로 만들어서 줘.

- **이야기 이해력을 기르는 질문**
  - 앨버트는 왜 이유식을 가지고 장난치는 거야? 벽에 던져 버렸네. 아직 아가라서 음식으로 장난치면 안 되는 걸 모르나 봐.
  - 앨버트가 많이 컸다. 누나랑 같이 그네도 타네? ○○이는 동생이 생기면 뭐 하면서 같이 놀고 싶어?
  - 앨버트가 한 살이 되었대. 뭐 하고 있는 그림 같아? 맞아, 생일파티하고 있다. 우리나라에서는 첫 번째 생일 날 돌잔치를 하기도 해.

『동생만 예뻐해!』
제니 데스몬드 지음, 이보연 옮김, 다림, 2014

> **그림책 소개**

에릭이 놀이하고 있는데 여동생 앨리스가 자꾸 불편하게 해요. 속이 상한 나머지 화를 내다 보니 하늘로 에릭이 솟구쳤어요. 에릭은 화가 풀릴 수 있을까요? 함께 읽으며 동생 때문에 속상할 수 있는 첫째 아이의 마음을 읽어 줄 수 있어요.

- **음운론적 인식을 기르는 질문**
  - 에릭이 화가 나서 소리를 치네. 아아~ 으으~ 으아아아 으아악! 아악! 다 이응이 들어간다.
  - '찾았다, 네 토끼!'라고 적혀 있다. '네'는 '너'라는 의미야. 그럼 'ㅔ'를 'ㅐ'로 바꾸면 무슨 뜻이 되는지 볼까? '내 토끼'는 내 거란 소리야. 저번에 『내 토끼 어딨어?』라는 그림책 같이 봤지?
  - 에릭이 만든 이불 천막을 엉망진창으로 만들었대. 엉망진창에는 받침으로 'ㅇ'이 세 번이나 들어간다. '진'도 받침을 'ㅇ'으로 바꾸면 무슨 소리가 될까? 엉망징창! 'ㅇ'을 다 빼면? 어마 지차!

- **어휘력을 기르는 질문**
  - 에릭이 천장으로 튕겨져 올라갔대. 천장이 어디야? 맞아 여기 위에 보면 이렇게 방 안에서 가장 윗부분이 천장이지. 그럼 우리가 땅을 딛고 있는 이곳은 뭐라고 부를까? 여기는 바닥.
  - 에릭은 자상한 오빠래. 자상하다는 건 뭐야? 어떻게 하면 자상하다고 말할 수 있는 걸까?
  - 에릭이 하늘을 날아가니깐 기분이 좋은가 봐. 야호, 이히! 라고 소리친다. 둘 다 'ㅇ'이랑 'ㅎ'이 들어가네. 이렇게 'ㅇ' 'ㅎ'이 들어가는 소리는 또 뭐가 있을까? 오호! 아하! 인형, 여행.

- **이야기 이해력을 기르는 질문**
  - 에릭이 열심히 만든 기찻길을 망가뜨리고, 탑을 무너뜨리기까지 하네. 에릭이 동생한테 화냈다고 엄마가 오히려 야단을 쳤어. 에릭 기분이 어땠을까? 억울하고, 화나고, 속상했겠다.
  - 동생은 왜 에릭이 하고 있는 놀이를 방해하는 거야? 일부러 방해하는 거야, 아니면 오빠랑 놀고 싶은데 같이 놀이하는 법을 모르는 거야?
  - 에릭이 너무너무 화가 나서 소리 지르다 보니깐 천장까지 튕겨져서 천장에서 화를 내고 있어. 에릭이 천장에서 내려오려면 어떻게 해야 할까?

추천 그림책

『내 동생이 태어났어요』
카트린 르블랑 글, 에브 타를레 그림, 백승연 옮김, 아라미, 2016

『동생이 태어날 거야』
존 버닝햄 글, 헬린 옥슨버리 그림, 홍연미 옮김, 웅진주니어, 2010

『동생이 생긴 너에게』
카사이 신페이 글, 이세 히데코 그림, 황진희 옮김, 천개의바람, 2015

『오늘밤 내 동생이 오나요?』
캐서린 월터스 지음, 웅진주니어, 1999

『내 동생이 태어났어』
정지영, 정혜영 글·그림, 비룡소, 1997

『순이와 어린 동생』
쯔쯔이 요리코 글, 하야시 아키코 그림, 한림출판사, 1995

『병원에 입원한 내동생』
쯔쯔이 요리코 글, 하야시 아키코 그림, 한림출판사, 1990

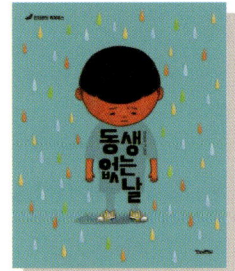

『동생 없는 날』
여름꽃 지음, 킨더랜드, 2020

『열까지 세면 엄마가 올까?』
미루야마 아야코 지음, 엄혜숙 옮김, 나는별, 2015

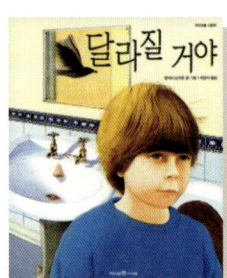

『달라질 거야』
앤서니 브라운 지음, 허은미 옮김, 미래엔아이세움, 2013

6. 몸: 소중한 나와 너의 몸

우리는 누구나 몸을 가지고 있고, 각자가 가진 몸의 생김새는 모두 다릅니다. 우리의 몸은 가치를 매길 수 없는 세상에 단 하나뿐인 소중한 자산이지요. 하지만 우리는 아름다운 신체상에 대한 신기루를 만들어 놓고 쫓기에 바쁩니다. 우리의 몸을 있는 그대로 사랑하길 참 어려워하지요. 과도한 다이어트를 하고 바디프로필 사진을 찍으며 남들에게 보여 주기 위해 내 신체를 비좁은 틀에 가두는 것도 서슴지 않습니다. 적정한 체중을 유지하는 것이 건강을 위해 바람직하겠지만, 과도한 다이어트는 몸과 마음을 병들게 합니다.

자신의 신체에 대해 부정적인 신체상을 가지고 있는 것은 사회 정서적인 측면에서도 악영향을 미칩니다. 자신의 신체에 대한 불만족이 클수록 스트레스와 우울의 수준이 높고, 과도한 체중 조절, 성형수술, 흡연, 음주와 같은 파괴적인 행동이 증가할 가능성이 높지요. 반대로 자신의 신체에 대해 만족할수록 자기 자신에 대한 믿음을 의미하는 자기효능감이 높습니다. **긍정적인 신체상이 자기 자신에 대한 긍정적인 믿음과 확신, 자신 있는 행동과 태도로 이어지는 것이지요.**

몸이 자라나고 있는 우리 아이들에게 신체상은 더욱더 중요합니다. 자신의 신체에 대한 **신체상**(body image)은 **자아개념**(self-concept)의 형성과 밀접한 관련이 있기 때문입니다. 인간의 자아는 자신의 신체에 대한 지각에서 시작하여, 신체와 관련된 개념과 감정을 토대로 하기 때문에 신체상은 자아발달과 성격 형성의 근본이 됩니다. 이러한 신체상은 몸이 성장함에 따라 사회적 관계 속에서 맺는 상호적인 경험을 통해 끊임없이 재구성되는 역동적인 특징을 가지고 있습니다. 신체와 관련하여 주변의 사회관계 속에서 어떤 경험을 하는지가 신체상 형성 과정에 중요한 영향을 미치는 것이지요.

신체상은 크게 신체지각과 신체개념으로 구분할 수 있습니다. **신체지각**(body percept)은 지각적인 신체상으로 자신의 신체를 왜곡하지 않고 지각하는지를 의미합니다. 자신의 신체를 사랑할수록 자신의 신체를 있는 그대로 수용할 수 있습니다. 그리고 지각한 자신의 신체에 대한 전반적인 느낌, 태도, 평가적인 측면이 **신체개념**

(body concept)입니다. 타인의 시선이 아닌 자신의 시선에서 바라보는 신체상이라는 점에서 지극히 주관적입니다.

우리 아이들이 자신의 신체를 있는 그대로 긍정적이게 받아들일 수 있도록 하기 위해서는 **자신의 신체에 대해 올바르게 인식하고, 내 몸을 타인이 정한 시선이 아닌 자신의 기준에서 사랑하고 아낄 수 있도록** 도와야겠지요. 특히 부모는 신체에 대한 사회문화적인 메시지를 중간에서 해석하고 적절하게 전달해 줄 수 있는 중재자의 역할을 하기 때문에 자녀의 신체상 형성에 막대한 영향을 미칩니다. 자녀와 함께 몸과 관련한 그림책을 함께 읽으며 우리 자신의 몸에 대해 건강한 신체개념을 형성할 수 있도록 도울 수 있는 방법에 대해 알아보도록 하겠습니다.

몸 관련 그림책 읽기

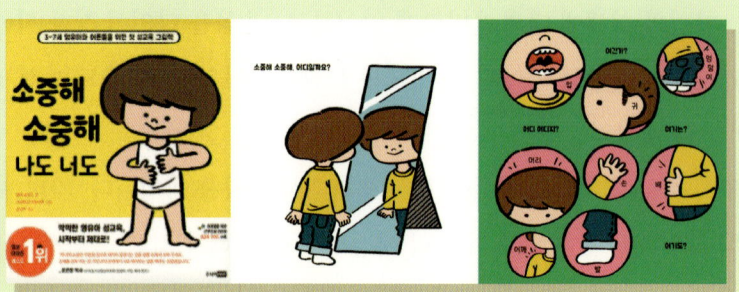

『소중해 소중해 나도 너도』
엔미 사키코 글, 가와하라 미즈마루 그림, 권남희 옮김, 주니어RHK, 2022

그림책 소개

소중한 나의 몸에 대해 알아봐요. 소중한 나의 몸 어디 어디가 소중한 곳일까요? 우리 몸은 소중하지 않은 곳이 없어요. 특히 팬티 속은 특별하고 소중한 곳이라 남에게 함부로 보여 주지도 만지게 하지도 않아요. 소중한 우리 몸에 대해 하나씩 알아봐요.

- **음운론적 인식을 기르는 질문**
  - 우리 몸 이름 중에 한 글자인 부분은 어디일까? 눈, 코, 귀, 입, 손, 발, 배 모두 한 글자다. 그럼 두 글자인 부분도 있을까? 다리, 허리, 머리, 어깨, 무릎 모두 두 글자다.
  - 울음소리 좀 봐. 으앙, 아앙, 앙앙. 모두 이응이 들어가네. 다른 울음소리는 또 뭐가 있을까? 흐어엉, 으엥, 으아앙, 흑흑 하고 울 수도 있겠다.
  - '안 돼!'라고 커다란 글씨로 쓰여 있다. '안 돼'처럼 '안'으로 시작하는 단어는 뭐가 있을까?

- **어휘력을 기르는 질문**
  - 팬티 속에 있는 성기의 이름을 아니? 남자의 성기는 음경, 여자의 성기는 음순이라고 해. 이 부분은 남에게 함부로 보여 주어서도, 만지게 해서도 안 되는 곳이야.
  - 우리의 소중한 몸을 다른 말로 하면 뭐라고 말할 수 있을까? 신체라고도 해.
  - 여자한테 있는 가슴을 뭐라고 하는지 아니? 유방이라고도 해.

- **이야기 이해력을 기르는 질문**
  - 우리 몸은 어디 어디가 소중할까? 눈, 코, 입, 가슴, 엉덩이, 팔, 다리 모두가 소중해.
  - 만약 누가 '팬티 속 좀 보여 줄래?'라고 하면 어떻게 해야 할까? '안 돼.' '싫어.'라고 말하고 꼭 엄마, 아빠나 선생님한테 도움을 요청해야 해.
  - 꼭 이유가 있어서 만져야 할 때는 '만져도 되니?' 하고 물어볼 거야. 이건 무슨 그림이야? 의사 선생님한테 소중한 곳이 괜찮은지 진찰을 받을 때인가 봐.

6. 몸: 소중한 나와 너의 몸

『돌돌돌 내 배꼽』
허은미 글, 손지희 그림, 웅진주니어, 2016

그림책 소개

배 한가운데에 있는 우리 배꼽은 어떻게 생겨난 걸까요? 배꼽은 나랑 엄마가 이어져 있었다는 사랑의 징표래요. 엄마, 아빠가 만들어 준 소중한 나의 몸에 대해 알아보아요.

- **음운론적 인식을 기르는 질문**
  - 책 제목이 돌돌돌 내 배꼽이야. 돌돌돌 말려 있다는 뜻일까? 'ㄷ'을 'ㄱ'으로 바꾸면 무슨 소리가 될까? 골골골. 고양이가 골골골하고 우는 것 같은 소리다.
  - 탯줄이 점점 꾸들꾸들 떨어져 나간대. '꾸'의 'ㅜ'를 'ㅗ'로 바꾸면 무슨 소리가 될까? 꼬들꼬들! 라면 면발이 꼬들꼬들하다 할 때의 꼬들꼬들이다.
  - 하늘에서 쿵 떨어졌거나, 땅에서 퐁 솟아나는 건 어떤 소리야?

- **어휘력을 기르는 질문**
  - 먹는 배랑 우리 몸의 배랑 똑같은 소리네. 그림으로 보니깐 생김새도 비슷해.
  - 먹는 배, 우리 몸의 배처럼 같은 소리의 단어이지만 다른 뜻을 가지고 있는 게 또 뭐가 있을까? 먹는 밤, 깜깜한 밤! 이런 걸 동음이의어라고 해. 소리는 같은데 뜻은 다르다는 의미야.
  - 탯줄은 ○○이가 엄마 뱃속에 있을 때 엄마랑 ○○이랑 연결해 주는 줄을 말해. 여기 배꼽은 탯줄을 잘라 내고 남은 흔적이지.

- **이야기 이해력을 기르는 질문**
  - 배가 자라는 거랑 우리가 뱃속에서 자랐던 거랑 어떤 점이 비슷할까? 배도 꼭지로 달려서 영양분을 받았고, 우리도 뱃속에서 탯줄을 통해서 영양분을 받았네.
  - 엄마 뱃속에 ○○이가 있었을 때 사진 한 번 볼래? 이게 ○○이 얼굴이고, 이게 팔이야. 너무 작고 귀엽지? 엄마는 ○○이가 뱃속에 있을 때 어떤 아이가 태어날까 너무너무 궁금했어.
  - 탯줄이 잘려 나가고 난 다음에 남은 아주 특별한 흔적이 뭘까? 맞아, 배꼽! 알에서 태어나는 동물들은 배꼽이 없대. 그럼 병아리는 배꼽이 있을까, 없을까?

『네 몸은 네 거야』
루시아 세라노 지음, 김영주 옮김, 짠출판사, 2022

> **그림책 소개**

나의 몸, 너의 몸은 모두 모두 소중해요. 소중한 내 몸은 나의 것이에요. 내 몸을 소중히 아껴 주어야 해요. 우리 몸 구석구석의 이름에 대해 알아보고, 소중한 우리 몸을 지키고 소중하게 다루는 방법에 대해서도 알아보아요.

● 음운론적 인식을 기르는 질문
- '네 몸은 네 거야'는 너의 몸은 너의 것이라는 뜻이야. 제목의 'ㅔ'를 'ㅐ'로 바꾸면 무슨 뜻이 될까? 내 몸은 내 거야. 나의 몸은 나의 것이란 뜻이네.
- '비밀'로 끝말잇기 해 볼까? 비밀, 밀가루, 루비, 비누, 누룽지, 지렁이.
- '안 돼'라고 엄청 커다란 글씨로 적혀 있네. 손으로 따라 그려 볼까? 안, 돼. 안경 할 때 '안', 돼지 할 때 '돼'네.

● 어휘력을 기르는 질문
- 우리 몸을 가리키는 단어들이 정말 많다. 하나씩 알아볼까? 머리, 머리카락, 눈, 귀, 코, 입. 음부는 생식기관을 말하는데 보통 여성의 생식기관을 말해.
- 죄책감이 뭐야? 죄를 지은 것에 대한 책임을 느끼는 거래. 죄책감을 느끼면 마음이 무거워져.
- 은밀한 부위라니 무슨 뜻인 것 같아? 은밀하다는 건 숨어 있어서 겉으로 드러나지 않는 걸 말해. 여기 그림처럼 우리가 평소에 옷으로 가리고 다니는 부위가 은밀한 부위야.

● 이야기 이해력을 기르는 질문
- 만약 ○○이 몸을 누가 막 만지고 보려고 하면 뭐라고 해야 하지? 여기서도 친구가 원하지 않을 때 이렇게 말하고 있네. 뭐라고 적혀 있지? '싫어, 안 돼, 하지 마!'라고 말한다.
- 만약 ○○이가 친구를 안고 싶은데 친구가 싫다고 하면 어떻게 해야 해? 반대의 경우도 마찬가지래. 친구가 싫다고 하면 함부로 안아서는 안 돼.
- 음경, 고환, 음부 같은 은밀한 부위가 아플 때는 그럼 어떡하지? 그럴 때는 의사 선생님이 확인해도 괜찮은지 물어보고 확인할 거래.

추천 그림책

『우리 몸 속에 뭐가 들어 있다고?』
김영명 글, 김유대 그림, 사계절, 2011

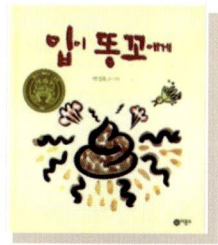
『입이 똥꼬에게』
박경효 지음, 비룡소, 2008

『우리 몸 털털털』
김윤경 글, 한승임 그림, 웅진주니어, 2007

『나의 엉뚱한 머리카락 연구』
이고은 지음, 웅진주니어, 2012

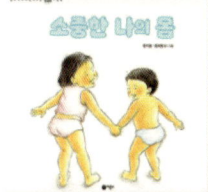
『소중한 나의 몸』
정지영 글, 정혜영 그림, 비룡소, 1999

『나는 여자, 내 동생은 남자』
정지영 글, 정혜영 그림, 비룡소, 1997

『우리 몸의 물물물』
이승연 글, 정문주 그림, 한솔수북, 2011

『쏙쏙 과학 세상: 우리 몸』
라라 브라이언 글, 테레사 벨론 그림, 어스본코리아, 2022

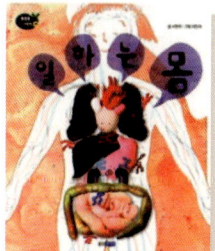
『일하는 몸』
서천석 글, 이진아 그림, 웅진주니어, 2007

『우리 몸의 구멍』
허은미 글, 이혜리 그림, 길벗어린이, 2000

7. 성 역할 고정관념: 나는 나, 성별은 중요하지 않아

　우리 생활의 곳곳에서 **성 역할 고정관념**(gender role stereotypes)을 발견할 수 있습니다. 아이들의 놀잇감을 파는 곳에만 가 보아도 음식을 만들거나 아이를 돌보는 역할놀이 제품은 분홍색과 여자아이가, 로봇과 자동차, 공룡과 같은 놀잇감에는 파란색 포장과 함께 남자아이 그림이 그려져 있지요. 놀잇감뿐만 아니라 그림책에서도 이러한 성 역할 고정관념이 드러나는데요. 가사 배경일 때 여성 등장인물의 빈도가 월등히 높게 나타났습니다. 반면에 남성 등장인물은 등장하는 배경에서 별다른 차이가 발견되지 않았습니다.

　이외에도 영상과 같은 대중매체와 부모, 교사, 또래에 의한 사회문화적 맥락을 둘러싼 성 역할 고정관념은 우리 삶에 깊숙이 파고들어 있습니다. 남성에게는 가족을 부양하는 가장이자 남편으로서의 역할을, 여성에게는 자녀를 양육하고 가사를 돌보는 역할을 강조해 왔지요. 하지만 이러한 성 역할 고정관념은 우리가 가지고 있는 그대로의 능력을 모두 발휘하지 못하도록 막는 걸림돌이 됩니다. 남성과 여성으로 성을 이분하여 각자의 성 역할을 강조하기보다는, 남성성과 여성성이라 일컬어지는 양성적인 측면을 모두 갖출 필요가 있습니다. **양성성을 형성할수록 자아가 더욱 견고하고, 자신과 타인을 존중하는 태도**를 가질 수 있기 때문이지요.

　성 정체감이 형성되는 시기인 영유아기에는 성 역할 고정관념에 의한 부정적인 영향이 더욱 강하기 때문에 주의해야 합니다. 한번 형성된 고정관념에 의해 경험할 수 있는 기회의 폭이 줄어들고, 고정관념은 더욱 강하게 고착되어 버리기 때문입니다. 우리 모두는 성 역할 고정관념에서 벗어나 각 개인이 가진 잠재력을 최대한 발휘할 수 있도록 돕는 **양성평등**(gender equality)한 사회로 나아가기 위해 끊임없이 함께 노력해야 합니다.

　먼저 아이들이 성(gender)에 따른 차이를 알고, 성에 따른 불평등을 민감하게 감지해 내는 능력인 **젠더 감수성**(gender sensitivity)을 길러 줄 필요가 있습니다. 사회문화적인 맥락 속에서 접하는 성 역할 고정관념을 꿰뚫어 보고, 비판적으로 사고할 수 있도록 돕는 힘을 길러 주는 것이지요. 성 역할 고정관념과 관련한 그림책을 읽으며 이야기를 나누는 양성평등교육 활동은 성 역할 고정관념을 완화시키는 데 도움을 줍니다. 그림책을 고를 때 성 역할 고정관념에서 벗어난 등장인물이 등장하는지, 가정 내에서 가족 구성원이 동등한 역할을 맡는지, 직업, 사회활동과 같은 측면에서 사회문화적인 성차별을 지양하고 있는지 등을 고려해 주세요. 만일 **성 역할 고정관념을 담고 있는 매체들을 접하게 되었다면 이에 대해 비판적으로 사고할 수 있도록 돕는 적절한 질문**을 하는 것이 좋습니다. 아이들은 성인이 높은 수준의 젠더 감수성을 가지고 상호작용할 때 양성평등의식을 발달시킬 수 있습니다.

성 역할 고정관념 관련 그림책 읽기

『우리는 보통 가족입니다』
김응 글, 이예숙 그림, 개암나무, 2021

> **그림책 소개**
>
> 우리 가족은 성별이 중요하지 않아요. 할머니는 경찰관이고, 할아버지는 요리를 좋아하고, 아빠는 머리가 길어요. 우리 가족은 남들과 다른 게 아니라, 본인의 모습 그대로 살아가고 있는 보통 가족이랍니다.

● **음운론적 인식을 기르는 질문**

- 남자, 여자 모두 '자'로 끝난다. 또 '자'로 끝나는 단어는 뭐가 있을까? 감자, 혼자, 의자, 모자, 환자, 피자, 그림자!
- 여기 적혀 있는 커다란 글자들 중에 'ㅎ'을 찾아볼까? '힘내요' 할 때 '힘'에 들어가고, '고생했어요' 할 때 '했'에도 들어간다. 또 어디 있지? '행복해요' 할 때의 '행'에 들어가고, '사랑해요'의 '해'에도 들어가네.
- 여기에 나오는 문장이 다 '~요'로 끝나네. 문장 끝에 '요'가 나올 때마다 손으로 가리켜 볼까?

● **어휘력을 기르는 질문**

- ○○이는 모닥불 본 적 있어? 이렇게 나무처럼 잘 탈 수 있는 것들을 모아서 작게 불을 피우는 걸 모닥불이라고 해. 캠핑 갔을 때 따뜻하려고 모닥불을 많이 피워.
- 삼촌이 이달의 우수 간호사로 뽑혔대. 우수는 뭘까? 이건 우수하다는 뜻에서 우수야. 여럿 가운데 뛰어나다는 뜻이야. 우수는 다른 뜻도 있어. 우수에 잠겨 있다는 표현 들어 봤어? 근심, 걱정이 가득하다는 걸 뜻해.
- 사람들이 이 가족을 '별나다'고 말한대. 왜 별나다고 말하는 것 같아? 별나다는 게 무슨 뜻인데? 별나다는 건 보통과는 다르게 이상하다는 뜻이야.

• 이야기 이해력을 기르는 질문

- 앞면지에 어떤 그림이 그려져 있어? 사람들 모습인 것 같은데, 그림자처럼 그려져 있네? 뒤면지도 살펴볼까? 뒤에는 그림이 그려져 있다. 무슨 그림 같아? 여자아이가 축구를 하고 있고, 할아버지가 요리를 하고 있다.
- ○○이가 생각하기에 할머니가 경찰관이고, 할아버지가 요리하기를 좋아하는 거 어때? 경찰관은 남자만 할 수 있는 일이 아니고, 요리도 여자만 할 수 있는 일이 아니야. 각자 좋아하는 일을 하는 거야.
- 눈썹이 흐려서 모나리자처럼 보여서 아빠가 눈썹을 그린대. ○○이도 모나리자 본 적 있지? 모나리자 그림을 잘 보면 눈썹이 없어.

『남자아이 여자아이』

조아나 에스트렐라 지음, 만찬기 옮김, 그림책공작소, 2021

> **그림책 소개** ▼

남자, 여자로 구분하는 기준은 도대체 무엇일까요? 남자, 여자로 구분하기 이전에 나는 나예요. 성별에 갇히지 않고 내가 '누구'인지 살펴볼 수 있도록 도와주는 그림책을 보며 함께 이야기 나누어요.

• 음운론적 인식을 기르는 질문

- 책 제목이 남자아이, 여자아이래. 'ㅇ'이 많이 들어간다. 'ㅇ'이 어디 어디에 있지? 아이에도 'ㅇ'이 두 번이나 들어가고, 여자에도 'ㅇ'이 들어간다. 남자에는 'ㅇ'은 없네.
- 남자아이, 여자아이에서 'ㅏ'를 찾아볼까?
- 말괄량이, 개구쟁이처럼 '이'로 끝나는 단어가 또 어떤 게 있을까? 고양이, 어린이, 사이, 아이, 나이, 종이.

• 어휘력을 기르는 질문

- 왕자님, 공주님. 이렇게 끝에 '님'을 붙이는 건 높이는 말이야. 임금님, 선생님, 어머님, 아버님 모두 '님'자를 붙여서 높이는 거야.
- 취향이 뭐야? 좋아하고 하고 싶은 마음이 생기는 방향을 취향이라고 해. 엄마는 고양이보다는 강아지가 취향이야. 시끄러운 곳보다는 조용한 곳을 좋아해. 이런 걸 취향이라고 해.
- 짧다/길다처럼 서로 반대되는 반대말은 또 뭐가 있을까? 크다/작다, 많다/적다, 멀다/가깝다, 삼키다/뱉다, 더럽다/깨끗하다.

• 이야기 이해력을 기르는 질문

- 누가 남자인지, 여자인지 꼭 알아야 할까? 머리가 짧은 여자도 있고, 머리가 긴 남자도 있잖아. 보는 것만으로는 알 수 없어. 남자인지 여자인지보다 더 중요한 건 뭘까?
- 우리는 사람들 얼굴을 볼 수 있어. 하지만 그 사람을 다 알 수는 없대. 얼굴을 보더라도 그 사람을 다 알 수 없다는 건 무슨 소리인 것 같아?
- 남자다운 게 뭐고, 여자다운 게 뭐야? 남자는 꼭 남자다워야 해? 여자는 꼭 여자다워야 하고? 남자답다, 여자답다는 표현보다는 '나답다'는 표현을 쓰는 게 좋겠다. ○○이다운 건 뭐야?

7. 성 역할 고정관념: 나는 나, 성별은 중요하지 않아 **231**

『공주님의 아주 특별한 여행』

스밀자나 코 지음, 차정은 옮김, 단추, 2018

그림책 소개

동화 속 공주님들이 아주 특별한 여행을 떠나요. 공주님들은 여행을 다녀온 뒤 어떻게 바뀌었을까요? 왕자님을 기다리는 공주님들이 아닌 자신만의 삶을 개척하는 공주를 만날 수 있어요.

- **음운론적 인식을 기르는 질문**
- 안토니아, 신데렐라 모두 네 글자네. ○○이가 아는 단어 중에 네 글자인 단어가 또 뭐가 있을까? 브로콜리, 파프리카, 해바라기!
- 요가를 하는 잠자는 숲속의 공주 팔이 'ㄴ' 모양이다. 다른 공주들 몸에서도 글자 모양 찾아볼까? 백설공주 팔은 'ㄱ'처럼 생겼다.
- 엄마가 그림책 읽어 주면 ○○이가 잘 듣고 똑같이 따라서 말해 볼래? "공주의 심장도 더 빠르게 뛰기 시작했어요."

- **어휘력을 기르는 질문**
- 갑자기 어떤 생각이 떠올라서 전율이 일었대. 전율이 뭔지 알아? 전율은 엄청 기쁠 때, 엄청 슬프고 무서울 때 온몸이 짜릿짜릿하고 덜덜 떨릴 정도로 감정을 크게 느끼는 거야.
- ○○이가 생각하는 자유는 뭐야? 내가 하고 싶은 대로 모두 할 수 있는 건가? 자유에는 책임이 따른다는 것도 꼭 기억해야 해. 자유를 누리는 만큼 그에 대한 책임도 질 줄 알아야 하는 거지.
- 다른 동물 친구들도 공주님들의 행렬에 하나 둘 함께했다네. 그림을 보면 행렬은 뭐인 것 같아? 맞아, 이렇게 여럿이 줄지어서 가는 걸 말해.

- **이야기 이해력을 기르는 질문**
- 성에 갇혀 있던 공주들이 모두 뛰쳐나왔네. 공주들은 어떤 기분이었을까?
- 우리가 봤던 공주님들이 나오는 동화랑은 내용이 다르네? 어떤 점이 다른 것 같아? 왕자님이 오기를 마냥 기다리는 게 아니네. 공주님들 각자 잘하는 일을 스스로 찾아서 해내는 게 멋지다.
- 코끼리도 달리기를 좋아하는지 공주님들이 궁금했나 봐. 마지막 장면 보니까 공주님들이 모두 코끼리를 타고 있네. 무슨 이야기가 펼쳐질까? ○○이가 이야기를 지어 볼래?

추천 그림책

『난 그냥 나야』
김규정 지음, 바람의아이들, 2020

『나는 나예요』
수전 베르데 글, 피터 H. 레이놀즈 그림, 김여진 옮김, 위즈덤하우스, 2023

『내 멋대로 공주』
배빗 콜 지음, 노은정 옮김, 비룡소, 2005

『종이 봉지 공주』
로버트 먼치 글, 마이클 마르첸코 그림, 김태희 옮김, 비룡소, 1998

『나는 여자아이 뭐든지 할 수 있지』
캐릴 하트 글, 알리 파이 그림, 김서정 옮김, 미래엔아이세움, 2019

『할머니의 트랙터』
안셀모 로베다 글, 파올로 도메니코니 그림, 김현주 옮김, 한겨레아이들, 2019

『엄마 소방관, 아빠 간호사』
한지음 글, 김주경 그림, 씨드북, 2021

『여자답게 당당하게』
로리 디그먼 글, 마라 페니 그림, 홍연미 옮김, 국민서관, 2020

『여자 남자, 할 일이 따로 정해져 있을까요?』
나카야마 치나쓰 글, 야마시타 유조 그림, 고향옥 옮김, 고래이야기, 2018

『더 근사한 파티옷 없을까?』
캣 패트릭 글, 헤일리 웰즈 그림, 김영선 옮김, 국민서관, 2021

8. 감정: 내 마음을 표현하는 감정 어휘

우리는 '사랑하다, 시원섭섭하다, 막연하다, 답답하다'와 같은 복잡하고 미묘한 감정을 표현하고 이에 대해 공감할 수 있습니다. **감정**은 인간이 특정한 대상이나 상황에 대해서 느끼는 기분이나 정서적인 반응을 의미합니다. 감정은 그 자체로 끝나지 않고, 우리가 인지적으로 그리고 정서적, 행동적인 측면에서 반응하도록 만든다는 점에서 중요한 원동력이 됩니다.

감정이 우리에게 중요한 만큼 감정을 나타내는 어휘도 무척이나 다양합니다. 우리나라에 있는 **감정 어휘**를 교육을 위해 분류했을 때 196가지나 된다고 합니다. 한국어의 감정 어휘는 대체로 '기쁨, 슬픔, 화, 두려움, 놀람, 미움'과 같은 감정군으로 분류될 수 있습니다. 이렇게 감정을 표현하는 감정 어휘는 감정의 상태와 심리를 세세하게 서술하고 표현할 수 있도록 도울 수 있지요. 비슷한 감정을 나타내더라도 그 정도에 차이가 있거나 상황에 따라 다양하게 사용됩니다. **감정어휘는 우리가 느끼는 감정을 섬세하게 나누어 이름을 붙임으로써 우리의 감정을 세분화하여 느낄 수 있도록 도울 수 있지요.**

자신의 감정에 대해 성찰하고, 이를 토대로 타인의 감정을 이해할 수 있도록 돕는 **감정 지능**은 인간의 생존을 위해 무척이나 중요합니다. 이러한 감정 지능은 자녀의 감정에 대해 부모가 보이는 정서적인 반응을 통해 발달하지요. 부모는 자녀의 감정을 존중하고, 사회적으로 용인되는 방법으로 감정을 적절히 표현하고 조절할 수 있도록 돕는 존재입니다. 자녀가 자신의 감정을 알고 다스릴 수 있도록 돕기 위해서는, 부모 자신의 감정을 스스로 성찰하고 조절할 줄 알고, 자녀의 감정을 민감하게 알아차리고 읽어 줄 수 있어야 합니다.

자녀의 정서에 대해 지지적으로 반응하는 방법은 다음과 같습니다. 자녀가 느끼는 감정을 표현할 수 있도록 격려하고, 자녀의 정서 표현을 그 자체로 존중해 주고, 부정적인 감정을 느낄 때 스트레스의 원인이 되는 문제에 대처할 수 있도록 도와주는 것이지요. 자녀의 긍정적인 감정뿐만 아니라 부정적인 감정에 대해서도 지지적인 반응을 해 줄 때 아이들은 자신의 감정을 오롯이 이해하고 감정을 바람직한 방향으로 대처할 수 있게 됩니다.

　자녀가 감정을 잘 다룰 수 있도록 돕는 **감정코칭**(emotion coaching)은 크게 다섯 단계로 구분할 수 있습니다. 1단계는 자녀를 주의 깊게 관찰하여 자녀의 **감정 인식하기**입니다. 2단계는 자녀가 **현재 느끼는 감정**을 교육의 기회로 삼기입니다. 3단계는 자녀의 감정에 **공감해 주면서 경청하기**입니다. 4단계는 자녀가 느끼고 있는 감정이 무엇인지 **감정 어휘를 통해 명명**해 줌으로써 감정을 명료하게 표현하도록 도와주기입니다. 자신이 느끼는 감정이 무엇인지 감정 어휘로 표현함으로써 감정이라는 문에 손잡이를 달아 주는 단계입니다. 자녀가 느끼는 감정에 이름을 붙여 줌으로써 자신의 감정을 인식하고 이를 적절히 다룰 수 있도록 도울 수 있지요. 마지막으로 5단계에서는 자녀가 스스로 감정을 야기한 **문제의 해결 방법**을 찾을 수 있도록 도와주기입니다. 이러한 감정코칭은 일상생활 속 언제든 이루어지는 것이 좋습니다. 감정과 관련된 그림책을 함께 읽으며 이야기를 나누는 시간을 가지면, 자신과 타인의 감정에 대해 더욱 섬세하게 이해할 수 있기 때문에 더욱 효과적입니다.

감정 관련 그림책 읽기

『내 마음의 색깔들』
조 위레크 글, 크리스틴 루세 그림, 마술연필 옮김, 보물창고, 2023

> **그림책 소개**
>
> 내 마음은 여러 가지 감정을 느끼는 보물상자예요. 기쁠 때도, 행복할 때도, 슬플 때도, 속상할 때도 있지요. 내 마음이 어떤지 그림책을 함께 읽으며 이야기 나누어 보아요.

- **음운론적 인식을 기르는 질문**
  - 펑하고 가슴이 터질 것 같다네. 폭탄이 펑 터지는 소리 같기도 하고, 펑을 두 번 쓰면 눈이 펑펑 내리는 것 같기도 하다.
  - 하늘을 둥둥 떠다니는 것 같대. 둥둥의 'ㄷ'이 두 개 있는 'ㄸ'으로 바꾸면 어떤 소리가 될까? 뚱뚱! 뚱뚱하다 할 때 뚱뚱이 됐네.
  - 마음이 별처럼 반짝반짝 빛난대. 반짝반짝 거꾸로 말하면 무슨 소리가 될까? 짝반짝반. 발음하기가 더 어렵네?

- **어휘력을 기르는 질문**
  - 우리 기분을 말해 주는 단어를 감정어휘라고 해. '기쁘다, 행복하다, 두렵다, 무섭다, 속상하다, 떨리다, 답답하다' 모두 감정을 나타내는 말이지.
  - 기분이 좋다는 걸 표현할 수 있는 감정어휘는 뭐가 있을까? 기쁘다, 설레다, 행복하다, 편안하다, 사랑하다. 기분이 좋다는 감정을 정말 다양하게 표현할 수 있네.
  - 그림책에 나온 단어들 중에 기분이 안 좋다는 걸 보여 주는 감정어휘는 뭐가 있었는지 찾아볼까?

- **이야기 이해력을 기르는 질문**
  - 왜 마음이 보물상자 같다고 하는 걸까? 어떤 보물들이 숨겨져 있는 것 같아?
  - 별처럼 반짝이는 기분은 어떤 기분일까? 엄마는 설레고, 기대되고, 두근거릴 때 별처럼 반짝이는 기분일 것 같아.
  - 이렇게 마음이 펑 터질 것처럼 화가 났던 적이 있었어? 언제 이렇게 화가 났어?

『내 마음을 보여 줄까?』

윤진현 지음, 웅진주니어, 2010

> **그림책 소개**

우리가 느낄 수 있는 다양한 마음을 그림으로 표현했어요. 화가 날 때는 화산이 폭발하는 것 같고, 기분이 좋을 때는 두둥실 풍선이 날아오르는 것 같아요. 어떤 마음들이 있는지 같이 살펴보며 표현해요.

• 음운론적 인식을 기르는 질문

- 마음이 후끈후끈하대. 창피하고 속상한 기분인가 봐. 후끈후끈 길게 늘어트려서 말하면 어떤 소리가 될까? 후우끄으은~ 후으끄으은~ 난로가 더 크고 뜨겁게 타오르는 것 같다.
- 선인장 가시처럼 마음이 뾰족뾰족하다. 뾰족뾰족에서 '뾰'를 '쁘'로 바꾸면 무슨 소리가 될까? 쁘족쁘족, 이번엔 '쁘'를 '보'로 바꾸면? 보족보족!
- 보석처럼 반짝반짝! 'ㅏ'를 모두 'ㅓ'로 바꾸면 무슨 소리가 될까? 번쩍번쩍! 그럼 받침을 모두 'ㄱ'으로 바꾸면? 벅쩍벅쩍.

• 어휘력을 기르는 질문

- 빗방울은 비의 방울이란 뜻에서 빗방울이야. 방울은 물 같은 액체로 된 둥근 덩어리를 말해. 그래서 풀잎에 맺힌 이슬방울, 물이 맺힌 걸 물방울이라고도 말할 수 있어.
- 변덕쟁이는 변덕을 많이 부리는 사람이란 뜻이야. '-쟁이'라고 붙여서 그 사람의 특징을 표현하는 단어가 많아. 겁쟁이, 떼쟁이, 고집쟁이, 멋쟁이처럼 말할 수 있어.
- 마음이라는 단어를 넣어서 문장을 만들어 볼까? ○○이는 마음씨가 곱다.

• 이야기 이해력을 기르는 질문

- 생일이라 기분이 정말 좋대. 두둥실 풍선이 떠오르는 거 같은 기분이래. ○○이도 생일날 이런 기분이었어? 언제 또 이런 기분을 느껴 봤어? 엄마, 아빠랑 같이 소풍 갔을 때?
- 입고 싶은 옷을 못 입었을 때 모래성이 와르르 무너져 내리는 것 같은 기분이래. 어떤 기분인 걸까? 속상하고, 슬픈 건가? 입고 싶은 옷이 있는데 엄마가 공감해 주지 못해서 서러울 수도 있겠다.
- 마음이 뾰족뾰족한 건 어떤 기분인 걸까? 질투가 나고, 시샘하는 건가?

『컬러 몬스터: 감정의 색깔』

아나 예나스 글·그림, 김유경 옮김, 청어람아이, 2020

그림책 소개

컬러 몬스터의 감정이 뒤죽박죽 섞여 있어요. 컬러 몬스터의 감정을 어떻게 분류할 수 있을까요? 우리가 느끼는 감정을 색과 감정어휘로 구분하면서 우리의 감정에 이름 붙여 볼 수 있어요.

● 음운론적 인식을 기르는 질문

- 컬러몬스터 글자를 다 다른 색으로 칠했네. 하나씩 읽어 볼까? 컬, 러, 몬, 스, 터. '러'랑 '스'는 똑같은 노란색으로 칠했네.
- 얼떨떨하대. 얼떨떨의 받침이 다 똑같다. 어떤 소리가 들어가? 맞아, 'ㄹ'이네. 'ㄹ'을 모두 빼면 무슨 소리가 될까? 어떠떠. 이번엔 'ㅇ'을 넣어 볼까? 엉떵떵.
- 평화롭다, 평온하다 모두 'ㅍ'이 들어간다. 'ㅍ'으로 시작하는 단어는 또 뭐가 있을까?

● 어휘력을 기르는 질문

- 감정들의 색깔이 모두 다르대. 서로 다른 건 '다르다'라고 표현해야 해. 간혹 사람들이 '틀리다'라고 말하는 경우가 있는데 그건 잘못된 표현이야. 틀리다는 건 잘못되었다는 뜻이거든.
- 꽃이 피어나는 것 같은 기분, 사랑이 샘솟는 기분은 분홍색이래. 어떤 말을 들으면 분홍색 같은 기분이 될까? 사랑해, 행복해, 고마워, 멋져!
- 평화롭다는 건 뭘까? 언제 어떨 때 평화로운 기분이 들까?

● 이야기 이해력을 기르는 질문

- 컬러 몬스터가 일어났는데 얼떨떨하고 멍하고 낯설대. 컬러 몬스터한테 무슨 일이 일어난 것 같아? 아이고, 감정이 뒤죽박죽 섞여 버렸대. 몸의 색도 뒤죽박죽이네.
- 별처럼 반짝반짝이는 기쁨은 그림처럼 노란색 같다. 포근하고 따뜻하고 행복한 느낌이야. ○○이는 언제 이렇게 기쁨을 느껴 봤어?
- 슬픔은 그리워할 때도 생기고, 속상할 때도 생기고, 이렇게 비 오는 날처럼 축 가라앉는 기분이래. 엄마는 슬프면 온몸이 스펀지가 물을 먹은 것처럼 천근만근 무겁고, 몸 안에서 우르르쾅 하고 천둥번개가 치는 것 같더라. ○○이는 슬플 때 무슨 느낌이야?

추천 그림책

『기분이 좋아지는 책』
토드 파 지음, 유혜자 옮김, 삐아제어린이, 2005

『기분을 말해 봐!』
앤서니 브라운 지음, 홍연미 옮김, 웅진주니어, 2011

『눈물바다』
서현 지음, 사계절, 2009

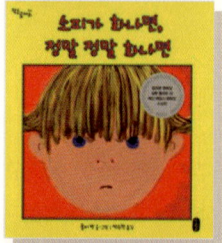
『소피가 화나면, 정말 정말 화나면』
몰리 뱅 지음, 박수현 옮김, 책읽는곰, 2013

『백만 년 동안 절대 말 안 해』
허은미 글, 김진화 그림, 웅진주니어, 2011

『미움』
조원희 지음, 만만한책방, 2020

『소중해 소중해 너의 마음도』
아다치 히로미 글, 가와하라 미즈마루 그림, 권남희 옮김, 주니어RHK, 2023

『오늘 내 마음은…』
마달레나 모니스 지음, 열린어린이, 2023

『데이지와 감정 드래곤』
프랜시스 스트리클리 글, 애너벨 템페스트 그림, 엄혜숙 옮김, 파스텔하우스, 2022

『내 마음 ㅅㅅㅎ』
김지영 지음, 사계절, 2021

9. 친구: 우리는 언제나 서로 함께

　우리 아이들은 기관을 다니기 시작하면서 첫 사회생활을 시작하게 됩니다. 이전까지는 부모라는 성인과 관계를 맺었지만, 기관에 가게 되면 자신과 비슷한 연령의 또래들을 만나게 되지요. 성인과 맺던 수직적인 관계와는 달리 **또래와는 수평적이고 동등한 입장**에서 관계를 맺게 됩니다. 아이들에게 있어 또래는 중요한 준거집단이기도 합니다. 또래 집단 속에 소속되어 인정을 받고 서로 지지해 주기 때문에 또래 관계 속에서 사회적 기술을 발달시키기에도 용이하지요. 아이들은 또래들과 함께 우리라는 집단을 형성하고 서로가 서로에게 친구가 되어 주며 무엇이든 함께하게 되는 것이지요. 아이들은 또래와 함께하며 자기 자신에 대한 인식이 더 발달하고, 사회적 정체감과 자아존중감을 형성하며 성장해 나가게 됩니다.

　하지만 이 과정은 마냥 순탄하지는 않습니다. 어린 연령의 아이들일수록 **자기중심적인 사고**(egocentric thinking)를 하며, **사회적 기술**도 부족하기 때문이지요. 원만한 사회적 관계를 맺기 위해서는 자기중심적인 사고에서 벗어나 타인의 관점에서 생각하고 추측할 수 있는 **조망수용능력**(perspective-taking ability)이 발달해야 합니다. 그리고 타인과 함께하며 생기는 갈등을 원활히 해결하기 위한 정서조절과 의사소통 능력, 친사회적 행동의 발달이 필요하지요. 아이들은 또래와의 갈등을 반복해서 경험하면서 자신과 타인의 관점이 다르다는 것을 깨닫고, 이를 해결하기 위한 노력을 통해 사회적 기술을 점차 발달시킬 수 있습니다.

　이러한 과정이 원활히 이루어지기 위해서는 아동이 자신과 타인의 정서를 조절하고 공감할 수 있도록 돕는 성인의 적절한 도움이 필요합니다. 성인은 또래와의 문제를 해결하고, 원활히 소통하고, 자신의 생각이나 느낌을 적절한 방법으로 표현할 수 있는 의사소통 능력의 발달을 돕는 모델이 되어 줄 수 있습니다. 그리고 또래와 긍정적인 관계를 유지할 수 있도록 **상호협력하기, 배려하기, 돕기, 나누기와 같은 친사회적 행동전략**을 가르쳐 줄 수 있습니다. 위와 같은 기술들을 습득하도록 돕는 가장 효과적인 방법으로 그림책을 활용하는 방법을 추천합니다. 아이들의 일상을 반영하고 있는 그림책이라는 의미 있는 맥락 속에서 등장인물의 감정에 감정이입을 하고, 행동의 이유에 대해 추론하면서 조망수용능력을 발달시킬 수 있습니다. 또한 그림책은 원활한 관계를 맺기 위해 정서를 조절하고, 사회적 기술을 활용하는 실제적인 예시를 통해 배울 수 있는 훌륭한 매체가 됩니다. 친구를 주제로 하는 그림책들을 함께 읽어 보면서 타인의 입장을 고려하고 배려할 수 있는 아이로 자랄 수 있도록 도와주세요. 우리 아이들도 다른 사람과 어울리며 함께하는 즐거움을 알 수 있게 되기를 기원합니다.

친구 관련 그림책 읽기

『친구를 모두 잃어버리는 방법』

낸시 칼슨 지음, 신형건 옮김, 보물창고, 2007

그림책 소개

친구를 만드는 방법이 아니라, 친구를 모두 잃어버리는 방법이라니! 친구를 사귈 때 해야 하는 행동을 보여 주기보다는, 친구를 사귈 때 하면 좋지 않은 행동들을 보여 주어 오히려 눈길을 끄는 그림책이에요. 어떻게 하면 친구를 모두 잃어버리는 불상사가 생기는 걸까요?

- **음운론적 인식을 기르는 질문**
  - 절대 웃지 말기의 반대는 뭘까? '웃기'겠다. 그럼 '모두 독차지하기'의 반대는? '나누어 갖기'라고 하면 될 것 같다.
  - 소리나 모습을 흉내 내는 단어가 또 나오나 한번 볼까? 와락, 홱, 꼭꼭, 확, 앙앙.
  - '앙앙 울기'에서 '기'를 빼면? 앙앙 울. 이번엔 '울'도 빼면? 앙앙. '앙'을 또 하나 빼면? 앙!

- **어휘력을 기르는 질문**
  - 과자를 입안에 몽땅 집어넣는대. 몽땅 집어넣는다는 건 무슨 말이야? 가지고 있는 과자를 모두 다 혼자 먹는다는 소리래. '몽땅하다'라고 말할 때는 짧다는 뜻이 되기도 해.
  - 막무가내로 새치기를 하래. 막무가내는 자기 생각대로 고집을 부리거나 자기 생각만 주장할 때 주로 사용해.
  - '골탕을 먹이다'는 표현 본 적 있어? 골탕 먹인다는 건 다른 사람을 곤란하게 하거나 손해를 입히는 걸 말해. 원래는 '고기 국물을 먹는다'는 뜻이었는데, '곯다'라는 표현이랑 소리가 비슷해서 지금과 같은 뜻을 갖게 되었대.

- **이야기 이해력을 기르는 질문**
  - 친구를 모두 잃어버리는 방법이라니! ○○이 생각엔 어떻게 하면 친구를 모두 잃어버릴 수 있을 것 같아?

- 시무룩하고, 짜증 나고, 웃지 않는 얼굴을 하고 있으면 친구를 잃을 수 있대. 왜 친구들이 불평불만만 하고 있으면 떠나게 되는 걸까? 기분이 좋지 않을 때까지 거짓으로 웃을 필요는 없겠지만, 별일이 아닌 작은 것까지 화를 내는 건 좋지 않겠다.
- 뭐든지 다 자기 혼자만 하려고 하면 다른 친구들은 기분이 어떨까? 놀잇감도 맛있는 간식도 다 ○○이가 혼자 차지해 버린다면? 속상하겠다. 다른 친구들이 같이 놀고 싶지 않아질 거야.

『이럴 땐 어떻게 말하지?』

이찬규 글, 전경혜 그림, 애플비, 2011

> **그림책 소개**

아기 오리 '말하자말할래꽥꽥'이 숲속 유치원에 처음 가게 되었어요. 친구와 놀고 싶은 말하자말할래꽥꽥이는 뭐라고 말하는 것이 좋을까요? 울지 않고, 싸우지 않고 친구와 사이좋게 지낼 수 있는 비법에 대해 알아보아요.

- **음운론적 인식을 기르는 질문**
  - 아기 오리 이름이 '말하자말할래꽥꽥'이래. 빠르게 말해 볼까? 말하자말할래꽥꽥!
  - 친구들이 와글와글 모여 있나 봐. 와글와글 거꾸로 하면 무슨 소리가 될까? 글와글와.
  - 딩동댕 딩동댕 딩딩동동. 여기에서 '동'만 찾아볼까? 하나, 둘, 셋, 넷, 네 개나 있네.

- **어휘력을 기르는 질문**
  - 말하자말할래꽥꽥이가 만약에 한마디도 말을 안 하고 있다면 이름을 뭐라고 바꿔야 할까? 말하지말자말안할래꽥꽥이가 되겠네.
  - 기린이 꾸물꾸물 느림보라고 놀렸네. 느림보라고 하면 왜 놀리는 말일까? 행동이 느리거나 게으른 사람을 낮잡아서 부르는 말이라 그렇대.
  - 친구들이 차례차례 줄을 서고 있는데 돼지가 쏙 끼어들었어. 이렇게 중간에 끼어드는 걸 뭐라고 하는지 알아? 이런 걸 새치기라고 해.

- **이야기 이해력을 기르는 질문**
  - 다른 친구가 피아노를 치고 있는데 말하자말할래꽥꽥이도 피아노를 치고 싶은가 봐. 뭐라고 말하면 좋을까?
  - 말하자말할래꽥꽥이가 실수로 코끼리가 만들던 모래성을 망가뜨렸네. 뭐라고 말해야 할까? "일부러 그런 거 아니야."라고만 말하면 코끼리가 기분이 나쁠 수 있어. "일부러 그런 거 아니야. 미안해. 나랑 같이 다시 만들자."라고 말하면서 사과를 하면 더 좋아.
  - ○○이는 '말하자말할래꽥꽥'이 되고 싶어, '말하지말자말안할래꽥꽥'이 되고 싶어? 말하지 않고 화만 내거나 울기만 하면 친구들은 내가 왜 속상한지 모를 거야. 속상하거나 부탁하고 싶은 게 있거나 친구랑 같이 하고 싶은 게 있으면 '말하자말할래꽥꽥'이처럼 멋지게 말하자.

『친구의 전설』
이지은 지음, 웅진주니어, 2021

> **그림책 소개**

호랑이와 민들레는 어쩌다가 친구가 되었을까요? 이 그림책에는 호랑이와 민들레가 친구를 하게 된 전설이 담겨 있어요. 서로를 돕고, 배려하고 나누며 서로를 위하는 호랑이와 민들레, 그리고 동물 친구들의 따뜻한 이야기를 함께 살펴보아요.

● 음운론적 인식을 기르는 질문
- '꽉꽉'이랑 '꽥'은 어디가 달라? 'ㅏ'랑 'ㅐ'가 다르다. 꽉, 꽥 소리가 달라져.
- 어, 아까 나왔던 글자랑 똑같은 글자다. 앞에서 '쏴아'라고 강에 적혀 있었는데, 여기에는 '쏴'라고만 적혀 있다. 쏴아아아 하고 물이 흐르는 걸 표현했네.
- 호랑이가 푸르르르르 하고 물을 털어낸다. 여기에 'ㄹ'가 몇 글자나 나와? 어, 여기에서도 'ㄹ'가 나온다. 크르르르르릉! 'ㄹ'가 네 번이나 쓰였네.

● 어휘력을 기르는 질문
- 오늘은 저 산을 정복하자! 라고 말하고 있어. 산을 정복한다니 무슨 뜻이야? "에베레스트산 정복"이라고 뜬 뉴스 봤었지? 어렵거나 힘든 걸 이겨내고 해내게 될 때 정복이란 표현을 써.
- 밤에 산책을 하면 밤 산책, 그럼 낮에 산책하면 뭐라고 할까? 낮 산책? 아침에 하면? 아침 산책. 저녁에 하면? 저녁 산책.
- '떼다'의 반댓말은 뭘까? 여기 꼬리 꽃이 한 말을 보면 알 수 있어. '떼다'의 반댓말은 '붙이다'네.

● 이야기 이해력을 기르는 질문
- 호랑이가 친구들을 불편하게 하네. 오리 친구들이 수영을 하고 있는데 풍덩 뛰어들었어. 오리 친구들은 무슨 기분이 들었을까? 불편하고 짜증났겠지. 호랑이는 다른 동물 친구들이랑 놀고 싶은데 같이 노는 방법을 모르나 봐.
- 다리가 사라져 버렸어. 어떻게 해야 할까? 이번에도 호랑이가 친구들을 도와줄까? 어떻게 하면 동물 친구들이 강을 건널 수 있도록 도와줄 수 있을까?
- ○○이가 꼬리 꽃이랑 호랑이가 어떻게 지낼 것 같은지 이야기를 꾸며 볼래?

추천 그림책

『달라도 친구야』
김유진 글, 차상미 그림, 을파소, 2022

『우리 친구하자』
앤서니 브라운 지음, 하빈영 옮김, 현북스, 2018

『화내지 말고 예쁘게 말해요』
안미연 글, 서희정 그림, 상상스쿨, 2020

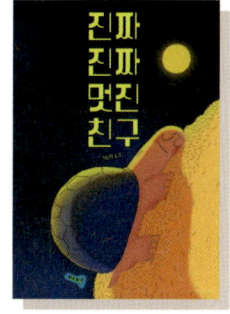

『진짜 진짜 멋진 친구』
이지 지음, 페이퍼독, 2023

『큰 배와 작은 배와 오렌지』
안나 맥그리너 지음, 한소영 옮김, 키즈엠, 2022

『빌려준다고 했는데』
가사이 마리 글, 기타무라 유카 그림, 김소연 옮김, 책읽는곰, 2023

『내가 먼저야!』
헬렌 레스터 글, 린 먼싱어 그림, 서유라 옮김, 보물창고, 2008

『너랑 안 놀아!』
제네비에브 코레 지음, 김호정 옮김, 책속물고기, 2011

『점과 선이 만나면』
베로니크 코시 글, 로랑 시몽 그림, 김유진 옮김, 국민서관, 2014

『우리 친구하자』
쓰쓰이 요리코 글, 하야시 아키코 그림, 한림출판사, 1994

10. 다름: 다른 건 틀린 게 아니야

지구상에는 정말 다양한 생물들이 모여 살고 있습니다. 이를 **생물 다양성**(biodiversity)이라고 표현하지요. 지구상에 서식하는 개체들은 서로 다른 유전정보를 가지고 있고, 지구에 서식하는 생물의 종은 약 140만 종에 다다릅니다. 그리고 이러한 생물들이 살아가는 서식처도 그만큼 다양하지요. 이러한 다양성은 인위적인 것이 아닙니다. 진화의 산물로 자연스럽게 생겨난 것이지요. 이 생물 다양성 덕분에 지구의 환경이 급변하더라도 생명체가 절멸하지 않고 일부가 살아남아 지구의 생태계를 이어갈 수 있습니다.

하지만 우리 인간은 자연의 흐름에 반하는 행동을 일삼고 있습니다. 종자를 개량해서 수확하기 편리한 종만을 선별하여 대량으로 생산합니다. 다양성이 없기 때문에 인간이 키우는 동식물은 전염병이 돌기 시작하면 절멸하기 일쑤이지요. 비슷하고 똑같은 것을 선호하는 것은 인간 사회에서도 나타납니다. 우리는 종종 다름을 틀림으로 규정지어 버리지요. 하지만 우리는 모두 다른 존재라는 점에서 정상적이라고 불릴 만한 완전한 이상향은 존재할 수가 없습니다. 그렇기 때문에 일부 대상을 겨냥한 다문화교육, 장애이해교육과 같은 단편적인 교육보다는 각자가 가지는 다양성에 대해 생각해 볼 수 있도록 다양성을 확장된 개념 속에서 다룰 필요가 있습니다.

우리가 모두 다른 존재라는 걸 **교차성**(intersectionality)이라는 개념을 통해 이해할 수 있습니다. 쉽게 설명하자면 **각 개개인은 다양한 특징을 갖고 있는 굉장히 입체적인 한 개인**이라는 것입니다. 우리는 인종, 젠더, 성 정체성, 언어, 문화, 나이, 민족, 교육, 이민 지위, 종교, 신체 등 다양성이 끝없이 교차하며 펼쳐집니다. 이러한 관점을 통해 서로 다른 문화를 가지고 있다는 것, 장애를 가지고 있다는 것과 같은 서로 간의 다양한 차이는 교차성의 일부일 뿐이라는 걸 이해할 수 있습니다. 이러한 교차성 덕분에 이 세상엔 똑같은 사람이 있을 수 없다는 것을 강조하는 개념인 것이지요. **우리는 단 한 명도 서로 똑같은 사람이 없기 때문에 모두가 소중한 존재입니다.** 모두가 다르기 때문에 모두가 소중하다는 것에서부터 시작하는 것이 우리가 다름을 받아들일 수 있는 첫걸음이 될 것입니다.

아이들에게 이러한 다양성에 대해 설명하는 것은 쉽지 않습니다. 나 자신에 대한 이해에서 시작하여, 타인에 대한 관심으로 확장이 되어야 하기 때문이지요. 다양한 사회와 구성원들을 경험해 볼 수 있도록 다름에 대해 이야기하는 그림책을 활용하여 이야기를 나누어 보세요. 타인에 대한 배려 행동, 친사회적 행동, 공감능력의 향상에 도움을 줄 수 있습니다. 그림책을 활용하여 다양성을 존중할 수 있도록 가르치는 시간은 장애 또는 다른 문화에 대한 반편견적인 태도의 함양도 도울 수 있습니다. 함께 읽어 보며 이야기 나누어 보면 좋은 그림책들을 소개해 드립니다.

[그림 6-1] 장애 관련 그림책 예시

다름 관련 그림책 읽기

『내가 소중하대요』
엘베 포르리스 데 이에로니미스 지음, 이승수 옮김, 크레용하우스, 2015

> **그림책 소개**
>
> 삐죽삐죽 가시를 가지고 있는 고슴도치. 고슴도치는 가시 때문에 친구랑 어울리지 못해 속상해해요. 고슴도치가 자기 모습 그대로를 사랑하며 친구와 어울릴 수 있는 방법이 있을까요?

- **음운론적 인식을 기르는 질문**
  - 꽃밭에서 데굴데굴 굴렀대. 데굴데굴 구르는 건 어떻게 구르는 거야?
  - 고슴도치가 공을 만지자 펑! 하고 터져 버렸대. '펑'의 /ㅍ/ 소리를 /ㅂ/ 소리로 바꾸면 뭐가 어떻게 될까? 벙! 그럼 /ㅃ/ 소리가 나는 쌍비읍으로 바꾸면? 뻥!
  - 빙글빙글 돌면서 노래를 부르고 있었대. 빙글빙글에 있는 받침 'ㅇ'이랑 'ㄹ'을 (손으로 받침을 가리키면서) 이렇게 모두 빼 버리면 무슨 소리가 될까? 비그비그!

- **어휘력을 기르는 질문**
  - 열매가 나무마다 주렁주렁 달려 있대. 주렁주렁이란 표현을 또 언제 쓸 수 있을까? '사과나무에 사과가 주렁주렁 열렸다.' '나무에 장식품을 주렁주렁 달았다.'라고도 쓸 수 있겠다.
  - 소중하다는 건 무슨 뜻이야? 매우 중요하고 값지고, 귀하다는 걸 의미해. 엄마, 아빠한테 ○○이는 가장 소중한 보물이지.
  - 가로막는다는 건 무슨 뜻인 것 같아? 이렇게 고슴도치가 토끼굴 앞을 가로막고 있는 걸 말한대. 무언가 방해할 때도 가로막는다는 표현을 써. '짙은 안개가 눈앞을 가로막았다.' '화를 내려는데 옆에서 친구가 가로막았다.'라고도 쓸 수 있어.

- **이야기 이해력을 기르는 질문**
  - 삐죽삐죽한 가시 때문에 왜 고슴도치가 슬플까?
  - 거미가 만든 거미줄을 만지다가 망가뜨리고 말았네. 고슴도치 기분이 어떨까?
  - 만약 고슴도치가 가시 때문에 친구랑 어울리지 못한다고 가시를 몽땅 뽑으면 어떻게 될까?

『어디서나 빛나는 댄디라이언』

리지 핀레이 지음, 김호정 옮김, 책속물고기, 2019

> **그림책 소개**

노란색의 반짝이는 댄디라이언은 눈에 띄게 남다른 친구예요. 다른 건 나쁜 게 아니에요. 다르다는 건 특별하다는 뜻이래요. 댄디라이언의 사랑스러운 모습을 같이 살펴보아요.

- **음운론적 인식을 기르는 질문**
  - 댄디라이언이란 글자만 진하게 적혀 있다. 댄디라이언이란 글자가 나오면 ○○이가 읽어 볼까?
  - 댄디라이언은 한국말로 멋쟁이 사자라는 뜻이야. 댄디라이언, 멋쟁이 사자 둘 다 다섯 글자네?
  - 꾀죄죄란 단어는 발음이 좀 어렵다. 모두 'ㅚ'가 들어가네?

- **어휘력을 기르는 질문**
  - 로지는 치즈 샌드위치, 튤립은 참치 샌드위치. 댄디라이언 샌드위치 이름은 뭘까? 초콜릿 크림을 발랐고, 꿈틀이 젤리랑 솜사탕도 넣었대. 그러면 초콜릿 크림 꿈틀이 젤리 솜사탕 샌드위치라고 부르는 건 어떨까?
  - 잡풀이라니 무슨 뜻인 것 같아? 잡풀이 어떻게 생겼나 한번 찾아볼까? 댄디라이언 감기가 잡풀처럼 생기긴 했네. 가꾸지 않아도 저절로 자라는 여러 풀들을 말한대.
  - 꾀죄죄하다는 건 무슨 뜻이야? 옷차림이나 모양새가 지저분하다는 뜻이야.

- **이야기 이해력을 기르는 질문**
  - 앞면지와 뒤면지에 어떤 차이가 있어? 앞면지는 친구들이랑 선생님의 모습이 색깔 없이 그려져 있네. 댄디라이언은 어깨가 축 처져 있어. 그럼 뒤면지는? 댄디라이언도 함께 있고 친구들이 모두 알록달록한 옷을 입고 있다. 무슨 내용의 그림책일까?
  - 이런, 댄디라이언이 그림을 그리다 물통을 엎지르고 말았네. 친구 그림이 어떻게 됐어? 친구 기분이 어떨까? 많이 속상하겠다. 댄디라이언도 속상하고 미안했을 것 같아.
  - 바질이 댄디라이언한테 속상한 말을 했네. 댄디라이언 기분이 어떨까?

『물을 싫어하는 아주 별난 꼬마 악어』
제마 메리노 지음, 노은정 옮김, 사파리, 2022

> **그림책 소개**

물을 싫어하는 별난 꼬마 악어가 있어요. 다른 악어 친구들은 신나게 헤엄을 치지만 꼬마 악어는 물놀이가 싫어요. 무슨 비밀이 숨겨져 있을까요? 남들과는 다른 꼬마 악어의 이야기를 들어 보세요.

- **음운론적 인식을 기르는 질문**
  - 꼬마 악어가 '셋'을 길게 외치면서 뛰어 내린다. '세에에에에엣!' 그럼 '하나'를 길게 외치면? '하아아아아나아아아'. '둘'을 길게 외치면? '두우우우우울'.
  - 헤엄칠 때 나는 소리가 또 뭐가 있지? 물에 쏙 들어가면 첨벙첨벙 소리도 날 것 같다.
  - 꼬마 악어가 에에에에취이이이이! 하고 재채기를 했더니 불을 뿜어냈어. 여기 있는 '에'랑 '이'는 어디가 달라?

- **어휘력을 기르는 질문**
  - 별나다는 건 무슨 뜻인 것 같아? 보통과는 다르게 특별하거나 이상하다는 뜻이래. 다르다, 별다르다, 색다르다라고도 말할 수 있어.
  - 물에서 노는 건 물놀이, 꽃을 구경하는 건 꽃놀이, 그럼 공을 가지고 노는 건? 공놀이!
  - 꼬마 악어는 외톨이가 되는 건 더 싫었대. 외톨이가 뭐야? 혼자 외로이 있게 되는 걸 외톨이라고 해. 꼬마 악어가 물속에 들어가지 않으니깐 혼자 나무에 앉아 있는 외톨이가 되어 버린 거네.

- **이야기 이해력을 기르는 질문**
  - 여기 첫 번째 페이지 보니까 엄마 악어가 알을 들고 가네. 악어 알인가 봐. 어, 그런데 다른 알 하나만 색이 달라. 뭘까? 이 알의 주인공이 표지에 나왔던 물을 싫어하는 꼬마 악어일까?
  - 꼬마 악어가 조금씩 모아 두었던 용돈을 들고 집을 나섰대. 어디를 가려는 걸까?
  - 앞면지에서는 악어가 알을 들고 가고 있는데, 뒤면지는? 어머, 뒤면지에서는 용이 알을 품고 있는 것 같아. 그런데 알 색깔이 다르네? 악어랑 용의 알이 서로 바뀌어 버린 걸까? 엄마 용이 읽고 있는 책 이름 좀 봐. 불을 싫어하는 아주 별난 꼬마 용이래. 거꾸로 됐네!

추천 그림책

『조금 다르면 안 돼?』
클레어 알렉산더 지음,
홍연미 옮김, 국민서관,
2020

『똑같을까?』
이희은 지음, 사계절, 2021

『너는 특별하단다』
맥스 루케이도 글, 세르지오
마르티네즈 그림,
아기장수의 날개 옮김,
고슴도치, 2002

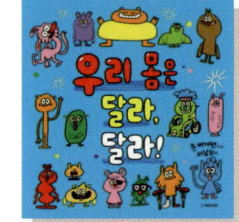
『우리 몸은 달라, 달라!』
존 버거맨 지음, 서남희
옮김, 국민서관, 2020

『살색은 다 달라요』
캐런 카츠 지음, 신형건
옮김, 보물창고, 2011

『세모의 완벽한 자리』
나오미 존스 글, 제임스 존스
그림, 장미란 옮김,
책읽는곰, 2022

『다름: 다르지만 같은
우리』
박규빈 지음, 다림, 2017

『내 이름은 제동크』
한지아 지음, 바우솔, 2020

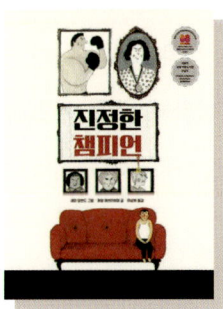
『진정한 챔피언』
파얌 에브라히미 글, 레자
달반드 그림, 이상희 옮김,
모래알, 2019

『모든 가족은 특별해요』
토드 파 지음, 원선화 옮김,
문학동네, 2005

11. 죽음: 소중한 사람을 잃었어

우리는 누구나 죽음을 맞이합니다. 누구도 피해 갈 수 없지요. 하지만 우리는 죽음에 대해 생각하는 것을 무척이나 꺼립니다. 죽음에 대해 생각하지 않는다고 죽음을 피해 갈 수 있는 것은 아닐 텐데 말이죠. 우리는 우리가 직접 죽음을 경험해 보지 못했기 때문에 막연한 두려움과 불안함을 가질 수밖에 없습니다. 이건 성인이나 아이 모두 마찬가지이지요.

특히 아이들에게 있어 죽음이란 무엇인지 이해하는 과정은 더욱 혼란스러울 거예요. 저는 어렸을 적 죽음에 대해 깨닫고 펑펑 운 적이 있습니다. 죽게 되면 다시는 볼 수 없다는 비가역성 때문에 슬펐던 것 같아요. 이렇게 아이들이 단순히 죽음을 '슬프다'라고 라벨링하고 끝내기보다는, 죽음에 대해 좀 더 심층적으로 다룰 수 있는 시간을 충분히 마련해 줄 필요가 있습니다. 아이들이 **죽음에 대한 개념을 바르게 형성하고, 죽음이란 무엇인지 직면하고, 죽음에 대해 충분히 애도**할 수 있는 성인으로 성장할 수 있도록 도와줄 필요가 있는 것이지요. 어린 아이들이라고 죽음을 비껴갈 수 있는 것이 아니기 때문에 이러한 교육은 반드시 필요합니다.

죽음이라는 주제는 아이들이 이해하기 다소 어렵기 때문에 그림책을 활용하는 것이 좋습니다. 그림책을 활용하면 아이들의 눈높이에 맞는 접근이 가능합니다. 죽음을 다루고 있는 그림책들은 대체로 '우리는 모두 죽기 때문에 언젠가는 이별을 해야 한다'는 메시지를 전달합니다. 죽음을 맞이하는 대상으로는 시간의 흐름대로라면 가장 빨리 맞이하게 될 조부모의 죽음을, 그리고 죽음의 원인으로는 자연사를 가장 많이 그리고 있지요. 그림책은 죽음으로 인해 야기되는 감정인 상실감과 슬픔, 두려움, 불안함, 그리움 등을 표현하고, 죽음에 대해 다양한 방식으로 대처해 나가는 주인공의 모습을 그려내고 있습니다.

죽음과 관련한 그림책을 읽고 난 후에 아이들이 보이는 반응은 가지각색입니다. 그림책의 내용을 자신이 경험한 죽음이나 사회적인 사건에 적용하기도 하고, 죽음에 대해 이야기함으로써 삶의 중요성을 인식하게 되었음을 말하기도 합니다. **죽음이 우리의 삶에 유한함을 주기 때문에 삶을 더 찬란하게 만들어 준다는 것**을 우리 아이들도 이해할 수 있는 것이지요. 그림책을 활용하여 죽음에 대해 이야기를 나누는 활동은 죽음에 대한 개념을 이해하고, 죽음에 대한 막연한 불안함을 감소시키는 데에도 도움이 됩니다.

아동이 죽음에 대해 형성할 수 있는 개념은 크게 네 가지로 나뉩니다. 한 번 죽으면 다시 살아날 수 없다는 **불가역성**(irreversibility), 죽게 되면 신체의 모든 기능이 멈춘다는 **종결성**(finality, non-functionality), 모든 죽음에는 이유가 있다는 **인과성**(causality), 그리고 모든 생명체는 반드시 죽게 된다는 **필연성**(inevitability)입니다. 이렇게 죽음에 대한 개념을 획득하게 된 아동은 실제로 죽음이라는 사건을 경험하게 되었을 때 조금 더 부드럽고 효과적인 방식으로 죽음을 충분히 애도하고 슬픔으로부터 빠져나와 일상의 삶으로 돌아오는 것이 수월하다고 합니다. 죽음과 관련한 그림책을 읽어 보며 죽음에 대해 허심탄회하게 이야기해 보는 시간을 가져 보세요.

죽음 관련 그림책 읽기

『할머니가 남긴 선물』
마거릿 와일드 글, 론 브룩스 그림, 최순희 옮김, 시공주니어, 1997

> **그림책 소개**

할머니 돼지와 손녀 돼지는 함께 살고 있어요. 어느 날 할머니 돼지가 자신의 죽음을 직감해요. 할머니는 죽기 전 하나 둘 자신이 해야 할 일들을 하지요. 할머니가 죽기 전에 손녀에게 남긴 선물은 무엇일까요? 할머니와 손녀가 함께한 일상은 할머니가 떠난 후에도 손녀에게 큰 힘이 될 거예요.

- **음운론적 인식을 기르는 질문**
  - 손녀 돼지가 툴툴거렸대. 툴툴거리는 건 어떻게 말하는 거야? 말할 때 투정부리면서 투덜투덜 이야기하는 건데 한번 흉내 내 볼래?
  - 옥수수로 만든 죽은 옥수수죽, 귀리로 만든 죽은 귀리죽이라고 말할 수 있어. 그럼 단호박으로 만든 죽은 뭘까? 단호박죽! 모두 '죽'으로 끝나.
  - 할머니가 '~하니?'라고 손녀 돼지한테 물어보네. 모두 '니'로 끝난다. 햇살에 반짝이는 게 보이니? 구름이 모여 있는 게 보이니? 연못에 비치는 게 보이니? 새들이 재재거리는 소리가 들리니?

- **어휘력을 기르는 질문**
  - 죽을 만들 때 죽을 끓이는 걸 '죽 쑤다'라고 말해. 애써 노력한 어떤 일을 망치거나 실패했을 때도 죽 쑤다라고 표현해.
  - 장작을 도끼로 작게 자르는 걸 '장작을 패다'라고 말해.
  - 손녀 돼지가 걱정돼서 할머니 돼지한테 '참새처럼 조금 잡수시면 어떡해요.'라고 말하네. 잡수시다는 먹다의 존댓말이야. '드시다'라고도 말할 수 있어.

- **이야기 이해력을 기르는 질문**
  - 평소처럼 아침을 차렸는데 할머니 돼지가 일어나지 않았대. 어떻게 된 일일까? 할머니 돼지가 늦잠을 자는 걸까? 몸이 편찮으신 걸까?
  - 할머니 돼지가 할 일이 무척 많다고 하네. 준비를 해야 한대. 뭐를 준비해야 한다는 것 같아? 엄마는 만약 내일 죽는다고 하면 ○○이랑 같이 실컷 시간을 보낼 거야.
  - 할머니 돼지가 손녀 돼지한테 남긴 선물은 뭘까? 함께 죽을 쑤어 먹던 시간, 함께 반짝이는 햇살과 연못, 구름을 보았던 시간 모두 손녀 돼지한테는 소중한 선물이 될 것 같아.

『엄마가 유령이 되었어!』
노부미 지음, 이기웅 옮김, 길벗어린이, 2016

> **그림책 소개**

엄마가 교통사고가 나서 죽어 버렸어요. 엄마가 유령이 되어 건이 옆을 지켜요. 엄마 유령과 건이는 무슨 이야기를 나눌까요? 엄마가 죽게 되어 건이와 영원히 헤어지게 되었지만 건이의 마음속에는 언제나 엄마와 함께해요.

• 음운론적 인식을 기르는 질문

- 엄마 유령이 닭 소리를 낸다. 고고 꼬꼬 꼬꼬댁. '고'랑 '꼬'랑 어디가 달라? '고'는 기역이 하나 있고, '꼬'는 기역이 두 개다. /그/ 소리랑 /끄/ 소리가 나서 소리도 달라.
- 유령처럼 '유'로 시작하는 단어는 또 뭐가 있을까? 유리, 유채꽃, 유아차, 유부, 유치원.
- 엄마가 건이가 왜 좋은지 말해 주고 있네. '좋아'라는 단어가 여러 번 나온다. '좋아'라는 단어는 어디어디에 있어?

• 어휘력을 기르는 질문

- 후회한다는 건 무슨 뜻이야? '살아 있을 때 왜 그랬지?' 하고 후회한대. 이전에 내가 했던 행동이 잘못되어서 '하지 말았어야 하는데.' 하고 뒤늦게 생각하는 걸 말해. ○○이도 후회해 본 적 있어?
- 유령이랑 비슷한 말에는 또 뭐가 있을까? 맞아, 귀신!
- 소중하다는 건 뭘까? 매우 귀중하다, 값지다, 귀하다라고도 말할 수 있어. ○○이는 엄마한테 소중하고 중요한 사람이야.

• 이야기 이해력을 기르는 질문

- 건이랑 엄마랑 둘 다 너무 슬퍼한다. 건이랑 엄마는 왜 슬픈 걸까? 엄마가 죽어서 이제 서로 영영 볼 수 없어서 눈물이 나나 봐.
- 엄마가 살아있을 때 잘했다고 생각하는 건 뭘까? 건이를 낳은 거라네. 엄마도 엄마가 가장 잘 한 일은 ○○이를 낳은 거야. 엄마한테도 ○○이는 엄마 목숨보다 더 소중해.
- 왜 건이는 잘 때 엄마 팬티를 입고 자는 걸까?

11. 죽음: 소중한 사람을 잃었어   **257**

『나는 죽음이에요』
엘리자베스 헬란 라슨 글, 마린 슈나이더 그림, 장미경 옮김, 마루벌, 2017

> **그림책 소개**

죽음은 삶과 하나이고, 우리와 하나예요. 죽음은 멀리 있지 않아요. 죽음은 항상 우리랑 함께 하지요. 누구도 죽음을 피해 갈 수 없어요. 죽음이 들려주는 죽음 이야기 들어 보실래요?

- **음운론적 인식을 기르는 질문**
  - 그림책의 제목이 '나는 죽음이에요'래. 죽음이 주인공인가? 그림책에서 죽음이라는 말이 여러 번 나온다. 죽음이라는 단어를 찾으면 손으로 가리켜 볼래?
  - 똑같은 소리가 두 번 반복된 게 뭐가 있을까? 서로서로, 반짝반짝.
  - 죽음, 생명처럼 두 글자인 단어는 또 뭐가 있을까?

- **어휘력을 기르는 질문**
  - 태양이 뜨기 시작하는 시간은? 새벽. 그럼 태양이 하늘 위에 커다랗게 떠 있는 건? 낮. 반대로 태양이 하늘 아래로 지기 시작하면 저녁. 태양이 없어져서 깜깜해지면 밤이라고 해. 죽음은 이렇게 밤낮을 가리지 않고 찾아온대.
  - 오래 살아 주름이 많은 사람들이라니 누굴 말하는 걸까? 이런 사람들을 노인이라고 해. 늙은 사람이라는 뜻이야.
  - 한 줌의 재가 될까? 여기서 재는 뭘까? 재는 불에 타고 남은 가루를 말해.

- **이야기 이해력을 기르는 질문**
  - 죽음은 모든 생명이 있는 곳에 찾아가나 봐. 코끼리한테도, 새한테도, 그리고 우리한테도. 죽음을 피할 수 있는 생명체가 있을까? 죽음은 엄마도, 아빠도, ○○이한테도 찾아와.
  - 죽음은 한 곳에 있는 많은 사람들을 찾아가기도 한다네. 이건 무슨 그림이야? 건물에 불이 났나 봐. 건물에 불이 나서 건물에 있던 사람들이 한꺼번에 죽은 것 같다. 너무 슬픈 일이다.
  - 삶과 죽음은 모든 생명의 시작과 끝을 함께 한대. 이건 무슨 뜻일까? 누군가가 죽고 나면 다른 곳에서는 누군가의 생명이 시작돼. 삶이 있기에 죽음이 있는 거지. 그래서 삶과 죽음이 항상 함께라고 말하나 봐.

추천 그림책

『죽음은 돌아가는 것』
다니카와 슌타로 글, 가루베 메구미 그림, 최진선 옮김, 너머학교, 2017

『너무 울지 말아라』
우치다 린타로 글, 다카스 가즈미 그림, 유문조 옮김, 한림출판사, 2012

『무릎딱지』
샤를로트 문드리크 글, 올리비에 탈레크 그림, 이경혜 옮김, 한울림어린이, 2010

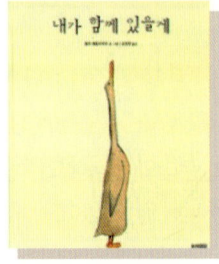
『내가 함께 있을게』
볼프 에를브루흐 지음, 김경연 옮김, 웅진주니어, 2007

『함께한 시간을 기억해』
재키 아주아 크레이머 글, 신디 더비 그림, 박소연 옮김, 달리, 2020

『할아버지는 어디로 갔어요?』
스텔라 미카일리두 글, 마리오나 카바사 그림, 서영조 옮김, 터치아트, 2018

『세상에서 가장 멋진 장례식』
울프 닐손 글, 에바 에릭손 그림, 임정희 옮김, 시공주니어, 2008

『마음이 아플까봐』
올리버 제퍼스 지음, 이승숙 옮김, 아름다운사람들, 2010

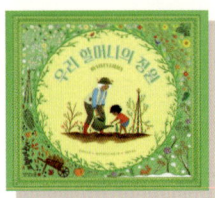
『우리 할머니의 정원』
돈 케이시 글, 제시카 커트니-티클 그림, 엄혜숙 옮김, 상상스쿨, 2022

『우리 할아버지』
존 버닝햄 지음, 박상희 옮김, 비룡소, 1995

12. 환경오염: 우리가 사는 소중한 지구

하나뿐인 지구에 살고 있는 우리는 뒤늦게야 급속한 생태계의 파괴와 기후 변화의 심각성을 깨닫고 있습니다. 많이 늦은 감이 있지만, 우리 인간이 자연과 공존하며 살기 위한 방안으로 내놓은 **지속가능발전 교육**(Education for Sustainable Development: ESD)이 연일 화두가 되고 있지요. 자연을 인간 중심적인 관점에서 바라보던 시선에서 벗어나기 위한 시도입니다. 자연과 인간이 함께 공존해 나가는 것은 앞으로의 세대를 위한 것만이 아닙니다. 지금 당장 지구에 살고 있는 우리 모두를 위해 갖춰야 할 사고방식입니다.

특히 유아기는 자연에 대한 가치관, 신념, 태도가 형성되는 시기이기 때문에 지속가능발전 교육에 더욱 중점을 둘 필요가 있습니다. 자연과 공존하기 위한 지속가능발전 교육의 핵심은 **환경친화적인 태도**(environment-friendly attitudes)를 길러 주는 것입니다. 우리 모두가 환경친화적인 태도를 갖춘다면 인간과 자연의 공존이 가능해지지요. 환경친화적인 태도는 크게 자연친화적인 태도와 환경보전 태도로 구분할 수 있습니다. **자연친화적인 태도**는 우리와 함께 살아가고 있는 모든 생물에 대해 관심을 갖고, 생명체를 존중하는 태도를 말합니다. **환경보전 태도**는 자연환경의 중요성을 인식하고, 자연환경과 인간의 관계에 대해 생각해 보며 자연이 제공해 주는 자원을 아끼고 절약하는 데 적극적으로 참여하는 태도를 말합니다.

환경친화적인 태도를 길러 줄 수 있는 방안으로 그림책이 주목을 받고 있습니다. **환경 그림책**은 어린 아동의 수준에서 이해하기 쉽게 환경의 개념과 환경보전을 위한 지식과 태도를 길러 주는 부류의 그림책입니다. 환경 그림책은 우리가 자주 접하지 못하고 사는 자연에 대해 직간접적으로 경험하고 생각해 볼 수 있도록 도와주는 훌륭한 매체입니다. 환경 그림책을 적절히 사용하면 자연과 깊은 유대감을 형성할 수 있도록 돕기 때문에 자연환경에 대한 가치관과 태도의 형성을 도울 수 있지요. 실제로 아동을 대상으로 환경 그림책을 활용한 활동을 실시하였을 때 환경 보전을 위한 지식, 자연환경 감수성과 환경친화적인 태도에 긍정적인 영향을 미칠 수 있는 것으로 나타났습니다.

유아를 대상으로 환경 그림책을 읽어 줄 때는 주변에서 쉽게 접할 수 있는 자연에 대한 소재를 중심으로 시작해서 점차 광역적인 범위로 확장해 나가며 환경 보호를 위한 추상적인 개념을 이해할 수 있도록 돕는 것이 좋습니다. 아이들이 인간과 자연환경과의 관계에 대해 생각해 보고, 지속가능한 발전을 위해 우리가 무엇을 할 수 있을지 고민해 볼 수 있도록 도와주세요. 개방적인 질문과 토의를 통해 자연과 공존하기 위한 방법에 대해 스스로 고민해 보는 시간을 가질 수 있도록 해 주세요. 이러한 자연과 공존하기 위한 교육은 우리를 둘러싼 자연에 대한 인식의 발달을 돕고, 궁극적으로는 자연과 생명체를 존중하고 보호하려는 직접적인 행동의 변화를 이끌 수 있습니다.

환경오염 관련 그림책 읽기

『바다 이야기』

존 세븐 글, 재나 크리스티 그림, 초록색연필 옮김, 키즈엠, 2013

> **그림책 소개**

바닷속에 사는 아름다운 해양생물들과 우리들은 바다가 없으면 살 수 없어요. 그래서 바다의 이야기는 우리들의 이야기이기도 합니다. 바다가 무슨 이야기를 하는지 함께 귀 기울여 볼까요?

- **음운론적 인식을 기르는 질문**
  - 깡충깡충, 꿀꺽꿀꺽에서 'ㄱ'이 두 번 들어간 'ㄲ'은 어디 어디에 있지?
  - 노랫소리, 호루라기처럼 네 글자인 단어는 또 뭐가 있을까? 그림책에서 한번 찾아볼까? 유령멍게, 바다나리, 악솔로틀 모두 네 글자다.
  - 와, 이름이 엄청 길고 어렵다. 한번 빠르게 말해 볼까? 점박이거북복어, 갯민숭달팽이, 뱀거미불가사리.

- **어휘력을 기르는 질문**
  - 귀상어, 블로브피시, 해님불가사리, 위장오징어는 모두 바다에 사는 생물이기 때문에 해양생물이라고 말할 수 있어.
  - 해님불가사리, 뱀거미불가사리 모두 불가사리 종류인가 봐. 왜 이름을 다르게 붙였을까? 생김새 때문에 이름을 다르게 붙였나 봐.
  - 위장오징어는 왜 이름이 위장오징어일까? 위장이라는 건 모습이 드러나지 않도록 잘 숨어 있는 걸 말해. 다른 뜻도 있어. 우리가 먹은 음식을 소화시켜 주는 곳도 위장이라고 말해.

- **이야기 이해력을 기르는 질문**
  - 왜 바다 이야기의 주인공이 우리라고 하는 걸까? 배를 탈 때, 조개 껍데기를 주울 때, 빗속을 깡충깡충 뛸 때, 물을 꿀꺽꿀꺽 마실 때 모두 바다 이야기의 주인공이 될 수 있다. 바다는

꼭 바다에 가야만 만날 수 있는 게 아니구나!
- 바다의 깊은 땅속에 있는 석유를 꺼내다 바다에 오염되기라도 하면 어떻게 되는 걸까? 바다에 살던 동물, 식물들이 살 수가 없게 되네. 예전에 『외뿔고래의 슬픈 노래』에서도 이런 이야기 들은 적 있지? 거기에서는 석유가 어디 묻혀 있는지 확인한다고 쾅쾅쾅 큰 소리를 내는 바람에 외뿔고래가 다른 곳으로 이사해야만 했었잖아.
- ○○이가 다른 친구한테 아름다운 바다 이야기를 해 준다면 무슨 이야기를 해 주고 싶어? 어떻게 하면 우리가 아름다운 바다를 지킬 수 있을까?

『아마존 숲의 편지』
잉그리드 비스마이어 벨링하젠 지음, 김현좌 옮김, 걸음동무, 2009

> **그림책 소개**

아마존 숲이 우리에게 편지를 썼어요. 편지에는 무슨 내용이 담겨 있을까요? 지구의 허파라고 불리는 소중한 아마존을 지키기 위해 우리가 무엇을 할 수 있을지 생각해 보아요.

- **음운론적 인식을 기르는 질문**
- 페루, 콜롬비아, 베네수엘라, 에콰도르, 볼리비아, 가이아나, 수리남, 기아나. 나라 이름들이 몇 글자씩인지 세어 볼까?
- 아마존처럼 '아'로 시작하는 단어 또 뭐가 있지? 아프리카, 아저씨, 아기, 아이스크림, 아동, 아몬드, 아보카도. 그림책에 나오는 아르마딜로도 '아'로 시작하네!
- 우리 아마존에 있는 동물 친구들 이름으로 거꾸로 말하기 해 볼까? 피라니아는 거꾸로 하면 아니라피! 나무늘보 거꾸로 하면 보늘무나!

- **어휘력을 기르는 질문**
- 행성은 지구처럼 태양계에서 태양 주변을 돌고 있는 걸 말해. 수성, 금성, 화성, 목성, 토성, 천왕성, 해왕성도 모두 행성이지. 모두 '성'이라고 끝나는데 지구만 '성'으로 끝나지 않네?
- 무한한 공간에 놓인 파란 점 하나래. 무한하다는 건 끝이 없다는 뜻이야. 반댓말은 유한하다야. 이건 무슨 뜻일까? 끝이 있다는 뜻이지. 제한이나 한계가 있다는 말이야.
- 대륙, 대양 둘 다 말이 어렵다. 대륙, 대양에 들어가는 '대'는 커다랗다는 뜻이야. 그래서 대륙은 커다란 땅덩어리, 대양은 커다란 바다를 뜻해.

- **이야기 이해력을 기르는 질문**
- 무한한 공간에 놓인 파란 점 하나. 이건 뭘까? 무한한 커다란 우주 속에 있는 지구인가 봐.
- 이 그림책에서 이야기하고 있는 목소리의 주인공은 누구지? 아마존의 편지라고 했으니까 목소리의 주인공은 아마존 숲일까?
- 아마존에는 다양한 생물들이 살고 있다. 아마존에 사는 생물들을 인간이 데려가서 키우면 죽어 버린대. 왜 그런 걸까?

『고사리손 환경책』

멜라니 월시 지음, 웅진주니어, 2009

그림책 소개

우리가 사는 환경을 지킬 수 있는 방법은 무엇일까요? 작지만 큰 힘이 있는 지구를 지키는 작은 실천들을 알아보고, 하나씩 실천해 보아요. 지구를 지키는 방법은 꼭 거창한 것만 있는 게 아니에요.

• 음운론적 인식을 기르는 질문

- 모이처럼 'ㅁ'과 'ㅇ'으로 만들어지는 단어가 또 뭐가 있을까? 모양, 목욕, 마을, 마음, 미안, 무용, 미움, 믿음.
- 못 쓰는 쓰레기에서 'ㅅ'이 두 번 들어간 곳은 어디 어디일까?
- 그림책을 처음부터 다시 읽어 보면서 'ㅁ'이 나올 때마다 /므/ 소리를 내 볼까?

• 어휘력을 기르는 질문

- 가전제품이 뭘까? 텔레비전, 선풍기, 에어컨 같이 전기를 사용해야 하는 물건들을 말해.
- 이렇게 우리가 사용하고 나온 쓰레기를 종류별로 분리해서 버리는 걸 뭐라고 할까? 분리수거라고 말한대. 어떻게 구분해서 버릴 수 있는지 볼까? 깡통, 유리, 플라스틱, 종이, 음식물 쓰레기로 분류할 수 있겠네.
- 이렇게 로봇을 만들 때 낡은 상자를 사용하는 걸 뭐라고 할까? 이렇게 쓰임이 다한 걸 다시 활용하는 걸 재활용이라고 해.

• 이야기 이해력을 기르는 질문

- 지구를 사랑하는 방법은 뭐가 있을까? 불 켜진 전등은 어떻게 할 수 있으려나? 사용하지 않을 때는 불을 꼭 꺼야 해. 전기를 만들기 위해서는 많은 자원이 필요하니까.
- 수도꼭지를 콸콸콸 틀어 놓지 않고 필요한 만큼 사용하려면 어떻게 해야 할까? 양치를 할 때는 양치 컵에 필요한 만큼만 물을 받아서 사용하고, 목욕을 할 때는 욕조에 필요한 만큼만 물을 받아서 사용하면 되겠네.
- ○○이는 지구를 지키는 생활습관 중에서 하나는 꼭 지킨다면 어떤 걸 지키고 싶어? 우리 약속을 까먹지 않게 적어서 붙여 둘까?

추천 그림책

『아주 이상한 물고기』
나오미 조스 글, 제임스 존스 그림, 김세실 옮김, 을파소, 2022

『외뿔고래의 슬픈 노래』
김진 글, 이주미 그림, 키즈엠, 2016

『이상한 구십구』
이예술 지음, 아트앤팝업, 2023

『이런 개구리는 처음이야!』
올가 데 디오스 지음, 김정하 옮김, 노란상상, 2018

『내가 지구를 사랑하는 방법』
토드 파 지음, 장미정 옮김, 고래이야기, 2022

『딱 한 개인데 뭐!』
트레이시 코드로이 글, 토니 닐 그림, 루이제 옮김, 에듀애테크, 2020

『아직 봄이 오지 않았을 거야』
정유진 지음, 고래뱃속, 2021

『플라스틱 섬』
이명애 지음, 상출판사, 2020

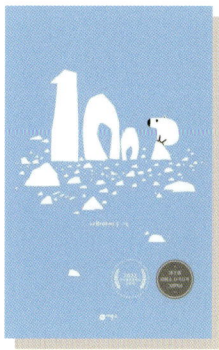
『100곰』
나비야씨 지음, 비룡소, 2022

『우리 곧 사라져요』
이예숙 지음, 노란상상, 2021

그림책 육아 QnA

그림책, 언제까지 읽어 줘야 할까?

그림책은 언제까지 읽어 줘야 할까요? 육아에 지친 몸을 이끌고 그림책을 읽어 주다 보면 우리 아이가 빨리 한글을 깨쳐서 혼자 읽었으면 하는 바람이 샘솟기도 합니다. 지금은 이런 시간이 언제 끝날지 너무 멀어 보일 수 있지만, 지나고 보면 아이가 그림책을 읽어 달라고 가지고 오는 시간은 그렇게 길지만은 않습니다. 부모의 품에서 벗어나 성장하면 성장할수록 이 시간이 그리워지겠지요. 끝날 것 같지 않지만 언젠가는 끝난다는 생각으로 오늘도 열심히 아이와 그림책 읽는 시간을 가져 보는 건 어떨까요? 우리 아이가 나중에 커서 엄마, 아빠와 함께 그림책을 읽었던 시간을 따뜻하고 행복했다고 기억할 거예요.

그림책은 **아이가 읽어 달라고 할 때까지** 읽어 주세요. 한글을 혼자서 읽을 수 있게 되는 초등학생 시기에도 그림책과 책을 부모가 소리 내어 읽어 주는 것은 정서적으로나 언어·인지적으로나 긍정적입니다. 아이 입장에서 부모가 직접 그림책을 읽어 주는 목소리는 성우가 녹음한 목소리와는 그 가치가 비교가 되지 않지요. 그림책 함께 읽기는 부모님들에게 있어서도 가장 손쉽게 아이와 긴밀한 시간을 함께 보낼 수 있는 수단이 됩니다. 그림책을 매체로 하여 오늘 있었던 일에 대해 이야기를 나누는 시간도 가질 수 있겠지요. 그렇기 때문에 아이가 글자를 읽을 수 있게 되었다고 너무 섣불리 **읽기 독립**을 하라고 등 떠밀지 않아야 합니다. **아이가 원한다면 언제든 엄마, 아빠 목소리로 읽어 주세요.** 부모님과 함께 책 읽는 시간은 책에는 담겨 있지 않은 부분까지도 함께 짚어 보며 다룰 수 있기 때문에 인지적인 이점이 크다는 점 잊지 말아 주세요. 부모가 읽어 주는 책의 내용에 귀 기울이는 아이들은 상대의 말을 **경청하는 능력**과 **집중력**을 성장시키기는 데에도 유리합니다. 우리 아이들의 문해력을 길러 주려고 노력하는 궁극적인 목표가 **타인과 원활히 소통**할 수 있는 아이가 될 수 있도록 하기 위함이라는 점을 항상 기억해야 합니다.

07

그림책 읽기의 효과를 배가시키는 독후활동

　그림책을 읽고 나서 그림책의 특성을 살린 독후활동을 함께 하면 기초문해력을 성장시키는 효과를 배가시킬 수 있습니다. 여기에서는 크게 신체, 미술, 요리, 음률, 사회, 수조작, 과학 영역으로 나누어 활동들을 소개하도록 하겠습니다. 하지만 실제로 활동을 진행할 때는 영역별로 구분하여 활동을 진행하는 것은 의미가 없습니다. 영역 통합적인 활동으로 진행하는 것이 아이들에게 더욱 적합하지요. 제가 서울대학교 어린이집에서 아이들과 함께 주제탐구표현활동을 진행했던 것을 예시로 소개하려고 합니다. 어떻게 영역 통합적인 활동이 이루어졌는지, 어떤 식으로 질문을 하는 것이 아이들의 기초문해력 향상을 도울 수 있는지 알아보도록 하겠습니다.

1. 신체: 몸으로 배우는 우리

　몸은 마음이 깃드는 그릇입니다. 몸이 건강하지 못하면 마음도 병들게 되지요. 하지만 현대사회에 사는 우리는 몸을 움직이는 것과 몸을 건강하게 돌보는 일을 등한시합니다. 신체 건강을 잠시 잃어 보고 나서야 그 소중함을 깨우치기 일쑤이지요. 한참 공부를 하는 수험생들은 운동할 시간은 물론 잠잘 시간까지 아껴 가며 공부를 하는 것을 당연히 여겨서 걱정이 되기도 합니다. 하지만 우리의 우려와는 달리, 운동 시간이 늘어난다고 해서 학업성취가 떨어지지는 않는다고 합니다. 오히려 신체활동은 학업성취를 높이는 데 기여할 수 있습니다.

　인지 에너지(cognitive energetics) **이론**에 따르면 신체활동은 인간이 가지고 있는 생리적 자원의 효율을 최대화하고, 스트레스와 피로는 최소화할 수 있도록 도와 인지

기능을 최적의 상태로 만들어 줍니다. 연구 결과에 따르면, 유산소 운동을 꾸준히 하는 집단에서 기억을 담당하는 해마의 크기가 더 크고, 기억능력도 뛰어났습니다. 당장에라도 운동을 시작해야겠지요? 운동을 통한 이점을 얻기 위해서는 **중강도의 유산소 운동을 꾸준히 하는 것이 좋습니다**. 6개월만 꾸준히 해도 인지와 관련된 뇌 기능이 변화할 수 있다고 하니 희소식이지요. 지금부터라도 우리 모두 열심히 몸을 움직여야겠어요.

특히 아이들에게 신체 운동은 그 무엇보다도 중요합니다. **아이들의 신체는 성장하는 중이며, 아이들은 끊임없이 몸을 움직이며 배우는 존재**이기 때문입니다. 실제로 아이들은 몸을 움직이며 배울 때 더 금방, 그리고 더 쉽게 체득합니다. 이러한 이점은 그림책을 활용할 때도 나타나지요. 아이들에게 그림책을 읽어 줄 때 몸으로 표현하며 읽도록 하면, 그냥 읽어 줄 때보다 언어이해력과 표현력, 어휘력이 눈에 띄게 성장할 수 있습니다. 이는 **신체의 움직임이 인지기능에 도움**을 주기 때문이지요. 신체 운동을 할 때 방출되는 신경전달물질이 뇌의 신경학적인 과정을 더 수월하게 이루어지도록 도와주어 기억과 학습을 담당하는 부위가 활성화됩니다. 아이들이 무언가를 배울 때 가만히 앉아 있지 못하고 부산스럽게 움직인다고 나무라지 마세요. 오히려 적극적으로 권장해 주어야 합니다.

1. 신체: 몸으로 배우는 우리   **273**

1) 그림책 읽기

『꼬물꼬물 애벌레 코라』

엠마 트렌터 글, 베리 트렌터 그림, 박종석 옮김, 사파리, 2021

그림책 소개

제왕나비 애벌레 코라의 일생을 보여 주는 정보 그림책입니다. 박주가리 잎을 먹으며 무럭무럭 자란 코라는 허물을 벗으며 조금씩 성장해요. 번데기로 변신한 뒤 긴 시간을 기다려 멋진 제왕나비가 되어 날아다니지요. 멋진 코라의 변천사를 몸으로 표현해 보는 건 어떨까요?

● **음운론적 인식을 기르는 질문**
- 코라, 케이트처럼 /크/ 소리로 시작하는 애벌레 이름을 지어 줄까?
- 박주가리 잎을 야금야금 갉아서 우적우적 씹어 먹네. 야금야금, 우적우적! 잎사귀를 먹는 소리를 또 어떻게 표현할 수 있을까?
- 꼬물꼬물을 거꾸로 말하면 뭐가 될까? 물꼬물꼬. 꼬물꼬물처럼 귀여운 소리다.

● **어휘력을 기르는 질문**
- 왜 다리 이름이 가슴다리, 배다리일까? 가슴에 붙어 있어서 가슴다리, 배에 붙어 있어서 배다리인가 봐. 그럼 허리에 다리가 붙어 있으면 뭐라고 이름 붙일 수 있을까? 허리다리?!
- 느릿느릿 움직이는 건 어떻게 움직이는 거야? 이번엔 반대로 재빠르게 움직여 볼까?
- 나비의 한살이란 건 무슨 뜻인 것 같아? 이렇게 알이었다가, 애벌레가 되었다가, 번데기가 되었다가, 나비가 되는 과정을 한살이라고 해. 한 번 사는 과정이란 뜻이지.

● **이야기 이해력을 기르는 질문**
- 코라는 어떻게 높은 곳까지 기어 올라갈 수 있는 걸까? 진짜 다리인 가슴다리랑 가짜 다리인 배다리가 있어서 어디든 올라갈 수 있나 봐.
- 박주가리 잎에는 독이 들어 있다는데 왜 코라는 먹어도 끄떡없을까?
- 나비는 비 오는 날이 왜 싫을까? 빗방울 때문에 날개에 상처를 입을 수 있어서 나뭇잎 아래에 숨어서 비를 피하는 거래.

『꼭 나비가 되어야 하나요?』

데니스 테일러 글, 마스미 후루카와 그림, 강형복 옮김, 키즈엠, 2013

그림책 소개

애벌레 루니는 나비가 되고 싶지 않아요. 나비가 되면 가질 수 있는 멋진 날개도, 먹을 수 있는 달콤한 꿀도 부럽지가 않지요. 루니는 지금의 자기 모습과 사는 곳이 무척이나 마음에 들었어요. 이런 루니가 나비가 될 수 있을까요? 루니의 고민을 함께 들어 보아요.

- **음운론적 인식을 기르는 질문**
  - 새근새근에서 니은 받침을 빼면 어떤 소리가 될까? 새그새그!
  - 새근새근이랑 비슷한 소리가 뭐가 있을까? '쌔근쌔근 잠이 들었어요'라고도 말해 볼 수 있겠다. 쌔근쌔근이 더 거친 소리가 나네. 새근새근이랑 쌔근쌔근이랑 소리의 어디가 다르지?
  - 새근새근을 길게 늘어트려서 말해 볼까? 새애그은~ 새애그은~

- **어휘력을 기르는 질문**
  - "애벌레가 어때서?" 루니는 뾰로통하게 대답했어요. 루니 표정이 어때? 뾰로통하게 대답하는 건 어떻게 대답하는 거야?
  - '루니'라는 말은 영어 이름이네. 애벌레라는 걸 알 수 있게 우리나라 말로 이름을 지어 준다면 뭐라고 지어 주고 싶어?
  - 잠자리랑 꿀벌, 나비 같은 친구들을 뭐라고 부르는지 알아? 모두 곤충이라고 해.

- **이야기 이해력을 기르는 질문**
  - 루니는 왜 애벌레로 남아 있고 싶은 걸까? 나비가 되는 게 왜 싫은 거지?
  - 나비가 되면 할 수 있는 일이 뭐가 있을까?
  - 나비가 꼭 되어야 하냐는 루니의 질문에 부엉이 할아버지가 뭐라고 대답했을까?

『애벌레가 들려주는 나비 이야기』
노정임 글, 안경자 그림, 김성수 감수, 철수와 영희, 2011

> **그림책 소개**

풀밭에서 펼쳐지는 아홉 마리 나비의 한살이를 세밀화로 그려낸 그림책입니다. 저마다 다른 생김새와 특징을 가지고 있는 나비들의 알, 애벌레, 번데기, 나비의 모습을 비교하며 읽어 보아요.

- **음운론적 인식을 기르는 질문**
  - 애벌레는 살강살강, 설겅설겅 잎사귀를 먹는대. 살강살강이랑 설겅설겅이랑 어떤 부분이 소리가 달라? 살강살강은 모두 'ㅏ'가 들어가는데, 설겅설겅은 모두 'ㅓ'가 들어간다.
  - 애벌레, 번데기처럼 세 글자인 단어는 또 뭐가 있을까?
  - 나비가 되면 너울너울, 사분사분 날아다닌대. 나비가 날아다니는 모습을 또 어떻게 표현할 수 있을까?

- **어휘력을 기르는 질문**
  - 나비 이름들에는 나비들이 가지고 있는 특징이 담기도록 이름을 지었대. 배추흰나비 이름은 왜 배추흰나비인 것 같아?
  - 다 자란 애벌레는 종령 애벌레라고 말해. 왜 종령이라고 하는 걸까? 종령의 종은 종말의 종이랑 같아. 가장 마지막 모습의 애벌레라는 뜻이야.
  - 애벌레들은 자기가 먹는 식물의 잎이랑 비슷한 보호색을 띤대. 보호색이란 건 무슨 뜻인 것 같아?

- **이야기 이해력을 기르는 질문**
  - 나비들의 알은 모두 모양이 다르다. 남방부전나비 알은 어떻게 생겼어? 동그랗고 하얀 진주를 닮았다.
  - 애벌레가 제일 처음 알 껍질을 먹는대. 왜 알 껍질을 먹는 걸까?
  - 작은멋쟁이나비 애벌레는 어떻게 생겼어? 뾰족뾰족한 가시가 있는 것 같다.

2) 그림책을 활용한 신체활동

⭐ 애벌레처럼 꿈틀꿈틀 기어 다니기

● **활동방법**

① 애벌레의 움직임을 **관찰**해요. 실제 애벌레를 관찰하는 것이 가장 좋지만, 어려울 경우에는 동영상 자료를 통해 애벌레의 움직임을 관찰해요.

② 애벌레의 움직임을 **몸으로 표현**해요. 이때 몸을 움직이는 모습을 **의태어**로 다양하게 표현해 주세요.(예: 꿈틀꿈틀, 굼틀굼틀, 꼬물꼬물, 꿀렁꿀렁)
 "○○이 애벌레가 꿈틀꿈틀 앞으로 기어 나가네.
 애벌레처럼 기어가려면 걸어갈 때보다 오래 걸리겠다."

● **확장 활동(신체): 방향 따라 움직이기**

- 왼쪽, 오른쪽, 앞, 뒤, 옆과 같이 움직이는 **방향을 제시**해 주면, 아이들이 방향에 맞게 움직이는 놀이로도 확장해 볼 수 있어요.
 "애벌레 친구들 이번에는 뒤로 기어가 볼까?"

- 바닥에 **색 테이프로 길**을 만들고, 길을 따라 꿈틀꿈틀 기어가는 애벌레 놀이를 할 수 있어요. 직선, 지그재그선, 타원형 등 다양한 형태로 길을 만들어요.
 "이번에는 색 테이프로 만든 길을 따라 꼬물꼬물 기어가 볼까?"

⭐ 애벌레의 허물 벗기 & 번데기처럼 그대로 멈춰라!

● **활동방법**
① 애벌레에서 번데기로 변한 모습을 **관찰**해요. 직접 관찰하는 것이 가장 좋지만, 어려울 경우에는 그림책과 동영상 자료를 참고해 주세요.
② **에어캡**을 몸에 둘둘 말아서 번데기의 모습을 표현해요. 초록색 시트지를 활용해서 번데기를 만들어 보는 것도 좋아요.
③ 〈**그대로 멈춰라**〉 노래를 부르며 '그대로 멈춰라' 가사가 나오면 번데기가 된 것처럼 멈춰요. 노래를 개사해서 '번데기 되어라'라고 표현하는 것도 좋아요. 놀이를 확장하여 '애벌레/번데기/나비 되어라'로 다양하게 바꾸어 놀이해요.
"그대로 멈춰라 노래 같이 불러 보면서 번데기가 되어 볼까?
그대로 멈춰라 대신 '번데기 되어라'라고 말할게.
그러면 번데기처럼 꼼짝하지 않고 멈추는 거야."

● **확장 활동(신체): 몸 테두리 따라 멈추기**
• 몸을 그대로 멈추는 놀이를 벽면을 활용해서 확장해 볼 수 있어요. 벽면에 색 테이프나 전지를 활용해서 **몸을 넣을 수 있는 테두리**를 만들어요. 다양한 동작을 하고 있는 몸을 표현해 보면 좋습니다. 몸 테두리를 완성한 뒤에는 테두리에 맞게 몸의 동작을 만드는 놀이로 확장해 주세요.
"만세를 하고 있는 모양이네. 만세 모양이 되도록 몸을 만들어 볼까?"

★ 나비가되어 돌아다니기

- **활동방법**
① **나비 날개**를 만들어 주세요. 색도화지를 나비 날개 모양으로 자른 뒤 코팅해 주세요. 리본을 달아 나비 날개를 맬 수 있게 만들어 주면 좋습니다. **커다란 천 보자기**나 **종이박스** 등을 활용해서 다양하게 나비 날개를 만들어 볼 수도 있습니다.
② 나비가 되어 날아다니며 방 구석구석을 탐색하는 놀이를 해요.
③ **의태어**를 활용하여 아이가 표현하고 있는 나비의 움직임을 묘사해 주세요.
   "○○이가 나비가 되더니 나폴나폴 우아하게 날아다니네.
   나비 날개가 팔랑팔랑 움직여서 무척 아름다워."

- **확장 활동(사회): 대롱대롱 길쭉한 나비 입**

- **코끼리 피리**로 꽃에 있는 꿀을 마시는 나비를 표현해 보는 것도 좋습니다.
   "말려 있던 나비 입이 길쭉하게 펴지더니 꽃에서 꿀을 따먹네? 어떤 꽃의 꿀이 더 맛있어?"

⭐ 팔랑팔랑 나비 막대와 함께 춤을

• **활동방법**

① OHP 필름과 EVA 막대를 활용해서 팔랑팔랑 움직일 수 있는 **나비 막대**를 만들어요. 나비의 날개를 윈도우 마카, 스티커 등을 이용해서 다양하게 꾸며 주세요.

② **나비, 봄과 관련한 클래식**을 들으며 나비 막대로 나비의 날갯짓을 표현해요. (예: 멘델스존 봄의 노래, 랑게 꽃노래, 비발디 사계 봄 1악장, 요한 스트라우스 2세 봄의 소리 왈츠)

"봄(나비)을 떠올리며 만든 노래래. 노래를 들으며 나비처럼 날아가 볼까?
팔랑팔랑 날아가는 ○○이 나비의 날갯짓이 우아하다."

• **확장 활동(신체 & 사회): 나비와 함께 머리, 어깨, 무릎, 발**

• 아이들이 만든 나비 막대를 활용하여 친구와 함께 하는 신체놀이로 확장해 볼 수 있어요. 나비 막대를 들고 친구와 마주 보고 서요. 〈머리 어깨 무릎 발〉 노래를 함께 부르며 노래에 맞게 친구의 신체를 나비 막대로 톡톡 건드려요.

"친구랑 같이 〈머리 어깨 무릎 발〉 노래 부르면서 나비 막대로 친구 몸을 톡톡 두드려 볼까?"

⭐ 거미줄 피해 날아가기

● **활동방법**

① 바닥에 흰색 테이프로 **거미줄**을 표현해 주세요. 색 도화지로 거미를 만들어 같이 붙여 주면 좋습니다.

② **거미와 나비**로 역할을 나누어 서로 잡고 도망치는 놀이로 확장할 수 있어요.
 "코라가 거미줄에 걸렸어. 다른 나비 친구들아, 코라를 도와줘!
 거미가 왼쪽에서 다가오고 있어. 조심해! 오른쪽으로 도망쳐!"

● **확장 활동(신체 & 수조작): 거미줄 숫자 밟기**

- 흰색 테이프로 만든 거미줄을 활용하여 숫자 놀이로 확장할 수 있어요. 거미줄의 칸에 숫자를 적어요. 성인이 불러 주는 숫자를 찾아 밟아 보며 숫자의 이름과 모양에 관심을 가져요. 1부터 20까지 또는 거꾸로 숫자를 따라 걸어 보며 수 세기 놀이를 해 볼 수도 있어요. 처음에는 숫자를 순서대로 적어 주고, 아이들이 숫자에 익숙해졌다면 거미줄에 뒤죽박죽 숫자를 적어 난이도를 높여 주세요.

 "거미줄에 숫자들이 걸렸네! 이번엔 거미줄 숫자 밟기 놀이를 해 볼까?
 숫자 이름 말하면 ○○이가 숫자 찾아서 밟아 보는 거야.
 이번엔 순서대로 숫자 밟기 놀이를 해 볼까? 1부터 20까지 순서대로 밟아야 해."

⭐ 같은 색깔 꽃 찾아 날아가기

- **활동방법**
① 색종이로 같은 모양의 꽃을 **여러 색상**으로 만들어요. 바닥 한가운데에는 애벌레나 나비 사진을 붙이고, 그 주변에 꽃 모양을 붙여요.
② 주사위를 만들고, 주사위에는 앞에서 만든 꽃과 똑같은 색상으로 나비를 만들어서 붙여요.
③ 주사위를 던져 나온 나비의 색과 **동일한 색상의 꽃**으로 이동해요.
"파란색 나비가 나왔네? 파란색 나비니까 파란 꽃으로 날아가 볼까?"

- **확장 활동(언어): 단어 보물찾기**
- 방의 곳곳에 같은 색깔의 꽃이나 나비를 숨겨 두고 찾기 놀이를 할 수 있어요. 놀이를 좀 더 확장한다면 **나비, 애벌레, 거미**와 같은 글자를 여러 장 인쇄해서 곳곳에 숨겨 두고 찾는 놀이를 할 수도 있어요. 글자 보물을 찾아보면서 단어의 형태에 관심을 가질 수 있어요.
"방 구석구석에 나비, 애벌레, 거미 단어카드를 숨겨 뒀어.
나비라고 적혀 있는 단어카드만 찾아서 모아 볼까?"

3) 그림책을 활용한 영역 통합활동

수조작 좋아하는 나비 그래프로 표현하기

『주머니 속 나비 도감』
백유현·권민철·김현우 지음, 황소걸음, 2007

● 활동방법
① 나비 도감을 보면서 다양한 종류의 나비에 대해 알아 보아요.
② 나비 종류를 5가지 정도로 간추려 사진을 붙인 뒤, 좋아하는 **나비 그래프**를 만들어요. 얼굴 사진을 붙이거나 내 이름을 그래프에 직접 써넣어요.
  "친구들이 좋아하는 나비를 모두 골라 봤네. 친구들이 가장 좋아하는 나비는 뭘까? 어떤 나비가 가장 인기가 많은지 세어 볼까?"

수조작 나비 알과 애벌레 모으기

● 활동방법
① 펠트지와 폼폼이로 애벌레의 알과 애벌레, 잎사귀를 만들어요.

② **주사위를 던져 나온 수만큼** 알이나 애벌레를 가지고 와서 잎사귀에 붙여요.
 "숫자 3이 나왔네. 나비 알이랑 애벌레 중에 어떤 걸 3개 모으고 싶어?
 나비 알 한 개, 두 개, 세 개! 세 개 모두 모았다."

미술   나비 성장과정 만들기

• **활동방법**
① **나비의 한살이**(알→애벌레→번데기→나비) 과정을 그림으로 표현해요. 그림 도안을 활용하고 색칠해 보는 것도 좋아요.
② 색 도화지를 **아코디언 북** 형태로 만든 뒤 나비의 한살이 그림을 붙여요.
 "나비는 알, 애벌레, 번데기, 나비라는 순서대로 한살이를 산대.
 순서대로 만들어서 ○○이만의 나비 아코디언 북을 만들어 볼까?"

미술   데칼코마니로 나비 날개 표현하기

● 활동방법
① 도화지를 나비 날개 모양으로 잘라요.
② 물감을 뿌린 뒤 반을 접고 손으로 문질러서 물감이 퍼지도록 해요.
③ **데칼코마니** 기법으로 만들어진 나비 날개의 무늬를 감상해요.
　"나비 모양 도화지야. 물감을 한쪽에만 뿌리고 문질러 주면 어떤 모양이 될까?
　양쪽의 모양이 똑같다. 대칭 모양이야."

미술 손바닥 물감도장으로 나비 날개 꾸미기

● 활동방법
① 시트지나 전지를 커다란 나비 날개로 만들어 벽면에 붙여요.
② 손바닥에 물감을 묻혀 **물감 도장**을 찍어 나비 날개를 표현해요. 색연필, 크레파스, 스티커 등 다양한 재료로 꾸며 보는 것도 좋아요.
　"여기 커다란 나비 날개가 있어. 우리가 멋지게 나비 날개를 꾸며서 포토존을 만들어 볼까? ○○이는 나비 날개를 무슨 색으로 꾸며 보고 싶어?"

미술 번데기 속 애벌레 표현하기

1. 신체: 몸으로 배우는 우리   **285**

- **활동방법**
① 종이접시를 반으로 접은 상태에서 바깥 테두리를 펀치로 구멍을 뚫어요.
② 구멍에 털실을 끼워 종이접시로 **번데기**를 표현해요.
③ 폼폼이로 애벌레를 만들어 번데기 속에 들어 있는 걸 표현할 수도 있어요.

"애벌레가 자기 몸에다가 실을 감아서 번데기가 된 것처럼 우리도 종이접시로 번데기를 만들어 볼까? 여기 있는 구멍에 실을 감아 주면 꽉 닫혀 있는 번데기를 만들 수 있어."

과학 나비 애벌레 관찰하기

- **활동방법**
① 나비 애벌레를 직접 키워 보면서 관찰해요.
② 애벌레의 변화를 매일 **사진과 글로 기록**을 남겨요. 아직 스스로 적는 것이 어려운 유아 친구들과 함께 할 때는 관찰한 것을 문장으로 표현해 보고, 성인이 글로 적어 주세요.

"애벌레가 왜 움직이지 않지? 번데기가 되려고 움직이지 않았던 거구나!
여기 산초나무 가지에 가만히 붙어 있던 애벌레가 번데기가 됐어.
번데기 속에서 한숨 자면서 점점 나비로 변한대.
나비가 나왔다! 나비 날개가 아직 젖어 있어서 날개를 말리고 있어."

| 요리 | **나비 샌드위치 만들기** |

● **활동방법**

① 딸기와 바나나를 플라스틱 칼을 이용해 작게 잘라요.
② 식빵을 세모 모양으로 잘라 나비 날개 모양으로 준비해 주세요.
③ 빵 위에 생크림을 펴서 바르고, 딸기와 바나나로 **나비 날개를 표현**해요.
  "식빵을 세모나게 잘라서 이렇게 붙이니까 나비 날개 같다.
  여기 위에 생크림이랑 과일로 ○○이만의 나비 샌드위치를 만들어 볼까?"

추천 그림책

『날개를 기다리며』
로이스 엘럿 지음, 이상희 옮김, 베틀북, 2001

『나뭇잎 손님과 애벌레 미용사』
이수애 지음, 한울림어린이, 2015

『배추흰나비 알 100개는 어디로 갔을까?』
권혁도 지음, 길벗어린이, 2019

『페르디와 애벌레』
줄리아 롤린슨 글, 티파니 비키 그림, 이은주 옮김, 느림보, 2021

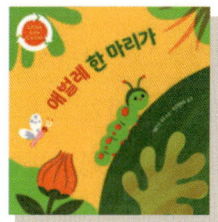

『애벌레 한 마리가』
메기 리 지음, 이현아 옮김, BARN, 2023

『아주아주 배고픈 애벌레』
에릭칼 지음, 김세실 옮김, 시공주니어, 2022

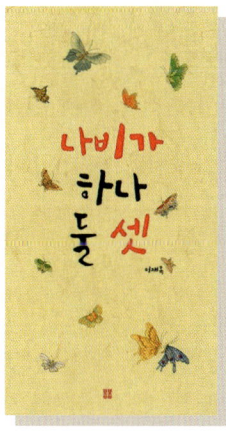

『나비가 하나 둘 셋』
이재옥 지음, 봄봄출판사, 2021

『꿈틀꿈틀 곤충 여행』
타샤 퍼시 글, 다이나모 그림, 박여진 옮김, 애플트리태일즈, 2018

2. 미술: 손끝에서 피어나는 세상

그림책은 상상력으로 만들어진 하나의 미술 작품이자, 아이들의 상상력을 자극하는 훌륭한 매체입니다. 특히 그림책의 그림은 그림 작가가 심혈을 기울여 만든 작품이 한 장씩 펼쳐지는 공간이지요. 지금-여기에서 벗어나 상상의 세계로 떠날 수 있다는 점에서 그림책 한 권 한 권은 새로운 세계로 여행을 떠날 수 있는 장이 되기도 합니다. 그림책은 그 자체로 문학적, 미학적 가치가 높은 미적 대상인 것이죠. 그렇기 때문에 그림책을 감상할 때 **심미적인 질문**을 적절히 하면 아이들의 풍부한 미적 반응을 이끌어 낼 수 있습니다. 그림책의 그림을 봤을 때 어떤 느낌이 나는지, 그림의 선, 색, 표현기법과 형태 등에 대해 이야기 나눌 수 있도록 적절히 질문해 주세요.

그림책을 읽어 본 뒤 이를 토대로 미술활동으로까지 확장해 보는 경험은 아이들의 다양한 감각을 더욱 자극할 수 있습니다. 특히 그림책을 활용한 미술활동을 진행할 때 **Arts PROPEL**이라는 방법을 통해 접근하면 아이들의 창의성 발달에 효과적입니다. Arts PROPEL은 크게 **지각**(perception), **제작**(production), **반성**(reflection)의 순서로 이루어집니다. 먼저 지각 단계에서는 그림책을 읽으며 다양한 예술적인 요소를 탐색하며 호기심을 갖습니다. 그림책의 그림과 글을 읽고, 그림과 글의 관계를 파악하는 데 초점을 둘 수 있습니다. 제작 단계에서는 그림책을 읽으며 얻은 생각, 느낌, 경험을 직접 표현해 봅니다. 그림으로 그리거나 만들고 꾸며보며 다양한 재료를 활용하여 표현합니다. 마지막으로 반성 단계에서는 완성된 작품을 감상하며 심미감을 기를 수 있습니다. 자신이 만든 작품뿐만 아니라 친구의 작품을 평가하고, 원한다면 작품을 수정할 수 있습니다. 평가라는 건 점수를 매기거나 품평을 한다는 것이 아닌, 작품을 감상한 자신의 소감을 공유하는 시간을 말합니다.

1) 그림책 읽기

『아삭 아삭 배추김치』

동백 글, 강은옥 그림, 쉼어린이, 2016

> **그림책 소개**
>
> 추운 한겨울에 밖에서 놀던 채소 친구들이 삼삼오오 동굴 속으로 모여들어요. 배춧잎을 덮고 잠든 생강, 마늘, 쪽파, 새우, 멸치 친구들은 무슨 꿈을 꾸는 걸까요?

- **음운론적 인식을 기르는 질문**
  - 앞에서는 '와, 멋있다!'라고 말하는데 다음 장에서는 '와, 맛있다'라고 말하네? '맛있다'랑 '멋있다' 글자는 어느 부분이 달라?
  - 까무룩 잠들었대. 까무룩의 'ㅏ'를 'ㅣ'로 바꾸면 무슨 소리가 될까? 끼무룩?
  - 김치를 먹을 때 아삭아삭 소리가 나나 봐. 아삭아삭은 몇 글자야?

- **어휘력을 기르는 질문**
  - 배추김치는 배추로 만들어서 배추김치라고 부른대. 그러면 파로 만든 김치는 뭐라고 할까? 부추로 김치를 만들면 뭐라고 부를 수 있을까?
  - 장독에는 이렇게 김치를 보관하기도 하고, 간장, 된장, 고추장 같은 장을 담아 두기도 해. 장을 담아 두는 독이라고 해서 장독이라고 부른대.
  - 우리 장독대로 끝말잇기 시작해 볼까? ○○이가 먼저 시작해.

- **이야기 이해력을 기르는 질문**
  - 무랑 생강은 왜 이렇게 길쭉하고 납작한 모양일까? 누가 생강을 납작납작하게, 무를 길쭉길쭉하게 잘랐을까? 쪽파들은 모양이 다 다르네? 왜 모양이 다 다를까? 파가 원래는 어떻게 생겼는지 찾아볼까?
  - 쪽파들이 쪽파처럼 생긴 눈사람을 만들었네. 우리도 이렇게 눈사람 만들어 봤었지? 어땠어?
  - 여기는 배추랑 다른 친구들이 꿈을 꾸는 장면인데, 왜 다음 장면이 여우가 장독대에서 김치를 꺼내 먹는 모습이 나오지?

『왜 왜 왜 김치가 좋을까?』

이흔 글, 이광익 그림, 웅진주니어, 2012

그림책 소개

김치는 왜 우리 몸에 좋을까요? 김치가 만들어지는 과정을 쉽고 재미있게 소개해요. 의성어와 의태어를 풍부하게 사용해서 소리 내어 읽는 재미가 있는 그림책이에요. 김치에 대해 자세히 알아보아요.

• 음운론적 인식을 기르는 질문

- 소리를 흉내 내는 말을 **의성어**, 움직임을 흉내 내는 말을 **의태어**라고 해. 이 그림책에는 의성어, 의태어가 많이 나와. 엄마랑 같이 그림책 읽어 보면서 어디에서 의성어, 의태어가 나오는지 찾아보자. (도화지에 의성어, 의태어라고 적어 두고 하나씩 찾아서 적어 보는 것도 좋습니다.)
- 졸깃졸깃의 'ㅈ'을 'ㅉ'으로 바꾸면 무슨 소리가 될까? 쫄깃쫄깃!
- 따끈따끈에 들어있는 받침 'ㄴ'을 빼면 어떤 소리가 될까? 따끄따끄. '끄' 아래에 'ㅁ' 받침 넣으면 따끔따끔이 된다.

• 어휘력을 기르는 질문

- 옛날에는 이렇게 한겨울을 나기 위해 김치를 담가서 저장했었대. 이렇게 김치를 담가서 저장하는 풍습을 김장이라고 한대.
- '떡 줄 사람은 꿈도 안 꾸는데 김칫국부터 마신다'라는 속담은 무슨 뜻일까?
- ○○이 백김치 먹어봤지? 백김치의 '백'은 하얗다는 뜻이야. 백설기도 눈처럼 하얗다는 뜻에서 백이 들어가.

• 이야기 이해력을 기르는 질문

- 김치 종류들이 진짜 많다. 우리도 김치 먹어본 적 있지? ○○이는 어떤 김치 먹어 봤었어?
- 김치가 발효되면 꼬마 병정들이 나타나기 시작한대. 꼬마 병정 이름이 뭘까? 맞아, 유산균이야! 이 유산균들 덕분에 김치가 발효되고, 우리 몸으로 들어와서 건강하게 도와준대.
- 김치를 만들 때 왜 배추를 소금에 절이는 걸까?

2. 미술: 손끝에서 피어나는 세상   **291**

『김치가 최고야』

김난지 글, 최나미 그림, 천개의 바람, 2014

> **그림책 소개**

우리 밥상에 자주 올라오는 김치 다섯 가지를 재미있게 소개하고 있습니다. 채소밭에서 직접 배추, 쪽파, 총각무, 무를 수확하는 장면에서 이야기가 시작돼요. 재료들을 소금에 절이고 양념을 준비하여 직접 김치를 담그는 과정을 담고 있어요.

- **음운론적 인식을 기르는 질문**
  - 총각김치가 으랏차차 알통을 자랑한대. 으랏차차! '차'라는 소리가 두 번이나 들어가네, 어디 어디에 있지?
  - 배추가 오동포동! '동' 소리가 어디 어디에 들어 있어?
  - 흐르는 물에 찰랑찰랑 씻는대. 찰랑찰랑의 'ㅏ'를 모두 'ㅓ'로 바꾸면? 철렁철렁!

- **어휘력을 기르는 질문**
  - 가지가지 맛난 재료를 버무려서 김치 양념을 만든대. 보라색 가지라는 단어가 두 번 연달아서 붙으니까 무슨 뜻이 됐어? 가지가지는 여러 가지 다양하다는 뜻이야.
  - 총각무는 토실토실. 토실토실하다는 건 무슨 뜻이야? 토실토실 아기 돼지 노래 알지? 통통하게 살이 쪘다는 소리야.
  - 깍두기를 버물버물. 버무린다는 뜻에서 버물버물이야.

- **이야기 이해력을 기르는 질문**
  - 동그란 무를 소금물에 담그면 어떤 김치가 될까? 국물이랑 같이 먹는 시원한 동치미네.
  - 김치들이 저마다 자기가 최고라고 자랑을 하고 있다. 파김치는 뭐라고 자랑을 할까?
  - 왜 배추, 총각무, 파를 소금에 절이는 것 같아?

2) 그림책을 활용한 미술활동

⭐ 김치에 대한 사전경험 그림으로 표현하기

- **활동방법**

① 김치와 관련한 **사전경험**에 대해 이야기를 나누어요. (예: 김치를 먹어 본 경험, 김치 박물관에 다녀온 경험 등)
② 김치와 관련된 나의 경험을 **그림**으로 표현해요.
③ 김치와 관련한 경험에 대하여 아이가 이야기한 것을 **문장**으로 표현해 주세요.
  "○○이는 김치 박물관에 가서 배추에 소금을 넣는 놀이를 해 봤구나.
  어떤 김치를 만드는 거였어? 배추김치?"

- **확장 활동(언어): 김치 질문목록, 주제망 만들기**

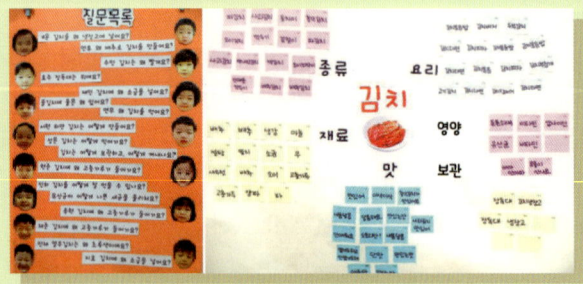

- 김치와 관련하여 궁금한 것들에 대해 **질문 목록**을 만들어 보세요. 아이들이 자유롭게 궁금한 것을 표현할 수 있도록 확산적인 질문을 해 주는 것이 좋아요.
- 김치와 관련하여 아이들이 알고 있는 지식들로 **주제망**을 만들어요. 아이들이 생각나는 대로 말한 것을 성인이 유목화시켜 줄 수 있어요.
  "김치 하면 어떤 것들이 떠오르니?
  배추김치, 열무김치, 파김치. 이런 건 모두 김치 종류들이네!"

⭐ 색모래로 김치 표현하기

- **활동방법**
① 색연필과 크레파스로 내가 좋아하는 김치를 그려요.
② 완성한 김치 그림에 물풀을 바르고, 그 위에 **색모래**를 뿌리고 털어내요. 노란색, 초록색 색모래로 백김치를, 빨간색 색모래로 매운 김치를 표현할 수 있어요.

"내가 좋아하는 김치를 그림으로 그려볼까? 색 모래를 뿌려서 김치를 표현해 볼 수도 있어. 색모래가 붙었으면 하는 곳에 물풀을 뿌리고 이렇게 색모래를 위에 흩뿌리면 돼."

- **확장 활동(미술): EVA와 색모래로 김치 만들기**

- EVA와 색모래를 활용해서 입체적인 김치 모형을 만들어 볼 수도 있어요. 직사각형 모양의 빨간색 EVA를 깍둑썰기하고, 얇은 EVA는 배춧잎 모양으로 잘라요. EVA에 물풀을 바르고 색모래를 뿌려 김치의 고춧가루를 표현할 수 있어요.

"노란 EVA로 만든 배추에 빨간색 색모래를 뿌리니까 우리가 만들었던 겉절이랑 모양이 똑같다!"

⭐ 점토로 만든 김치 장독

• **활동방법**

① 요플레 통 또는 우유팩을 깨끗이 씻어서 준비해요.
② 요플레 통 또는 우유팩에 갈색 점토를 덧붙여 장독을 표현해요.
③ **점토**로 다양한 종류의 김치를 표현하고, 미리 만들어 둔 장독에 담아요.
　"이 길쭉길쭉한 건 뭐야? 아, 파김치구나! 오돌토돌 달려 있는 건 고춧가루를 표현한 거였구나. 작은 부분까지 섬세하게 잘 표현했는걸?"

• **확장 활동(과학): 다양한 종류의 김치 탐색하기**

- 다양한 종류의 김치를 **직접 맛보며 탐색**해요. 김치의 생김새, 재료, 맛, 냄새 등을 이야기해 보며 표현력을 기를 수 있어요.
　"파로 만든 김치는 질겨서 잘 씹히지 않는다. 백김치는 고춧가루가 들어가지 않아서 하나도 맵지가 않네? 물김치는 무랑 배추, 쪽파가 동동 떠다녀."

⭐ 김치 재료 텃밭을 만들어요

● **활동방법**

① 김치를 만들 때 필요한 **재료**에 대해 알아보아요(예: 배추, 무, 고춧가루, 쪽파, 마늘, 생강 등).

② 배추는 주름지, 무는 비닐과 솜, 파는 플레이콘, 고추는 점토로 표현해 보았어요. 아이들의 아이디어를 모아 원하는 미술 재료로 김치 재료를 표현해요.

③ 아이들이 직접 만든 김치 재료들로 **김치 재료가 자라는 텃밭**을 만들어요. 김치가 담겨 있는 장독을 꾸며 볼 수도 있어요. 뚜껑을 열면 안에 김치가 들어 있도록 꾸며 볼 수 있어요.

④ 완성된 김치재료 텃밭과 장독을 활용해서 **김치를 만드는 역할놀이**로 확장할 수 있어요.
"길쭉길쭉한 파는 어떻게 표현하면 좋을까? 플레이콘을 길게 길게 이어 붙이면 길쭉한 파 모양이 될 수 있겠다. 배추는 어떻게 만들어 보고 싶어? 주름지를 이렇게 붙이면 배추 모양이랑 똑같아지겠다."

- **확장 활동(과학): 김치 원재료 탐색하기**

- 김치에 들어가는 원재료들의 **색깔, 향, 맛, 생김새** 등을 탐색해요(예: 말린 고추, 고춧가루, 까나리액젓, 새우젓). 김치 재료를 다양한 미술 재료로 만들어 보기 전에 실제 재료들을 탐색해 보며, 어떤 미술 재료로 만들면 좋을지 의견을 나누는 것도 좋아요.

    "고추를 말리면 이렇게 변한대. 말린 고추를 곱게 빻으면 이렇게 고춧가루가 되는 거야. 둘 다 빨간색이네? 냄새도 맡아 볼까?"

    "김치에 들어가는 새우젓이야. 작은 새우를 소금에 절여서 만들어. 어떤 냄새가 나? 구리구리한 냄새가 난다. 한번 콕 찍어서 먹어 볼까? 엄청 짭조름하네."

3) 그림책을 활용한 영역 통합활동

> **사회** 김치로 만든 음식 가게 놀이

● **활동방법**

① 김치로 만들 수 있는 다양한 **김치 요리**에 대해 알아보아요(예: 김치볶음밥, 열무냉면, 김치만두, 김치전, 두부김치 등).
② 사진과 그림을 활용해서 김치로 만든 음식을 파는 가게를 꾸며요.
③ 손님과 가게주인으로 역할을 나누어 김치 요리를 파는 가게 놀이를 해요.
   "김치로 만든 요리를 파는 가게를 만들어 보자. 김치로 만든 음식들에는 어떤 것들이 있을까? 김치를 넣고 볶은 김치볶음밥, 열무김치로 만든 열무냉면이 있어."

> **사회** 김치 담그는 놀이를 해요

● **활동방법**

① 김치를 담글 때 필요한 놀잇감들을 마련해요(예: 코팅하여 만든 배추 그림, 빨간색 고리 끼우기, EVA로 만든 깍두기, 고무장갑, 대야 등).

② 놀잇감을 활용하여 **김치 담그는 놀이**를 해요.
"김치를 만들 때 필요한 재료들을 놀잇감으로 만들어 보자. 어떤 걸로 김치 만드는 놀이를 할 수 있을까? 커다란 대야에 고춧가루(고리 끼우기)도 넣고, 배추도 넣고, 고무장갑을 끼고 버무려 주면 겉절이 완성!"

사회 | 김치 재료로 변신!

● **활동방법**
① 『아삭아삭 배추김치』 또는 『달려라 김치버스』 그림책을 읽어요.
② 김치 재료가 되어 배춧잎을 함께 덮거나, 버스를 타고 김치를 만들기 위해 떠나는 놀이를 해요. 아이들의 **역할놀이**를 위해 김치 재료로 만든 머리띠를 만들어 주는 것도 좋아요.
"모두 김치 재료로 변신했네? 어디 가는 거야? 김치 버스를 타고 김치를 만들러 가는구나. 무슨 김치 만들려는 걸까?"
"여기 친구들은 배춧잎 덮고 같이 자고 있네. 생강, 새우젓, 무, 고춧가루 친구들이 모두 모였네."

수조작 | 김치 재료 모으기 게임

● 활동방법
① 김치 재료 동전, 장독, 김치 재료 **돌림판**을 준비해요.
② 돌림판을 돌려서 나온 김치 재료의 이름과 같은 동전을 찾아요.
③ 김치를 만들 때 필요한 김치 재료를 장독에 모두 모아서 붙이면 게임이 끝나게 돼요.
"김치를 만들 때 필요한 재료들을 모으는 게임이야. 돌림판을 돌려서 나온 재료랑 똑같은 재료 동전을 찾아서 장독에 붙이면 돼. 재료들을 모두 모은 친구가 이기게 되는 게임이야."

과학　배추와 무를 길러요

● 활동방법
① 그림책을 활용하여 배추와 무가 성장하는 과정에 대해 알아보아요.
② **배추 또는 무 모종**을 심고 기르며 성장 과정을 관찰해요. 마트에 가서 배추와 무를 관찰해 보는 것도 좋아요.
"우리가 먹는 하얀 무 부분은 땅속에 이렇게 숨어서 자란대.
무를 잘 살펴보면 윗부분이 초록색인 경우도 있잖아?
이 부분은 땅 밖으로 조금 나온 상태로 자라서 그렇대."

요리　김치볶음밥을 만들어요

● 활동방법
① 배추김치, 고춧가루, 설탕, 참기름을 넣고 볶아서 **김치 볶음**을 만들어요.
② 흰 밥과 김치 볶음을 같이 넣고 비닐장갑을 끼고 버무려요.
③ 완성된 김치볶음밥을 함께 먹어요.
  "흰 밥에 김치 볶음을 넣고 버무려 주면 김치볶음밥을 만들 수 있어.
  하얀 밥이 빨간색 김치볶음밥이 될 때까지 ○○이가 골고루 버무려 볼까?"

요리 깍두기를 만들어요

● 활동방법
① 무를 네모난 크기로 **깍둑썰기**를 해요. 성인이 먼저 무를 길쭉하게 잘라서 준비한 뒤, 길쭉한 무를 플라스틱 칼로 아이들이 깍둑썰기하면 좋아요.
② 무에 굵은 소금을 뿌려서 절여 줘요.
③ 무의 숨이 죽은 뒤에 속재료를 버무려 줘요(고춧가루, 까나리액젓, 다진 마늘, 생강, 쪽파 등).
④ 하루 이틀 익힌 뒤 먹어요.
  "○○이가 플라스틱 칼로 무를 깍둑깍둑 썰어서 깍두기를 만들어 볼까?"
  "깍두기를 만들 때도 무에 소금을 뿌려서 절여 줘야 해."
  "깍두기 무가 잘 절여졌다. 여기에 고춧가루, 까나리액젓, 다진 마늘, 생강, 쪽파를 넣은 양념을 골고루 버무려 주면 깍두기가 완성돼."

요리   겉절이를 만들어요

● **활동방법**

① 배추를 손으로 찢거나 플라스틱 칼로 잘라서 작게 만들어요.
② 굵은 소금으로 배추를 절여요.
③ 배추의 숨이 죽은 뒤에 속재료를 버무려 줘요(고춧가루, 까나리액젓, 새우젓, 다진 마늘, 생강, 쪽파 등).
④ 접시에 담아 겉절이 맛을 봐요.

"배추에 소금을 뿌려 두면 배추에 있던 물들이 빠져나와서 이렇게 배추가 작고 흐물흐물해져. 소금으로 절였기 때문에 김치가 상하지 않을 수 있어."

"우리가 아까 만들었던 김치 속재료를 배추랑 골고루 버무려 주면 겉절이가 만들어져."

추천 그림책

『오늘은 우리 집 김장하는 날』

채인선 글, 방정화 그림, 보림, 2001

『김장하는 날』

안선모 글, 조현주 그림, 엔이키즈, 2015

『김치 더 주세요』

백명식 지음, 소담주니어, 2012

『작은 배추』

구도 나오코 글, 호테하마 다카시 그림, 이기웅 옮김, 길벗어린이, 2015

『김치 특공대』

최재숙 글, 김이조 그림, 책읽는곰, 2011

『호로록 물김치』

천미진 글, 박규빈 그림, 쉼어린이, 2018

『김치가 최고야』

임수정 글, 구은선 그림, 장영, 2013

『달려라! 김치 버스』

김진 글, 이미정 그림, 키즈엠, 2013

3. 요리: 요리하며 배우는 문해

아이들은 오감을 통해 배웁니다. 오감을 자극하는 활동으로 요리만 한 것이 없지요. 눈으로 재료를 관찰하고, 코로 냄새를 맡고, 귀로 소리를 듣고, 손으로 촉감을 느끼며 음식을 만들고, 입으로 완성된 요리를 먹어 볼 수 있습니다. 특히 요리를 시작하기 전에 재료들을 **오감을 통해 적극적으로 탐색**해 보세요. 자신이 느낀 바를 말로 표현해 보면서 표현능력을 기를 수 있습니다. 아이들을 위해 만들어진 요리책을 활용하거나, 음식을 주제로 다루는 그림책을 함께 활용하면 의미 있는 문해 맥락을 만들어 주기도 좋으니 적극적으로 활용해 보세요.

요리는 아이들의 **언어, 수학, 신체, 과학, 사회, 예술**과 같은 전반적인 영역의 발달을 통합적으로 도울 수 있습니다. 요리 레시피를 순서대로 읽고 적용해 보면서 글이 정보를 전달하는 수단이 됨을 인식할 수 있어요. 요리에서 사용되는 다양한 어휘도 학습할 수 있습니다(예: 삶다, 찌다, 끓이다, 으깨다, 데치다, 볶다). 계량스푼이나 계량컵으로 재료를 계량해 보면서 수학적인 개념도 배울 수 있고요(예: 큰 술, 작은 술, 한 컵, 반 컵). 마트에 가서 직접 재료를 고르고, 재료들을 국자, 주걱, 칼 등의 조리도구들을 활용하여 조리하면서 대·소근육 운동의 발달도 도울 수 있습니다. 요리의 논리적인 순서에 대해 생각해 보고, 요리 재료들이 열에 의해 변화하는 과정을 관찰하며 과학적인 사고도 할 수 있습니다. 더불어 다른 사람과 함께 요리를 하며 사회적인 대화기술을 사용하여 서로를 도우며 협동심을 기를 수 있고, 요리를 시각적으로 아름답게 꾸며 보면서 예술적인 감각까지 키울 수 있습니다.

특히 그림책을 활용한 요리활동은 다양한 이점이 있습니다. 그림책을 토대로 한 요리활동을 진행할 때 아이들의 언어표현력과 또래 유능감, 정서지능과 건강한 식습관, 수학적 개념, 과학적 태도와 탐구 능력이 발달할 수 있습니다. 아이들을 요리의 세계에 적극적으로 초대해야겠지요? 직접 요리를 해 보면서 건강한 삶을 영위하기 위한 음식의 중요성과 방법에 대해서도 깨달을 수 있으니 일석이조입니다.

1) 그림책 읽기

『여우 아저씨네 별별 빵집』
고마 글·그림, 국민서관, 2014

그림책 소개

여우 아저씨네 별별 빵집에는 별의별 빵들을 팔아요. 길쭉길쭉 뱀빵, 미소가 가득한 방글방글 빵, 싱싱한 채소가 듬뿍 들어간 액자빵도 있지요. 여러분은 어떤 빵을 만들고 싶나요? 별별 빵집에 놀러 오세요.

- **음운론적 인식을 기르는 질문**
  - 빵 반죽을 꾹 누르네. '꾹'을 두 글자로 늘려서 말하면? 꾸욱! 꾹을 세 글자로 늘려서 말하면? 꾸우욱!
  - 웃고 있는 모양이라 방글방글빵이래. 방글방글에서 받침에 있는 'ㅇ'을 가리면 무슨 소리가 될까? 바글바글! 세균이 바글바글하는 것 같은 소리가 되네!
  - 엄마가 그림책 읽어 줄 테니깐 '빵'이라는 단어가 나올 때마다 손뼉을 쳐 볼까?

- **어휘력을 기르는 질문**
  - 어떤 모양인지 알려 주려고 빵 앞에 이름을 붙였대. 스파게티빵, 사탕빵, 주먹밥빵! 빵 앞에 모두 어떤 모양인지 알려 주는 단어가 와.
  - 유령한테 준 빵은 물음표빵인가 봐. 물음표는 뭐가 나올지 모르게 만들었다고 물음표로 꾸며 놨나 봐. 물음표랑 비슷하게 생긴 문장부호는 또 뭐가 있을까? 맞아, 느낌표!
  - '다른 재료와 함께 잘 섞어 꾹꾹 치대요.' 치댄다는 말 들어 본 적 있어? 이렇게 반죽이나 빨래 같은 뭉치를 어딘가에 대고 꾹꾹 누르면서 문지르는 걸 치댄다고 해.

- **이야기 이해력을 기르는 질문**
  - 여우 아저씨네 빵집 이름이 왜 별별 빵집일까?
  - 토끼가 좋아할 당근 빵도 맛있겠다! ○○이가 별별 빵집을 연다면, 어떤 빵을 만들고 싶어?
  - 별별 빵집이라 별별 손님들이 다 오나 봐. 유령 손님도 왔네. 이때 여우 기분이 어땠을까?

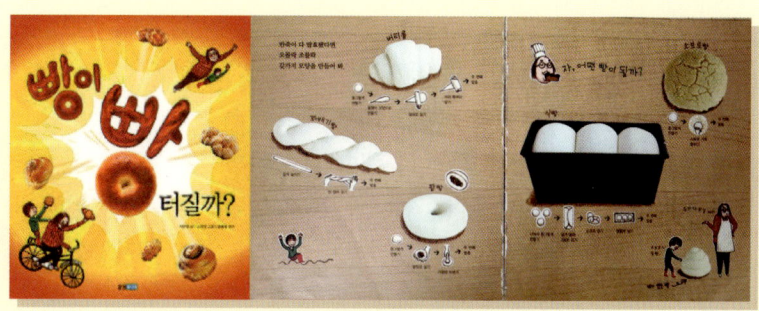

『빵이 빵 터질까?』

이춘영 글·노인경 그림, 웅진주니어, 2009

> **그림책 소개**

빵은 어떻게 만들어지는 걸까요? 빵이 빵 터질 것처럼 커다랗게 부풀어 오르는 비밀을 알 수 있어요. 빵 반죽을 어떻게 만드는지, 빵 반죽이 어떻게 노릇노릇한 빵이 되는지 알아보아요.

- **음운론적 인식을 기르는 질문**
  - 빵이 빵 하고 터지면 어떤 소리가 날까? 빵바라방! 소리가 나려나? 빵빵빵빵! 하고 터지려나?
  - 반죽을 오물락조물락해서 빵을 만들고 있어. 여기에서 '락'을 빼고 말하면 무슨 소리가 될까? 오물조물! 그럼 이번에는 '몰'도 빼 버리면? 오조!
  - 엄마가 이번엔 수수께끼를 내 볼게. 이건 빵 종류 중 하나야. 빵 반죽이 뱅글뱅글 꼬여 있어. 겉에 설탕을 뿌려서 먹기도 해. 세 글자야. 정답은 꽈배기!

- **어휘력을 기르는 질문**
  - 효모 같은 미생물이 활동해서 몸에 좋은 걸 만들어 낸 음식을 발효 음식이라고 해. 김치, 된장, 요구르트, 치즈, 식초 모두 미생물로 발효시켜서 만든 음식이래. 하지만 반대로 몸에 좋은 게 아니고 해로운 걸 만들면 썩었다고 말해.
  - 주식이랑 간식이 뭔지 알아? 주식은 우리가 아침, 점심, 저녁마다 한 끼씩 꼬박꼬박 챙겨 먹는 걸 말해. 간식은 주식 사이에 배가 고플 때 간단하게 먹는 걸 말해.
  - 글루텐이라는 말은 우리나라 말일까? 우리나라 말 중에는 영어나 한자로 쓸 수 있는 말도 있어. 이건 영어로 쓸 수 있는 외래어네.

- **이야기 이해력을 기르는 질문**
  - 쌀이 많이 나는 곳에서는 쌀알로 만든 쌀밥을 먹고, 밀이 많이 나는 곳에서는 밀알로 만든 빵을 먹었대. 왜 밀알로는 밥을 만들어 먹지 않았을까?
  - 밀가루 반죽을 따뜻한 곳에 두고 깜빡 잊었대. 빵 반죽이 어떻게 됐을까?
  - 빵 반죽을 만들 때 어떤 것들이 필요한지 그림을 자세히 살펴볼까? 밀가루, 계란, 물, 우유, 버터. 소금이랑 설탕도 들어가네! 이 하얀 가루는 뭘까? 이건 효모라고 해.

『평범한 식빵』

종종 지음, 그린북, 2021

> **그림책 소개**

식빵은 평범한 자신의 모습이 마음에 들지 않아요. 크루아상처럼 울퉁불퉁한 근육도 없고, 도넛처럼 알록달록하지도 않죠. 평범하기만 한 식빵 앞에 화려한 샌드위치가 나타나요. 평범하기 때문에 무엇이든 될 수 있는 식빵은 자기 자신의 모습을 사랑할 수 있을까요?

● **음운론적 인식을 기르는 질문**
- 크루아상은 몇 글자야? 네 글자. 크루아상이랑 핫케이크, 샌드위치는 모두 네 글자다.
- 크루아상은 울퉁불퉁. 울퉁불퉁에서 'ㅜ'를 'ㅗ'로 바꾸면 무슨 소리가 될까? 올통볼통!
- 도넛은 알록달록하다. 알록달록에서 'ㄹ'은 어디 어디에 들어가지?

● **어휘력을 기르는 질문**
- 딸기잼을 바르면 딸기잼 빵이 되고, 땅콩버터를 바르면 땅콩버터 빵이 된대. 그럼 복숭아잼을 식빵에 바르면 무슨 빵이 될까? 복숭아잼 빵!
- 밋밋하다는 건 무슨 뜻인 것 같아? 밋밋하다는 건 별다른 특징이 없고 평범하다는 뜻이야.
- 밋밋하다/화려하다처럼 서로 반대되는 뜻을 가진 단어가 또 뭐가 있을까? 크다/작다, 많다/적다, 길다/짧다.

● **이야기 이해력을 기르는 질문**
- 식빵이가 왜 '난 정말로 아무것도 아니야'라고 말하면서 울고 있어? 식빵이한테 뭐라고 이야기해 주면서 위로해주면 좋을까?
- 평범함이 우리를 특별하게 만들어 준다니, 무슨 의미인 것 같아? 식빵은 평범하기 때문에 무엇이든 함께 어우러지기 좋은 거구나.
- ㅇㅇ이가 식빵이라면 어떤 식빵이 되고 싶어?

2) 그림책을 활용한 요리활동

⭐ 회오리 핫도그 만들기

- **활동방법**
① 회오리 핫도그를 만들기 위한 재료를 준비해요.
   재료: 소시지, 꼬치, 핫케이크 가루, 물, 유산지, 오븐틀
② 소시지를 꼬치에 끼운 뒤, 소시지에 플라스틱 칼로 회오리 자국을 내요.
③ 핫케이크 가루 2컵에 물 5스푼을 넣어 반죽을 만들어요.
④ 길쭉하게 만든 반죽을 회오리 자국을 낸 소시지에 감아요.
⑤ 180도로 예열한 오븐에 15~20분 정도 구워요.
⑥ 설탕에 회오리 핫도그를 돌돌돌 굴린 뒤 맛있게 먹어요.
   "핫케이크 가루에 물을 넣고 섞어 주니까 핫케이크 반죽이 되네. 손으로 만져 보았을 때 어떤 느낌이야? 부들부들하고 매끈매끈하다. 이 반죽을 칼집을 내어 둔 소시지에 돌돌 말아 볼까?"

- **확장 활동(미술): 플레이콘으로 만든 회오리 핫도그**

- 빨강, 노랑, 갈색의 길쭉한 플레이콘을 준비해요.
- 플레이콘을 물티슈에 찍어 가면서 다양한 모양의 핫도그를 표현해요.
   "플레이콘으로 우리가 만들었던 회오리 핫도그를 표현해 볼까? 갈색으로 핫도그 빵 부분을 표현하고, 빨간색, 노란색으로 케첩이랑 머스타드를 표현했구나. 멋진데?"

⭐ 달콤한 케이크 만들기

● **활동방법**

① 케이크를 만들기 위한 재료를 준비해요. 초코 케이크 만들기 키트를 활용하면 편리해요.
   재료: 케이크 반죽 재료(핫케이크 믹스 80g, 코코아가루 20g, 설탕 30g, 우유 50ml, 계란 1개, 오일 1T스푼, 초코칩), 생크림, 초코시럽, 설탕, 스패츌러/플라스틱 칼, 밀폐되는 통, 토핑용 쿠키와 초콜릿, 케이크 틀

② 케이크 시트가 될 반죽을 만들어요. 핫케이크 믹스에 코코아 가루, 설탕, 우유, 계란, 오일, 초코칩을 넣고 섞어요.
③ 케이크 반죽을 틀에 넣고 전자레인지 또는 오븐에 구워요.
④ 케이크 시트를 한 김 식힌 뒤 얇게 두 개의 층이 되도록 잘라요.
⑤ 밀폐할 수 있는 통에 생크림, 초코 시럽, 설탕을 넣고 위아래로 마구 흔들어서 초코 생크림을 만들어요.
⑥ 케이크 시트에 초코 생크림을 바르고, 쿠키와 초콜릿으로 꾸며요.

"물 같이 물컹거렸던 초코 케이크 반죽을 오븐에 구웠더니 어떻게 변했어? 폭신폭신하고 달콤한 초코 케이크가 되었네. 이번엔 초코 케이크에 바를 초코 생크림을 만들어 볼까? 생크림에 설탕을 넣고 섞어 주면 물 같았던 생크림이 되직하게 변한대."

● **확장 활동(미술): 점토로 만든 케이크**

① 깨끗하게 씻은 요플레 통과 천사점토, 폼폼이, 스팽글 등을 준비해요.
② 요플레 통에 천사점토를 넓게 펴서 붙여요. 사인펜을 조금 섞어서 원하는 색상의 케이크를 만들 수 있어요. 폼폼이와 스팽글을 이용해서 케이크를 꾸며요.

"초코 맛이 나는 케이크인가 봐. 위에 올린 건 뭐야? 딸기맛 사탕, 별모양 젤리 모두 달콤하고 맛있겠다."

⭐ 길쭉길쭉 츄로스 만들기

- **활동방법**
① 츄로스 반죽을 만들기 위한 재료를 준비해요. 츄로스 만들기 키트를 활용하면 편리해요.
   재료: 츄로스 반죽(박력분 150g, 물 120g, 버터 70g, 설탕 20g, 계란 2개, 소금 한 꼬집), 짤주머니, 비닐봉지, 계피가루와 설탕, 유산지, 오븐틀
② 츄로스 반죽을 만들어요. 중탕하여 녹인 버터에 설탕, 소금을 넣고 섞어요. 박력분을 체 쳐서 넣고 물을 넣어 반죽을 만들어요. 여기에 계란을 넣고 반죽을 섞어요.
③ 짤주머니에 넣은 츄로스 반죽을 짜서 츄로스를 만들어요.
④ 180도로 예열한 오븐에서 20~30분간 구워요.
⑤ 설탕, 계피가루 봉지에 넣고 츄로스를 흔들어서 계피 설탕가루를 묻혀요.
   "완성된 츄로스랑 계피 설탕가루를 넣고 흔들어 볼까? 이렇게 흔들면 츄로스가 어떻게 될 것 같아?"

- **확장 활동(수조작): 츄로스 나누어 먹기**
  - 츄로스를 친구들과 나누어 먹을 때 한 사람당 몇 개씩 먹을 수 있을지 나누어 보아요.
    "우리가 직접 츄로스를 만들었네. 츄로스를 15명의 친구들이 똑같이 나누어 먹으려면 어떻게 해야 할까? 일단 츄로스를 하나씩 나누어 가져 볼까? 남은 츄로스는 반으로 쪼개서 나누어 가져 보자."

⭐ 생크림 스콘 만들기

• **활동방법**

① 생크림 스콘을 만들기 위한 재료를 준비해요.

　재료: 생크림 스콘 반죽(생크림 150g, 박력분 200g, 아몬드 가루 20g, 계란 1개, 설탕 30g, 베이킹 파우더 3g), 견과류 조금, 보울, 유산지, 오븐틀

② 보울에 박력분, 아몬드 가루, 설탕, 베이킹 파우더를 넣고 섞어요. 가루에 생크림과 계란을 넣고 섞어서 생크림 스콘 반죽을 만들어요.

③ 반죽에 견과류를 넣고 섞어요.

④ 생크림 스콘 반죽의 모양을 잡아 유산지 위에 올려요.

⑤ 200도로 예열한 오븐에서 15~20분간 구워요.

　"맨질맨질한 생크림 스콘 반죽이 완성되었어! 오븐에 구우니 어떻게 됐어? 색은 노릇노릇해지고, 크기도 부풀었네. 고소한 냄새도 나."

• **확장 활동(수조작): 도형 스콘 만들기**

• 생크림 스콘 반죽 또는 점토로 동그라미, 세모, 네모 모양의 도형 스콘을 만들어요. 도형의 생김새의 차이에 대해 말해 보는 것도 좋아요.

　"생크림 스콘 반죽으로 어떤 모양의 도형을 만들어 볼까? 세모는 뾰족한 부분이 세 개가 있네. 네모는 뾰족한 부분이 네 개 있어. 동그라미는 뾰족한 부분이 하나도 없어."

3) 그림책을 활용한 영역 통합활동

과학 빵 재료 탐색하기

• **활동방법**

① 설탕, 소금, 밀가루, 이스트, 베이킹 파우더와 같은 **빵 재료**를 준비해요.

② 빵 재료들을 손으로 만져 보거나 냄새를 맡아 보면서 탐색해요.

"빵에 설탕이랑 소금이 들어간대. 둘 다 하얀색이라 어떤 게 설탕인지, 소금인지 구분하기가 어렵네. 한번 콕 찍어서 맛을 볼까? 달콤한 걸 보니 이게 설탕이네."

③ 베이킹 파우더와 이스트는 물에 넣고 숟가락으로 저은 뒤 어떻게 변화하는지 관찰해요.

"베이킹 파우더랑 이스트는 빵을 부풀어 오르게 만들기 위해 넣어. 한번 물에 타 보고 어떤 반응을 하는지 살펴볼까? 베이킹 파우더를 물에 넣었더니 부글부글 끓어오르네. 빵 반죽 속에서도 이렇게 부글부글 공기를 잔뜩 만들어서 부풀어 오르게 해."

"이스트에서는 방귀 같은 냄새가 나네? 이스트를 미지근한 물에 넣고 잘 휘저어 준 다음에 밀가루랑 섞어 볼까? 밀가루랑 이스트를 넣은 물이랑 잘 섞었더니 반죽이 맨질맨질해졌다. 반죽을 따뜻한 곳에 두고 어떻게 변하는지 살펴보자."

"밀가루 반죽이 엄청 커졌어. 손으로 누르니깐 공기가 나오면서 푹 들어간다. 이스트에 들어 있던 효모들이 밀가루 반죽을 먹고 방귀를 뽕뽕 뀌어서 그래. 빵 반죽을 커다랗게 부풀려 준대."

과학　빵 만드는 도구들 탐색하기

● 활동방법

① 빵 반죽을 만들 때 사용하는 다양한 도구들을 준비해요(예: 계량컵, 계량스푼, 스패츌러, 유산지, 체, 소스통, 반죽틀, 짤주머니 등).
② 도구의 생김새를 탐색하고, 생김새를 통해 사용 용도를 추측해요.
③ **도구의 이름과 사용 방법**에 대해 알아요.
　"이건 짤주머니라고 해. 앞에 뾰족한 건 모양 깍지야. 깍지 모양에 따라 다양한 모양의 반죽을 만들 수도 있어. 짤주머니에 밀가루 반죽을 넣고 밀어 주면 반죽이 밀려 나와."
　"반죽을 만들 때 원하는 만큼만 재료를 넣을 수 있도록 도와주는 거야. 이건 컵 모양이라 계량컵, 이건 숟가락 모양이라 계량스푼. 여기 표시되어 있는 ml나 g만큼 계량해서 재료를 넣을 수 있어."

미술　밀가루 점토 놀이

● 활동방법

① 밀가루, 식용유, 물, 큰 보울, 점토판을 준비해요.
② 밀가루에 물을 조금 넣어 말랑말랑한 반죽을 만들어요. 이때 식용유를 넣으면 **밀가루 점토**가 쉽게 굳지 않고 오랫동안 말랑거려요. 놀이가 끝난 뒤에는 분무기로 물을 적당히 뿌린

뒤 지퍼백에 넣어서 밀봉하여 냉장 보관하면, 다음날까지 사용할 수 있어요.
"별별 빵집에서 팔던 빵처럼 ○○이가 만들고 싶은 빵을 표현해 볼까?
반죽을 길쭉길쭉하게 만들어서 뱀빵을 만들고 있구나."

사회   별별 빵집 놀이

• **활동방법**
① 빵 사진이나 그림, 빵 도안을 색칠해서 **빵가게**를 꾸며요.
② 빵 모형이나 빵 반죽 만드는 놀이를 할 수 있는 놀잇감과 도구들을 다양하게 준비해요(예: 지점토로 만든 계란 모형, 커다란 보울, 체, 고리 끼우기, 와플 기계 모형, 돈 등).
③ 다양한 종류의 빵을 만들어 파는 빵가게 놀이를 해요. 이때 성인이 손님 역할을 하면서, 역할놀이가 확장될 수 있도록 도와주면 좋아요.
"밀가루를 체로 쳐서 무슨 반죽을 만드나요? 달걀도 많이 들어갔네요. 계란빵 만드는 건가요?"
"와플 3개 주세요. 와플 하나에 얼마인가요? 하나에 2,000원이면 3개면 6,000원 내야겠네요. 10,000원 낼게요. 4,000원 거슬러 주세요."

추천 그림책

『왕의 빵을 드립니다』
레지나 지음, 주니어김영사, 2016

『구리와 구라의 빵 만들기』
나카가와 리에코 글, 야마와키 유리코 그림, 한림출판사, 1994

『다람이네 빵집』
유재이 지음, 모든요일그림책, 2022

『빵 공장이 들썩들썩』
구도 노리코 지음, 윤수정 옮김, 책읽는곰, 2015

『나는 빵이야』
가네코 야쓰시, 가네코 야스코 지음, 이소담 옮김, 북포레스트, 2021

『어디서 왔을까? 빵』
조경규 지음, 좋아해, 2018

『지렁이빵』
노석미 지음, 사계절, 2017

『소라빵 엉덩이는 어느 쪽?』
츠카모토 유지 지음, 황진희 옮김, 노는날, 2023

4. 음률: 노래하며 읽는 그림책

그림책을 활용한 음률활동은 크게 '노래로 그림책 들려주기'와 '그림책을 활용한 음악극 활동'으로 나눌 수 있습니다. 특히 **노래로 그림책 들려주기**는 가정에서도 가장 쉽게 적용해 보기 좋은 방법 중 하나입니다. 음률이 살아 있는 운문 그림책을 활용하여 읽어 주는 것으로 시작하면 좋지요. 아이가 좋아하는 동요를 그림책의 내용에 맞게 개사하여 불러 주는 것도 재미있는 시간이 될 수 있습니다. 노래를 부를 때는 노래의 가사를 살린 손유희와 함께 불러 주는 것이 좋습니다. 노래의 가사를 음미할 수 있도록 돕고, 노래를 통해 언어와 신체를 동시에 표현해 보는 활동이 될 수 있기 때문입니다.

그림책을 노래로 들려주는 활동은 사회 정서적인 측면에서의 이점이 큽니다. 아이와 긍정적인 애착을 형성하는 데 도움을 주고, 정서적인 안정을 돕지요. 연구 결과에 따르면, 엄마가 그림책을 노래로 들려줄 때 아이가 보이는 긍정적인 행동이 증가하고 외현적, 내면적 문제행동은 감소하였다고 합니다. 그렇다면 그림책을 노래로 들려주는 건 어떻게 하면 좋을까요? 다음 악보는 한 연구에서 사용된 것으로 『사과가 쿵!』 그림책을 읽어 줄 때 활용한 노래의 악보입니다(그림 7-1). 악보를 참고하여 그림책 읽기에 활용해 보세요. 이와 비슷하게 각자 가정에서 아이의 흥미를 고려하여 기존의 노래를 개사하여 우리 아이만의 노래를 만들어 보는 것도 좋은 방법입니다. 아이들은 노래 가사가 있는 노래를 불러 보며 배울 때 읽기를 더 좋아하고 재미있게 배울 수 있습니다.

그림책을 활용한 음률활동의 두 번째 방법은 **음악극 활동**입니다. 그림책을 활용한 음악극 활동을 처음 시도할 때는 그림책의 그림 탐색으로 시작해 보세요. 그다음으로는 그림책의 내용을 토대로 음악과 놀이를 융합해 주세요. 그림책을 기반으로 한 음악극 활동은 놀이의 깊이 확장이 용이하고, 언어적 능력의 향상을 돕는 데 유리합니다. 게다가 유아의 음악표현능력의 신장까지 도울 수 있지요. 그림책의 내용을 토대로 이야기를 만들어 나가기 때문에 훨씬 높은 수준의 상황극이 가능하고, 그림책을 활용하여 음악을 만들기 때문에 이야기의 순서와 사건에 대한 이해를 도울 수 있습니다. 역할극 놀이를 위해 필요한 소품을 직접 만들어 보며 영역 통합적인 활동으로도 확장이 가능합니다.

[그림 7-1] 『사과가 쿵!』 그림책을 노래로 들려주기에 사용된 악보

출처: 류승희, 이승우(2015).

1) 그림책 읽기

『아기 돼지 삼 형제』
제이콥스 원작, 정재은 글, 이용선 그림, 글송이, 2016

그림책 소개

엄마 돼지가 아기 돼지 삼 형제에게 이제 다 컸으니 나가서 집을 짓고 살라고 해요. 아기 돼지 친구들은 어떤 집을 지을까요? 늑대가 쳐들어와도 끄떡없는 튼튼한 집을 지어야 할 텐데 말이에요. 그림책에 연극 대본이 같이 들어 있으니 각색해서 사용해요.

- **음운론적 인식을 기르는 질문**
  - '작은 초가집을 완성했어요.' '멋진 나무집을 완성했어요.' 모두 '요' 자로 끝나네. '~했대'로 문장 끝을 바꿔서 말해 볼까? '작은 초가집을 완성했대.'
  - 벽돌이랑 땀으로 문장을 만들어 볼까? 벽돌을 옮기느라 땀을 뻘뻘 흘려요.
  - 나무처럼 두 글자인 단어가 또 뭐가 있을까?

- **어휘력을 기르는 질문**
  - 볏짚으로 지은 집을 초가집이라고 해. 옛날에는 볏짚을 엮어서 지붕을 만들었다고 해. 만들기가 쉬운 대신 불에 타기 쉽고, 오래 사용하지는 못한대.
  - 수탉은 암컷일까 수컷일까? 수탉에서 '수'는 남자란 뜻이야. 그럼 여자 닭은 뭐라고 부를까? 암탉이라고 불러.
  - '첫째 돼지는 금세 작은 초가집을 완성했어요.' 금세는 금방이란 비슷한 말이야. '첫째 돼지가 밥을 금세 먹어치웠어요.'라고도 말할 수 있어.

- **이야기 이해력을 기르는 질문**
  - 엄마 돼지가 아기 돼지에게 집을 짓고 살라고 이야기했을 때, 왜 늑대를 무서워했을까?
  - 볏짚, 나무, 벽돌로 지은 집 중 뭐가 제일 튼튼할 것 같아?
  - ○○이는 볏짚, 나무, 벽돌 중에 뭐로 집을 짓고 싶어? 벽돌로 집을 지으면 오래 걸리고 힘들지만, 그래도 가장 튼튼할 수 있지.

『집 나가자 꿀꿀꿀』
야규 마치코 지음, 고향옥 옮김, 웅진주니어, 1999

그림책 소개

아기 돼지 뿌, 톤, 양은 형제예요. 하루도 쉴 틈 없이 싸우지요. 뿌, 톤, 양이 하루 종일 말썽을 부리자 엄마가 화를 냈어요. 엄마가 화를 내자 다른 집을 찾으러 가겠다고 나서는데, 친구들이 어디로 가려는 걸까요?

- **음운론적 인식을 기르는 질문**
  - 아기 돼지 친구들이 집을 나가면서 부르는 노래가 있네. 우리 여기 있는 노래가사 읽어 보고 노래 만들어 볼까? 꿀꿀꿀 소리가 나올 때마다 돼지 코 만드는 거 어때?
  - 아기 돼지 이름이 다 한 글자네. 뿌, 톤, 양. 이렇게 한 글자로 이름을 지을 수 있다면 ○○이는 돼지 이름을 뭐라고 지어 주고 싶어?
  - 뿌가 때렸다는 둥, 톤이 발로 찼다는 둥, 양이 꼬리를 잡아당겼다는 둥. 모두 둥으로 끝나네. 또 이어서 말해 볼까? 뿌가 밀었다는 둥, 톤이 할퀴었다는 둥.

- **어휘력을 기르는 질문**
  - 돼지랑 비슷한 동물 친구들은 또 뭐가 있을까? 토끼, 강아지, 고양이 모두 동물이라고 불러. 새끼를 낳고 젖을 먹여서 기르기 때문에 포유류라고도 해.
  - '이 집하고는 헤어지는 거야.' 헤어진다는 건 무슨 뜻일까? 헤어지다랑 비슷한 말이 또 뭐가 있을까?(예: 이별하다, 갈라서다, 떨어지다, 등지다, 돌아서다)
  - 헤어지다랑 반대되는 말은 뭘까? 만나다! 다시 만나는 건 재회하다라고 표현해.

- **이야기 이해력을 기르는 질문**
  - 양보하지 않고 서로 하겠다고 싸우고, 채소는 안 먹겠다고 반찬 투정을 하고, 놀기만 하고 놀잇감 정리도 안 하고 있네. 엄마 돼지가 뭐라고 말할 것 같아?
  - 엄마 돼지가 화를 냈을 때 아기 돼지들은 무슨 기분이 들었을까? 속상해서 풀이 죽었다네.
  - 아기 돼지들이 집을 나가서 어디로 가려는 걸까? 어디로 가야 좋을까?

『오목조목 명작 그림책: 아기 돼지 삼 형제』

그자비에 드뇌 지음, 안주연 옮김, 보림, 2023

그림책 소개

오목하게 들어가고 볼록하게 튀어나온 보드북으로 제작된 아기 돼지 삼 형제 그림책입니다. 손으로 만져보며 읽을 수 있어 아이들의 소근육 운동의 발달을 도우며 재미있는 감각을 경험할 수 있습니다.

• 음운론적 인식을 기르는 질문

- 아기 돼지들 얼굴은 동글동글해. 그럼 귀는? 귀는 뾰족뾰족하다.
- 첫째 돼지는 짚으로 후딱후딱 집을 짓고, 둘째 돼지는 나무로 뚝딱뚝딱 집을 지었대. 후딱후딱, 뚝딱뚝딱에서 똑같은 소리는 뭘까? 둘 다 '딱' 소리가 들어간다.
- 엄마가 그림책 다시 읽어줄게. 잘 듣고 있다가 나무라는 단어가 나오면 박수 쳐볼까?

• 어휘력을 기르는 질문

- 돼지 친구들이 부리나케 셋째 돼지 집으로 몸을 피했대. 부리나케 피하는 건 어떻게 피하는 걸까? 부리나케는 서둘러서 아주 급하게 움직이는 걸 말해.
- 나무로 만들면 나무집, 벽돌로 만들면 벽돌집이야. 그럼 과자로 만들면 무슨 집일까? 과자집!
- 펄펄 끓는 솥에 늑대가 떨어졌대. 늑대가 들어갈 수 있는 솥이라면 엄청 크겠다. 솥이 뭔지 알아? 솥은 밥을 지을 때 쓰는 커다란 냄비 같은 거야.

• 이야기 이해력을 기르는 질문

- (표지를 보면서) 아기 돼지 삼 형제 그림책이네. 돼지 친구들이 각자 다른 집에서 살고 있나 봐. 무슨 집에서 사는 것 같아?
- 아기 돼지들을 떠나보낼 때 엄마, 아빠 돼지는 어떤 기분이었을까?
- 셋째 돼지는 벽돌이랑 시멘트로 집 짓고 있대. 벽돌이 옆에 이렇게 쌓여 있네. 시멘트랑 벽돌로 어떻게 집 짓는 건지 아니? 벽돌을 차곡차곡 쌓고 시멘트를 바르고 다시 차곡차곡 쌓는 걸 반복하면 돼.

<아기 돼지 삼 형제>를 각색한 그림책

『늑대가 들려주는 아기 돼지 삼 형제 이야기』

존 셰스카 글, 레인 스미스 그림, 보림, 1996

아기 돼지 삼 형제 이야기를 아기 돼지가 아닌 늑대의 입장에서 풀어 나가요. 늑대에게는 어떤 사연이 있는 걸까요?

Q. 늑대가 감옥에 갇혀 버렸네. 늑대 입장에서는 어떤 기분일까?

『아기 늑대 세 마리와 못된 돼지』

헬린 옥슨버리 지음, 시공주니어, 2006

아기 돼지와 늑대의 역할이 뒤바뀌었어요. 아기 늑대가 세 마리, 못된 돼지가 한 마리라니!

Q. 돼지가 왜 늑대 친구들 집을 망가뜨리는 걸까?

『아기 돼지 세 마리』

데이비드 위즈너 지음, 이옥용 옮김, 마루벌, 2002

아기 돼지 세 마리가 그림책 속을 탈출해요. 아기 돼지 친구들이 어디로 가 버렸는지 따라가 보아요.

Q. 아기 돼지가 어디로 가 버린 거야? 늑대를 피해서 그림책 밖으로 도망쳐 버렸네.

『어린이가 다시 쓴 아기 돼지 삼 형제(Three Little Pigs)』

Amy 지음, 다나애드, 2018

아기 돼지 삼 형제 이야기를 열두 명의 어린이들이 새롭게 해석하여 그렸어요. 아이들의 상상 속에서 원작이 어떻게 바뀌었을까요?

Q. ○○도 이렇게 아기 돼지 삼 형제 그림책을 새롭게 만들어 본다면 이야기를 어떻게 바꾸고 싶어?

2) 그림책을 활용한 음률활동

⭐ 아기 돼지 삼 형제 손유희

〈아기 돼지 삼 형제〉

작사·작곡 미상 / 편곡 이화정

1. 첫 번째 돼지 가 집을 짓는 데   짚 으로 짚으 로   집을 짓는 데
2. 두 번째 돼지 가 집을 짓는 데   나 무로 나무 로   집을 짓는 데
3. 세 번째 돼지 가 집을 짓는 데   벽 돌로 벽돌 로   집을 짓는 데

늑대가 나타나 × 2번   후~   날아 가버렸 대 요   뿡
늑대가 나타나 × 2번   후~   날아 가버렸 대 요   뿡
늑대가 나타나 × 2번   후~   끄떡 도안했 대 요   잔

- **활동방법**
① 〈아기 돼지 삼 형제〉 노래를 감상해요.
② 〈아기 돼지 삼 형제〉 노래를 부르며 **손유희**를 해요.

- **확장 활동(음률): 북을 두드리며 박자 만들기**
  두드릴 수 있는 작은 **북과 북채**를 준비해요. 아기 돼지 삼 형제 손유희 노래를 일정한 간격으로 북을 치면서 불러요. 점점 작은 소리로, 점점 큰 소리로 북을 두드리며 **소리의 강약**을 조절해요.
  "이번엔 작은 소리로 노래를 불러 볼까?
  북도 작은 소리가 나게 살짝만 통통통 치면서 노래를 불러 보자."

나처럼 해봐요, 이렇게!

〈나처럼 해봐요, 이렇게〉

Piano & notation by Skypiano

나 처럼해봐 요 이렇 게- 나처럼해봐 요 이렇 게-

나 처럼해봐 요 이렇 게- 아이참 재미있 네

● 활동방법
① 〈나처럼 해봐요 이렇게〉 노래를 감상해요.
② 늑대 또는 돼지 가면을 쓰고 〈나처럼 해봐요 이렇게〉 노래를 부르며 **다양한 동작**을 만들어요.(예: 늑대처럼 날카로운 발톱 흉내내기, 돼지코 만들고 꿀꿀 소리 내기 등)
③ 친구 또는 성인과 함께 노래를 부르며 다양한 동작을 따라해요.

● 확장 활동(음률): 똑같이 악기 연주하기
① 마라카스, 캐스터네츠, 심벌즈, 기로, 호루라기와 같은 악기를 준비해요.
② 친구 또는 성인이 악기를 연주하는 소리를 듣고 똑같이 따라서 연주해요. 역할을 바꾸어 가면서 하는 것도 좋아요.

⭐ 아기 돼지 삼 형제 음악극 활동

• **활동방법**

① 다양한 종류의 **악기**를 준비해요(예: 북, 캐스터네츠, 심벌즈, 마라카스, 탬버린, 레인메이커, 클래터 등).
② 아기 돼지 삼 형제 음악극을 위한 간단한 **대사**를 준비해요.
③ 각자 역할을 맡아 대사를 하고, 악기를 연주해요.

〈음악극 활동의 예시〉

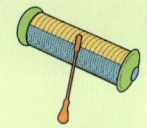
첫째 돼지: "나는 짚으로 집을 지어야지."
기로를 막대로 긁어서 짚으로 집을 짓는 것 같은 소리 만들기

둘째 돼지: "나는 나무로 집을 지을 거야."
클래터를 접었다 피는 것을 반복하며 소리를 만들어 나무로 집 짓는 소리 만들기

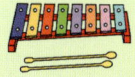
셋째 돼지: "나는 벽돌로 집을 튼튼하게 만들 거야."
실로폰을 두드리며 벽돌로 집을 짓는 흉내 내기

• **확장 활동(음률): 악기와 함께 그림책 읽기**

① 그림책을 함께 읽으며 그림책을 읽을 때 있으면 좋을 **효과음**을 악기로 연주해서 만들어요. (예: 아기 돼지가 집을 짓는 모습 - 북을 두드려 망치를 두드리는 것 같은 소리 만들기, 늑대가 입김을 불어 집을 날려버리는 모습 - 레인메이커로 바람 소리 만들기)
② 소리를 녹음한 뒤 같이 들어보면서 그림책을 읽어요. 그림책을 읽으면서 즉흥적으로 악기로 소리를 만드는 것도 좋아요.

"아기 돼지가 집을 짓는 모습을 어떤 악기로 표현하면 좋을까? 쿵쿵쿵 망치로 두드리는 것 같은 소리를 **북**으로 만들 수 있겠다. 둥, 둥, 둥!"

"늑대가 입김으로 집을 날려버리는 건 무슨 악기로 표현할 수 있을까? 악기 소리들을 하나씩 들어 보면서 가장 비슷한 소리를 찾아볼까? **레인메이커**를 흔드니까 바람이 부는 것 같은 소리가 난다."

3) 그림책을 활용한 영역 통합활동

사회 벽돌블록으로 아기 돼지 집 만들기

● 활동방법

① 종이 벽돌블록을 쌓아 **벽돌집**을 만들어요. 집의 구조를 세부적으로 구성할 수 있도록 도와주면 좋아요.
   "친구랑 벽돌블록으로 집을 만들고 있구나. 여기는 어떤 방이야? 놀이하는 방인가? 여기 작은 방은 화장실로 써도 좋겠다."

② 동물 인형을 활용하여 완성된 집에서 역할놀이를 해요.
   "셋째 돼지야, 문 좀 열어 줘. 늑대가 집을 날려 버려서 집이 없어졌어."

요리 초코칩 쿠키로 아기 돼지 집 만들기

● **활동방법**

① 초코칩 쿠키를 만들기 위한 재료를 준비해요. 초코칩 쿠키 믹스로 만들면 편리해요.

　재료: 초코칩 쿠키 반죽(박력분 220g, 버터 120g, 설탕 120g, 계란 1개, 베이킹소다 3g, 소금 한꼬집, 초코칩 100g), 유산지, 오븐 틀

② 실온에 둔 버터를 크림화한 뒤, 설탕, 베이킹소다, 소금을 넣어요. 박력분을 체쳐서 넣고, 계란, 초코칩을 넣은 뒤 반죽해요.

③ 초코칩 쿠키 반죽을 네모 모양으로 자른 뒤, 유산지 위에 올려요.

④ 180도에서 10~15분간 구워요.

⑤ 비닐 포장지에 쿠키를 넣고, 집 모양으로 꾸며요.

　"초코칩 쿠키 반죽이 꼭 벽돌집 같이 생겼다. 초코칩 쿠키 반죽으로 벽돌집을 표현하려면 어떤 모양으로 만들어 보는 것이 좋을까?"

사회 　아기 돼지 삼 형제 책 만들기

● **활동방법**

① 아기 돼지 삼 형제 그림책의 주요 장면을 복사해요.

② 펠트지와 도화지로 책 모양을 만들고, 복사한 페이지를 붙여요.

③ 돼지와 늑대 중에 골라서 아이의 얼굴 사진을 붙여요.

④ 완성된 **그림책을 함께 읽어요.**

　"아기 돼지랑 늑대 중에 어떤 친구가 되어 보고 싶어? ○○이 얼굴 사진을 붙여 줄게. 다른 친구도 나오도록 그림책을 꾸미고 싶으면 친구들 얼굴 사진을 붙여 줄 수도 있어."

사회   나뭇가지로 아기 돼지 집 표현하기

● **활동방법**

① 산책을 나가서 **나뭇가지**와 **나뭇잎**을 주워요. 나뭇가지와 나뭇잎이 더러울 경우 물로 한 번 깨끗하게 세척하고 말려요.
② 아기 돼지 집을 그림으로 그려 표현한 뒤, 그 위에 **목공용 풀**을 뿌려요.
③ 목공용 풀 위에 나뭇가지와 나뭇잎을 붙여서 나무 집을 표현해요.
　"두 번째 돼지는 나무로 집을 지었대. 우리도 밖에서 주워 온 나뭇가지랑 나뭇잎으로 아기 돼지 집을 표현해 볼까?"

추천 그림책

그림책을 활용한 음악극 활동에 적절한 그림책과 활동을 소개합니다.

『거울속으로』
이수지 지음, 비룡소, 2009

『하늘을 나는 모자』
로트라우트 수잔네 베르너 지음, 보림, 2017

그림책에 나오는 친구의 모습을 노래와 동작으로 표현하기(똑같이 따라하거나 정반대로 따라하기)

동물의 소리와 동작적인 특징을 파악하고, 악기로 표현하기

『쩌저적』
이서우 지음, 북극곰, 2018

『흰곰』
이미정 지음, 미래엔아이세움, 2012

펭귄이 방문하는 나라의 민속 음악을 감상하며 노래 부르기

일상생활 속에서 들을 수 있는 소리를 다양한 물건으로 소리 만들기

『공룡 목욕탕』
피터 시스 지음, 시공주니어, 2010

『파도야 놀자』
이수지 지음, 비룡소, 2009

공룡의 크기를 셈여림과 북소리의 크기로 표현하기

다양한 재료를 활용하여 파도 소리 만들기(콩, 쌀, 비즈 등)

출처: 오한나, 권오선(2020).

5. 사회: 그림책으로 시작하는 역할놀이

또래와 함께 그림책을 읽을 때 아동의 사회 정서적인 측면의 발달을 돕기에 유리합니다. 그림책을 혼자 읽을 때보다 또래와 함께 읽을 때 유아는 이야기를 구성하려는 행동과 그림책 읽는 것 자체를 즐기는 놀이 행동이 풍부하게 나타나기 때문이지요. 그림책을 읽는 것 자체를 즐길 수 있기 때문에 또래와 함께 그림책을 읽는 시간이 즐거운 시간이 될 수 있는 것입니다. 또래와 함께 읽기는 이야기에 대한 이해의 증진은 물론이고, 친사회적인 행동에까지 긍정적인 영향을 미친다는 점에서 그 이점이 무척이나 큽니다.

이러한 이점을 더 극대화하는 방법으로 **그림책을 활용한 역할놀이**를 추천합니다. 특히 **마트놀이는 아이들이 자주 접하는 실생활을 토대로 하며 다양한 문해 활동으로 확장**할 수 있다는 점에서 추천하는 주제입니다. 그림책을 읽어 보기 전에 마트에 다녀오는 것으로 활동을 시작할 수 있습니다. 마트에서의 사전경험을 토대로 그림책을 읽으면 더욱 풍부한 상호작용이 이루어질 수 있지요. 아이들이 함께 힘을 합쳐 '○○반 마트'를 만들기 위해 간판의 이름을 짓고 간판을 만들어 볼 수도 있습니다. 마트에서 흔히 볼 수 있는 홍보문구나 전단지, 장보기 리스트 등을 직접 만들어 보며 환경인쇄물에 관심을 가져 보는 것도 도움이 됩니다. 아이들이 직접 만든 소품들로 마트놀이를 하며 풍부한 언어적 상호작용이 이루어질 수 있습니다. 4장에서 소개한 역할놀이의 확장을 돕는 비계설정 방안을 참고하여 마트놀이를 함께 해 주세요. 마트놀이는 마트에서 사 온 물품들을 냉장고에 정리하기, 재료들을 이용한 요리하기 등으로 확장할 수 있다는 점에서 무궁무진합니다.

특별히 이번 주제에서는 마트 놀이를 위해 친구들과 함께 힘을 합쳐 해 보았던 활동을 놀이가 확장된 순서대로 설명해 보려고 합니다. 도입, 전개, 마무리의 순서대로 활동을 소개해 드리겠습니다. 어디까지나 참고용으로 활용해 주세요. 제시된 활동을 그대로 따라 하기보다는 아이들의 흥미를 고려해서 다양하게 확장해 나가는 것이 가장 좋습니다. **역할놀이가 활발히 이루어지기 위해서는 아이들이 무엇에 관심을 보이는지 끊임없이 관찰하며 상호작용해야 합니다.** 마트와 관련한 역할놀이를 시작하기에 앞서 그림책 읽기로 활동을 시작해 보는 것을 추천합니다. 그 이후에는 실제 마트는 어떻게 구성되어 있는지 탐색해 보고, 아이들이 만들고 싶은 마트를 직접 만들어 나가는 것도 좋습니다. 역할놀이를 위해 완벽하게 갖추어진 환경을 제공할 필요는 없어요. 오히려 성인들이 꾸며 놓은 환경이기 때문에 아이들은 흥미가 떨어질 수 있습니다. 시간이 걸리고, 완성도가 높지 않더라도 아이가 직접 만든 물건들로 역할놀이 환경을 가득 꾸며 보세요. 역할놀이를 위한 소품을 하나 둘 아이들이 직접 만들며 배울 수 있고, 이 소품들로 역할놀이를 하며 놀이가 심화될 수 있습니다.

1) 그림책 읽기

『삐약 삐약 슈퍼마켓』
쿠도 노리코 지음, 한라경 옮김, 책내음, 2014

> **그림책 소개**
>
> 엄마 닭과 병아리들이 장을 보러 마트에 왔어요. 마트에서는 정말 다양한 물건들을 살 수 있어요. 엄마 닭과 병아리들은 무얼 사러 마트에 왔을까요? 가만히 보니 엄마 닭이랑 병아리들은 사고 싶은 물건이 다른가 보네요. 마트에서 무슨 물건들을 사려는 건지 같이 살펴보아요.

- **음운론적 인식을 기르는 질문**
  - 마트 이름이 하하호호 슈퍼마켓이래. 하하에 있는 'ㅏ'의 막대를 왼쪽으로 뒤집으면 어떤 소리가 될까? '하하'였는데 '허허'가 되겠다. 허수아비 할 때 '허'네.
  - 여기는 빵을 파는 곳인가 봐. 빵이라고 적혀 있는 글자가 어디 있는지 같이 찾아볼까?
  - 여기는 과자들을 파는 곳이네. 과자들 이름도 적혀 있다. 여기에서 'ㅇ'이 들어간 과자 이름 어디 있나 찾아보자. 완두콩 과자, 우유맛, 종합사탕, 땅콩강정, 조청유과 모두 'ㅇ'이 들어가네.

- **어휘력을 기르는 질문**
  - 이쪽은 해산물 코너인가 보다. 바다에서 잡은 생선, 조개, 새우 같은 것들을 해산물이라고 해.
  - 바나나, 오렌지, 멜론, 사과, 자몽 같은 것들을 뭐라고 부를 수 있는지 알아? 이런 종류들은 모두 과일이라고 부를 수 있어.
  - 채소에는 어떤 것들이 있을까? 그림을 잘 살펴보면 찾을 수 있어. 양상추, 무, 파, 호박, 피망, 가지, 시금치 모두 채소들이네.

- **이야기 이해력을 기르는 질문**
  - 엄마 닭이랑 병아리가 각자 사고 싶은 음식들이 다르네. 엄마 닭은 뭘 사려고 해? 장 보려는 목록도 미리 만들었네. 뭘 살 건지 여기 작게 적혀 있어.
  - 병아리 친구들이 왜 다 속상한 표정이야? 달콤한 간식을 못 사게 돼서 속상한가 봐.
  - 엄마 닭이 마트에서 사 온 재료들로 무슨 음식을 만들고 있는 걸까? 오이, 토마토, 양상추로 뭘 만들 수 있지?

『동물들의 장보기』

조반나 조블리 글, 시모나 모라짜니 그림, 김호정 옮김, 책속물고기, 2010

그림책 소개

기린마트에 동물들이 장을 보러 와요. 코끼리는 마트에서 뭘 살까요? 원숭이는? 강아지는? 동물 친구들이 좋아하는 자연식품에 대해 알아보며 몸에 좋은 음식들을 알 수 있어요.

- **음운론적 인식을 기르는 질문**
  - 맛있고 싱싱한 자연식품이라고 적혀 있네. 싱싱에 있는 'ㅅ'을 'ㅇ'으로 바꾸면 무슨 소리가 될까? 잉잉. 우는 것 같은 소리가 되어 버렸네.
  - 고등어, 연어, 다랑어, 농어에 똑같이 들어가는 글자가 뭘까? 맞아, 모두 '어'가 들어간다.
  - 바나나를 거꾸로 하면? 나나바. 사과를 거꾸로 하면? 과사!

- **어휘력을 기르는 질문**
  - 자연식품은 과일, 채소처럼 가공되지 않은 음식들을 말해. 반대로 소시지, 과자, 아이스크림 같은 가공된 식품은 뭐라고 부르는지 아니? 사람들이 인위적으로 가공했다고 해서 인공식품이라고 부를 수 있어.
  - 고등어, 농어 할 때 '어'는 물고기를 뜻해. 그래서 생선 이름에 '어' 자가 많이 들어가.
  - 마트에서 꽃도 파나 봐. 초롱꽃, 제비꽃. ○○이가 아는 꽃 이름은 또 뭐가 있어?

- **이야기 이해력을 기르는 질문**
  - 기린마트에는 자연식품만 있대. 자연식품만 있으면 어떤 것들을 팔고 있을까?
  - 달팽이는 채소들만 잔뜩 샀네. 양상추, 민들레, 허브. 이걸로 뭘 만드는 걸까? 그냥 생으로 먹나? 아니면 샐러드를 만들어 먹을까?
  - 물개들이 계산대에 계산하려고 줄을 서 있대. ○○이도 마트에 갔을 때 계산대에서 계산하던 거 기억나? 우리 어떻게 계산했었지?

『마법시장』

이향만 글, 윤진현 그림, 현암주니어, 2019

> **그림책 소개**
>
> 아빠 생일상 음식 준비로 바쁜 엄마를 대신하여 심부름을 떠난 토토. 토토는 우연히 마법 시장에 가게 됩니다. 채소 가게는 파프리카, 생선 가게는 오징어가 가게 주인인 신기한 시장이에요. 토토는 마법시장에서 무엇을 사서 돌아갈까요?

- **음운론적 인식을 기르는 질문**
  - 채소 가게 주인이 파프리카인가 봐. 말끝마다 '파프'라고 하네. 파프리카는 없다파프. 잠깐 기다려라파프. 우리도 말끝에다가 '파프'를 붙여서 말해볼까파프?
  - 아귀 옆에는 왜 귀신 아님이라고 적어 놨을까? 아귀가 '귀'자로 끝나서 귀신인 줄 알 수 있겠네.
  - 거인 아저씨가 뻥튀기를 튀기고 있다. 뻥이라는 글자가 보일 때마다 '뻥'이라고 외쳐 볼까?

- **어휘력을 기르는 질문**
  - 무언가를 셀 때 붙이는 단위는 세는 것이 무엇인지에 따라 다 달라지네. 어떻게 다른지 한 번 볼까? 오징어는 한 마리, 파프리카는 한 개, 무지개떡은 한 팩, 장미꽃은 한 송이.
  - 생선 가게에 다양한 생선들을 팔고 있다. 무슨 생선 팔고 있나 한번 볼까? 생선들이 되게 다양하다. 아귀, 갈치, 가자미, 동태.
  - 채소들에 재미있는 이름을 붙였네. 브로콜리숲, 호박마차, 불이나 고추, 곱슬머리 고사리. 우리도 채소에 재미있는 이름을 붙여 볼까? 양파는 뭐라고 이름 붙여 줄까?

- **이야기 이해력을 기르는 질문**
  - 생선 가게 아저씨한테 오징어 한 마리 달라고 하니까 왜 아저씨가 당황스러워하는 거야?
  - 깔깔이 버섯이라니 신기하다. 깔깔이 버섯은 무슨 맛일까? 먹으면 웃음이 나오는 걸까?
  - 왜 장미꽃 아저씨는 말끝마다 '따끔'을 붙여서 말하는 것 같아?

2) 그림책을 활용한 사회활동

사회 친구들과 함께 만드는 열매반 마트

(1) 도입 활동

구매 목록표를 만들어요

마트에 간다면 어떤 물건들을 마트에서 사고 싶은지 카트 모양 종이에 표현해 보았어요. 마트 전단지나 신문을 활용하면 마트에서 파는 물건들을 쉽게 표현해 볼 수 있어요. 직접 그림으로 그려도 좋아요.

"마트에 간다면 ○○이는 어떤 것들을 사고 싶어? 카트에 사고 싶은 것들을 그림으로 그리거나 사진을 잘라서 붙여 볼까?"

진짜 마트에 다녀와요

지갑에 1,000원씩 돈을 넣고 진짜 마트로 물건을 사러 갔어요. 과자를 살지 음료수를 살지 무척이나 고민했는데, 밥 먹고 마실 음료수를 하나씩 사기로 했어요. 먹고 싶은 음료수를 하나씩 골라 계산대 위에 올려놓아요. 가게 주인이 바코드 스캐너로 하나씩 물건을 스캔해서 모두 얼마인지 알려주셔요. 1,000원씩 내고 나서 모자라는 돈은 선생님이 더 내 주셨어요. 직접 마트에서 물건을 구입해 보면서 물건을 어떻게 사고파는지 알아볼 수 있어요.

"마트에 다양한 물건들이 있다. ○○이가 좋아하는 주스랑 과자가 잔뜩 있네. 뭐라고 쓰여 있어? 우리는 오렌지맛, 포도맛 음료수를 사 볼까? 얼마인지 물어보고 어떻게 계산하는지도 지켜보자."

(2) 전개 활동

어떤 마트를 만들고 싶은지 표상해요

마트에 다녀온 경험을 되살려 이야기를 나누어 보면서 어떤 마트를 만들고 싶은지 고민해요. 열매반 친구들은 과일, 채소, 해산물, 과자 가게를 만들고 싶다고 해요. 그림으로 1차 표상을 해 보면서 어떤 것들을 팔고 싶은지 정해요.

"마트에서 어떤 것들을 파는지 살펴보았지? 우리가 마트를 직접 만들어 본다면 어떤 물건들을 파는 가게를 만들고 싶어?"

마트 놀이에 필요한 물품을 만들어요

마트 놀이를 할 때 필요한 것들을 직접 만들어요. 물건을 사려면 돈이랑 카드가 필요해요. 물건을 쉽게 계산하려면 바코드 스캐너도 필요해요. 내 카드란 걸 알아볼 수 있도록 카드에는 직접 사인을 해요. 바코드 스캐너는 EVA 막대나 휴지심으로 만들면 쉽게 만들 수 있어요.

> "물건들의 가격을 쉽고 빠르게 알 수 있으려면 바코드를 스캔할 수 있는 바코드 스캐너가 필요하겠다. 우리 마트에서 물건 살 때 본 적 있지? '삑삑' 하고 바코드에 가져다 대면 소리가 나면서 물건이 얼마인지 알려준대."

가게의 간판을 만들어요

열매반 친구들은 과일, 채소, 해산물, 빵, 과자 가게를 만들기로 정했어요. 간판도 친구들이랑 같이 힘을 합쳐 만들어요. 어떤 모양으로 간판을 만들고 싶은지 이야기 나눠요. 어떤 가게인지 한눈에 알아볼 수 있도록 해산물 가게는 생선, 빵 가게는 바

게트 빵, 과일/채소 가게는 바나나, 과자 가게는 사탕으로 만들기로 정했어요. 우드락으로 커다랗게 간판 모양을 만들고, 아이들이 직접 손으로 꾸며요. 다양한 재료를 활용하여 꾸며 보면서 소근육 발달도 도울 수 있어요.

> "생선 가게 이름은 '새우네 생선'이라고 지었다니 너무 멋지다. 생선 가게인지 한눈에 알 수 있도록 생선 모양으로 만들기로 했지. 생선 모양 간판은 어떻게 표현해 보면 좋을까? 번쩍번쩍이는 스팽글로 생선 비늘을 표현해 볼 수 있겠다."

3~5명씩 소그룹으로 나누어 만들고 싶은 가게 간판을 만들었어요. 빵 가게는 점토를 넓게 펴서 만들고, 과일 가게는 한지를 손으로 찢어서 붙이고, 해산물 가게는 목공용 풀로 스팽글을 붙여서 만들었어요. 과자 가게 간판에는 진짜 마시멜로우를 목공용 풀로 붙여서 만들어요. 아이스크림 간판은 목공용 풀과 쉐이빙폼을 섞어서 만든 물감으로 꾸며요. 간판을 만든 다음에는 낚싯줄로 천장에 매달았어요.

> "○○이 생각처럼 과자 가게는 달콤한 사탕 모양으로 간판을 만들어 보면 좋겠다. 달콤한 마시멜로우를 잔뜩 붙여서 사탕을 표현해 볼까? 놀이집에는 어떤 과자들을 파는지 그림을 색칠해서 붙여 주면 좋겠다."

가게에서 파는 물건들도 직접 골라요. 친구들이 무엇을 팔고 싶은지 말해 주면 선생님이 사진, 그림을 찾아서 준비했어요. 친구들이 물건 그림을 직접 색칠하고 잘라서 시트지로 만들어 둔 가게에 붙여요. 가게 이름도 친구들이 직접 지어요. 곰돌이 빵집, 새우네 생선, 신선과일야채라고 이름을 지어 주었어요.

마트 놀이를 해요

가게 주인과 손님으로 나누어 친구들과 마트 놀이를 해요. 과자 상자와 봉지를 활

용해서 실제 소품처럼 만들어 주면 좋아요. 바코드를 찾아 바코드 스캐너로 스캔하고 가격을 말해요. 모두 가게 주인을 하려고 한다면 성인이 손님 역할을 하면서 놀이를 확장해 줄 수 있어요.

"우리가 저번에 마트에 가서 샀던 과자 상자로 놀잇감을 만들어 볼까? 안에 신문지를 가득 채워 넣어 주면 망가지지 않고 가지고 놀 수 있어."
"빼빼로랑 계란 과자 하나씩 주세요. 얼마인가요? / 빼빼로 1,500원, 계란 과자 2,000원, 모두 다 해서 3,500원입니다! / 5,000원 드릴게요. 1,500원 거슬러 주세요."

(3) 마무리

다른 반 친구들을 초대해 마트 놀이를 해요

다른 반 친구들을 초대해서 마트 놀이를 하고 싶다고 해요. 다른 반 친구들에게 어떤 음식을 팔고 싶은지 이야기 나누어요. 곰돌이 빵집 가게 놀이를 하고 싶다고 했어요. 친구들에게 팔 수 있는 음식들로는 샌드위치와 초코우유를 직접 만들어 팔기로 했어요.

3) 그림책을 활용한 영역 통합활동

요리 초코우유를 팔아요

● 활동방법
① 흰 우유를 전자레인지에 데워서 따뜻하게 만들어요.
② 코코아 가루를 우유에 넣고 숟가락으로 잘 저어요.
③ 먹기 편하게 종이컵에 한 컵씩 담아서 팔아요.

"달콤하고 맛있는 초코우유 사세요. 한 잔에 단돈 2,000원입니다. 오늘만 이 가격에 팔아요. 놓치지 말고 구입하세요. 초코우유 몇 잔 드릴까요?"

요리 | 샌드위치를 팔아요

• **활동방법**
① 플라스틱 칼로 모닝빵을 반으로 잘라요.
② 숟가락으로 빵에 딸기잼을 펴 바르고, 그 위에 치즈를 올려요.
③ 빵을 덮어서 샌드위치를 만들어요. 위생을 위해 랩으로 한 번 씌워서 보관해요.
"친구들한테 팔 샌드위치를 직접 만들어 볼까? 먼저 빵을 빵칼로 반을 갈라 주세요. 그리고 숟가락으로 딸기잼을 얇게 발라주세요. 그리고 잼 위에는 치즈도 올려 주세요. 이번엔 샌드위치를 포장해 볼까요? 랩을 뜯어서 샌드위치를 꼼꼼하게 포장해 주세요."

• **확장 활동(수조작): 샌드위치 수놀이**

놀잇감을 활용해 수조작 활동으로도 확장해 줄 수 있어요. 샌드위치 재료를 EVA로 만들었어요. 각 재료마다 충분히 많은 개수를 만들어서 준비해 주세요. 성인이 샌드위치 가게에 온 손님 역할을 하며 아이들의 **수 세기 활동**을 자극해 주면 좋아요.
"샌드위치 주문할게요. 저는 양상추 3개, 햄 1개, 치즈 2개 넣어 주세요."
"샌드위치 얼마인가요? 5,000원은 너무 비싸요. 1,000원만 깎아 주세요."

추천 그림책

『냉장고 안에서 무슨 일이?』
우에다 시게코 지음, 김숙 옮김, 스마트베어, 2021

『시장에 가면~』
김정선 지음, 길벗어린이, 2023

『사자마트』
김유 글, 소복이 그림, 천개의바람, 2023

『또 마트에 간 게 실수야!』
엘리즈 그라벨 지음, 정미애 옮김, 토토북, 2013

『한이네 동네 시장 이야기』
강전희 지음, 진선아이, 2011

『123 시장 놀이』
엄미랑 글, 최혜인 그림, 시공주니어, 2009

『냠냠 맛있는 우리 집 냉장고』
다케요이 가코 지음, 엄혜숙 옮김, 비룡소, 2019

『푸메 꾸메와 함께 마트에 가요!』
서보현 글, 안아영 그림, 상상스쿨, 2010

6. 수조작: 그림책으로 배우는 수학 개념

일상생활을 영위하기 위해 수학적인 개념은 필수적입니다. 시간을 계산하고, 하루를 계획할 때, 필요한 양만큼 재료를 계량할 때, 물건을 구매할 때와 같은 모든 일상 속에 수학적인 개념이 녹아 있지요. 이러한 수학적인 개념들은 어린 시기부터 꾸준히 성장할 수 있도록 도와야 합니다. 특히 **수학적인 개념은 언어능력과 깊은 관련이 있기 때문에, 수학과 관련한 문해활동이 충분히 이루어질 필요**가 있습니다. 수학적인 사고의 과정을 말로 표현하는 **소리 내어 생각하기**(think aloud) 전략을 적절히 활용할 수 있도록 돕는 성인의 적극적인 개입이 필요합니다.

성인의 수학과 관련한 풍부한 상호작용은 아이들의 수학 능력의 발달로 연결됩니다. 성인이 아동에게 수학적인 대화를 많이 사용할수록 수학적인 개념과 수와 관련한 어휘, 수학적인 기술의 습득에 도움이 되는 것으로 밝혀졌습니다. 눈앞에 있는 구체적인 사물의 집합을 하나씩 짚으며 세어 보는 활동은 아이들의 기수지식을 발달시키기도 하지요(예: 사과가 몇 개 있니? 우리 둘이서 사과를 나누어 먹으려면 몇 개씩 먹으면 될까?). 공간에 대해 인지할 수 있도록 돕는 것 또한 수학적인 대화 중 하나입니다. 지도, 그래프, 블록 쌓기 등을 할 때 필요한 공간추론 능력 또한 언어적인 상호작용을 통해 길러 줄 수 있습니다. 공간의 모양과 특징(예: 사각형, 타원형, 삼각형), 공간적인 관계(크다, 작다, 비슷하다, 밖, 안, 위, 아래)와 관련한 단어를 적극적으로 활용하여 대화해 주세요.

아이들은 **구체물**(concrete objects)을 손으로 조작하며 학습할 때 더 효과적으로 수학적인 개념을 이해할 수 있습니다. 그중에서도 구체물의 수를 세어 보는 활동은 가장 기초적인 수학 활동 중 하나입니다. 수를 세는 것은 생각보다 복잡한 활동입니다. 구체물 하나에 수 단어를 하나씩 부여한다는 **일대일 대응의 원리**, 물체를 하나씩 세어 보고 나서 마지막에 센 수 단어가 물체 전체의 개수를 의미한다는 것을 아는 **기수의 원리**를 이해할 수 있어야 합니다(예: 한 개, 두 개, 세 개, 네 개. 모두 네 개구나). 이 외에도 구체물을 하나씩 대응시키는 **일대일 대응** 놀이는 **수의 등가성**(numerical equivalence)을 이해할 수 있도록 돕는 훌륭한 방법입니다. 물체를 하나씩 일대일로 대응해 보기, 칸이 나뉘어 있는 틀에 하나씩 카운터를 올리며 숫자 세기와 같은 활동을 해 보세요.

[그림 7-2] 일대일 대응이 가능한 엄마-아기 놀잇감(왼쪽), 10-frames 교구(오른쪽)

그림책을 활용하여 수학과 관련한 활동으로 확장할 때 그 효과가 더욱 좋습니다. 그림책을 활용한 수학 활동은 아이들의 수학적인 개념, 그중에서도 대수(관계, 분류, 패턴)와 관련된 개념의 발달에 도움을 줍니다. 그림책을 읽어 줄 때 수학적인 어휘를 적극적으로 사용할수록 수와 연산, 측정, 자료 분석과 같은 수학능력과 수 관련 어휘가 발달할 수 있지요. 본문에서는 그림책을 활용한 수조작 활동의 구체적인 예시를 알아보며 어떻게 상호작용하는 것이 좋은지 함께 알아보도록 하겠습니다.

소근육 운동과 그림책

손을 움직여 구체물을 조작하며 수학 개념을 배우는 활동은 수학 개념뿐만 아니라 인지적인 발달에도 큰 이점을 가집니다. 종단 연구에 따르면 **유아기에 소근육을 조절하고 통합하는 능력이 뛰어날수록 학령기가 되었을 때 높은 학업성취**를 보였다고 합니다. 연구의 결과에 대해 연구진들은 소근육 운동을 관장하는 소뇌가 인지와 관련한 전전두엽 피질과 관련성이 있기 때문에 소근육 운동이 인지 발달을 도모할 수 있다고 설명하고 있지요.

소근육 운동은 기초문해력의 요소 중 하나이기도 합니다. 소근육 운동의 발달은 이후의 관습적 문해 활동 중 쓰기 능력과도 연관되기 때문에 문해력의 발달에 필수적인 요소 중 하나입니다. 우리 아이의 소근육 운동의 발달을 돕기 위해 그림책을 활용해 보세요. 소근육 운동의 발달을 도울 수 있는 그림책 읽기의 방법으로 손을 활용한 손놀이를 할 수 있도록 유도하는 그림책을 추천합니다.

『무엇이든 할 수 있는 손 손 손』은 손으로 할 수 있는 다양한 것들에 대해 알아보며 손으로 탐색하는 즐거움을 알려줍니다. 『손이 필요해』는 그림의 일부를 손으로 표현하면서 놀이할 수 있어 아이들에게 인기만점입니다. 『주먹 가위 보 무얼 만들까?』 시리즈는 손유희를 하면서 노래를 흥얼거릴 수 있어요. 흉내 내기와 생활습관 두 가지 버전의 그림책이 있습니다. 『생쥐의 손 그림자 숲속 탐험』은 손으로 그림자를 만드는 놀이로 확장하며 읽기 좋습니다. 이외에도 손가락으로 그림을 따라가 보거나, 그림 위에 손가락 올려 보기, 그림책의 그림을 손으로 표현해 보기와 같은 다양한 방법으로 하는 손놀이가 가능합니다. 그림책을 활용한 독후 활동으로도 소근육 운동의 발달을 도울 수 있습니다. 그림책에 나온 것들을 블록, 색종이, 신문지, 털실, 빨대 등 다양한 놀잇감과 미술재료들을 활용해 소근육 운동의 발달을 도울 수 있는 놀이로 확장해 주세요. 자세한 놀이 방법은 동영상을 참고해 주세요.

〈참고 동영상〉

소근육 운동의 발달을 돕는 STEAM 테이블   색종이로 글자 만들기   신문지로 퍼즐 만들기   대칭적인 글자 카드 만들기

1) 그림책 읽기

『무지개 물고기』
마르쿠스 피스터 지음, 공경희 옮김, 시공주니어, 1994

> **그림책 소개**
>
> 반짝이는 은빛 비늘을 가진 무지개 물고기가 살고 있어요. 친구들은 무지개 물고기의 은빛 비늘을 부러워하지요. 친구들이 무지개 물고기에게 은빛 비늘을 나누어 달라고 하자 어떤 반응을 보였을까요?

- **음운론적 인식을 기르는 질문**
  - 반짝반짝 비늘이네. 반짝이랑 비슷한 표현이 또 있을까? 맞아, 번쩍! 반짝이랑 번쩍이랑 소리가 조금 다르네? 반짝은 'ㅏ' 소리가 들어가는데, 번쩍은 'ㅓ' 소리가 들어간다.
  - 무지개 물고기란 단어 중에 소리를 하나 골라서 같은 소리로 시작하는 단어를 찾아볼까? '고'로 시작하는 단어는 뭐가 있지? 고구마, 고양이, 고라니!
  - 이번에는 '지'로 끝나는 단어 찾아볼까? 강아지, 바지, 오렌지, 돼지, 편지!

- **어휘력을 기르는 질문**
  - 행복하다 같이 기분이나 감정을 나타내는 단어 또 아는 거 있어? 기쁘다, 슬프다, 속상하다, 무섭다, 편안하다. 정말 다양한 감정 어휘들이 있구나.
  - 행복하다의 반대말은 뭘까? 행복하다의 반대되는 말은 불행하다래. 행복하지 않다는 뜻이야. 무지개 물고기는 은빛 비늘을 나누어주고 행복해졌어, 불행해졌어?
  - 비늘에서 은색이 돌아서 은빛이라고 표현했나 봐. 그럼 금색이 돌면 뭐라고 말할 수 있을까?

- **이야기 이해력을 기르는 질문**
  - 친구들이 왜 무지개 물고기를 무지개 물고기라고 불렀을까?
  - 무지개 물고기가 한 마디 대꾸도 안하고 휙 가 버렸을 때 다른 물고기 친구들 기분은 어땠을까?
  - ○○이도 무지개 물고기가 은빛 비늘을 친구들에게 나누어 준 것처럼, ○○이한테 소중한 거였지만 나누어 준 적이 있어?

『사라지는 물고기』

킴 미셸 토프트·앨런 시더 지음, 킴 미셸 토프트 그림, 윤나래 옮김, 다섯수레, 2006

> **그림책 소개**

아름다운 바닷속에는 다양한 물고기 친구들이 살아요. 그런데 물고기가 한 마리씩 점점 사라지고 있어요. 왜 자꾸 사라지는 걸까요? 아름다운 바다를 지키기 위한 방법을 알아보아요.

- **음운론적 인식을 기르는 질문**
  - 물퉁돔 이름은 발음하기가 어렵다. 노란 꼬리를 가지고 있으면 노랑꼬리물퉁돔, 몸에 줄무늬 네 개가 있으면 네줄물퉁돔이라고 부른대. 빠르게 말해 볼까? 노랑꼬리물퉁돔 네줄물퉁돔.
  - 소리 빼기 놀이를 해 볼까? 문장에서 한 글자씩 빼면서 말해 보는 거야. 알록달록 멋지게 차려입었어요. 알록달록 멋지게 차려입었어. 알록달록 멋지게 차려입었.
  - 물고기 이름들이 몇 글자인지 세어 볼까? (손가락으로 하나씩 세어 보며) 양놀래기, 네 글자다. 파랑쥐치, 이 친구도 네 글자네.

- **어휘력을 기르는 질문**
  - 왜 이 친구들 이름은 비늘돔일까? 비늘이 멋져서 비늘돔이라고 이름 붙였나? 날쌔게 헤엄을 잘 치면 날쌘돔, 느릿느릿 헤엄을 치면? 느린돔이라고 이름 붙여도 되겠다.
  - 멋쟁이처럼 '-쟁이'를 붙이는 단어 아는 거 있어? 멋쟁이, 겁쟁이, 떼쟁이. 어떤 성질을 가진 사람인지 나타내는 단어를 만들 때 쟁이를 붙인대.
  - 열두 마리, 열한 마리, 열 마리. 마리는 개수를 세는 단위야. 동물이나 물고기를 셀 때 마리라고 센대. 소 한 마리, 소 두 마리 이렇게.

- **이야기 이해력을 기르는 질문**
  - 멋쟁이 에인젤피시가 열두 마리가 있대. 진짜 열두 마리인지 세어 볼까? 잠수부들이 나타나자 어떻게 됐을까? 열한 마리가 되었대. 한 마리는 어디 간 거지? 잠수부가 어떻게 한 걸까?

- 바닷속에 왜 비닐봉지가 있지? 사람들이 마구 버렸나 보다. 비닐봉지가 바닷속에 있으면 어떤 나쁜 일들이 일어날 수 있을까? 해파리처럼 생겨서 먹이인 줄 알고 먹을 수 있대. 비닐봉지나 플라스틱 때문에 숨이 막혀 죽을 수도 있겠다.
- 사람들이 드르륵 바다 밑에 구멍을 뚫었대. 왜 바다 밑에 구멍을 뚫는 거지? 바다 밑에 있는 석유를 파내려고 구멍을 뚫는다네. 이렇게 구멍을 뚫으면 물고기들은 어떻게 될까?

제스처 활용하기

아이들은 수를 셀 때 **숫자를 단어로 표현하는 것보다 손가락을 활용한 제스처로 크기를 표현하는 것이 더 정확**합니다. 수를 나타내는 단어 또한 학습해야 하는 대상이기 때문이지요. 큰 숫자일수록(5~10) 손가락으로 표현할 때 더 정확하다고 합니다. 어린 영아일수록 그림책의 사물을 셀 때 손으로 하나씩 꼽으면서 수를 세어 보는 활동을 하는 것이 좋습니다.

"(손가락을 하나씩 펼치면서) 물고기 한 마리, 두 마리, 세 마리, 네 마리, 다섯 마리. 모두 다섯 마리다."

6. 수조작: 그림책으로 배우는 수학 개념   **347**

『야! 물고기가 만든 미스터리 그림책』
케이트 리드 지음, 이루리 옮김, 북극곰, 2021

그림책 소개

고요한 바닷속에서 '야!'하고 큰 소리가 났어요. 어디서 난 소리일까요? 작은 분홍 물고기의 한 마디에 물고기 친구들 사이에서 소문이 생겨나기 시작해요. 알록달록 바닷속 물고기 친구들의 화려한 그림과 함께 흥미진진한 이야기를 한번 들어 보세요.

● **음운론적 인식을 기르는 질문**
- 물고기 친구들이 '어?'하고 말하면서 쳐다보고 있어. 어린이 할 때 '어'야.
- 물고기 친구들이 다 어떻게 됐어? 고래가 꿀꺽 하고 삼켜 버렸다. 엄청 커다랗게 꿀꺽이라고 적혀 있네. 기억이 두 개라 /ㄲ/ 소리가 나. 꿀꺽의 'ㄲ'을 'ㄱ'으로 바꾸면? 굴걱!
- 분홍 물고기가 고래한테 뭐라고 외쳤어? 야! 하고 외쳤네. 야채할 때 야! '아'에 막대를 하나 더 그으면 '야'가 돼. 아, 야, 아, 야!

● **어휘력을 기르는 질문**
- 색깔 이름들이 다양하다. 빨강, 노랑, 파랑. 빨강이랑 노랑을 섞으면? 주황!
- 왜 이걸 색깔 바퀴라고 하는 걸까? 동그란 바퀴 모양처럼 색깔들이 동그랗게 돌아가면서 있어서 색깔 바퀴라고 하나 봐.
- 흰색을 섞어서 점점 더 밝아지는 건 어느 쪽이야? 점점 더 어두워지는 건?

● **이야기 이해력을 기르는 질문**
- 왜 그림책 제목이 '야!'일까? 누가 소리를 지르나? 물고기가 만든 미스터리 그림책이라니 무슨 이야기일 것 같아?
- 앞면지에는 산호초들이 있어. 표지에 있던 분홍색 물고기가 여기에 있네? 뒤면지도 한번 볼까? 뒤면지에는 물고기 친구들이 엄청 많다. 여기에도 아까 앞에서 본 분홍 물고기가 숨어 있을까?
- 분홍 물고기가 '야!'라고 외쳤더니 어떻게 됐어? 노랑 물고기가 누가 소리를 지른지 못 봤는데 뭔가 무시무시한 게 나타난 것 같다고 생각했나 봐.

2) 그림책을 활용한 수조작 활동

★ 무지개 물고기 퍼즐

● 활동방법
① 무지개 물고기 그림을 크게 인쇄해서 퍼즐판을 만들어요. 물고기의 몸통 부분에는 보슬이를 붙여요. **반짝이 시트지**를 비늘 모양으로 자른 뒤 코팅하고 뒷면에는 까슬이를 붙여요. 도화지와 접착메모지로 조금 더 간단히 준비할 수 있어요. 도화지에 물고기 그림을 그리고, 접착메모지로 비늘을 표현해요.
② **주사위**를 던져서 나온 수만큼 반짝이 비늘을 붙여요. 반대로 비늘을 모두 붙여 둔 상태에서 주사위에서 나온 수만큼 반짝이 비늘을 떼어낼 수도 있어요.
"숫자 6이 나왔네. 반짝이 비늘을 6개 붙여 볼까? 하나, 둘, 셋, 넷, 다섯, 여섯! 모두 여섯 개 붙였다."

● 확장 활동(사회): **무지개 물고기 역할놀이**
- 무지개 물고기에 나오는 친구들을 손인형이나 융판으로 만들어 주면 아이들이 역할놀이를 해 보기 좋아요. 무지개 물고기의 반짝이 비늘을 떼어내서 친구들에게 나누어 줄 수 있도록 만들면 더욱 재미있겠지요?
"무지개 물고기에 나왔던 친구들 손인형이네! ○○이는 여기서 무슨 역할 하고 싶어? 무지개 물고기? ○○이는 문어 하고 싶구나. 무지개 물고기가 문어한테 조언을 구하러 갔던 장면 기억나? 뭐라고 말했었지? ○○이 문어 목소리 너무 잘 흉내 내서 진짜 문어가 된 것 같은데?"

6. 수조작: 그림책으로 배우는 수학 개념

⭐ 숫자 물고기 낚시놀이

● **활동방법**

① EVA 막대, 털실, 자석으로 **낚싯대**를 만들어요. 물고기 모양 그림을 코팅하고 **숫자를 1~20까지** 적어요. 물고기에는 클립을 끼우고 테이프로 고정해요.

② 물고기를 잡는 놀이를 해요. 물고기의 숫자에 관심을 가질 수 있도록 도와요.
"숫자 7이 적혀 있는 물고기는 어디 있지? 여기 문어에 숫자 7이 적혀 있다. 문어 잡으면 숫자 7 모을 수 있겠다."

③ 1~20까지 숫자의 순서대로 물고기를 잡는 놀이를 해요. 이를 확장해서 20부터 1까지 거꾸로 물고기 잡기, 2/3/5의 배수 숫자 물고기 잡기 놀이 등으로 확장할 수 있어요.
"여기에 숫자 1부터 20까지 적혀 있는 물고기 친구들이 있어. 1부터 20까지 순서대로 한 번 물고기를 잡아 볼까?"

● **확장 활동(수조작): 물고기 분배하기**

• 물고기 놀잇감을 활용해서 **나눗셈**에 대해 알아볼 수 있어요. 눈앞에 있는 물고기를 함께 있는 친구들이 똑같이 나누어 가지려면 몇 개씩 나누어 가져야 하는지 나누어 보아요.
"여기 물고기 10마리가 있어. 둘이서 똑같이 나누어 가지려면 몇 마리씩 가져가야 할까? 한 마리씩 나누어 보면 몇 마리씩 가질 수 있는지 알 수 있어."

⭐ 물고기 색과 패턴으로 분류하기

● **활동방법**

① 다양한 종류의 **색과 패턴**을 가진 물고기 놀잇감을 준비해요.
② 물고기를 색 또는 패턴에 따라 분류해 보아요.
  "초록색 물고기만 모아 볼까? 이번에는 점박이 무늬가 있는 물고기만 모아 보자."
③ 물고기를 색 또는 패턴에 따라 **그래프**로 표시해 보는 것도 가능해요.

● **확장 활동(수조작): 사라지는 물고기**

- 『사라지는 물고기』에서 나왔던 것처럼 물고기를 한 마리씩 건져내면서 몇 마리가 남는지 세어 보아요. 한 마리씩 건져내는 활동에 익숙해졌다면 한꺼번에 여러 마리의 물고기를 건져요. 3~5마리를 건져내고 남은 물고기가 몇 마리인지 세어 보면서 **뺄셈**의 개념을 이해할 수 있어요.
  "물고기 10마리가 있는데 이 중에서 3마리를 건져내면 몇 마리가 남을까?
  몇 마리가 남아 있는지 세어 볼까? 모두 7마리가 남았네.
  다시 3마리를 넣으면 모두 10마리가 된다."

⭐ 물고기의 위치 나타내기

- **활동방법**

① 물고기가 다양하게 펼쳐져 있는 공간을 구성해요. 벽면에 물고기 그림을 붙이거나, 물고기 놀잇감을 바닥에 펼쳐 놓을 수 있어요.

② 하나의 물고기를 기준으로 다른 물고기의 위치에 대해 알아보아요. 왼쪽, 오른쪽, 옆, 위, 아래, 앞, 뒤와 같은 **방향과 위치**를 나타내는 단어를 사용해서 이야기해요.
"고래 아래는 어떤 물고기가 있지? 상어 왼쪽에는 누가 있어?"

- **확장 활동(신체&수조작): 물고기 바둑판 놀이**

- 색테이프를 이용하여 바닥에 5×5 배열의 바둑판을 커다랗게 만들고 물고기 놀잇감을 여러 종류 준비해요. 위, 아래, 왼쪽, 오른쪽 방향을 나타내는 돌림판과 숫자 주사위를 준비해요. 돌림판을 돌려 어느 방향으로 향할지를 정해요. 숫자 주사위를 던져 얼마나 움직일지 정해요. 바둑판 위에서 물고기 놀잇감을 움직여 보며 물고기 바둑판 놀이를 해요.
"돌림판이랑 숫자 주사위를 던져서 나오는 방향과 숫자만큼 물고기를 움직일 수 있어. 한번 해 볼까? 돌림판의 화살표가 오른쪽을 가리킨다. 숫자는 3이 나왔어. 오른쪽으로 3칸 이동할 수 있겠다."

3) 그림책을 활용한 영역 통합활동

미술 물고기 바다 만들기

● **활동방법**
① 벽면과 바닥에 파란색 **시트지**나 **아세테이트지**를 붙여요.
② 물고기 도안을 사용하거나, 직접 그림을 그려서 바다를 꾸며요. 유성 매직을 활용하여 직접 그림을 그리는 것도 좋아요. **OHP 필름**에 물고기를 그리고 유성 매직으로 색칠한 뒤, **쿠킹 포일**을 뒤에 대어 주면 반짝이는 물고기 그림을 만들 수 있어요.

미술 도형으로 물고기 표현하기

● 활동방법
① 다양한 형태의 도형을 색종이로 잘라서 준비해요(예: 원, 정삼각형, 이등변삼각형, 정사각형, 직사각형, 타원 등).
② **도형**을 활용하여 물고기 모양을 표현해요.
"삼각형이랑 직사각형으로 오징어를 표현했구나. 뾰족뾰족한 삼각형이 오징어 머리 부분이네. 길쭉한 직사각형으로 다리도 멋지게 만들었네."

신체 날아라 풍선 물고기

● 활동방법
① **풍선**을 적당한 크기로 불어서 준비해요. 물고기 비늘을 표현할 **반짝이 시트지**를 준비해요.
② **풍선**에 반짝이 시트지로 물고기의 비늘을 붙여서 표현해요.
③ 한지를 길게 찢어서 물고기의 꼬리를 표현해요.
④ 완성된 **풍선 물고기**를 손에 들고 놀이해요. 풍선 물고기를 부채로 바람을 만들어 이곳저곳으로 날리는 놀이를 하는 것도 재미있어요.
"부채로 바람을 만들어서 풍선 물고기를 멀리 멀리 날려 볼까? 풍선 물고기가 왼쪽으로 날아가려면 어느 쪽으로 부채질을 해야 할까?"

신체 물고기가 사는 곳은 어디?

● **활동방법**

① 물고기와 물고기의 서식지 사진을 준비해요.

② 물고기와 물고기가 사는 곳을 바닥에 붙이고, 색테이프로 다양하게 이어요.

③ 색테이프를 따라 걸어 보면서 **물고기가 사는 곳**에 대해 알아보아요.

"흰동가리는 산호초 속에 숨어서 산대. 산호초 속에 쏙 숨으면 다른 물고기한테 잡아먹히지 않을 수 있어."

추천 그림책

수 그림책과 이와 관련하여 확장하기 좋은 수학 활동을 소개해 드리겠습니다. 수학능력의 향상을 도울 수 있는 그림책들을 수 영역별로 재구성하였습니다.

영역		그림책	수학 활동
대수	분류		『뭐든지 파는 가게』 박정선 글, 김미정 그림, 한울림어린이, 2016 **분류기준에 따라 그래프로 표현하기**
			『똑같네 똑같아』 김승현 지음, 북극곰, 2020 **공통점과 차이점을 밴다이어그램으로 표현하기**
	패턴		『모자 사세요!』 에스퍼 슬로보드키나 지음, 박향주 옮김, 시공주니어, 2017 **모자의 모양을 이용한 패턴 놀이**
	관계		『내 키가 더 커!』 경혜원 지음, 비룡소, 2019 **길이와 크기 어림 비교하고, 서열에 따라 나열하기**

6. 수조작: 그림책으로 배우는 수학 개념

수와 연산	수 개념		**『서커스 123』** 히도 반 헤네흐텐 지음, 이현정 옮김, 재능교육, 2015 **하나 둘 셋, 수 이름 알기**
			『딱 하나만 잘 세면 되는 참 쉬운 책』 캐스퍼 샐먼 글, 맷 헌트 그림, 노은정 옮김, 사파리, 2022 **1부터 10까지 수 세기**
			『배고픈 개미 100마리가 발발발』 엘리노어 핀체스 글, Mackain Bonnie 그림, 신형건 옮김, 보물창고, 2006 **숫자 100 만들기**
	수 연산		**『장바구니』** 존 버닝햄 지음, 김원석 옮김, 보림, 1996 **마트 놀이하며 수 세기와 덧셈 알기**
			『자꾸자꾸 초인종이 울리네』 팻 허친즈 지음, 신형건 옮김, 보물창고, 2006 **쿠키 나누기를 통해 나눗셈의 개념 알기**
			『우리가 케이크를 먹는 방법』 김효은 지음, 문학동네, 2022 **숫자 5로 나누기**

수와 연산	수 연산		『야, 우리 기차에서 내려!』 존 버닝햄 지음, 박상희 옮김, 비룡소, 1995 **동물 친구를 기차에서 한 마리씩 빼기**
기하	도형		『자꾸자꾸 모양이 달라지네』 팻 허친즈 지음, 보물창고, 2006 **여러 가지 모양의 도형 알기**
			『딱 한 번만 더!』 나오미 존스 글, 제임스 존스 그림, 김여진 옮김, 미운오리새끼, 2022 **도형의 이름 알기**
	공간		『만희네 집』 권윤덕 지음, 길벗어린이, 2016 **위치를 나타내는 어휘 알기**
			『초롱이와 함께 지도 만들기』 로렌 리디 지음, 박상용 옮김, 미래아이, 2004 **지도를 활용한 동서남북의 방향 알기**
측정	시간		『시간이 흐르면』 이자벨 미뇨스 마르틴스 글, 마달레나 마토소 그림, 이상희 옮김, 그림책공작소, 2016 **시간의 순서 알기**

출처: 이은영, 전유영(2012), 권유선, 최혜진(2010)을 참고하여 재구성.

7. 과학: 그림책과 함께 하는 과학놀이

아이들은 호기심 어린 눈으로 주변을 관찰하고 탐구해 나가는 꼬마 과학자입니다. 아이들의 이런 내적 소양과 더불어 적절한 과학 교육이 이루어질 때, 깊이 탐구하고 문제를 해결해 나가는 능력을 꽃피울 수 있습니다. 과학 교육은 무엇보다도 **탐구하는 태도**와 **문제해결력**을 기를 수 있다는 점에서 무척이나 중요하지요. 또한 과학은 새로운 변화와 지식, 정보를 주도적으로 얻을 수 있는 힘을 길러 줍니다. 아이에게 이러한 내적인 힘이 생기면 공부는 저절로 즐거워지겠지요.

영유아 시기에 집중적으로 길러 주어야 할 과학적인 소양은 크게 관찰하기, 분류하기, 측정하기, 예측하기, 토의하기로 구분할 수 있습니다. **관찰하기**는 오감과 도구를 활용하여 사물의 특징을 관찰하여 기술하는 것을 의미합니다. **분류하기**는 특정한 기준을 토대로 공통점과 차이점에 따라 구분하는 것입니다. **측정하기**는 정량화되어 있는 도구를 사용하여 측량하는 활동이고, **예측하기**는 현재 가지고 있는 지식과 자료를 토대로 미래에 일어날 일을 예상하는 활동입니다. 마지막으로 **토의하기**는 과학적인 지식과 태도를 토대로 서로의 생각을 주고받는 것을 말합니다.

그림책에 나타나는 과학 교육의 내용은 크게 **호기심을 유지하고 확장하기, 탐구 기술 활용하기, 탐구 과정 즐기기, 물체와 물질 알아보기, 생명체와 자연환경 알아보기, 자연현상 알아보기, 간단한 도구와 기계 활용하기**로 분류할 수 있습니다. 이와 같은 내용으로 구성된 그림책을 활용한 과학활동은 아이들의 과학적 탐구 능력과 태도, 문제해결력, 창의성의 증진에 특히 효과적인 것으로 나타났습니다. 그림책을 활용한 구체적인 과학활동의 예는 다음 본문에서 자세히 알아보도록 하겠습니다.

1) 그림책 읽기

『신발 박물관』

육길나 지음, 한우리북스, 2008

> **그림책 소개**

신발들이 모여 있는 신발 박물관이래요. 어떤 신발들이 있을까요? 옛날 사람들이 신던 짚신과 나막신, 운동할 때 일할 때 신는 신발들이 다양하게 있어요. 신발들의 생김새와 이름을 함께 알아보아요.

- **음운론적 인식을 기르는 질문**
  - 옛날 사람들이 신던 신발들이 모여 있다. 이 신발들은 이름이 조금 어렵네? 당혜, 운혜, 태사혜. 어떤 글자로 끝나? '혜'다. 하늘에 떠 있는 '해'랑 비슷하게 생긴 글자인데 소리가 조금 다르다.
  - 두 글자인 신발 이름은 뭐가 있지? 꽃신, 짚신, 당혜, 운혜 모두 두 글자다.
  - 수수께끼 내 볼게, 무슨 신발일지 추측해 봐. 이건 비가 올 때 신어. 옛날 사람들이 신던 신발이고, 나무로 만들었어. 세 글자야. 정답은 나막신!

- **어휘력을 기르는 질문**
  - 고무신, 짚신, 나막신 모두 '신'으로 끝나네. 신발 이름의 맨 끝에 '신'을 붙이고, 앞에는 어떤 걸로 만들어졌는지 알려 주고 있어.
  - 육상화, 승마화, 축구화, 등산화는 모두 '화'로 끝난다. '화'는 한자로 신발을 뜻해. 그래서 신발 이름에 '화'가 붙는 거야.
  - 장대라는 건 긴 막대를 뜻해. 장대 신발도 기다란 막대처럼 길쭉하게 생겼지?

- **이야기 이해력을 기르는 질문**
  - 탭슈즈 아래에는 금속판을 대어서 바닥을 구를 때마다 딱딱 소리가 난대. 왜 신발에 금속판을 덧붙인 걸까?
  - 스케이트는 날이 있어서 얼음 위에서 미끄러지듯 움직일 수 있대. 만약에 스케이트를 신고 땅을 걸으면 어떨까?
  - 갯벌에서 신는 고무장화가 만약 무릎까지 올라오도록 길지 않고 발목까지만 오는 짧은 길이면 어떻게 될 것 같아? 갯벌 진흙이 신발 안으로 다 들어와 버리겠다.

『신발 신발 아가씨』

버나드 로지 글, 캐더린 로지 그림, 김서정 옮김, 한솔수북, 2005

> **그림책 소개** ▾
>
> 세상에 있는 다양한 신발이란 신발은 모두 모여 있는 신발가게를 소개합니다. 가게 이름도 신발 신발 아가씨! 어떤 신발들을 팔까요? 손님들은 무슨 신발을 사고 싶어 할까요?
>
> • **음운론적 인식을 기르는 질문**
> - 타박타박 소리는 어떻게 걸으면 나는 거야? 한번 몸으로 표현해 볼까? 따각따각은 어떤 소리일까? 찰박찰박은 어디에서 걸을 때 나는 소리일까?
> - 꼬꼬모가 꽥꽥이 신발을 신어서 걸을 때마다 꽥꽥꽥 소리가 난다. 이렇게 'ㄱ'이 두 번 있으니깐 꼬꼬, 꽥꽥 소리가 나네. 'ㄱ'이 하나만 있으면 어떤 소리가 될까? 고고모, 괙객이.
> - 통통 튀는 토슈즈네. 스카이콩콩처럼 토슈즈에 용수철이 달려 있어. 이 토슈즈를 신고 걸으면 어떤 소리가 날 것 같아? 통통통, 띠용띠용!
>
> • **어휘력을 기르는 질문**
> - 일주일에 일곱 날 문을 열면 무슨 요일에 여는 거야? 월요일, 화요일, 수요일, 목요일, 금요일, 토요일, 일요일. 하루도 쉬지 않고 매일 문을 연다는 소리네.
> - 육상화, 축구화, 운동화 같은 걸 모두 신발이라고 해. 그림책에서 신발이라는 글자가 자주 나온다. 신발이라는 단어 한번 찾아볼까?
> - 싸다는 건 두 가지 의미가 있을 수 있어. '신발이 싸다'는 건 신발 가격이 저렴하다라는 뜻이지만, 신발을 포장한다는 뜻에서 '신발을 싸다'라고 말할 수도 있지.
>
> • **이야기 이해력을 기르는 질문**
> - 비밀 신발에 별의별 물건들이 잔뜩 들어 있다. 펜도 있고, 거짓말 탐지기도 있고, 구급약도 있고. 만약 ○○이도 이런 신발을 만들 수 있다면 신발에 어떤 것들이 있으면 좋겠어?
> - 신발 모양 침대에 누워서 자고 있네. 무슨 꿈을 꾸고 있을까?
> - 신발을 신지 않는 맨발섬이라니, 신기하다. 맨발처럼 만든 모래섬이네. 어떻게 신발을 안 신어도 되는 섬이 된 거지?

『누구 발일까?』

정해영 지음, 논장, 2009

> **그림책 소개**

저마다 다르게 생긴 세계의 다양한 신발을 소개하는 그림책입니다. 의성어, 의태어를 활용하여 재미있게 신발의 이름, 생김새를 보여 줍니다. 정해영 작가가 지은 또 다른 신발 그림책인 『무엇을 할까?』도 함께 추천합니다. 일과 관련한 신발을 만나 볼 수 있습니다.

- **음운론적 인식을 기르는 질문**
  - 달각달각 걸어가는 소리 재미있다. 달각달각의 달은 달님할 때 '달'이네.
  - 따각따각 또각또각 나막신을 신고 걸어간다. 따각따각이랑 또각또각이랑 어느 부분이 소리가 다르지?
  - 신발 이름들이 몇 글자인지 살펴볼까? 게다는 두 글자네. 또 두 글자인 신발 이름을 찾아볼까?

- **어휘력을 기르는 질문**
  - 나막신은 나무로 만든 신이라는 뜻이래. 그럼 꽃신은 왜 이름이 꽃신일까?
  - 설피는 눈이 많이 왔을 때 신발이 눈에 빠지지 않도록 신발에 덧신는 신발이야. 설피의 '설'은 눈이라는 뜻이야.
  - 플라멩코 구두에는 징을 박았대. 징이 뭔지 아니? 징은 구두에 박는 쇠못을 말해. 징이 박혀 있으면 걸을 때마다 딱딱 소리가 나겠지?

- **이야기 이해력을 기르는 질문**
  - 이 신발을 신으면 실떡실떡한 진흙길도 문제가 없대. 이건 뭐로 만드는 신발인 것 같아? 글로그는 우리나라 나막신처럼 나무로 만들었대.
  - 씨-잉 씽씽 글자 좀 봐. 어떻게 생겼어? 글자가 얼음 위에서 썰매를 타는 것 같이 미끄러진다.
  - 머클럭은 바다표범 가죽으로 만드는 신발이래. 겨울에 신어도 따뜻한가 봐. 우리가 신는 신발 중에는 뭐랑 비슷한 것 같아? 겨울에 신는 털 달린 부츠랑 비슷하다.

2) 그림책을 활용한 과학활동

★ 가족들의 신발 길이 측정하기

● 활동방법

① 가족들이 신는 신발과 **리본 끈**을 준비해요.
② 리본 끈으로 신발의 길이를 **측정**하고, 신발의 길이만큼 리본을 잘라요.
③ 리본을 나란히 붙이고 누구의 신발인지 이름을 적어요. **길이를 비교**하는 단어를 사용해서 길이를 비교하고, 어떤 신발이 가장 긴지 순위를 매겨요.
"누구 신발이 제일 길까? 아빠 신발이 가장 길다. ○○이 신발 길이의 두 배네? 아빠 신발 다음으로 길쭉한 신발은 엄마 신발이다. ○○이 신발이 그다음으로 길고, 동생 신발이 가장 작네."

● 확장 활동(신체 & 수조작): 손이랑 발이랑 비교해요

- 가족과 함께 손과 발을 서로 맞대어 보며 손과 발의 길이를 비교해 보아요. 누가 더 길쭉한지 상대적인 길이를 비교해 볼 수 있어요. 손, 발, 팔뚝, 다리, 키 등을 비교해 보는 활동으로도 확장할 수 있어요.
"○○이랑 엄마랑 손 크기 비교해 볼까? 누구 손의 길이가 더 길어? 이번엔 팔뚝 길이도 비교해 보자. 동생이랑도 비교해 볼까?"

⭐ 신발을 모양별로 분류하기

- **활동방법**
① 아이들이 신고 온 신발의 사진을 찍어서 신발 카드를 만들어요.
② 신발들의 **생김새**, **색상** 등을 기준으로 신발을 분류해요(예: 초록색, 갈색 신발로 구분하기, 목이 긴 부츠, 운동화로 분류하기).
③ 밖에 나가서 직접 신발을 신고 분류해 보는 것도 좋아요. 커다랗게 동그라미를 여러 개 땅바닥에 그리고, 신발을 분류하는 기준을 위에 적어 주세요.
  "파란색 신발을 신은 친구들만 이 원 안으로 들어와 볼까? 모두 몇 명이야?"

- **확장 활동(신체&과학): 신발 발자국 도장 찍기**
  - 하얗게 눈이 쌓였다면 밖으로 나가서 눈 위에 신발 발자국을 찍어 보면 어떨까요? 신발마다 발자국 모양이 모두 제각각이에요. 발자국을 찍어 보고 비슷한 모양끼리 분류해 보아요. 눈이 오지 않는다면 물감으로 발자국 도장을 찍어 보는 것도 좋아요.
    "하얗게 눈이 내렸어. 우리 나가서 신발 발자국 찍어 보며 놀이해 볼까? 어떤 발자국 모양이 나올까? 비슷한 모양 발자국끼리 모아 볼까?"

⭐ 신발의 무게, 길이 측정하기

• **활동방법**

① **저울**과 **줄자**, 다양한 종류의 신발을 준비해요.
② 양팔저울의 양쪽에 신발을 넣고 어떤 신발이 더 무거운지 **비교**해요. 무게가 표시되는 저울을 사용하여 신발의 무게를 숫자로 확인하고 비교할 수 있어요.
  "손으로 들어 봤을 때 어떤 신발이 더 무거울 것 같아? 저울의 양쪽 끝에 신발을 넣으면 더 무거운 쪽으로 저울이 기울게 되어 있어. 구두 쪽이 더 아래로 내려갔네. 구두가 운동화보다 더 무거운가 봐."
③ 눈으로 보기에 어떤 신발의 길이가 더 긴지 **어림 측정**을 해요. 줄자를 이용해서 신발의 길이를 측정해요.
  "구두랑 슬리퍼 중에 뭐가 더 길까? 줄자로 정확하게 재어 볼까?"

• **확장 활동(신체 & 수조작): 신발 멀리 던지고 거리 측정하기**

① 신발을 발에 헐렁하게 신은 상태에서 발차기를 해서 신발을 멀리 던져요.
② 누구의 신발이 가장 멀리까지 날아갔는지 줄자로 거리를 측정해요.
  "신발 멀리 던지기를 해 보고 누구 신발이 가장 멀리까지 날아갔는지 거리를 측정해 보자. ○○이가 던진 신발은 ○○이 키만큼이나 멀리 날아갔네."

3) 그림책을 활용한 영역 통합활동

신체 특이한 신발 신어 보기

- **활동방법**
① 롤러브레이드, 탭슈즈, 고무신, 짚신, 축구화, 오리발과 같이 특이한 신발들의 생김새를 탐색해요. 왜 이렇게 생겼을지 사용 방법에 대해서도 추측해요.
  "오리발은 왜 이렇게 길쭉하게 만들어졌을까? 오리발이 길쭉해서 오리처럼 헤엄을 칠 때 물장구를 치기 쉽게 만들어 주나 봐."
② 신발을 직접 신고 걸어 보면서 신발을 체험해요.
  "탭슈즈를 신고 발을 구르니까 탁탁탁 소리가 난다. 축구화를 신고 공을 차 보니 어때?"

- **확장 활동(사회): 신발 박물관을 만들어요**
  신발을 종류별로 구분하고, 신발의 명칭을 이름표에 적어서 **신발 박물관**을 만들어요. 신발의 종류와 이름에 대해 소개하는 큐레이터 역할을 맡아서 놀이해요.
  "신발들을 전시하는 박물관을 만들어 볼까? 신발들을 종류별로 분류해서 전시하면 큐레이터가 되어서 신발을 소개하기 편리할 것 같아."

미술 나만의 신발 만들기

● **활동방법**
① EVA로 슬리퍼 모양을 만들고, 실, 지퍼, 바퀴, 굽 등을 다양하게 준비해요.
② 『신발 신발 아가씨』에 나온 것처럼 나만의 신발을 만들어 본다면 어떤 신발을 만들고 싶은지 이야기 나눠요.
③ 다양한 재료를 활용하여 **나만의 신발**을 만들어요. 신발에 이름을 붙이고 어떻게 사용할 수 있는 신발인지 설명해요.
 "지퍼가 달려 있어서 내가 원하는 대로 크기를 조절할 수 있는 신발이구나. 바퀴가 달려서 데굴데굴 굴러갈 수 있고, 바퀴를 넣으면 그냥 신발처럼 신을 수 있겠다."

사회 신발 가게 놀이하기

● **활동방법**
① 다양한 종류의 신발들을 준비하여 신발장에 비치해요.
② 종이 벽돌블록 위에 신발을 진열하고, 신발을 사고 파는 **신발 가게 놀이**를 해요. 역할놀이가 풍부하게 일어날 수 있도록 성인이 적절히 개입하여 놀이를 확장해 주세요.
 "신기한 신발들이 정말 많네요. 이건 무슨 신발인가요? 아, 신발 아래에 걸레가 붙어 있어서 걸어 다니기만 하면 청소가 되는 신발이군요. 한 켤레에 얼마예요? 한 켤레만 주세요. 선물할 거라서 종이 상자에 포장 좀 해 주세요."

미술 신발 신발 패션쇼

● **활동방법**

① 시트지 또는 전지로 커다란 신발 모양 **런웨이**를 만들어요.
② 신발 아래에 물감을 묻혀 신발 자국으로 런웨이를 꾸며요.
③ 신발 패션쇼에 초대하는 초대장을 만들어요. 장소, 시간, 참여 방법 등을 적고 스티커나 색연필로 꾸며요.
④ 원하는 신발을 하나씩 골라서 런웨이를 걸으며 신발을 소개해요.

추천 그림책

내용	그림책	질문 및 활동
호기심을 유지하고 확장하기		『꼬마 구름 파랑이』 토미 웅거러 지음, 이현정 옮김, 비룡소, 2001 **구름은 어떻게 만들어지는 걸까?** **어떻게 구름에서 비가 내릴까?**
탐구 기술 활용하기 & 탐구 과정 즐기기		『섞어봐! 새로운 색깔의 탄생』 아리 청 지음, 도담도담 옮김, 키즈엠, 2019 **색을 섞으면 무슨 색이 될까?**
물체와 물질 알아보기		『햇빛 놀이』 나명남 지음, 웅진주니어, 2022 **프리즘, 돋보기로 햇빛 관찰하기**
생명체와 자연환경 알아보기		『형제의 숲』 유키코 노리다케 지음, 이경혜 옮김, 봄별, 2022 **우리와 숲의 관계 생각하기**

생명체와 자연환경 알아보기		『바다는 수수께끼투성이』 정창훈 글, 소복이 그림, 웅진주니어, 2013 **바닷속 친구들을 탐색하기**
자연현상 알아보기		『바람이 불었어』 팻 허친즈 지음, 박현철 옮김, 시공주니어, 1997 **바람은 어떻게 만들어질까?** **입으로 부는 돛단배 만들기**
간단한 도구와 기계 활용하기		『도구와 기계의 원리』 세실 쥐글라 글, 마리옹 피파레티 그림, 조은미 옮김, 주니어RHK, 2016 **도구와 기계의 원리 알기**

초등학생 자녀가 있다면 직접 만들어 보며 실험할 수 있는 『즐거운 실험실 시리즈』를 추천합니다. 학령기 이전의 자녀와 함께 할 때는 부모님이 먼저 읽어 보시고 아이가 흥미로워할 만한 활동을 골라서 실험해 보세요. 실험을 해 보며 간단한 과학 원리를 쉽게 풀어서 설명해 주면 좋습니다.

『즐거운 실험실 시리즈』

그림책 유아 QnA

그림책 소리 내어 읽기의 함정

문해력과 관련한 특강을 다닐 때 듣는 단골 질문들이 있습니다. 한글 공부를 시키고 싶은 부모님과 이에 적극적으로 반항하는 아이를 걱정하는 질문입니다. "옆집 아이는 벌써 한글을 뗐는데, 우리 아이는 아직 글자에 관심도 없어서 걱정이에요." "아이가 글자를 읽어 보라고만 하면 도망을 가요. 어떻게 해야 하나요?"와 같은 질문들이 대다수이지요. 정도의 차이는 있지만, 어느 가정에서나 비슷하게 겪고 있는 문제이지요? 이러한 질문에 저는 한 치의 망설임도 없이 "걱정하실 필요 없습니다. 우리 주변을 둘러보면 한글 못 읽는 성인을 찾는 게 더 어렵지 않나요?"라고 오히려 재질문을 드립니다.

그러면서도 한편으로는 우리 아이가 하루라도 빨리 한글을 읽을 수 있길 바라는, 우리 아이가 뒤처지지 않길 바라는 부모님의 마음은 백 번 이해한다고 말씀드리지요. 흔들리는 부모님들의 마음을 진정시켜 드리기 위해 이렇게 설명을 덧붙여 드립니다. **한글을 배우는 과정은 어떻게 보면 우리 아이들이 공부라는 첫 관문을 시작하는 것과 다름이 없습니다.** 한글을 배우고 싶어서 배우는 게 아니라, 성인이 강요해서 억지로 익히게 되면 자칫 공부에 대한 첫 이미지가 힘듦과 재미없음으로 점철되어 버릴 수 있어 득보다는 실이 더 커질 수 있습니다.

그리고 우리가 간과하고 있는 가장 중요한 점은 바로 한글을 배우는 이유가 무엇인지입니다. 한글이라는 글자는 어디까지나 우리의 생각과 말을 표현하기 위한 기호이지요. **더 중요한 건 이 한글이라는 기호를 해독(decoding)하는 것에 그치는 것이 아니라 이해(comprehension)로까지 이어질 수 있느냐입니다.** 물론 아이가 글자에 관심을 보일 때 한글을 재미있게 배울 수 있도록 도와주는 것도 중요합니다. 하지만 가장 중요한 건 어떻게 하면 글을 이해하고 글로 표현할 줄 아는 아이로 성장하도록 도울 수 있을지가 목표가 되어야 합니다. 그리고 잊지 말아야 할 점은 이러한 이해의 측면은 한글을 해독하지 못하는 어린 영유아 시기부터 성인과의 상호작용을 통해 차곡차곡 성장한다는 점이지요.

그렇기 때문에 전학령기의 자녀가 그림책에 있는 글자를 떠듬떠듬 읽기 시작한다고 소리 내어 읽는 해독만을 강조하는 것은 바람직하지 않습니다. 한 음절씩 겨우 겨우 해독을 하기는 하지만 정작 아이들의 머릿속에 남아 있는 것이 없기 때문이지요. 해독에 몰두하다 보니 정작 중요한 이해는 놓치는 꼴이 됩니다. 이 시기의 아이들에게는 오히려 유창하게 읽어 주는 성인의 모델링이 더 큰 도움이 됩니다. **성인의 읽기 모델링을 통해 읽기 속도, 발음, 억양 등을 반복하여 경험하면서 아이는 어떻게 읽어야 하는지 배울 수 있게 됩니다.** 아이들은 이러한 성인의 읽기를 모방하여 읽는 척하기를 하면서 차츰 글자에 관심을 가질 수 있게 됩니다. 반면에 기본적인 한글에 대한 해독 능력의 발달이 요구되는 초등 1~2학년생이라면 그림책을 소리 내어 읽기를 반복하여 읽기 유창성과 해독 능력을 길러 주는 것이 좋습니다. 그림책을 소리 내어 읽는 것을 녹음하여 다시 들어 보거나, 가족이나 친구와 번갈아 가면서 읽거나, 낭독회를 하는 등 다양한 방법으로 소리 내어 읽기를 시도해 볼 수 있습니다.

참고문헌

01

김태연, 이순형(2014). 읽기매체의 종류에 따른 유아의 이야기 이해도 차이: 종이책과 전자책. **아동학회지, 35**(4), 249-262.
박수옥, 최나야(2017). 어머니의 그림책에 대한 인식, 유아와의 읽기 상호작용, 유아의 표현언어능력 간의 관계: 종이책과 전자책의 비교. **어린이문학교육연구, 18**(1), 69-91.

02

김순환, 정종원, 김민정(2013). 만 5세 읽기능력, 어휘력 및 개인·환경 변인에 따른 초등학교 3학년 읽기 이해능력과 어휘력. **유아교육연구, 33**(4), 363-384.
안성우, 허민정, 김유, 김미경(2011). 4세~7세 유아의 음운인식능력 발달 특성에 대한 대집단 연구. **언어치료연구, 20**(3), 121-141.
이기숙, 김순환, 김민정(2011). 유아기의 기본적인 언어능력이 초등학교 1학년 국어 학력과 어휘에 미치는 영향. **유아교육연구, 31**(5), 299-322.
이영자, 이종숙(1990). 유아의 문어 발달과 구어 문어 구별 능력 발달에 대한 질적 분석 연구. **유아교육연구, 10**, 41-65.
이익섭(2000). **국어학 개설**. 학연사.
이임숙, 조증열(2003). 초등학생의 읽기와 인지-언어적 변인들과의 인과적 관계. **한국심리학회지: 발달, 16**(4), 211-225.
이차숙(2005). **유아언어교육의 이론과 실제**. 학지사.
장효지, 김성희(2016). 전래동화에 기초한 장단·말놀이 활동이 유아의 언어능력, 국악능력, 그리기표상 능력에 미치는 효과. **한국교육문제연구, 34**(2), 207-227.
정수지(2021). 부모와의 어휘 상호작용이 유아의 수용어휘 크기에 미치는 영향: 단어인식과 우연적 단어 학습의 이중매개효과. 서울대학교 대학원 박사학위논문.
정수지, 최나야(2020). 부모-유아 어휘 상호작용 척도의 개발 및 타당화. **Family and Environment Research, 58**(3), 429-445.
조지은, 송지은(2019). **언어의 아이들: 아이들은 도대체 어떻게 언어를 배울까?**. 사이언스북스.
최나야(2011). 유아용 그림책의 이용에 나타난 이중독자구조의 탐색: 만 5세 유아 가정에 대한 사례연구. **한국가정관리학회지, 29**(3), 99-118.
최나야, 이순형(2007). 음운론적 인식과 처리능력이 4-6세 유아의 한글 단어 읽기에 미치는 영향. **아동학회지, 28**(4), 73-95.
최나야, 정수지, 최지수, 김효은, 박상아(2022). **EBS 문해력 유치원: 우리 아이 문해력 발달의 모든 것**. EBS BOOKS.
최나야, 정수지, 최지수, 박상아, 김효은(2022). 균형적·통합적 유아 문해교육 프로그램이 유아의 기초문해력에 미치는 효과. **인지발달중재학회지, 13**(1), 21-49.
최나야, 최지수, 노보람, 오태성(2021). 그림책을 활용한 부모-자녀 말놀이 프로그램이 책 읽기 상호작용, 만 4세 유아의 이야기 이해와 음운론적 인식에 미치는 효과. **인지발달중재학회지, 12**(1), 71-

102.

최나야, 최지수, 정수지, 김효은, 박상아(2023). 유아의 기초문해력에 영향을 미치는 가정의 물리적 문해 환경 및 양적·질적 책 읽기 상호작용: 음운론적 인식, 어휘력, 이야기 이해력에 대한 잠재프로파일 유형 분석. 인간발달연구, 30(1), 123-140.

최윤정, 최나야(2017). 발현적, 관습적 쓰기에 관한 어머니의 신념, 지도, 자료 활용이 유아의 쓰기 능력에 미치는 영향. 한국가정관리학회지, 35(2), 47-61.

최지수, 최나야(2020). 유아의 글 없는 그림책 읽기 반응과 이야기 이해: 또래와의 협동과 경쟁 읽기 비교. 아동학회지, 41(5), 31-44.

Berninger, V. W., Vermeulen, K., Abbott, R. D., McCutchen, D., Cotton, S., Cude, J., Dorn, S., & Sharon, T. (2003). Comparison of three approaches to supplementary reading instruction for low-achieving second-grade readers. *Language, Speech & Hearing Services in Schools, 34*(2), 101-116.

Biemiller, A. (2006). Vocabulary development and instruction: A prerequisite for school learning. In D. K. Dickinson & S. B. Neuman (Eds.), *Handbook of Early Literacy Research* (2nd ed., pp. 41-51). Guilford Press.

Bloodgood, J. W. (1999). What's in a name? Children's name writing and literacy acquisition. *Reading Research Quarterly, 34*(3), 342-367.

Bloom, P., & Markson, L. (1998). Capacities underlying word learning. *Trends in Cognitive Sciences, 2*(2), 67-73.

Bradley, L., & Bryant, P. E. (1983). Categorizing sounds and learning to read—a causal connection. *Nature, 301*(5899), 419-421.

Cameron, C. E., Cottone, E. A., Murrah, W. M., & Grissmer, D. W. (2016). How are motor skills linked to children's school performance and academic achievement?. *Child Development Perspectives, 10*(2), 93-98.

Clark, E. V. (1993). *The lexicon in acquisition.* Cambridge University Press.

Duff, D., Tomblin, J. B., & Catts, H. (2015). The influence of reading on vocabulary growth: A case for a Matthew effect. *Journal of Speech, Language, and Hearing Research, 58*(3), 853-864.

Haskell, S. H., & Barrett, E. K. (1993). *The education of children with physical and neurological disabilities* (3rd rev.). Chapman & Hall.

Jackson, B., Larzelere, R., Clair, L. S., Corr, M., Fichter, C., & Egertson, H. (2006). The impact of Heads Up! Reading on early childhood educators' literacy practices and preschool children's literacy skills. *Early Childhood Research Quarterly, 21*(2), 213-226.

Jeynes, W. H., & Littell, S. W. (2000). A meta-analysis of studies examining the effect of whole language instruction on the literacy of low-SES students. *The Elementary School Journal, 101*(1), 21-33.

Jiang, N. (2000). Lexical representation and development in a second language. *Applied Linguistics, 21*(1), 47-77.

Jung, S., Choi, N., & Jung, S. (2020). The effects of the first reading experience of infancy on reading and academic achievement of elementary first graders. *Ilkogretim Online, 19*(2), 415-425.

Kim, Y. S., & Petscher, Y. (2011). Relations of emergent literacy skill development with conventional literacy skill development in Korean. *Reading and Writing, 24*(6), 635-656.

Kolodziej, N. J., & Columba, L. (2005). Invented spelling: Guidelines for parents. *Reading Improvement, 42*(4), 212-223.

Lonigan, C, J. (2006). Conceptualizing phonological processing skills in prereaders. In D. K. Dickinson & S. B. Neuma (Eds.), *Handbook of early literacy research* (Vol. 2, pp. 77-89). The Guilford Press.

Mason, J. M. (1980). When do children begin to read: An exploration of four year old children's letter and word reading competencies. *Reading Research Quarterly, 15*(2), 203-227.

Paris, A. H., & Paris, S. G. (2003). Assessing narrative comprehension in young children. *Reading Research Quarterly, 38*(1), 36-76.

Puranik, C. S., Lonigan, C. J., & Kim, Y. S. (2011). Contributions of emergent literacy skills to name writing, letter writing, and spelling in preschool children. *Early Childhood Research Quarterly, 26*(4), 465-474.

Sampson, G. (1990). Writing system. 신상순 역(2000). 세계의 문자 체계. 한국문화사.

Silverman, R. D., & Hartranft, A. M. (2017). *Developing vocabulary and oral language in young children*. The Guilford Press.

Snyder, I. A. (2008). *The literacy wars: Why teaching children to read and write is a battleground in Australia*. Allen & Unwin.

Suh, S., & Trabasso, T. (1993). Inference during reading: Converging evidence from discourse analysis, talk-aloud protocols and recognition priming. *Journal of Memory and Language, 32*(3), 279-300.

Torgesen, J. K., & Mathes, P. G. (2000). *A basic guide to understanding, assessing, and teaching phonological awareness*. Pro-ed.

Vygotsky, L. S. (1978). *Mind in society: The development of higher psychological processes*. Harvard University Press.

Wagner, R. K., Torgesen, J. K., Laughon, P., Simmons, K., & Rashotte, C. A. (1993). Development of young readers' phonological processing abilities. *Journal of Educational Psychology, 85*(1), 83-103.

Wolff, U., & Gustafsson, J. E. (2022). Early phonological training preceding kindergarten training: Effects on reading and spelling. *Reading and Writing, 35*(8), 1865-1887.

03

최나야(2012). 가정문해환경, 어머니의 문해신념과 양육효능감이 유아와 어머니의 그림책 읽기 상호작용에 미치는 영향. **아동학회지, 33**(6), 109-131.

최나야, 노보람, 최지수, 오태성(2021). 가정의 독서환경 군집에 따른 유아 어휘력과 읽기 흥미의 차이. **학습자중심교과교육연구, 21**(22), 23-37.

최나야, 최지수, 정수지, 김효은, 박상아(2023). 유아의 기초문해력에 영향을 미치는 가정의 물리적 문해환경 및 양적·질적 책 읽기 상호작용: 음운론적 인식, 어휘력, 이야기 이해력에 대한 잠재프로파일 유형 분석. **인간발달연구, 30**(1), 123-140.

Choi, N., Kang, S., & Sheo, J. (2020). Children's interest in learning English through picture books in an EFL context: The effects of parent-child interaction and digital pen use. *Education Sciences, 10*(2), 40.

Hume, L. E., Lonigan, C. J., & McQueen, J. D. (2015). Children's literacy interest and its relation to parents' literacy promoting practices. *Journal of Research in Reading, 38*(2), 172-193.

Neuman, S. B., Koh, S., & Dwyer, J. (2008). CHELLO: The child/home environmental language and literacy observation. *Early Childhood Research Quarterly, 23*(2), 159-172.

Rosenblatt, L. M. (1978). *The reader, the text, and the poem: The transactional theory of the literary work*. Southern Illinois University Press.

04

박정이, 김승희(2018). 그림책을 활용한 역할놀이가 유아의 정서지능과 조망수용능력에 미치는 영향. **유아교육·보육복지연구, 22**(4), 35-59.

박지현, 김호(2014). 다양한 방식의 반복적 그림책 읽기 활동이 유아의 읽기 흥미 및 이야기 이해력에 미치는 영향. **어린이문학교육연구, 15**(1), 77-96.

이민옥, 최나야, 정수정, 조혜정(2020). 만 3세 유아의 말하기·듣기능력이 내·외적 학습동기에 미치는 영향. **유아교육·보육복지연구, 24**(2), 161-186.

정미라, 이명희, 이영미(2010). 확산적 사고를 촉진하는 교사의 발문이 만 5세 유아의 창의성에 미치는 영향. **육아지원연구, 5**(2), 137-156.

최나야, 정수정(2013). 그림책과 이야기 구조도식을 활용한 학교도서관 프로그램의 효과: 초등학교 1학년 아동의 문해능력과 도서 대출 빈도의 변화 및 프로그램 만족도 분석. **한국도서관·정보학회지, 44**(4), 177-207.

최미숙, 최선미(2015). 만 3세와 5세 유아의 버디활동이 친사회적 행동 및 조망수용능력에 미치는 영향. **열린유아교육연구, 20**(4), 51-71.

최지수, 최나야(2020). 또래와 함께 그림책 읽기에 따른 유아의 친사회적 선택: 협동과 경쟁 읽기에서의 자원공유 의도. **유아교육연구, 40**(5), 113-133.

최지수, 최나야(2020). 만 4세 유아의 내·외적 학습동기가 글 없는 그림책 읽기행동에 미치는 영향: 협동과 경쟁 맥락의 조절효과. **어린이문학교육연구, 21**(2), 35-57.

최지수, 최나야(2020). 유아의 글 없는 그림책 읽기 반응과 이야기 이해: 또래와의 협동과 경쟁 읽기 비교. **아동학회지, 41**(5), 31-44.

최지수, 최나야, 서지효(2022). 그림책의 그림 가리키기와 부연 설명에 따른 유아의 이야기 이해의 차이. 2022 춘계연합학술대회 한국인간발달학회.

한국어문교육연구소(2006). 국어과교수학습연구소 편. **독서교육사전**. 교학사.

현은자(1990). 부모의 반복된 책 읽어주기가 유아의 독자적 읽기에 미치는 영향. **아동학회지, 11**(1), 1-14.

Arizpe, E., & Styles, M. (2015). *Children reading picturebooks: Interpreting visual texts*. Routledge.

Choi, N., Kang, S., & Sheo, J. (2020). Children's interest in learning English through picture books in an EFL context: The effects of parent-child interaction and digital pen use. *Education Sciences, 10*(2), 40.

Flint, T. K. (2010). Making meaning together: Buddy reading in a first grade classroom. *Early Childhood Education Journal, 38*, 289-297.

Galinsky, A. D., Maddux, W. W., Gilin, D., & White, J. B. (2008). Why it pays to get inside the head of your opponent: The differential effects of perspective taking and empathy in negotiations. *Psychological Science, 19*(4), 378-384.

Harris, J. R. (1995). Where is the child's environment? A group socialization theory of development. *Psychological Review, 102*(3), 458-489.

Jung, S., Choi, N., & Jung, S. (2020). The effects of the first reading experience of infancy on reading and academic achievement of elementary first graders. *Ilkogretim Online, 19*(2), 415-425.

Leong, D. J., & Bodrova, E. (2012). Make-believe play. *Young Children, 29*, 28-34.

Mayer, R. E., Heiser, J., & Lonn, S. (2001). Cognitive constraints on multimedia learning: When presenting more material results in less understanding. *Journal of Educational Psychology, 93*(1), 187-198.

Moll, H., Meltzoff, A. N., Merzsch, K., & Tomasello, M. (2013). Taking versus confronting visual perspectives in preschool children. *Developmental Psychology, 49*(4), 646-654.

Morrow, L. M. (2011). Literacy development in the early years. *Helping Children Read and Write* (With My Education Lab)(7th edition). PEARSON.

Nikki, C. (2008). *Literacy centers in photographs*. Scholastic.

Rao, Z., & Gibson, J. (2019). The role of pretend play in supporting young children's emotional development. *The SAGE handbook of developmental psychology and early childhood education*, 63-79.

Sawyer, W. E., & Comer, D. E. (1996). *Growing up with literature*. Delmar-Cengage Learning.

Whang, P. A., & Hancock, G. R. (1994). Motivation and mathematics achievement: Comparisons between Asian-American and non-Asian students. *Contemporary Educational Psychology, 19*(3), 302-322.

06

권영임(2009). 유아를 위한 지속가능발전교육 방안 연구. **생태유아교육연구**, 8(2), 211-230.

김광호, 김미지(2010). **아이의 식생활**. 지식채널.

김성민(2009). 유아기 성역할 인식의 중요성에 관한 문헌 고찰: 자기존중감과 사회적 유능감을 중심으로. **영유아교육·보육연구**, 2(1), 69-85.

김완신(2002). 양성-평등 교육 프로그램이 유아의 성 역할 인식 변화에 미치는 효과. 단국대학교 교육대학원 석사학위논문.

노희연(2008). 배변훈련을 통해 본 영아의 분리와 전이 경험. **유아교육학논집**, 12(1), 289-317.

노희정(2003). 생물다양성의 가치와 도덕교육. **철학연구**, 86, 115-137.

문명희(2014). 다문화 그림책을 활용한 교육활동이 유아의 편견과 친사회적 행동에 미치는 효과. **유아교육학논집**, 18(4), 157-180.

박순영, 최나야(2014). 환경 그림책을 활용한 통합적 활동이 유아의 환경어휘력, 환경보전지식 및 태도의 향상에 미치는 효과. **한국보육학회지**, 14(1), 165-191.

박은경, 김정원(2021). 그림책을 활용한 양성평등활동이 만 4세 유아의 성역할 고정관념에 미치는 영향. **열린부모교육연구**, 13(3), 167-186.

박은혜, 김희진, 곽삼근, 김정원(2004). 생애주기별 남녀평등의식 교육의 기본방향 연구 및 유아기 평등의식 프로그램 개발(연구보고 2004-08). 여성부.

서현, 김영보(2012). 유아를 위한 그림책에 나타난 죽음의 의미 탐색. **미래유아교육학회지**, 19(4), 269-293.

안경숙, 허미화, 신애선(2018). 지속가능발전 내용이 포함된 그림책을 활용한 토의활동이 유아의 자연환경 감수성과 환경친화적 태도에 미치는 효과. **한국보육학회지**, 18(3), 141-157.

엄은나(2006). 유아의 의사소통 능력 향상을 위한 프로그램 구성 및 적용효과. 중앙대학교 대학원 박사학위논문.

오선영, 이혜정, 김은심(2018). 아동문학교재에 수록된 그림책에 나타난 젠더감수성: 국내 창작그림책을 중심으로. **어린이문학교육연구, 19**(4), 145-170.

유현숙, 고선옥(2009). 어머니의 분리불안과 양육행동이 자녀의 어린이집 적응에 미치는 영향. **아동복지연구, 7**(2), 17-34.

이란, 현은자(2015). 아동의 죽음 이해의 반응 탐색: 그림책 읽기를 통한 사례연구. **한국콘텐츠학회논문지, 15**(12), 612-623.

이미현, 김정규(2012). 청소년의 신체상이 사회불안에 미치는 영향: 자기효능감의 매개효과. **청소년문화포럼, 31**, 61-83.

이보리(2010). 어머니 분리불안과 아버지 양육참여도, 부부 애착안정성이 유아 분리불안에 미치는 영향. 이화여자대학교 대학원 석사학위논문.

이선혜, 김선아(2021). 공감능력 향상을 위한 그림책 활용 미술활동 중심의 세계시민교육 방안-초등학교 1학년 대상으로. **미술교육연구논총, 67**, 247-280.

이순자(2021). 그림책을 활용한 다양성 존중프로그램이 유아의 배려 행동에 미치는 영향. **마이너리티연구, 4**, 13-38.

이윤옥(2004). 유아기 문제행동 지도를 위한 또래 중재 프로그램 개발 기초 연구. **유아교육·보육복지연구, 8**(2), 5-28.

이인영, 정영숙(2016). 청년 자녀에 대한 어머니의 분리불안, 과보호와 자녀의 분리-개별화 및 심리적 적응과의 관계. **한국심리학회지: 발달, 29**(4), 123-144.

이찬숙(2009). 그림책을 활용한 죽음 교육이 유아의 죽음개념 및 죽음불안에 미치는 영향. **아동과 권리, 13**(3), 417-437.

이효정(2015). 한국어 감정 어휘의 교육 방안 연구-감정 어휘 목록 작성과 활용 방안을 중심으로. **외국어로서의 한국어교육, 42**, 271-302.

정대련(2005). 페미니즘의 관점에서 본 유아 그림책 분석. **어린이문학교육연구, 6**(1), 23-44.

조벽, 최성애, 존 가트맨(2011). **내 아이를 위한 감정코칭**. 한국경제신문사.

조설애(2016). 가족 의미의 양면성과 행복과의 관계: 중년 부모와 청년 자녀를 중심으로. 부산대학교 대학원 박사학위논문.

주은자, 이대균(2013). 만 1세 영아반에서 놀이중심 배변학습의 교육적 의미 탐색. **어린이미디어연구, 12**(1), 25-72.

한은주, 송연숙, 김영주(2015). 유아를 위한 그림책에 반영된 죽음에 관한 내용분석. **아동교육, 24**(1), 371-388.

현은자, 박성연(2002). 그림책을 활용한 다문화 교육 프로그램이 유아의 인종 및 타문화에 대한 태도에 미치는 효과. **어린이문학교육연구, 3**(2), 101-124.

Addessi, E., Galloway, A. T., Visalberghi, E., & Birch, L. L. (2005). Specific social influences on the acceptance of novel foods in 2-5-year-old children. *Appetite, 45*(3), 264-271.

Albrecht, K., & Miller, L. G. (2001). *Innovationns: Infant & toddler development*. MD: Gryphon House, Inc.

Baily, S., & Holmarscottir, H. B. (2015). The quality of equity? Reframing gender, development and education in the post 2020 landscape. *Gender and Education, 27*(7), 828-845

Basile, C., & White, C. (2000). Respecting living things: Environmental literacy for young children. *Early Childhood Education Journal, 28*(1), 57-61.

Berk, L. E. (2006). *Child Development*. Pearson Education.

Birch, L. L., Zimmerman, S. I., & Hind, H. (1980). The influence of social-affective context on the formation of children's food preferences. *Child Development*, 856-861.

Chansky, T. (2008). *Freeing your child from anxiety: Powerful, practical solutions to overcome your child's fears, worries, and phobias.* Harmony.

Choate, L. H. (2007). Counseling adolescent girls for body image resilience: Strategies for school guidance. *Professional School Counseling, 10*(3), 317-326.

Collins, P. H., & Bilge, S. (2020). *Intersectionality.* John Wiley & Sons.

Cooke, L., Wardle, J., & Gibson, E. L. (2003). Relationship between parental report of food neophobia and everyday food consumption in 2- 6-year-old children. *Appetite, 41*, 205-206.

Dunn, J., Kendrick, C., & MacNamee, R. (1981). The reaction of first-born children to the birth of a sibiling: Mothers' reports. *Journal of Child Psychology and Psychiatry, 22*(1), 1-18.

Eckerman, C. O., & Didow, S. M. (2001). *Peer and infants social communicative development.* Blackwell Publishers.

Eisenberg, N., Cumberland, A., & Spinrad, T. L. (1998). Parental socialization of emotion. *Psychological Inquiry, 9*, 241-273.

Eisenberg, N., & Fabes, R. A. (1992). Emotion, regulation, and the Development of social competence. In M. S. Clark (Ed.), *Review of personality and social psychology* (Vol. 14), Emotion and social behavior (pp. 119-150). Sage.

Esposito, G., Yoshida, S., Ohnishi, R., Tsuneoka, Y., del Carmen Rostagno, M., Yokota, S., ... & Kuroda, K. O. (2013). Infant calming responses during maternal carrying in humans and mice. *Current Biology, 23*(9), 739-745.

Frank, M., Issa, N., Stryker, M., & Keck, W. (2001). Sleep enhances plasticity of the developing visual cortex. *Neuron, 30*, 275-287.

Freud, S. (1961). *The ego and id.* Hogarth.

Goleman, D. (1995). *Emotional intelligence.* Bantam Books.

Gomez, R. L., Bootzin, R. R., & Nadel, L. (2006). Naps promote abstraction in language-learning infants. *Psychological Science, 17*, 670-674.

Gottman, J. M., & Nahm, E. Y. (2007). *The skill of love for my child.* Korea Economic Daily.

Harter, S. (2006). The self. In N. Eisenberg, W. Damon, & R. M. Lerner (Eds.), *Handbook of child psychology* (pp. 505-570). John Wiley & Sons.

Haworth-Hoeppner, S. (2000). The critical shapes of body image: The role of culture and family in the production of eating disorders. *Journal of Marriage and the Family, 62*, 212-227.

Hupbach, A., Gomez, R. L., Bootzin, R. R., & Nadel, L. (2009). Nap-dependent learning in infants. *Developmental Science, 12*(6), 1007-1012.

Iozzi, L. A. (1989). What research says to the education part one: Environmental education and the affection domain. *The Journal of Environmental Education, 20*(4), 6-14.

Kelly, K., Slade, A., & Grienenberger, J. F. (2005). Maternal reflective functioning, mother-infant affective communication, and infant attachment: Exploring the link between mental states and observed caregiving behavior in the intergenerational transmission of attachment. *Attachment & Human Development, 7*(3), 299-311.

LaMothe, R. (1998). Sacred objects as vital objects: Transitional objects reconsidered. *Journal of Psychology and Theology, 26*(2), 159-167.

LeDoux, J. (2012). Rethinking the emotional brain. *Neuron, 73*(4), 653-676.

Levine, J. B., Green, C. J., & Millon, T. (1986). The separation-individuation test of adolescence.

Journal of Personality Assessment, 50(1), 123-139.

Miller, K. (2005). *Simple transitions for infants and toddlers*. Gryphon House Inc.

Morris, A. S., Silk, J. S., Steinberg, L., Myers, S. S., & Robinson, L. R. (2007). The role of the family context in the development of emotion regulation. *Social Development, 16*, 361-388.

Musser, L. M., & Diamond, K. E. (1999). The children's attitudes toward the environment scale for preschool children. *The Journal of Environmental Education, 30*(2), 23-30.

Parsons, S. C. (2000). Environmental literature: The power of story. *Green Teacher, 34*(63), 5-10.

Pringle, R., Hakverdi, M, Cronin-Jones, L., & Jahnson, C. (2003). *Zoo school for preschoolers: Layingthe foundation for environmental education*. Annual Meeting of the American Educational Research Association.

Richmond, J., & Nelson, C. A. (2007). Accounting for change in declarative memory: A cognitive neuroscience perspective. *Developmental Review, 27*, 349-373.

Rozin, P. (1977). The use of characteristic flavorings in human culinary practice. In C. M. Apt (Ed.), *Flavor: Its chemical, behavioural, and commercial aspects*. Westview Press.

Rubin, K. H., Bukowski, W. M., & Parker, J. G. (2006). Peer interactions, relationships, and groups. In N. Eisenberg, W. Damon, & R. M. Lerner (Eds.), *Handbook of child psychology* (pp. 571-645). Wiley.

Schiffrin, H. H., Liss, M., Miles-McLean, H., Geary, K. A., Erchull, M. J., & Tashner, T. (2014). Helping or hovering?: The effects of helicopter parenting on college students' well-being. *Journal of Child and Family Studies, 23*(3), 548-557.

Speece, M. W., & Brent, S. B. (1984). Children's understanding of death: A review of three components of a death concept. *Child Development*, 1671-1686.

Stickgold, R. (2005). Sleep-dependent memory consolidation. *Nature, 437*, 1272-1278.

Teti, D. M., Sakin, J. W., Kucera, E., Corns, K. M., & Eiden, R. D. (1996). And baby makes four: Predictors of attachment security among preschool-age firstborns during the transition to siblinghood. *Child Development, 67*(2), 579-596.

Velde, C. D. (1985). Body image of one's self or others: Developmental and clinical significance. *American Journal of Psychiatry, 143*(5), 527-537.

Wagner, U., Gais, S., Haider, H., Verleger, R., & Born, J. (2004). Sleep inspires insight. *Nature, 427*, 352-355.

Walker, M., Brakefield, T., Hobson, J., & Stickgold, R. (2003). Dissociable stages of human memory consolidation and reconsolidation. *Nature, 425*, 616-620.

Westmoreland, P. (1996). Coping with death: Helping students grieve. *Childhood Education, 72*(3), 157-160.

07

권유선, 최혜진(2010). 그림책을 활용한 수학적 의사소통하기 및 표상활동이 유아의 수학능력과 창의성에 미치는 영향. **열린유아교육연구**, 15(1), 63-84.

김미숙, 최미숙(2005). 그림책을 활용한 과학통합활동이 유아의 과학적 과정기술 및 문제해결력에 미치는 영향. **열린유아교육연구**, 10(2), 1-20.

김소연, 현은자(2001). 그림책을 활용한 미술 감상프로그램이 유아의 미적 반응에 미치는 효과. **어린이문**

학교육연구, 2(2), 63-80.

김숙령, 고윤희, 육길나, 조숙진(2008). 그림책을 활용한 통합적 수학활동 프로그램이 유아의 수학개념 발달에 미치는 영향. **한국영유아보육학, 54**, 119-139.

김희영, 이문정(2009). 그림책을 활용한 실험구성활동이 유아의 과학적 탐구 능력 및 태도에 미치는 영향. **미래유아교육학회지, 16**(4), 1-21.

류승희, 이승우(2015). 노래를 활용한 엄마의 그림책 들려주기가 만 2세 영아의 사회·정서적 행동에 미치는 영향. **어린이미디어연구, 14**(2), 1-21.

박현경(2015). 그림책을 활용한 요리 활동이 유아의 수학적 개념 발달에 미치는 효과. **영유아교육·보육연구, 8**, 43-57.

변윤희, 현은자(2004). 그림책을 활용한 유아예술교육 프로그램이 유아의 창의성에 미치는 효과. **유아교육연구, 24**(5), 311-335.

송주진, 전일우(2007). 그림책을 활용한 토의활동이 유아의 창의성과 문제해결력에 미치는 영향. **생태유아교육연구, 5**(2), 1-17.

양은아(2008). 자폐아 음악치료에서 나타난 사회적 상호작용 요소 분석. **한국음악치료학회지, 10**(2), 1-19.

오한나, 권오선(2020). 글 없는 그림책을 활용한 창의적 음악극 활동이 유아의 음악표현능력과 시각적 문해에 미치는 영향. **열린유아교육연구, 25**(2), 105-128.

윤경옥, 조성희(2013). 생태그림책을 활용한 과학 활동이 유아의 과학적 태도와 과학적 문제해결력에 미치는 영향. **유아교육학논집, 17**(5), 393-419.

이은영, 전유영(2012). 수학적 어휘 사용을 강조한 그림책 관련 활동이 유아의 수학적 문제해결력과 어휘력 향상에 미치는 영향. **열린유아교육연구, 17**(2), 47-71.

최나야, 정수지, 최지수, 김효은, 박상아(2022). EBS 문해력 유치원: 우리 아이 문해력 발달의 모든 것. EBS BOOKS.

최선영(2020). 그림책을 통한 요리활동이 유아의 정서지능과 식습관에 미치는 영향. **인문사회 21, 11**(2), 2193-2204.

최윤례, 김성원(2021). 그림책과 연계한 협력적 요리활동이 유아의 언어표현력과 또래 유능성에 미치는 효과. **인문사회 21, 12**(5), 1423-1437.

최지수, 최나야(2020). 또래와 함께 그림책 읽기에 따른 유아의 친사회적 선택: 협동과 경쟁 읽기에서의 자원공유 의도. **유아교육연구, 40**(5), 113-133.

최지수, 최나야(2020). 유아의 글 없는 그림책 읽기 반응과 이야기 이해: 또래와의 협동과 경쟁 읽기 비교. **아동학회지, 41**(5), 31-44.

황윤세(2011). 학습주기를 활용한 그림책 통합 요리활동에 따른 유아의 과학적 태도와 탐구능력의 차이 분석. **한국영유아·보육학, 67**, 245-271.

Audiffren, M. (2009). Acute exercise and psychological functions: A cognitive-energetic approach. In T. McMorris, P. D. Tomporowski & M. Audiffren (Eds.), *Exercise and cognitive function*. Wiley-Blackwell.

Barenberg, J., Berse, T., & Dutke, S. (2011). Executive functions in learning processes: do they benefit from physical activity?. *Educational Research Review, 6*(3), 208-222.

Castelli, D. M., Hillman, C. H., Buck, S. M., & Erwin, H. E. (2007). Physical fitness and academic achievement in third-and fifth-grade students. *Journal of Sport and Exercise Psychology, 29*(2), 239-252.

Chandler, P., & Tricot, A. (2015). Mind your body: The essential role of body movements in children's learning. *Educational Psychology Review, 27*(3), 365-370.

Colcombe, S. J., Kramer, A. F., Erickson, K. I., Scalf, P., McAuley, E., Cohen, N. J. et al. (2004). Cardiovascular fitness, cortical plasticity, and aging. *Proc Natl Acad Sci USA, 101*, 3316-3321.

Donlan, C. (2007). Mathematical development in children with specific language impairments. In D. B. Berch & M. M. M. Mazzocco (Eds.), *Why is math so hard for some children? The nature and origins of mathematical learning difficulties and disabilities* (pp. 151-172). Brookes.

Erickson, K. I., Prakash, R. S., Kim, J. S., Sutton, B. P., Colcombe, S. J., & Kramer, A. F. (2009). Top-down attentional control in spatially coincident stimuli enhances activity in both task-relevant and task-irrelevant regions of cortex. *Behavioural Brain Research, 197*(1), 186-197.

Escolano-Perez, E., Herrero-Nivela, M. L., & Losada, J. L. (2020). Association between preschoolers' specific fine(but not gross) motor skills and later academic competencies: Educational implications. *Frontiers in Psychology, 11*, 1044.

Gejl, A. K., Malling, A. S. B., Damsgaard, L., Veber-Nielsen, A. M., & Wienecke, J. (2021). Motor-enriched learning for improving pre-reading and word recognition skills in preschool children aged 5-6 years-study protocol for the PLAYMORE randomized controlled trial. *BMC Pediatrics, 21*(1), 1-18.

Gunderson, E. A., & Levine, S. C. (2011). Some types of parent number talk count more than others: relations between parents' input and children's cardinal-number knowledge. *Developmental Science, 14*(5), 1021-1032.

Gunderson, E. A., Spaepen, E., Gibson, D., Goldin-Meadow, S., & Levine, S. C. (2015). Gesture as a window onto children's number knowledge. *Cognition, 144*, 14-28.

Jill, K. (1995). Cooking in the kindergarten. *Young Children, 50*(6), 32-33.

Klibanoff, R. S., Levine, S. C., Huttenlocher, J., Vasilyeva, M., & Hedges, L. V. (2006). Preschool children's mathematical knowledge: The effect of teacher "math talk." *Developmental Psychology, 42*(1), 59-69.

Levine, S. C., Suriyakham, L. W., Rowe, M. L., Huttenlocher, J., & Gunderson, E. A. (2010). What counts in the development of young children's number knowledge?. *Developmental Psychology, 46*(5), 1309-1319.

Mix, K. S., Moore, J. A., & Holcomb, E. (2011). One-to-one play promotes numerical equivalence concepts. *Journal of Cognition and Development, 12*(4), 463-480.

Pruden, S. M., Levine, S. C., & Huttenlocher, J. (2011). Children's spatial thinking: Does talk about the spatial world matter?. *Developmental Science, 14*(6), 1417-1430.

Spirduso, W. W., Poon, L. W., & Chodzko-Zajko, C. (2008). Using resources and reserves in an Exercise-Cognition Model. In W. W. Spirduso, L. W. Poon, Chodzko-Zajko, W. (Eds.), *Exercise and its mediating effects on cognition* (pp. 3-12). Human Kinetics.

Winner, E. (1991). *Arts PROPEL: an introductory handbook*. Educational Testing Service and Harvard Project Zero with funding from the Rockefeller Foundation and Educational.

〈기타 참고자료〉
이성엽(2014). 그림책, 해석의 공간. 마루벌.
페리 노들먼(2022). 그림책론. 보림.
현은자(2016). 그림책의 그림읽기. 마루벌.

저자 소개

최지수 Choi Jisu

서울대학교 아동가족학 석사를 마치고, 아동가족학과 아동 언어·인지연구실에서 박사과정을 수료하였다. 아동의 언어·인지 발달 중에서도 문해력과 그림책을 주로 연구한다. 석사와 박사과정 4년 동안 「유아의 글 없는 그림책 읽기 반응과 이야기 이해」를 포함해 17편의 논문을 작성하였고, 저서로는 『문해력 유치원』이 있다. EBS 〈당신의 문해력〉과 〈문해력 유치원〉 연구 프로젝트에 참여하며 프로그램을 구성하고 교사로 출연하였다. 대학원 생활을 시작하기 전에는 서울대학교 어린이집에서 교사로 근무하였다. 현재는 영유아 교구 회사 〈서머힐 에듀랜드〉에 재직 중이며, 유튜브 채널 〈쭈쓴생의 놀이교실〉을 운영 중이다. 귀여운 아들을 키우며 그림책 육아를 실천하고 있다.

문해력 쑥쑥
똑똑한 그림책 육아

2024년 4월 20일 1판 1쇄 인쇄
2024년 4월 30일 1판 1쇄 발행

지은이 • 최지수
펴낸이 • 김진환
펴낸곳 • (주) 학지사
　　　　04031 서울특별시 마포구 양화로 15길 20 마인드월드빌딩
대표전화 • 02)330-5114　　팩스 • 02)324-2345
등록번호 • 제313-2006-000265호

홈페이지 • http://www.hakjisa.co.kr
페이스북 • https://www.facebook.com/hakjisabook

ISBN 978-89-997-3106-8　03370

정가 27,000원

저자와의 협약으로 인지는 생략합니다.
파본은 구입처에서 교환해 드립니다.

이 책을 무단으로 전재하거나 복제할 경우 저작권법에 따라 처벌을 받게 됩니다.

출판미디어기업 **학지사**

간호보건의학출판 **학지사메디컬** www.hakjisamd.co.kr
심리검사연구소 **인싸이트** www.inpsyt.co.kr
학술논문서비스 **뉴논문** www.newnonmun.com
교육연수원 **카운피아** www.counpia.com
대학교재전자책플랫폼 **캠퍼스북** www.campusbook.co.kr